国家电网公司
电力科技著作出版项目

U0574821

CHENGZHEN NENGYUAN HULIANWANG
GUANJIAN JISHU JI SHIJIAN

城镇能源互联网
关键技术及实践

郑玉平　主编

中国电力出版社
CHINA ELECTRIC POWER PRESS

内 容 提 要

本书介绍了城镇能源互联网的相关内容，具体包括概述、城镇能源互联网综合能源系统建模与仿真、城镇能源互联网用能分析与预测、城镇能源互联网能源系统规划、城镇能源互联网运行优化、城镇能源互联网交易与互动、城镇能源互联网技术经济评价和城镇能源互联网建设实践等内容。

本书可供能源和电力企业的管理和技术人员、相关专业领域研究人员，以及对城镇能源互联网相关新技术和未来趋势感兴趣的读者参考使用。

图书在版编目（CIP）数据

城镇能源互联网关键技术及实践／郑玉平主编 . —北京：中国电力出版社，2022.7
ISBN 978-7-5198-5970-1

Ⅰ. ①城…　Ⅱ. ①郑…　Ⅲ. ①互联网络 - 应用 - 城镇 - 能源发展 - 研究 - 中国　Ⅳ. ① F426.2

中国版本图书馆 CIP 数据核字（2021）第 185477 号

出版发行：中国电力出版社
地　　址：北京市东城区北京站西街 19 号（邮政编码 100005）
网　　址：http://www.cepp.sgcc.com.cn
责任编辑：崔素媛（010-63412392）　孟花林
责任校对：黄　蓓　郝军燕
装帧设计：郝晓燕
责任印制：杨晓东

印　　刷：三河市航远印刷有限公司
版　　次：2022 年 7 月第一版
印　　次：2022 年 7 月北京第一次印刷
开　　本：787 毫米 ×1092 毫米　16 开本
印　　张：19.25
字　　数：416 千字
定　　价：118 元

编 委 会

主　　编　郑玉平
副 主 编　万　灿　王　丹　杨志宏　李敬如　陈竞成

编 写 组

组　　长　万　灿
副 组 长　杜　炜　宋　毅
编写人员　原　凯　张真源　王建学　吴　浩　霍现旭
　　　　　王海龙　吴　磊　张沈习　窦　迅　夏　天
　　　　　张沛超　余　昆　甘　磊　刘学智　沈佳妮
　　　　　陈　宁　唐成虹　杨冬梅　黄　堃　陈永华
　　　　　段丽娟　何国鑫　王　俊　陈　卉　杨挺嵘
　　　　　郦芳菲　耿　阳　付明明　王轶洲　陈　嵘
　　　　　张晓燕　李官军　周　晨　杨　帆　周华良
　　　　　杨国朝　刘宇行　梅　飞　张　耀　刘　俊
　　　　　赵金利　宋关羽　于　浩　范朕宁　李　彪
　　　　　崔文康　孟政吉　王培汀　智云强　吕佳炜
　　　　　王舒萍　黎晨阳　李思源　曹逸滔　果　营
　　　　　曹照静　贾妍博

序

　　能源是人类赖以生存和发展的物质基础，城镇是能源转型升级的重要战场。当前，我国城镇能源结构正处于持续优化调整的关键时期，可再生能源占城镇一次能源消费的比重不断提升。2020 年 9 月，习近平总书记在第七十五届联合国大会一般性辩论上作出"中国将提高国家自主贡献力度，采取更加有力的政策和措施，二氧化碳排放力争于 2030 年前达到峰值，努力争取 2060 年前实现碳中和"的庄严承诺。在"双碳"目标约束下，我国城镇化进程将与能源变革相互促进、共同发展，城镇能源体系朝着清洁低碳、安全高效的发展目标加速迈进。

　　传统城镇能源系统存在清洁能源占比较低、间歇性新能源消纳困难、不同能源系统独立运营、供用能主体互动不足、综合能效偏低等问题。随着新技术的发展与应用，城镇能源系统呈现出两个新的趋势和特征：一是不同形式与品位的能源子系统逐步走向互联互通、互补互济，形成耦合复杂的综合能源系统；二是以分布式为特征的屋顶光伏、储能、电动汽车等设备大规模接入，促使供能、用能与交易等环节的不确定性凸显。在此背景下，能源互联网应运而生，作为一种互联网与能源生产、传输、存储、消费以及能源市场深度融合的能源产业发展新形态，能够打破不同能源子系统之间的物理和信息壁垒，充分发挥多能互补优势，促进清洁能源消纳、提高综合能效、维护能源安全，可为我国推动城镇化进程、实现能源低碳转型提供有力保障。

　　能源互联网的研究涉及计算机科学与技术、电气工程、动力工程及工程热物理、应用经济学等多个学科领域的交叉与融合，运行行为复杂、探究难度较大，使得编写相关题材的著作成为具有挑战性的工作。值得高兴的是，本书集结了一支优秀的编写团队，历时三年多时间，在开展大量技术研究的基础上，最终完成了这样一本凝聚着团队心血的著作，对此表示衷心祝贺！

　　本书聚焦我国城镇能源发展问题，在广泛吸收国内外先进成果基础上，围绕城镇能源互联网基本概念、关键技术与应用实践进行了探讨，梳理了城镇能源互联网的规划、预测、运行、交易与评价技术体系，介绍了城镇能源互联网的典型示范工程。本书凝结了编写团队在能源科学领域的自主创新成果，既是一本具有重要参考价值的理论著作，也从实践落地的角度给出了城镇能源互联网的实操性应用方案。本书面向能源系统领域的研究和工程技术人员、高校本科生和研究生，对相关技术研究和工程建设具有很强的针对性和指导意义，可为广大读者提供有益参考。

相信本书的出版将有力推动我国城镇能源互联网的技术发展和落地应用，助力"双碳"目标早日达成。

2022 年 3 月

前　言

随着气候变暖和能源枯竭等问题日益严峻，传统以化石燃料为主的能源结构难以为继，以风电、光伏发电为代表的新能源迅速发展，高比例新能源已成为电力系统的典型特征。然而，随着电动汽车、分布式能源等交互式用能设备的广泛应用，电力系统呈现高比例可再生能源、高比例电力电子设备的"双高"特征，系统转动惯量持续下降，调频、调压能力不足，给电网的安全与经济运行带来诸多挑战，在当前分布式能源接入比例不断增长的背景下，亟需合理的资源聚合、准确的特征建模、有效的不确定性量化、完备的市场互动机制、快速准确的调度控制技术，以及政府、社会和能源企业多方共同努力，源网荷储各环节共同发力，以保障电力系统安全运行、保障能源电力可靠供应、保障电力行业可持续发展，推进能源供给多元化清洁化低碳化、能源消费高效化减量化电气化，加快电网向能源互联网升级，助力我国实现"碳达峰碳中和"目标。

自改革开放以来，我国正经历着世界历史上最大规模的城镇化进程，2018年中国城镇化率已达到59.58%。在此过程中能源领域面临能源资源消耗强度大、清洁能源利用不足等问题，综合能效水平远低于欧美等发达国家，城镇发展需要进入提质升级阶段。2014年，国务院印发《国家新型城镇化规划（2014—2020年）》，提出了以"城乡统筹、城乡一体、产城互动、节约集约、生态宜居、和谐发展"为特征的新型城镇化战略，国家发展和改革委员会印发的《2019年新型城镇化建设重点任务》对中国城镇化发展提出了更明确、更全面的要求。在城镇化高速推进的过程中，能源领域还存在很多问题没有得到妥善解决，综合能源利用效率偏低、清洁能源占比不高、供需互动不足等问题愈加凸显，城镇能源系统亟待提质升级。国家发展和改革委员会《关于推进"互联网＋"智慧能源发展的指导意见》将融合"互联网＋"的能源互联网作为推动新型城镇化发展与能源结构清洁化转型的重要支撑。

为使相关领域技术人员和学者更好地了解学习城镇能源互联网的关键技术及应用，笔者编写了此书。本书依据《关于推进"互联网＋"智慧能源发展的指导意见》，结合我国城镇化发展现状，以融合"互联网＋"的能源互联网先进技术为基础，以能源分析与预测技术为总体路线，针对新型城镇能源系统基本构成要素及城镇发展的能源需求及演变规律，介绍了城镇能源互联网能源系统规划设计理论与方法；针对电、冷、热、气等多能流不确定性系统运行机理以及不同类型能源之间的转换机制，阐述了城镇能源互联网运行优化与能量优化管理技术；基于用户个体及群体的能源消费特征，分析了城镇能源互联网多能预测、交易模式及信息支撑技术；针对新型城镇能源互联网"能源—经济—环境"一体化的特点，以多能协同、绿色低碳、安全高效等能源互联网的发展要求为目标，提出了能源互联网技术经济评价理论与方法；进而通过城镇能源互联网示范工程及其实践经验验证了"规划—运行—交易—评价"全链条体系的有效性、经济性、可靠性。本书针对城镇能源互联网的关键科学技术问题——多能源耦合下城镇能源系统综合规划和运行优化、分布式多能源荷预测不确定性量化与市场化交易策略等进行了深入探讨。当前，关于城镇能源互联网的书籍还很少，希望本书能够在推动城镇能源互联网关键技术方面发挥积极作用。

能源领域相关理论和实践还在不断发展，书中难免存在一些疏漏和不足之处，敬请广大读者批评指正。

编者

2022 年 6 月

目 录

概述

1.1　城镇能源互联网概述

改革开放以来，我国经历了世界历史上规模最大、速度最快的城镇化进程，在此过程中，城镇能源系统存在着能源资源消耗强度大、综合能效偏低、碳排放压力大、供需互动不足等共性问题。我国城镇综合能效水平远低于欧美发达国家，且清洁能源占比低、负荷互动水平低，我国城镇发展需要进入提质升级阶段。

能源互联网是一种互联网与能源生产、传输、存储、消费以及能源市场深度融合的能源产业发展新形态，具有设备智能、多能协同、信息对称、供需分散、系统扁平、交易开放等主要特征。在全球新一轮科技革命和产业变革中，互联网理念、先进信息技术与能源产业深度融合，正推动能源互联网新技术、新模式和新业态的兴起。能源互联网是推动我国能源革命的重要战略支撑，对提高可再生能源比重，促进化石能源清洁高效利用，提升能源综合效率，推动能源市场开放和产业升级，提升能源国际合作水平具有重要意义。

城镇能源互联网具有多能协同、交易开放的特点，能源互联网技术可改变城镇用户的用能方式，将成为解决中国城镇化进程中能源问题的有效途径之一。

1.1.1　中国城镇化

改革开放以来，伴随着工业化进程加速，中国城镇化经历了起点低、速度快的发展过程。2021 年我国城镇常住人口已由 1978 年的 1.72 亿人增加到了 9.14 亿人，城镇化水平由 17.9％提高到 64.72％。当前，我国已进入城镇化中后期，城镇化速度逐渐放缓，不同地域的城镇人口集聚特征差异明显，发达地区人口流动近域化趋势加强，流动人口落户需求呈现多元化特征。中国城镇化率增长曲线（1982～2018 年）如图 1-1 所示。

城镇化与能源发展始终相辅相成、密切关联。经济快速增长推动城镇化进程加速，城镇化进程加速促使整体能源消费水平提高，而城镇化进程中高耗能产业的迅速发展，又造成污染物排放急速增加。我国城镇化进程不可避免地面临着能源稀缺、环境污染等诸多挑战。

1.1.2　城镇能源互联网内涵和特征

传统的城镇能源系统由于缺乏能源互联途径，存在综合能效低、清洁能源占比低、供需互动不足等问题。新型城镇是我国城镇化发展的方向，具有城乡统筹、城乡一体、产城互动、节约集约、生态宜居、和谐发展六大特征。

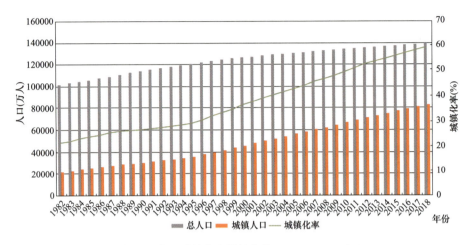

图 1-1　中国城镇化率增长曲线（1982～2018 年）

面向新型城镇的能源互联网将具有互联互通、产消一体、交易多元等特点。依托于能源互联网的新型城镇能源系统将打破各能流之间的壁垒，使电、热、冷等能源互联互通，大幅提升能源系统效率，并开放能源交易市场，提升能源供需双方的互动性。然而，随着新型城镇的发展需求和新型城镇多能系统的进一步发展，多类异质能源流系统呈现强耦合特性，能源供需双方互动多样，新型城镇的能源互联网规划和运行方式将变得更加复杂。此外，分布式可再生能源与多能负荷具有强不确定性，市场参与主体众多，市场交易信息海量，分布式多能源荷预测以及市场化交易方式都将发生改变。

1. 城镇用能特征局部差异化

中国地域广阔，各地区城镇发展迅速，伴随各地域发展目标不同，新型城镇的用能特征将呈现显著差异。

中国东部地区生产总值占全国的 51.6％，人口占全国的 38.3％，各省（自治区、直辖市）的能源生产存在不平衡现象。东部地区新型城镇的能源消耗大，对能源品质的要求高。

中国中部地区工业基础雄厚，能源资源丰富，但开发利用不足。中部地区新型城镇需要进一步大幅提高能源利用率，增强产业集聚能力，提升城镇化发展质量。

中国西部地区经济发展水平相对落后，面积占全国的 71.4％，生产总值仅占全国的 18.14％。西部地区新型城镇需要侧重利用当地资源禀赋特点，高效利用自然资源，向集约型和质量效益型转变。

中国东北部地区城镇化水平高于全国平均水平，但用能形式粗放，能源利用率偏低。东北部地区新型城镇需要更注重节能增效，改变原有的能源利用状况。

针对不同地区的地理特征、资源禀赋、经济发展状况等，在进行城镇化建设时应充分考虑共性问题与差异性问题，探索可复制、可推广、差异化的新型城镇能源互联网建设模式，从各个方面对能源进行统筹管理，实现多类能源的开放互联和调度优化，提高能源的综合使用效率。

2. 城镇能源消费广域随机化

在用户用能行为方面，新型城镇用能需求趋向多样化，用能规律难以把握，用能主观能动性更强，用能行为复杂化程度更高，随机化趋势加剧。同时新型城镇多种形式能源供应主体增多，由于各主体的利益目标不同，用户用能行为难以刻画和量化，因此增大了多主体间博弈行为的不确定性。

新型城镇发展对能源需求水平的不断提高，使得用户用能行为呈现更为广泛的随机性。需要研究分布式源荷在时间和空间上的相关性，充分评估源荷的不确定性，细致刻画用户用能行为，实现对多能源荷的精准预测。

3. 城镇能源参与主体深度多样化

伴随着多能耦合环节和分布式能源的大量接入以及特色产业的发展，不同城镇在发展过程中对能源、产业、城市发展布局的侧重点不同，目标利益主体不同，引入的参与主体类型也不同。新型城镇能源系统的参与主体呈现出深度多样化的特征。

参与主体增多将会使能源规划、运行、交易等过程更加复杂，需要考虑多方利益主体间的需求以及博弈过程。例如在规划环节，在对能源站与能源网络进行规划的过程中，既要满足使经济建设成本和环境治理成本最小，又要考虑使能源站的建设主体、能源网络建设主体、各能源系统的运营维护主体等多方利益最大化。因此，需要充分考虑新型城镇能源系统在多主体下的发展需求，研究发展多主体能源互联网技术。

4. 城镇能源市场扁平多元化

在新型城镇能源市场中，随着多能交易的引入与交易主体的增多，新型城镇能源市场呈现结构扁平化与交易体系多元化发展的趋势。新型城镇能源市场需要充分考虑能源系统中多利益主体间的对等交易和灵活互动，设计市场结构与交易体系，引进能源多级交易模式，实现能源供需动态平衡。新型城镇能源市场通过能源多级交易模式使市场参与主体增多，拓宽了能源市场宽度，从而使市场结构呈现一种紧凑的扁平化结构。

在交易体系多元化方面，电力公司、天然气公司、供热公司等多能源供应主体的增加，能源产销一体化主体的加入，综合能源服务商与能源零售商的参与，使得能源供需互动更频繁，交易更灵活，交易模式更多元。例如，以能源消费为主体的用户可以选择通过将能源需求提交给综合能源服务商，由综合能源服务商向市场集中购买能源进行集中式交易，也可以选择向能源零售商单独购买所需要的能源，或者通过与其他具有分布式能源的产销一体化用户进行双向拍卖交易来满足能源需求。

5. 信息能源耦合密集化

新型城镇能源系统中网络规模的扩大，以及量测、决策单元数量的增加，使得信息网络与能源网络的耦合交互密集。综合能源系统中多能的运行控制调度依赖于信息通信系统的实时可靠传递，系统各区域多能流的变化也时刻影响信息系统的数据采集。大量出现的信息与能源耦合交互的场景，推动新型城镇能源系统中的信息与能源逐步融合，呈现信息能源一体化特征。信息能源一体化一方面能够打破能源与信息间的壁垒，通过信息的交流指导，使能源交互更加密集、频繁，对能量的管控也更加精细，将信息采集处理、能量管控进行统一管理；另一方面，信息能源一体化也是实现分布式能源对等交易、可信交互和智能管理的重要基础，能够为多能交易市场的构建提供支持。

1.1.3　新型城镇化对能源发展的影响

2014 年 3 月 16 日，中共中央、国务院印发《国家新型城镇化规划（2014—2020 年）》（简称《规划》）。《规划》是指导全国城镇化健康发展的宏观性、战略性、基础性规划。

1. 新型城镇化将促进电力需求持续稳定增长

（1）城镇化将成为拉动内需的重要引擎，促进用电量平稳增长。为了保障农村人口落户城市后能够享受到相同的公共服务，在交通等基础设施方面的建设需要投入相应的资金进行保障。根据固定资产投资与用电量的关系计算，预计用电量每年至少将增加 897 亿 kWh，增速提高 1.7 个百分点。

（2）城镇化将使家用电器的数量增多，电气化水平得到提高。随着越来越多的农村人口落户城市，居民生活条件的改善，使得家用电器数量增多，电气化水平得到提高。按照 2012 年全国城市人均用电量与农村人均用电量的差距计算，城镇化将使用电量每年至少增加 16 亿 kWh。

2. 新型城镇化将使电力需求分布呈现新特征

（1）中西部地区人口集聚程度提高将导致该地区用电增速进一步超越东部地区。中西部地区的四大城市群将承接国际及沿海地区产业转移，依托优势资源发展特色产业，发挥吸纳东部返乡和就近转移农民工的作用，预计人口由西向东转移的趋势将有所减缓；东部地区的产业结构将逐渐以服务业为主，用电增长进一步减缓，预计中西部地区的用电量增速将进一步超越东部地区。

（2）城市与农村电力需求差距将进一步缩小。城乡一体化将提高现代农业发展水平，并逐步实现基础设施和公共服务设施的共建共享，使农民在生产、生活上的电力需求得到明显提高，城乡电力需求差距进一步缩小。

3. 新型城镇化对配电网提出智能化和协同化的新要求

《规划》强调城镇化发展向质量型转变的主要抓手是公共服务的均等化。供电服务是公共服务的重要内容，配电网则是提供供电服务的主要载体。

（1）新型城镇化从两个层面对配电网提出智能化的新要求。一是要推进新能源示范城市建设和智能微电网示范工程建设，支持分布式能源的接入；二是发展智能电网，推进居民和企业用电的智能管理。

（2）新型城镇化从两个层面对配电网提出协同化的新要求。一是配电网规划要与城市规划协同推进，相互衔接；二是配电网要与水、路、气等其他基础设施协同发展，形成城乡联网、共建共享的格局。

1.2　国内外能源互联网发展现状

2004 年，《The Economist》发表的文章 Building the Energy Internet 首次提出了能源互联网（energy internet）的概念。随后，世界各国先后提出了能源互联网发展战略和项目计划，如德国提出 SINTG、欧盟提出未来智能能源互联网、日本提出数字电网，中国提出全球能源互联网、"互联网＋"智慧能源等。各国/地区能源互联网发展理念和特征见表 1-1，这些理念各有侧重，主要包括物理互联和信息互联两种类型。

表 1-1　　　　　　　　　　各国/地区能源互联网发展理念和特征

国家/地区	项目	侧重点	特征
德国	SINTG	信息互联	核心在于发电侧与用电侧的智能互联，以及创新电网技术、运营管理及商业概念的应用，以测试能源转型数字化的新技术、服务、流程和商业模式
欧盟	未来智能能源互联网	信息互联	核心在于构建未来能源互联网的信息与通信技术（information and communications technology，ICT）平台，支撑配电系统的智能化；通过分析智能能源场景，识别 ICT 需求，开发参考架构并准备欧洲范围内的试验，最终形成欧洲智能能源基础设施的未来能源互联网 ICT 平台
日本	数字电网	物理互联 信息互联	互联网技术和能源网络的深度融合，将同步电力网细分成异步自主、相互联系的局域网，为电力系统中的每个基础单元分配 IP，通过电力路由器实现能源流和信息流双向传输
丹麦	Energylab Nordhavn	物理互联	以电热互联为主体的城市区域能源互联网工程。系统的灵活性来源包括大型热电联产设备、各类热泵、大型电力储能与热力储能设备、电动汽车、智能楼宇和为低温区供暖系统提供二次升温的直接加热设备，以及具有储能功能的电加热器等。优化协调区域内部电网、热网、灵活性设备和传统电、热负荷，以及各相关利益主体之间的运作
中国	全球能源互联网	物理互联	以电为中心搭建骨干网架，电力网络在物理空间上不断扩大，国内、洲内和洲际逐步互联，实现可再生能源的跨区互补和消纳
	"互联网＋"智慧能源	信息互联 物理互联	一种互联网与能源生产、传输、存储、消费以及能源市场深度融合的能源产业发展新形态，具有设备智能、多能协同、信息对称、供需分散、系统扁平、交易开放等主要特征

1.2.1　国外能源互联网发展现状

1. 德国 SINTG

2016 年 12 月，德国"智慧能源——能源转型数字化"展示计划（SINTG）正式启动。SINTG 计划在德国五个大型示范区域进行能源数字化研究及试点项目，核心在于发电侧与用电侧的智能互联，以及创新电网技术、运营管理及商业概念的应用，以测试能源转型数字化的新技术、服务、流程和商业模式。德国联邦经济与能源部（BMWi）为该展示计划共出资 2 亿欧元，加上企业投资总额超过 5 亿欧元，共有 300 多个项目合作伙伴参与其中。

SINTG 的每一个示范区都是一个"仿真实验室"，将为能源转型所面临的技术、经济和监管挑战提供示范性解决方案。SINTG 的主要任务是绘制出能在其他地区和联邦州实施的"蓝图"，因此需要对五个示范区的成果和经验进行整理、评估和交流。参与 SINTG 的五个示范区已于 2017 年启动项目工作。

SINTG 涉及智能居住管家调控暖气使用、钢铁厂灵活可控的熔炼炉等方面，为未来能源系统提供了许多新的技术和解决方案。从 2020 年起，SINTG 获得的成果将进入规模化量产阶段，相关参与方正在收集和整理相关成果，以在下一步能源转型进程中向各参与方提供新的建设计划方案。

2. 欧盟未来智能能源互联网

2011 年欧洲启动了未来智能能源互联网（future internet for smart energy，FINSE-NY）项目，该项目的核心在于构建未来能源互联网的 ICT 平台，支撑配电系统的智能化；通过分析智能能源场景，识别 ICT 需求，开发参考架构并准备欧洲范围内的试验，最终形成欧洲智能能源基础设施的未来能源互联网 ICT 平台。

荷兰电工材料协会致力于领导并推广欧盟的能源互联网建设，希望通过建设能源互联网，将数千个小型电厂产生的电能汇集并输送，建立一个能基本实现自我调控的智能化电力系统。2017 年，瑞士相关政府机构和产业集团发起了对智能能源互联网远景的研究工作，德国开展了以 ICT 为基础构建未来能源系统的开发和测试工作。

3. 日本数字电网

2011 年，日本开始推广数字电网（digital grid）战略规划，数字电网的概念最初由东京大学教授阿部力也提出，旨在借鉴互联网概念重组国家电力系统，将同步电网细分成异步自主但相互联系的局域网，为发电机、风电、光伏发电、存储系统等电网基础结构分配相应的 IP 地址，通过电力路由器与现有电网和局域网相连，识别发电设备及用电设备，实现能源分配。

2015 年，3 台电力路由器在和仓温泉酒店试点运行，5 台电力路由器在福岛 Sun Flex Nagatani-en 项目上试点运行；2017～2019 年，开展了 Urawa Misono 项目试点，连接 5 所住宅用户、一个光伏电站和一个商场，但未涉及真实电力市场交易。

4. 丹麦 Energylab Nordhavn

丹麦的 Energylab Nordhavn（2015～2019 年）是在北港地区建设的以电热互联为主体的城市区域能源互联网工程。该工程沿用了灵活性交易平台的理念，并将其拓展到热力系统，使该区域内的热力公司也可参与并受益。

系统的灵活性来源包括大型热电联产设备、各类热泵、大型电力储能与热力储能设备、电动汽车、智能楼宇、为低温区域供暖系统提供二次升温的直接加热设备，以及具有储能功能的电加热器等。截至 2017 年，该项目已经为区域内所涉猎的 4 个灵活性需求方设计了以电、热负荷联合调度为代表的 9 类智慧能源网络服务产品，用于优化协调区域内部电网、热网、灵活性设备和传统电、热负荷，以及各相关利益主体之间的运作。

1.2.2　国内能源互联网发展现状

1. 全球能源互联网

全球能源互联网是以特高压为骨干网架、全球互联的坚强智能电网，是清洁能源在全球范围大规模开发、输送、使用的基础平台。全球能源互联网的实质是"智能电网＋特高压＋清洁能源"，其中智能电网是基础、特高压电网是关键、清洁能源是根本。

智能电网是在传统电力系统基础上，通过集成应用新能源、新材料、新设备和先进传感技术、信息通信技术和自动控制技术，形成的具有高度信息化、自动化、互动化特征的新型现代化电网，可以更好地实现电网安全、可靠、经济、高效运行。发展智能电网是实现我国能源生产、消费和技术革命的重要手段，是发展能源互联网的重要基础。从产业链来看，智能电网以特高压电网为骨干网架、以各级电网协调发展的坚强网架为基础，以通信信息平台为支撑，具有信息化、自动化、互动化特征，包含电力系统的发电、输电、变电、配电、用电和调度各个环节。2009～2020 年，国家电网公司总投资 3.45 万亿元，其中智能化投资 3841 亿元，占电网总投资的 11.1%。截至 2011 年，中国智能电网历经规划试点、全面建设，已步入引领提升阶段，成为实施新的能源战略和优化能源资源配置的重要平台。

特高压建设方面，截至 2020 年底，国家电网有限公司已累计建成投运"14 交 12 直"特高压输电工程，在建"3 直"特高压输电工程，在运在建 29 项特高压输电工程，线路长度达到 4.1 万 km，变电（换流）容量超过 4.4 亿 kVA（kW），累计送电超过 1.6 万 kWh。中国特高压建设在保障电力供应、高效利用清洁能源、维护电网安全等方面发挥了积极作用，同时也培育了一批核心装备制造企业，如国电南瑞集团有限公司（核心设备换流阀的市场份额超过 50%）、中国西电集团有限公司、特变电工股份有限公司等，形成了特高压相关产业链优势。

清洁能源发展方面，中国清洁能源产业开发利用规模居世界第一。截至 2020 年底，中国可再生能源发电装机容量规模达 9.3 万亿 kWh，占总装机容量比重超 24.4%，其中水电 3.7 亿 kW，风电 2.8 亿 kW，光伏发电 2.5 亿 kW，生物质发电 2950 万 kW，可再生能源发电量达 2.2 万亿 kWh，占全社会用电量比重超 29.5%。

2020 年 9 月，中国作出"二氧化碳排放力争于 2030 年前达到峰值，努力争取 2060 年前实现碳中和"的庄严承诺。在此背景下，清洁能源行业将继续保持强劲增长势头，而能源互联网作为清洁能源大规模开发、大范围配置、高效利用的基础平台，也将得到大力推动和发展。

2. "互联网＋"智慧能源

除了倡导大范围、大规模资源优化配置的全球能源互联网，中国还同步大力推动以靠近能源消费侧为基本特征、以满足用户需求为基本目标的区域能源互联网建设，并出台了大量相关政策，以促进能源互联网在能源消费终端的创新应用和落地实施。按照其发展历程可分为初期研究、试点示范、规模发展三个阶段。

（1）初期研究阶段（2004～2015 年）。自能源互联网概念首次被提出，国内学术界和工业界就密切关注，并开展了大量前期研究，为后续政策制定、项目示范和产业发展奠定了基础。2014 年，《国家新型城镇化规划（2014—2020 年）》，提出走以人为本、四化同步、优化布局、生态文明、文化传承的中国特色新型城镇化道路，分析了我国能源资源和生态环境面临的严峻形势和能源转型发展的迫切需求；2015 年 3 月，《关于进一步深化电力体制改革的若干意见》（中发〔2015〕9 号）出台，拉开了深化电力体制改革的序幕；2015 年 7 月，《国务院关于积极推进"互联网＋"行动的指导意见》（国发〔2015〕40 号），提出 11 项"互联网＋"行动，指出"互联网＋"智慧能源旨在通过互联网促进能源系统扁平化，推进能源生产与消费模式革命，提高能源利用效率，推动节能减排。

（2）试点示范阶段（2016～2018 年）。2016 年 2 月，国家发展和改革委员会、国家能源局、工业和信息化部共同出台《关于推进"互联网＋"智慧能源发展的指导意见》，进一步明确定义了"互联网＋"智慧能源，并提出三年内建成一批不同类型、不同规模的试点示范项目，攻克一批重大关键技术与核心装备，能源互联网技术达到国际先进水平。此后，国家和地方政府相继出台了一系列相关政策（见表 1-2），推动不同地区、不同类型的示范项目建设，积累了重要的试点示范经验。

表 1-2　　　　　中国能源互联网试点示范主要相关政策（2016～2018 年）

时间	文件名	发布主体	相关内容
2016 年 2 月	《关于推进"互联网＋"智慧能源发展的指导意见》	国家发展和改革委员会、国家能源局、工业和信息化部	包括推动建设智能化能源生产消费基础设施、加强多能协同综合能源网络建设、营造开放共享的能源互联网生态体系等十大重点任务
2016 年 7 月	《关于推进多能互补集成优化示范工程建设的实施意见》	国家发展和改革委员会、国家能源局	面向新城镇、新产业园区等新增用能区域，建设终端一体化集成供能系统；在青海、甘肃、宁夏等大型综合能源基地，建设风光水火储多能互补系统

续表

时间	文件名	发布主体	相关内容
2016 年 8 月	《关于组织实施"互联网+"智慧能源（能源互联网）示范项目的通知》	国家能源局	开展能源互联网综合试点示范：园区、城市、跨地区三类；开展典型创新模式试点示范：电动汽车、灵活性资源、智慧用能、绿色能源灵活交易、行业融合五类
2017 年 1 月	《关于公布首批多能互补集成优化示范工程的通知》	国家能源局	首批共 23 个项目，其中终端一体化集成供能系统 17 个、风光水火储多能互补系统 6 个
2017 年 6 月	《关于公布首批"互联网+"智慧能源（能源互联网）示范项目的通知》	国家能源局	首批"互联网+"智慧能源（能源互联网）示范项目共 55 个，其中能源互联网综合试点示范项目 29 个、典型创新模式试点示范项目 26 个
2018 年 12 月	《关于开展"互联网+"智慧能源（能源互联网）示范项目验收工作的通知》	国家能源局	按照"验收一批、推动一批、撤销一批"的思路，对首批"互联网+"智慧能源（能源互联网）共 55 个示范项目开展项目验收工作

在国家能源发展战略的指导下，2017 年 11 月，国家电网公司下发《关于在各省公司开展综合能源服务业务的意见》，制定相关重点任务，明确开展综合能源服务业务的实施主体，制定灵活的市场营销策略，满足客户差异化能源服务需求，扎实做好客户能源基础服务，形成以电为核心的能源消费新模式，提供多元化分布式能源服务，构建终端一体化多能互补的能源供应体系，推进"互联网+"能源服务，建立客户侧智能化能源互联网，探索能源服务新产品，实现客户资源价值的深入挖掘。

（3）规模发展阶段（2019～2025 年）。历经试点示范阶段，能源互联网进入多元化、规模化的规模发展阶段。在此阶段中国将实现以下发展目标：初步建成能源互联网产业体系，成为经济增长的重要驱动力；构建较为完善的能源互联网市场机制和市场体系，形成较为完备的技术及标准体系；形成开放共享的能源互联网生态环境，提高能源综合效率，提升可再生能源比重，化石能源清洁高效利用取得积极进展，推动大众广泛积极参与，支撑能源生产和消费革命。

2019 年 2 月，国家电网有限公司下发《推进综合能源服务业务发展 2019—2020 年行动计划》，统筹布局综合能效服务、供冷供热供电多能服务、分布式清洁能源服务和专属电动汽车服务等四大重点业务领域，计划完成 22 项关键技术设备研发，建成 20 个重点示范项目。2019 年，计划完成综合能效领域 4 项技术设备研发试点应用，实现综合能效服务业务收入超过 40 亿元。2020 年，计划完成综合能效领域 2 项技术设备研发和试点应用，实现综合能效服务业务收入超过 80 亿元。

在此阶段，能源互联网的业务模式和市场机制将在持续的探索和总结中逐步清晰，以储能、多能源集成、电力大数据、电力市场与交易平台技术等为代表的能源互联网技术蓬勃发展，夯实了中国能源互联网产业发展的基础，也将衍生更多的商业模式并促进落地应用。

1.3 能源互联网挑战与技术

1.3.1 主要挑战

（1）城镇各种能源子系统的发展互相割裂、统筹融合不足。我国城镇供能系统仍存在大量单一能源系统以及传统的冷热电三联供系统，缺乏电、气、冷、热深度耦合的多能源供应系统、控制系统和转换系统，使得不同能源供给、储备以及输配网络建设之间缺乏深入融合，存在能源利用率低、输配效率低等问题，尤其在应对重大公共危机事件时，不同能源子系统之间信息传递低效，容易引发反应滞后和处理不及时等问题。

（2）城镇能源集约利用不足、难以适应城镇化发展新要求。新型城镇化建设要求实现更加良性的城镇化发展过程，强调工业化与城镇化发展互动，工业生产与居民生活同步改善。我国在国内能源供给有限、国际能源供给不稳定的前提下，从能源利用角度来寻求供需平衡的出路是必然的，这也对未来城镇化进程中的能源利用提出了更高的要求，不仅要加强节能技术的研发、提高能源利用效率，还要改善能源利用结构，提升能源利用质量，更要改善能源利用模式，协调能源利用冲突，从而实现城镇能源集约利用。

（3）城镇综合能效偏低、清洁能源消纳不充分。城镇能源系统主要由集中的供电网络、供热、供气管网和各类分布式能源以及多样的能源负荷组成，具有供能形式丰富、用能负荷种类多元的特点，但城镇能源系统存在一些典型共性问题。

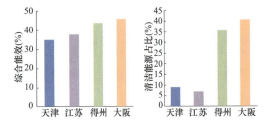

图 1-2　国内外典型城镇综合能效和清洁能源占比

图 1-2 给出了中国天津、江苏，美国得克萨斯州（简称得州）和日本大阪典型城镇综合能效和清洁能源占比的情况，表 1-3 给出了中国北京、佛山，美国洛杉矶、纽约等典型城镇的互动量占比情况。

表 1-3　　　　　　　　　　　　　　　典型城镇互动量占比

地点	时间	削减量（MW）	占负荷比重（%）	响应情况	激励类型
北京	2015 年 8 月	70	0.37	提前 30min	补贴
佛山	2015 年 7 月	42	0.42	日前通知为主	补贴
洛杉矶	2001 年 9 月	1020	10	日前与计划前	分时电价与补贴
纽约	2006 年 8 月	530	5	日内现货市场	基于激励

从图 1-2 和表 1-3 可以看出，中国城镇综合能效水平要比美国、日本等发达国家约低 10%，清洁能源占比更是低了近 30%，互动量占负荷总量比重低于 1%。城镇能源系统存在综合能效低、清洁能源占比低、供需互动不足等典型共性能源问题，中国城镇化进程在能源领域的追赶任务艰巨。

1.3.2　关键技术

围绕我国城镇化进程中的能源发展问题，需要加强对能源规划、运行、交易、评价及示范应用的整体研究。为此，本书提出一种面向新型城镇的能源互联网关键技术的研究框架，如图 1-3 所示。新型城镇能源系统多能源耦合及可再生能源出力和用户能源消费强不确定性这两条主线贯穿"新型城镇能源系统规划设计—能源系统运行优化—多能预测与交易模式—能源互联网技术经济评价—平台与示范工程"这五个环节始终；在此基础上，将这两条主线和五个环节划分为多能系统规划，多能系统运行优化，多能预测、交易，多维度评价方法和示范应用五部分内容开展研究。其中多能系统规划与多能系统运行优化对应解决科学问题 1，多能预测、交易对应解决科学问题 2，通过多维度评价方法对以上环节进行评价，并使研究成果在示范应用中体现。

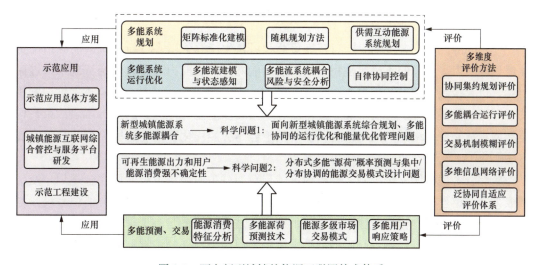

图 1-3　面向新型城镇的能源互联网技术体系

1. 新型城镇能源系统规划设计

（1）能源系统架构。有关能源系统架构的研究主要探讨的是城镇层面的能源系统、区域层级下的能源系统和用户级的能源架构，虽然关于能源系统架构的研究已逐渐完善，但仍缺乏一个综合全面的架构体系将以上架构联系起来，以形成一个统一的能源系统架构理论体系和研究方法。因此，新型城镇能源系统需要构建一种集中式/分布式与端对端相结合的能源系统架构。

考虑时空差异性和区域用能特性，分析区域用能需求，研究城镇级、局域级以及用户级能源系统的源网荷储构成要素，分析不同类型城镇电、气、冷、热等能源系统功能定位和相互间的耦合特征。对于促进新型城镇能源系统协同发展的关键因素的挖掘，可利用模糊理论和因素辨识法通过模糊识别因素间联系的优势找出关键因素。基于城镇发展的能源需求及演变规律,研究具有分布式参与性及多样性的新型城镇能源系统形态布局。

(2)能源站协同规划。由于新型城镇能源系统源荷种类多样、耦合形式复杂,且研究工作中缺少能够有效反映能源特性的模型,因此在进行能源系统规划时需要针对电力、天然气及供热(冷)系统的源网荷储进行精准建模。

对于新型城镇能源站建模的研究,可采用在线性化处理上具有优势的标准化矩阵建模理论,研究区域能源站节点—支路—端口特性,构建能量平衡模型。考虑风电、光伏发电、分布式电储能、电蓄热、变配电站、冷热电三联供及地源热泵等多种分布式能量单元,通过对能源站各耦合环节能量交互方式的分析,建立能源设备详细模型,研究多能互补能源站供用能拓扑结构优化与关键组件优化配置方法。

在求解方法方面,随着对综合能源系统模型的精准建模,规划模型往往是非线性模型,不仅求解难度加大,而且求解时长加长,可以通过拓扑图理论、矩阵变换等将规划模型由非线性模型松弛为线性模型,从而加快模型求解效率;同时也可以对智能算法进行改进,提出新的高效求解算法。

(3)能源网络综合规划。随着多能负荷和可再生能源的增多,新型城镇能源不确定性也相应增大。源荷的不确定性将直接影响多能网络供能能力与建设的经济成本,进而影响管道及线路的铺设、扩容改造。可利用 Copula 理论在准确描述多重不确定性因素相关性方面的优势,计及源荷不确定性对能源网络和多能互补能源站的运行风险约束,构建新型城镇能源网络随机规划模型,提出基于群体智能优化算法和随机模拟的高效求解方法。

应综合考虑系统安全准则、运行约束进行新型城镇的能源系统站网联合规划,使站网成为一个整体,以提高负荷的转带能力。对于固定拓扑结构的区域综合能源系统,存在使系统关键参数在允许范围内稳定运行的可行域,以及满足 $N-1$ 安全工作点集合的安全边界,其形状、体积等性质指标是应用于能源系统规划的依据。考虑系统安全边界约束的能源系统规划,一方面将使系统规划更全面;另一方面减轻逐一校核系统故障的计算压力,同时可将衡量系统安全效率优劣的指标纳入目标函数。

(4)互联互动规划。新型城镇下电动汽车、储能以及可调负荷较多,用户侧需求具有较大弹性,供需双侧互动复杂。由于供需互动,用户侧需求将在不同时间层面发生改变,影响规划结果,所以需要考虑电动汽车、储能、柔性负荷的可调节性,采用需求弹性理论构建多能负荷中长期需求响应模型;计及能源价格,研究电动汽车充放电策略、储能调控策略、需求管理策略对典型用能曲线的影响。

可调资源参与供需互动将改变系统的能源分配,影响系统的供能能力。分析不同的可调资源参与互动对系统最大供能能力的影响,可充分满足用户需求,保障规划方案的可行性。可以通过分析综合需求侧管理对能源站平衡约束的松弛调节特性,基于随机规划与鲁棒优化理论,研究考虑多能负荷分级与互动的能源站规划设计方法;利用多层优化技术和条件风险价值理论,建立考虑源荷协同管理和供能可靠性的能源网络规划设计模型，并提出相应的高效求解策略。

综上所述，综合建模复杂、不确定性因素多样、供需双侧互动频繁等对新型城镇能源系统规划影响显著的问题，需从模型机理、规划算法、展示方式等多方面进行技术革新，满足全面统筹规划的要求。

2. 能源系统运行优化

（1）多能流系统建模和状态感知。电、气、冷、热等传统领域的建模方法较为成熟完善。电力网络模型主要遵循电磁学定律，用电网潮流模型来描述，并有整套的网络分析方法；天然气网络模型主要遵循流体力学定律；供热（冷）网络模型遵循流体力学定律和热力学定律，用热力和水力两个主要模型进行描述。状态感知分析在电力系统领域较为成熟，而由于能源特性不同，各能流呈现出不同的运行特性，无法直接将电力系统中的相关状态感知分析方法套用在天然气、供热（冷）系统中。

为实现多能流系统的运行优化调度，需要从基础模型出发，分析电、气、冷、热等多种异质能源流、物质流、信息流特征，分析电量、热量的输运、储存和转换过程的共性规律，建立多能流系统中能量/工质在输运、储存、转换过程的本构关系，形成多能流系统驱动势、流、阻抗/容抗之间的"广义欧姆定律"，并考虑系统运行方式，挖掘多能流系统的能量耦合特性，分析不同能流之间的耦合和转换关系，建立能量转换器耦合矩阵，形成能源流、物质流与信息流之间的动态耦合机制。基于异常数据辨识方法和数据校正方法，结合多能流系统分布式状态估计算法，对多时间尺度耦合模型进行自适应更新。

（2）多能流系统安全运行分析与控制。安全是系统持续运行的基本保障，由于多能流系统中具有大量强不确定性的新能源发电及负荷，以及安全等级较高的重要负荷，因此多能流系统的相互作用机理更为复杂，安全问题也更加突出。在多能流系统安全分析方面，研究基础比较薄弱，包括考虑时间尺度特性的电、热耦合网络在各种扰动情况下的相互影响机理和过程，以及多能流静态安全分析的基本概念和方法，但以上研究还未能充分考虑多能流动态的多时间尺度特性。在多能流系统安全控制方面，研究成果较少，只是对多能流的最优能流与概率能流稍有涉猎。

为解决上述安全分析与控制问题，需基于系统不同异质能源设备故障时的连锁故障发生机制进行研究，实时分析故障条件下系统设备的多时间尺度运行安全边界；通过构建故障相依的系统安全运行灵敏度矩阵，考虑分布鲁棒优化在处理随机变量分布信息和鲁棒优化特性的静态安全校正控制问题上的有效性，利用分布鲁棒优化进行多能流系统的风险评估，确定多能量流系统实时运行的安全状态和潜在的安全隐患，制定面向安全运行的多能流系统最优控制策略。

（3）能源系统中长期能量优化管理技术。现阶段对能量优化的研究相对比较丰富，在优化调度模型、优化算法和效益分析等方面都有所突破，并取得了一定进展，包括以太阳能发电和多能流系统为基础，在多目标优化条件下的冷、热、电优化调度模型和策略；考虑了不同能流系统的网络约束和动态过程的热电、气电联合优化运行。但相关研究还处于初级阶段，尚未充分考虑多时间尺度特性和多管理主体对综合能源系统运行优化与能量优化管理的影响，并且如何高效求解多能流能量优化问题尚待进一步明确。

为充分发挥其源网荷储协同、多能互补的优势，实现经济调度，需基于多能源供需融合的新型城镇能源系统典型能量交换场景，分析聚合源荷特性的各主体互动可调度潜力；建立基于递阶模型预测控制的多能流动态优化调度体系，提出"日前资源组合—日内滚动优化—实时调控"的动态优化调度框架；建立不同能流采用不同调度周期的混合时间尺度优化调度机制。分析新型城镇内的能源互联网层级关系，采用集群解耦快速求解算法，将复杂的层级关系进行解耦分层，提出自律运行基础上的分层分布式协同优化运行方法。此外，在对新型城镇内不同季节、不同行业能源主体长时间尺度用能特性分析的基础上，结合用户供需关系及能源价格机制，制订年度、季度和月度等中长期能量优化与管理策略。

综上所述，多异质能流耦合复杂、各能源供需随机性强、多主体互动不确定性强、不同利益主体协调困难等问题给新型城镇能量管理带来了挑战，需从系统建模和状态感知、运行优化算法、安全校核分析、中长期能量优化管理等方面进行多角度全方位技术创新，实现运行优化与能量优化管理的目标。

3. 多能预测与交易模式

（1）用户个体及群体能源消费特征分析。对用户能源消费特征的分析主要集中在对整个城镇或地区的用户集体用能特征、用户季节性用能特征及特定类别用户用能特征的分析，但对利用海量用户数据进行分析、考虑用户用能行为随机性的研究较少。

传统用户用能特征分析方法仅依靠固定范围时间序列分析、面板数据建模及局部特定用户统计调研进行定量分析。由于新型城镇能源互联荷侧具有用户多样、信息海量、行为复杂的特征，因此利用传统特征模型分析方法存在适用范围窄、精度低、鲁棒性差等问题。为实现用户特征精确描述及其能源消费行为准确量化，需要以电、气、冷、热等海量多源异构数据和多时空海量用户数据为基础，建立综合评价方法、计量经济模型、能源预测模型。同时探索基于人工智能与数据深度挖掘技术的用户侧用能特征分析方法，建立用户个体及群体标签化用能画像和能源消费模型，实现用户供用能数据多维分析、用户智能用电策略分析，提供数据增值服务业务和综合能源服务。

（2）分布式多能源荷预测技术。针对多能源荷预测的方法主要可分为物理模型、时间序列模型和人工智能模型等。近年来，应用人工神经网络等人工智能技术充分挖掘多能源荷数据的潜在特征以提高预测精度的研究成为热点，如基于小波支持向量机的风电功率预测模型、基于反向传播神经网络的负荷预测模型等。当前研究热点主要集中于短期、超短期预测，并已经在可再生能源发电优化调度、冷热气管网综合规划设计等方面得到了应用。

新型城镇能源互联网中，分布式可再生能源出力和多能源负荷易受天气、工休日、地理信息等环境因素影响，多能源荷预测结果存在较大不确定性，这给系统优化调度、运行管理和能源市场化交易等带来了困难，因此需要对预测结果不确定性进行有效量化。近年来有学者开展了对多能源荷概率预测技术的研究，即输出结果不是单独的预测点，而是具有一定置信水平的概率预测区间或预测结果的概率密度函数，如利用 Boosttrap 和极限学习机进行风电概率预测、利用直接分位数回归进行风电功率概率预测、基于极限学习机和分位数回归利用线性规划方法进行光伏发电区间预测、基于径向基函数神经网络进行电力负荷概率预测等。多能源荷概率预测技术可为综合能源系统运行优化和经济调度提供更可靠的决策信息支撑，是多能源荷预测研究热点之一。

（3）分布式能源交易模式及多能用户响应策略。城镇或区域范围内的分布式能源交易大多以电交易为主，但已有较多以微电网为背景的分布式能源交易模式的研究，微电网通常先在其内部进行发用能设备的优化调度或产消者间的能源交易，再与其他微电网或主网交易内部调度或交易的不平衡量。考虑电—热耦合或电—热—气耦合的分布式综合能源交易模式的研究仍处于起步阶段，如综合考虑决策型能源主体和灵活负荷的基于节点电价模型的局域电—热耦合市场模型，但其本质上仍属于集中管理、统一出清的中心化交易模式，如何将不同类型的能源商品进行统一并流通仍是综合能源商品一体化交易的关键问题；基于新型离散化数字货币 NRGcoin 的可再生能源交易模式，采用电能交易市场与金融市场互相独立的交易方法。

随着电力市场的快速发展，用户参与市场的程度逐步提高，已有不少学者针对微电网、电动汽车、商业建筑、智能住宅等各类用户在市场环境下的优化响应进行了广泛而深入的研究。然而，当前的用户响应仍多为电能这一单一能源的响应，针对融合的电、气、冷、热等多种用能需求的多能用户的综合响应的研究较为初步，如考虑网络约束和能源零售商的电动汽车与热泵的优化响应模型；考虑电力市场和天然气市场的用于耦合能量系统中的消费者的优化响应的交互方法，其中分布式能源以虚拟发电厂（VPP）的形式进行协调运行。

综上所述，在多能预测、交易模式方面，当前城镇能源系统中存在可再生能源和多能负荷预测不确定性量化困难、分布式能源多主体间交易效率低、自主协调能力弱、信息壁垒严重等问题，需研究城镇能源互联网多能预测、交易模式、用户响应技术，为实现"互联网＋"行动提供有力支撑。

4. 能源互联网技术经济评价

（1）能源系统综合规划的多阶段评价。新型城镇能源系统规划是一个随机的复杂动态优化过程，规划方案的实现需要经过较长的过程，在不同的规划阶段不仅需要兼顾长期目标与短期利益的有机平衡，同时还需要兼顾经济性、可靠性等多重目标。当前研究对于评价指标的设置略显单一，缺少量化评价能源集约程度的评价指标，所以需要考虑区域用能互补特性、需求差异性与用户互动特性，从投入产出效益、系统耦合度、耦合效率及生态环境影响等方面，量化分析能源系统优化配置的集约程度，并提出考虑集约程度的能源系统综合规划评价指标体系。同时传统的对规划的评价方法无法准确量化规划结果对各阶段能源系统建设的影响情况，需要考虑能源系统各阶段发展的差异性，提出能源系统规划多阶段评价标准，实现新型城镇能源系统规划的多阶段评价。

（2）能源系统多能耦合运行评价。当前能源系统的运行评价指标主要基于技术经济性、技术可靠性、环境效益等单一维度，研究对象主要是源—源横向互补的多能互补系统，尚未实现考虑能源耦合特性源网荷储纵向互补综合能源系统在可靠性、灵活性、供能质量、综合能效等方面的有效评价。

因此，需要对多能耦合元件故障所导致的能源系统的可靠性问题、用户用能行为和可再生能源出力的不确定性所引发的能源系统灵活性问题以及对不同品位能量的梯次利用情况进行评估。对于现有研究缺乏在纵向能源耦合互补方面的多方面评价情况，可以考虑通过利用神经网络、集合运算和数据包络等方法在分类评价、模糊评价上的优势，从运行风险、灵活性、供能质量、综合能效四个方面对多能耦合运行进行评价，建立能源系统多能耦合运行评价体系。

（3）多级能源交易与市场运营评价。在交易评价方面，传统交易评价主要针对的是单一能源系统，缺乏针对新型城镇的多主体、多交易机制的特点进行评价的研究。新型城镇多级能源交易具有能源生产与消费形式可替代化、用户类型多样化、能源交易就近化及频繁化、用户产销一体化等特征。

在交易机制评价方面，需要考虑多级能源交易机制中的体系结构、供需关系、利益分配等因素，建立能源市场多交易主体的成本收益、需求满足能力模型。针对多能交易模型评价研究缺乏、难以定性定量评估各因素对交易机制的影响程度等问题，可利用混合模糊多准则决策，从模糊分析的角度提出基于混合模糊多准则决策的能源交易机制评价方法，完善能源市场交易模型。研究多级能源市场中的交易价格、市场竞争、产销主体等方面的运营风险，分析多能源资产收益率波动、收益率的尾部分布等能源价格特征，为准确建立多元化能源市场运营的风险量化评价模型，可采用组合风险测度的方法选取风险指标，立体化多角度构建风险评价模型，量化能源交易市场运营风险。

（4）能源互联网泛协同综合评价指标体系与自适应评价方法。对评价的研究大多集中在对能源系统某一环节进行可靠性、经济性、灵活性等评价，缺乏针对整个系统全链条各环节进行的总体全面的自适应评价。

通过分析"规划—运行—交易—信息"全链条各环节的关联性，考虑规划—交易的能源供需与市场价格、运行—交易的能源转换与运营风险、规划—运行的安全可靠与灵活经济等环节的匹配程度，同时计及能源互联网对多运行场景的适应性，建立涵盖能源利用与转换效率、供能质量、清洁能源占比、交易主体参与度、信息支撑网络可靠性等核心指标的能源互联网泛协同技术经济评价指标体系；提出基于人工智能的能源互联网自适应评价方法，实现对能源互联网全链条进行全面合理的自适应评价。

综上所述，各环节要素耦合交互密集化、维度复杂化、时间尺度多样化、空间场景差异化等特点令泛协同能源系统难以沿用传统的评价体系，需要从评价因素、效果影响等方面进行全面分析，建立完备的泛协同综合评价指标体系与自适应评价方法。

5. 平台与示范工程

（1）能源互联网综合管控与服务平台。软件平台和系统是能源互联网建设中不可或缺的部分。美国的 FREEDM 系统构建了基于分布式发电技术和储能装置的能源互联网模型；德国的 E-Energy 计划中，通过开发 OGEMA 系统实现负荷设备在信息传输方面的"即插即用"管理，而其开发的能源管家系统则向参与用户提供更为自由多样的电价选项，并鼓励用户在非高峰时期用电。中国的软件平台多为建筑或工业能源管理系统，基本功能包括能源系统计量、监测、数据分析等。随着国内外能源互联网的发展以及中国综合能源服务商市场的进一步成熟，集多能即插即用接入、多能互补协同优化运行、能源灵活交易、能源设施运维等功能于一体的综合性平台必将成为区域能源互联网软件系统建设的热点。

以新型城镇能源互联网特点及综合能源服务商需求为出发点，面向能源系统多参与主体及用户，提供能源互联网综合管控与服务平台，既满足了不同用户对象的要求，又强调了智能化和双向互动，力求实现信息流的对等、互联、开放、共享。通过研究满足基础系统及工程项目所需要的平台软件、硬件架构及标准，构建多层级、多业务、多用户的数据模型，提出内外部系统数据集成框架、接口方式、标准，以及信息采集、传输与共享安全机制和标准。研发能源互联网综合管控与服务平台，并集成能源互联网各个环节研究成果，为能源服务商提供业务支撑系统。

（2）示范工程建设。国内外对综合能源示范工程的建设已初见成效。欧盟的 E-DeMa 项目将用户、能源供应商、能源销售商、设备运营商等多个角色整合到一个系统中，并进行虚拟的能源交易，通过智能能源路由器实现对能源的传输、分配、管理和控制等。英国曼彻斯特大学对综合能源系统设计和运行方法及其示范工程进行了相关研究，该项目集成用户监控终端，开发了综合能源系统与用户的交互平台，从能源利用模式、能源节约策略和需求响应三个方面对曼彻斯特能源系统进行了整合。日本柏叶的柏之叶智能城市项目运用区域能源管理系统将整个区域的能源信息集中起来进行统一处理，把简单的节约能源发展成能源循环与能源储备，还设置了备用蓄电池设备，容量约为普通备用蓄电池的 3000 倍。德国首个智能电网项目"C/sells"通过数字化基础设施（发电、配电、储能、地产）实现分散结构的大规模生产，实现生态进步和经济附加值。项目名字中的"C"代表在未来的能源系统中，自主行动的个体在区域网络中如细胞一般相互作用；"sells"代表在虚拟平台中不同的参与者能够自主且同时行动，这带来了一种新的价值供应方式和商业模式。

天津中新生态城示范项目在示范区内构建了冷、热、电多能微网，以能源站为核心，充分实现不同分布式能源的优势互补。苏州同里综合能源服务中心拥有包含能源供应、能源配置、能源消费、能源服务四大类共 15 项世界首台首套能源创新示范项目，整体构成"电网为平台、多能互补、智能配置"的新型区域能源互联网。

其他相关项目还包括欧盟的 ELECTRA 示范项目、上海迪士尼度假区示范项目等。国内外的示范项目偏重多能源的协同互补利用，对于源荷之间的互动研究还存在不足。并且中国地域广阔，自然资源分布存在差异，需要结合当地资源禀赋，针对中国南北差异大、新型城镇资源禀赋等特点建成可推广、可复制的示范工程样板。

新型城镇能源互联网示范工程结构设计如图 1-4 所示。它可以实现风、光、气、地热、生物质等多种能源形式的接入和综合管理。能源互联网综合管控与服务平台可为能源服务商在新型城镇提供综合能源服务技术支撑。在充分研究新型城镇能源互联网接入对象多样性与异构特征的基础上，以实现不同形式能源友好接入、协调运行与不同类型用户互动用能为目标，遵循示范工程相关的标准规范，通过自识别、自适应接入/退出的关键技术，研发多能协调装置。多能协调装置分为多能接入转换协调控制装置和多能采集互动终端与系统两种，其中多能接入转换协调控制装置包括能源站协同装置、储能利用装置、用户侧能量管控和交易支撑装置，其分别属于源侧、网侧、荷侧资源，另外多能采集和互动终端与系统同属于荷侧资源。在新型城镇能源互联网综合管控与服务平台基础架构研究的基础上，结合不同类型新型城镇各自的特点和需求，分别开发适合不同地域能源服务商业务需求的平台系统，通过与装置和城镇本地系统的集成，实现多种能源接入及源荷储即插即用接入和互动运行、服务模式的落地。

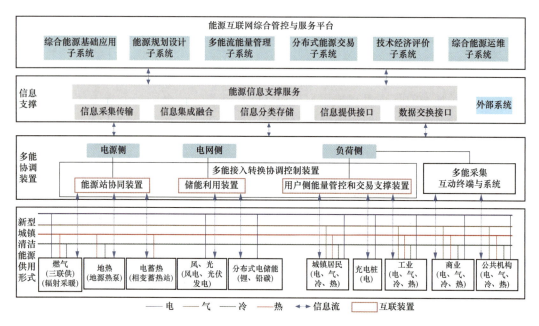

图 1-4　新型城镇能源互联网示范工程结构设计

上述示范工程建设方案通过自律协同运行优化技术、集中式交易技术、分布式交易技术、信息支撑技术等手段，实现多能互补优化分配下不同能源站之间的"源—源互动"、需求响应下能源站和多能负荷间的"源—荷互动"以及端对端式用户与用户之间的"户—户互动",全面提升新型城镇能源系统互动化水平。新型城镇能源互联网示范工程互动架构如图 1-5 所示。

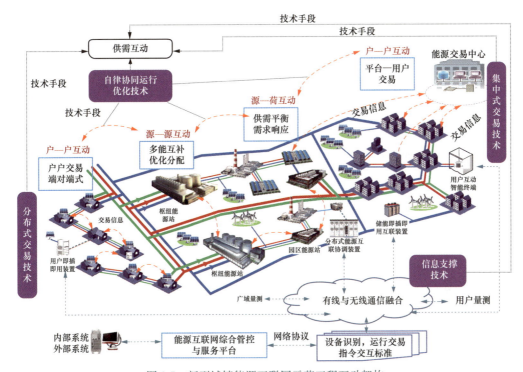

图 1-5　新型城镇能源互联网示范工程互动架构

综上所述,针对多能耦合复杂、源网荷交互密集等特征引发的多能接入、协调运行、互动用能等难题,需要从能源站协同运行、储能协调、能源管理及交易等层面革新能源管控和服务技术,并将其应用于示范工程,以提高多能的协调控制与互补利用,充分发挥综合能源系统效用。

1.4　本章小结

本章分析了面向新型城镇的能源互联网内涵和发展特征,总结了国内外能源互联网发展现状,指出"城镇各种能源子系统的发展互相割裂、统筹融合不足""城镇能源集约利用不足、难以适应城镇化发展新要求""城镇综合能效偏低、清洁能源消纳不充分"三大主要挑战,从多能系统规划、多能系统运行优化、多能预测与交易、多维度评价方法、示范应用五个方面阐述了未来面向新型城镇的能源互联网的研究框架与关键技术。

面向新型城镇的能源互联网将成为中国城镇能源系统发展的必然趋势,希望本章内容能够为面向新型城镇的能源互联网的研究提供参考,推动新型城镇综合能源体系建设,促进"互联网+"智慧能源蓬勃发展。

第 2 章

城镇能源互联网综合能源系统建模与仿真

能源互联网是一个较为宽泛的理念，强调能源系统和互联网的深度融合。综合能源系统是能源互联网的重要物理载体，涉及能源的转换、分配与有机协调，它与能源互联网主要有以下两方面的区别：①两者所涉及的领域有所不同，前者主要关注供能系统、能源交换环节与终端能源单元等物理层面的问题，而后者还需考虑信息通信、物联网等问题，并强调信息流与能量流的交互作用；②前者侧重不同能源间的协同优化，而后者主要关注不同能源系统之间的"泛在互联"以及信息与物理系统间的融合。

综合能源系统建模是对各能源子系统内在关系的抽象，是研究和掌握综合能源系统运行规律的重要手段，既要准确有效，又要高效可靠。综合能源系统仿真是一项应用技术，由能源用户的需求推动，在综合能源系统规划、设计、运行、分析及改造的各个阶段都可发挥重要作用。因此，开展综合能源系统建模与仿真分析是相关技术研究的基础，是探究多能互补特性、能量优化调度、协同规划、安全管理等方面的重要支撑。综合能源系统建模与仿真技术还不够完善，虽然已有研究人员建立了各类仿真模型和框架，但普遍存在元件库缺失、迭代求解算法复杂、未能得到严格验证等问题，离工程化实用尚有较大差距。

本章聚焦综合能源系统的稳态建模、仿真分析技术。首先分别对典型能源设备模型和能源网络模型进行梳理。然后介绍应用较为广泛的能源集线器建模理论，在此基础上，将电网、热网网络拓扑纳入考虑，提出建模更加精细的多能流转换分析方法；基于系统模型，提出基于消息总线的综合能源系统协同仿真方法及时间同步管理机制，并构建算例进行分析。最后，在上述工作基础上，开发了基于 Windows 系统的综合能源仿真分析系统，介绍了系统架构和总体功能。

2.1 综合能源系统建模方法

2.1.1 典型能源设备模型

综合能源系统集成了多种能源利用形式，通过安装各种能源设备，实现能源的耦合利用。具体而言，能源生产设备包括光伏发电设备、风机等；能源耦合与转换设备包括热电联产机组、热泵、燃气锅炉、电池储能、电转气设备等，本节主要介绍综合能源系统中的能源设备模型。

1. 光伏发电设备

光伏发电是一种利用最丰富能源创造最清洁电能的可再生能源发电技术，属于能源供给部分，对于促进能源的清洁、可靠应用尤为重要。光伏发电的输出功率取决于光伏面板单位面积接受的辐射程度，具体关系见式（2-1）。

$$P_{pv}(t) = \frac{P_{rpv}R_{\beta}(t) \times [1 + \beta(T_t - T_r)]}{R_r} \tag{2-1}$$

式中：$P_{pv}(t)$ 为 t 时刻光伏发电的输出功率；$R_{\beta}(t)$ 为 t 时刻光伏组件接受的辐射程度；P_{rpv} 为光伏组件的额定输出功率；β 为功率温度系数；T_t、T_r 分别为 t 时刻设备温度和标准环境下的参考温度，℃；R_r 为标准环境下的光照强度。

2. 风机

风能是一种清洁、可持续的可再生能源，且自然界蕴含的风能巨大，利用风能进行发电非常环保。风力发电的主要设备为风机，风机的出力与每个时刻流过风机扇叶的风速 $v(t)$ 密切相关，其具体关系见式（2-2）。

$$P_{wt}(t) = \begin{cases} 0, & v(t) < v_c \\ \dfrac{1}{2}\eta_{wt}\rho A_{wt}v^3, & v_c \leqslant v(t) < v_N \\ P_{wt}^r, & v_N \leqslant v(t) < v_f \\ 0, & v(t) \geqslant v_f \end{cases} \tag{2-2}$$

式中：$P_{wt}(t)$ 为风机出力；η_{wt} 为风机效率；ρ 为空气密度；A_{wt} 为风机叶片扫过面积在与风速垂直平面上的投影；P_{wt}^r 为风机额定功率；v_c、v_N、v_f 分别为风机的切入风速、额定风速与切出风速。

3. 热电联产机组

热电联产（combined heating and power，CHP）机组是在利用一次能源发电的同时，有效的回收发电时的余热进行能源梯级利用的能源设备。它既能生产电能，又能利用生产过程中发出的高温蒸汽供热，是能源站的核心能源转换设备。热电联产机组能量转换可通过式（2-3）进行表达。

$$\begin{cases} P_{CHP}^e(t) = \eta_{CHP}^e P_{CHP}^g(t) \\ P_{CHP}^h(t) = \dfrac{\eta_{CHP}^h}{\eta_{CHP}^e} P_{CHP}^e(t) \end{cases} \tag{2-3}$$

式中：$P_{CHP}^e(t)$、$P_{CHP}^g(t)$、$P_{CHP}^h(t)$ 分别为 t 时刻热电联产机组的电输出功率、大然气输入功率和热输出功率；η_{CHP}^e、η_{CHP}^h 分别为热电联产机组的电效率、热效率。

4. 热泵、燃气锅炉

热泵（heat pump，HP）和燃气锅炉（gas boiler，GB）是两种常见的能源转换设备，可以作为系统的热源，具有投资成本低、维修方便、应用广泛的优点。其中热泵能够将难以利用的低位热能通过逆循环的方式转换为高位热能，具有较高的转换效率。热泵按热源种类不同可分为空气源热泵、地源热泵、水源热泵等，不同热泵转换效率不同，但其热输出功率均可通过式（2-4）进行表述。

$$P_{HP}^{h}(t) = \eta_{HP}^{h} P_{HP}^{e}(t) \tag{2-4}$$

式中：$P_{HP}^{h}(t)$ 为热泵的热输出功率；η_{HP}^{h} 为热泵的转换效率；$P_{HP}^{e}(t)$ 为热泵产热消耗的电功率。

燃气锅炉可以通过燃烧天然气产生热能，相比传统的燃煤供热，具有较高的环境效益，同时，能源站中配置燃气锅炉还可以在电价较高且电负荷需求较低时，配合热电联产机组供热，进一步提升系统的经济性。燃气锅炉的热输出功率可由式（2-5）计算。

$$P_{GB}^{h}(t) = \eta_{GB}^{h} P_{GB}^{g}(t) \tag{2-5}$$

式中：$P_{GB}^{h}(t)$ 为燃气锅炉的热输出功率；η_{GB}^{h} 为燃气锅炉的转换效率；$P_{GB}^{g}(t)$ 为燃气锅炉产热消耗天然气的功率。

5. 电制冷机、吸收式制冷机

电制冷机和吸收式制冷机产生的冷能分别为

$$Q_{EC}(t) = P_{EC}(t) COP_{EC} \tag{2-6}$$

$$Q_{AC}^{c}(t) = Q_{AC}^{h}(t) \eta_{AC} \tag{2-7}$$

式中：$Q_{EC}(t)$ 为电制冷机产生的冷能；$P_{EC}(t)$ 为电制冷机消耗的电能；COP_{EC} 为电制冷机性能参数；$Q_{AC}^{c}(t)$ 为吸收式制冷机产生的冷能；$Q_{AC}^{h}(t)$ 为吸收式制冷机消耗的热能；η_{AC} 为吸收式制冷机的转换效率。

6. 电池储能系统

电池储能系统（battery energy storage system，BESS）是最具有成本效益的储能技术之一，其充放电特性可由式（2-8）～式（2-11）描述。

$$SOC_i(t) = (1-\delta)SOC_i(t-1) + P_{char}(t)\eta\Delta t - \frac{P_{dis}(t)}{\eta}\Delta t \tag{2-8}$$

$$P_{char.min} \leqslant P_{char}(t) \leqslant P_{char.max} \tag{2-9}$$

$$P_{dis.min} \leqslant P_{dis}(t) \leqslant P_{dis.max} \tag{2-10}$$

$$SOC_{min} \leqslant SOC(t) \leqslant SOC_{max} \tag{2-11}$$

式中：$SOC_i(t)$ $SOC_i(t-1)$ 为第 i 个储能设备在 t、$t-1$ 时刻的荷电状态；δ 为自放电率；$P_{char}(t)$ 和 $P_{dis}(t)$ 分别为储能设备的充、放电功率；η 为充放电效率（充电、放电效率一致）。

式（2-9）～式（2-11）分别表示储能的充电约束、放电约束和荷电状态约束。

7. 电转气设备

电转气包括电解水反应和甲烷合成两个化学过程，通过消耗电能产生天然气，其模型可由式（2-12）、式（2-13）表示。

$$E_{GAS} = \eta_{E2G} P_E t \tag{2-12}$$

$$V_{GAS} = E_{GAS}/k_{GAS} \tag{2-13}$$

式中：E_{GAS}、V_{GAS} 分别为电转气得到的天然气能量和体积；η_{E2G} 为电转气的效率；P_E 为输入的电功率；t 为电转气设备的运行时长；k_{GAS} 为天然气高热值。

2.1.2　典型能源网络模型

电力、天然气与热力作为典型用能形式，在工业生产及民众日常生活中较为常见，其相互间的耦合形式也较为多样。从能量流的角度考虑，上述三种能源具有一定的相似性，例如均满足能量平衡关系，遵守广义基尔霍夫定律；其差异性主要体现在节点属性与支路特性，这使得不同能量流对应的描述方式与求解方法均有所不同，这也是综合能源配电系统多能流统一求解的难点所在。为进一步分析上述相似性与差异性，将几类典型的能量流特性进行了对比，见表 2-1。

表 2-1　　　　　　　　　　配电系统、天然气系统及区域热力系统比较

分类	配电系统	天然气系统	区域热力系统	
			水力模型	热力模型
遵循定律	电磁学定律、欧姆定律	流体力学定律、质量守恒定律	流体力学定律、热力学定律	
主要节点类型	平衡节点、PQ 节点、PV 节点	平衡节点、负荷节点	平衡节点、负荷节点、非平衡节点的热源点	
主要分析变量	电压幅值/相角、支路潮流、节点注入功率	节点压力、管道流量	水头损失、管道流量、供/回水温度	
常见解法	牛顿法、前推回代法、回路阻抗法	牛顿节点法、牛顿网孔法	牛顿法、Hardy-Cross 水力平差法	直接求解（求逆）
时间尺度	惯性较小、调节快速	惯性较大、调节较慢	惯性大、调节慢	
典型耦合设备	热电联产机组、电转气设备、燃气锅炉、热泵、电热锅炉、区域热电站、燃料电池等			

1. 配电系统

在区域综合能源配电系统背景下，配电系统主要特征包括辐射状运行、支路 R/X 较大、三相不平衡、分支多、可再生能源渗透率高等。配电系统既是其他能源环节的输出对象（如天然气系统通过燃气轮机等组件供电），也可能是其他能源系统中耦合环节能量的供应者（如区域热力系统中的电泵、天然气系统中的电驱动压缩机等，其所需功率从配电系统获得）。随着先进电力电子技术、交直流混联、需求响应等技术的应用，配电系统与其他能源环节的互动愈发密切；可再生能源的集成与能源耦合使得电力潮流方向呈现多样化趋势，上述挑战给配电系统潮流（也即能量流）计算带来了诸多挑战，且在求解过程中，需考虑与之耦合的其他能源环节的影响。

配电系统潮流计算的基础是节点电压方程 $\dot{I} = Y\dot{U}$，用功率变量可表示为

$$\dot{\boldsymbol{I}}_m = \sum_{n=1}^{k} Y_{mn}\dot{\boldsymbol{U}}_n = \frac{P_m - jQ_m}{\bar{\boldsymbol{U}}_m}, m = 1, 2, \cdots, N \tag{2-14}$$

式中：I 为电流；U 为电压；Y 为导纳；$\dot{\boldsymbol{I}}_m$、$\dot{\boldsymbol{U}}_n$ 分别为节点 m 的注入电流和节点 n 的电压；Y_{mn} 为导纳矩阵中的元素；P_m、Q_m 为节点 m 的注入有功功率和无功功率；$\bar{\boldsymbol{U}}_m$ 为电压向量的共轭；N 为系统节点数；k 为与节点 m 相连的节点数。

节点电压用极坐标形式可表述为

$$\begin{cases} P_i^p = U_i^p \sum_{k=1}^{N} \sum_{m \in (a,b,c)} U_k^m (G_{ik}^{pm} \cos\theta_{ik}^{pm} + B_{ik}^{pm} \sin\theta_{ik}^{pm}) \\ Q_i^p = U_i^p \sum_{k=1}^{N} \sum_{m \in (a,b,c)} U_k^m (G_{ik}^{pm} \sin\theta_{ik}^{pm} - B_{ik}^{pm} \cos\theta_{ik}^{pm}) \end{cases} \tag{2-15}$$

式中：P_i^p、Q_i^p、U_i^p 分别为 i 节点 p 相的有功净负荷、无功净负荷、电压；N 为节点数；U_k^m 为 k 节点的 m 相电压；θ_{ik}^{pm} 为 i 节点的 p 相与 k 节点的 m 相相角差；G_{ik}^{pm}、B_{ik}^{pm} 分别为 i 节点 p 相与 k 节点的 m 相的电导和电纳。

因配电系统潮流求解技术已较为成熟，不再赘述。

2. 天然气系统

天然气系统包括气源、管道、压缩机、储气点、负荷等组成部分。天然气通常由一个或多个气源点供应，经高压—中压—低压天然气管道传输到储气点、负荷点或通过耦合点与其他能源系统耦合。天然气由于传输以及摩擦阻力等因素，存在压力下降的情况，因此需要合理地布置压缩机使压力得以抬升。

天然气系统主要存在两类节点，一类是压力已知节点，一般为气源点，其压力固定且已知，经过该点的流量为待求量，类似于电力系统中的平衡节点；另一类是流量已知节点，一般为负荷节点，其压力为待求量，类似于电力系统中的 PQ 节点（当节点压力与流量均已知时，可将之类比于电力系统中的 PV 节点）。

天然气系统的支路可以分为不含压缩机支路与含压缩机支路两种。天然气管道两端存在压力降，管道流量为待求量，与管道两端压力相关，其求解公式与天然气压力等级和相应的网络参数有关。天然气系统在运行中，需满足流体力学定律、质量守恒定律和伯努利方程，基于一定假设，不同压力等级的天然气流量计算见式（2-16）。

$$q_{ij} = \begin{cases} 5.72 \times 10^{-4} \sqrt{\dfrac{(p_i - p_j)D^5}{fLS}} \\ 7.57 \times 10^{-4} \dfrac{T_n}{p_n} \sqrt{\dfrac{(p_i^2 - p_j^2)D^5}{fLT_gS}} \\ 7.57 \times 10^{-4} \dfrac{T_n}{p_n} \sqrt{\dfrac{(p_i^2 - p_j^2)D^5}{fLT_gZS}} \end{cases} \tag{2-16}$$

式中：i、j 分别为天然气管道首、末节点；q_{ij} 为标准状况（standard temperature and pressure，STP）下的管道流量，kg/s；p_i、p_j 分别为天然气管道首、末节点压力，MPa；D 为管道的直径，mm；L 为管道的长度，m；S 为相对密度（specific gravity，无量纲量）；f 为摩擦系数（无量纲量）；T_n 为标准状况下的温度，K；p_n 为标准状况下的压力，kPa；T_g 为天然气温度，K；Z 为计算常数。

式（2-16）中的第 1 种表达适用于天然气管道（两端）压力为 $0 \sim 75$MPa 的情况；第 2 种表达适用于天然气管道（两端）压力为 $75 \sim 700$MPa 的情况；第 3 种表达适用于

天然气管道（两端）压力大于 700MPa 的情况。

天然气系统主要承担天然气传输与分配的工作，根据其压力等级，往往采用式（2-16）中第 2、3 种表达式进行流量与压力的计算。

对于含有压缩机的支路，则需采用式（2-17）～式（2-19）进行分析。

$$P_{kij} = B_k q_k \left[\left(\frac{p_j}{p_i} \right)^{Z_k} - 1 \right] \tag{2-17}$$

$$R_{kij} = p_j / p_i \tag{2-18}$$

$$q_\tau = \alpha_c + \beta_c P_{kij} + \gamma_c P_{kij}^2 \tag{2-19}$$

式中：P_{kij} 为压缩机所需功率；B_k 为与压缩机温度、效率、绝热指数相关的参数；q_k 为流经压缩机管道的流量，$\mathrm{m^3/h}$；Z_k 为常数系数；R_{kij} 为压缩比；q_τ 为额外功率消耗的天然气流量；α_c、β_c、γ_c 为燃气轮机燃料比率系数。

式（2-17）为压缩机功率方程，当压缩机运行需要额外的功率，且该部分功率由天然气通过燃气轮机提供时，所消耗的天然气流量由式（2-19）计算，压缩机运行所需功率也可由电力提供。

在输气过程中，受天然气慢特性与管道长度的影响，天然气传输通常会有数分钟到数小时的延迟，那么一段输气管道首、末端流量势必不同。其延时模型如图 2-1 所示。

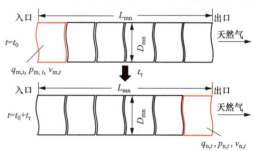

图 2-1　天然气管网延时示意图

t_τ—天然气传输延时的时长；

$q_{m,t}$—t 时刻入口流量；$p_{m,t}$—t 时刻入口压力；

$v_{m,t}$—t 时刻入口流速；$q_{n,t}$—t 时刻出口流量；

$p_{n,t}$—t 时刻出口压力；$v_{n,t}$—t 时刻出口流速；

L_{mn}—管道的长度；D_{mn}—管段直径

当管道负荷状态改变时，相较于两个稳态之间的过渡过程，在进行调度分析时管网终态更被着重考虑。因此假设流量变化是线性的，管道平均流量即为首末流量相加取均值。当管网负荷水平由状态 1 变化至状态 2 时，管网完成对应的网络状态变化所需过渡时间可由式（2-20）计算。

$$t_\tau = \pi \frac{\dfrac{L_{mn} D_{mn}^2}{4}}{\dfrac{q^i + q_{steady}^{i+1}}{2}} + t'_\tau \tag{2-20}$$

式中：q^i 表示管段在考虑延时下第 i 个时间节点的流量；q_{steady}^{i+1} 表示管段在不计及延时下第 $i+1$ 个时间节点的流量；t'_τ 是天然气流量方向为流入 m 的管道所对应的延时值，若存在多个管段满足前述条件，则 t'_τ 取其均值。

受天然气慢动态特性的影响，天然气可以部分存储在管道之中，所有管段存储的天然气之和就是管网管存，管网管存是影响气源中心天然气供应能力的关键因素之一，也是反映管网能量储备的指标之一。管段管存能量可由式（2-21）计算。

$$W_{\text{time\_delay}}^{i,k} = \begin{cases} G\dfrac{AL}{2c^2\rho}(p_{\text{in\_steady}}^{i-1,k} + p_{\text{out\_steady}}^{i-1,k}), & t_\tau \gg \Delta t \\[2mm] G\dfrac{AL}{2c^2\rho}(p_{\text{in\_td}}^{i,k} + p_{\text{out\_td}}^{i,k}), & t_\tau > \Delta t \\[2mm] G\dfrac{AL}{2c^2\rho}(p_{\text{in\_steady}}^{i,k} + p_{\text{out\_steady}}^{i,k}), & t_\tau \leqslant \Delta t \end{cases} \tag{2-21}$$

式中：$W_{\text{time\_delay}}^{i,k}$ 为第 i 个时刻 k 管段的延时管存能量，MJ；i 为时间节点；k 为管段编号；G 为总热值，MJ/m^3；A 为管段横截面积，m^2；L 为管段长度，m；c 为声速，m/s；ρ 为天然气密度，kg/m^3；Δt 为调度时间间隔，s；$p_{\text{in\_steady}}^{i-1,k}$、$p_{\text{out\_steady}}^{i-1,k}$ 分别为不计及延时情况下管道 k 在第 i 个时间节点的入、出口压力，Pa；$p_{\text{in\_td}}^{i,k}$、$p_{\text{out\_td}}^{i,k}$ 分别为管道 k 在第 i 个时间节点的入、出口延时压力，Pa。

当 $t_\tau \leqslant \Delta t$ 时，$W_{\text{time\_delay}}^{i,k}$ 等价于本调度时刻不计及延时影响的管存能量 $W_{\text{steady}}^{i,k}$；当 $t_\tau > \Delta t$ 时，$W_{\text{time\_delay}}^{i,k}$ 等价于上一调度时刻管段的管存能量 $W_{\text{steady}}^{i-1,k}$。

3. 区域热力系统

区域热力系统（district heating system，DHS）通过供水管道和回水管道连接热源与用户，供热管道水头损失向量、质量流量以及每个供热节点的供水温度、回水温度往往是区域热力系统能量流求解的关键变量，其求解模型可分为水力模型和热力模型两部分。

在水力模型中，基于图论思想对区域热力系统管道特性进行描述，应用基尔霍夫定律，对区域热力系统中水流的流动规律进行建模，其能量流连续性方程可以用式（2-22）来描述。

$$\boldsymbol{A}_{\text{DHS}}\boldsymbol{q}_{\text{m}} = \boldsymbol{q}_{\text{m}}' \tag{2-22}$$

式中：$\boldsymbol{A}_{\text{DHS}}$ 是 DHS 中节点和管道的关联矩阵；$\boldsymbol{q}_{\text{m}}$ 是管道的水流质量流量，kg/s；$\boldsymbol{q}_{\text{m}}'$ 是节点的注入水流质量流量，kg/s。

在水力模型的每个封闭回路中，水头损失向量之和为零，即

$$\boldsymbol{B}\boldsymbol{K}\boldsymbol{q}_{\text{m}} \mid \boldsymbol{q}_{\text{m}} \mid = \sum_{j=1}^{n_{\text{pipe}}} B_{ij} K_j q_{mj} \mid q_{mj} \mid = 0 \tag{2-23}$$

式中：i 为回路标号；j 为管道标号；$\boldsymbol{B}$ 为回路关联矩阵，表征网络回路与管道之间的关系；$\boldsymbol{K}$ 为管道中的阻抗系数矩阵。

在热力系统模型中，主要涉及供水温度 T_s（从热网进入各热负荷节点时的温度，℃）、出水温度 T_o（各热负荷节点出水温度，为已知量，℃）、回水温度 T_r（多个节点的出水混合到回水管道时的温度，℃）。各节点热功率可用式（2-24）进行描述。

$$\boldsymbol{\varPhi} = c_p \boldsymbol{q}_{\text{m}}' (\boldsymbol{T}_s - \boldsymbol{T}_o) \tag{2-24}$$

式中：$\boldsymbol{\varPhi}$ 为热负荷所消耗的热功率矩阵；c_p 为水的比热容，$J/(kg \cdot ℃)$。

考虑到区域热力系统管道存在热损失，在其传输中，水流温度的降落可用式（2-25）描述。

$$T_{\text{end}} = (T_{\text{start}} - T_{\text{a}}) e^{-\frac{\lambda L}{c_p \boldsymbol{q}_{\text{m}}}} + T_{\text{a}} \tag{2-25}$$

式中：T_{end} 为水流从管道流出时的温度，℃；T_{start} 为水流进入管道时的温度，℃；T_a 为外界环境温度，℃；λ 为管道的热传导系数；L 为每个管道的长度，m。

令 $T'_{end}=T_{end}-T_a$，$T'_{start}=T_{start}-T_a$，$\varphi=e^{-\lambda L/c_p q_m}$，则式（2-25）可变换为

$$T'_{end} = T'_{start}\varphi \tag{2-26}$$

在多个管道的交汇节点，其汇合后的温度可按式（2-27）计算。

$$\Big(\sum_{i=1}^{n} q_{mout,i}\Big)T_{out,i} = \sum_{i=1}^{n}(q_{min,i}T_{in,i}) \tag{2-27}$$

式中：q_{mout} 为出水管道质量流量，kg/s；q_{min} 为进水管道质量流率，kg/s；T_{out} 为出水管道温度，℃；T_{in} 为进水管道温度，℃；i 为该节点的第 i 条管道；n 为节点的连接管道总数。

基于供热管道的网络拓扑及式（2-26）和式（2-27），可得式（2-28）所示的各节点供热温度关联方程。

$$C_s T'_s = b_s \tag{2-28}$$

式中：C_s 为各节点供水温度的关联矩阵；T'_s 为供水温度与环境温度的差值向量，$T'_s=T_s-\theta_a$，其中 θ_a 为各节点环境温度向量；b_s 为常数向量。

相似地，各节点回水温度关联方程可由式（2-29）表示。

$$C_r T'_r = b_r \tag{2-29}$$

式中：C_r 为各节点回水温度的关联矩阵；T'_r 为回水温度与环境温度的差值向量，$T'_r=T_r-T_a$；b_r 为常数向量。

热力系统的运行模式主要包含量调节和质调节两种模式，两种调节模式均要满足上述模型。当采用质调节模式时，需要考虑热量在区域热力网络管道中传输的延时及损失，管道中水流温度的变化可用式（2-30）进行描述。

$$T_{b,t}^{s,out} = (T_{b,t-\gamma_{b,t}}^{s,in} - T^{surf}) \cdot e^{-\frac{\lambda_b L_b}{c_p q_{mb,t-\gamma_{b,t}}^{s}}} + T^{surf}, \forall b \in \Gamma_p^{hs}, t \in \Gamma_t \tag{2-30}$$

式中：λ_b 为管道 b 的热传导系数；L_b 为管道 b 的长度；$q_{mb,t-\gamma_{b,t}}^{s}$ 表示 $t-\gamma_{b,t}$ 时段供热网络第 b 条管道中的水流质量流量；$T_{b,t-\gamma_{b,t}}^{s,in}$、$T_{b,t}^{s,out}$ 分别表示管道内流入与流出的水流温度；T^{surf} 表示环境温度；整型变量 $\gamma_{b,t}$ 代表了工质水流在第 b 个管道中流动的延时，即

$$\gamma_{b,t} = \min\Big\{k: s.t. \sum_{k=0}^{n}(q_{mb,t-k}^{s} \cdot \Delta t) \geqslant \rho\pi(d_b^{in}/2)^2 L_b, n \geqslant 0, n \in Z\Big\} \tag{2-31}$$

式中：$q_{mb,t-k}^{s}$ 为 $t-k$ 时段供热网络第 b 条管道中的水流质量流量；Δt 为相邻时段的时间间隔；ρ 为工质水流密度；d_b^{in} 为供热网络第 b 条管道的内直径。

在质调节模式下，热力管道的传输模型示意图如图 2-2 所示。

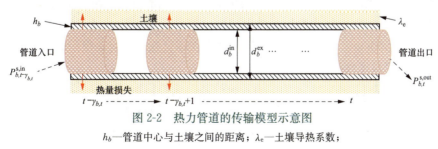

图 2-2　热力管道的传输模型示意图

h_b—管道中心与土壤之间的距离；λ_e—土壤导热系数；

$P_{b,t-\gamma_{b,t}}^{s,in}$、$P_{b,t}^{s,out}$—管道 b 内流入与流出的功率

假设供暖网络中 k 条管道中的工质水流流向第 i 个节点，同时 n 条管道中的工质水流离开，则节点 i 处热能流功率分配如图 2-3 所示。

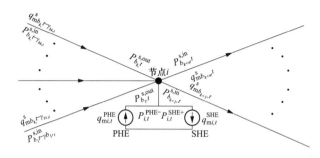

图 2-3　节点热能流分配示意图

定义 t 时段节点 i 处的热能流功率 $P_{i,t}^{node}$ 为

$$P_{i,t}^{node} = \sum_{b \in \Gamma_{i,t}^{hs+}} P_{b,t}^{s,out} + P_{i,t}^{PHE}, \forall i \in \Gamma_n^{hs}, t \in \Gamma_t \tag{2-32}$$

式中：$P_{i,t}^{node}$ 为 t 时段节点 i 处的热能流功率；$P_{b,t}^{s,out}$ 为 t 时段管道 b 内流出的功率；$P_{i,t}^{PHE}$ 为 t 时段第 i 节点处热源节点（PHE）提供给供暖网络的热能流功率。

2.2　综合能源系统模型分析方法

2.2.1　概述

已有的建模研究多采用如下研究思路：先从具体设备入手，建立相应的设备模型库，再利用针对特定综合能源单元系统的仿真分析和实验验证来不断丰富这些模型库。欧盟框架下的微电网项目、加拿大 ICES 研究计划、中国的分布式发电供能系统"973 研究计划"等在进行建模方面的研究时均采用这一思路。由于针对单一供能系统相关设备的建模研究较为成熟，对该类设备进行单一供能系统统一模型框架下的有效集成，同时不断丰富与可再生能源相关的新型设备模型库，是现阶段物理机理建模研究工作的重点。结合综合能源系统未来的市场化机制仿真及高级通信和信息技术融合仿真，形成典型的信息物理能源系统（cyber-physic energy system，CPES）和经济生态系统（eco-economic system）研究的对象，将是综合能源系统未来建模仿真工具研发的方向。综合能源系统通用建模需求框架如图 2-4 所示，图中给出了机理建模、信息及通信技术（information and communications technology，ICT）以及市场化模拟在综合能源系统建模中的内在联系。

1. 基于物理机理性模拟的仿真工具

在模型的集成过程中，考虑到电力系统的基础纽带作用，已有的研究多采用直接在电力分析平台中增加热力、燃气、可再生能源设备模型的实现思路，由此形成了以研究分析"电力—热力—天然气"机理模型为主的仿真软件，如北美的 PSCAD 和 PSS/E、中国的 SSDG 和 TSDG 等。

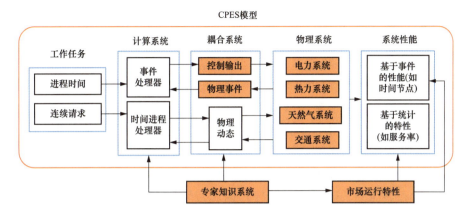

图 2-4　综合能源系统通用建模需求框架

2. 基于区域物理—经济联合仿真工具

在新能源接入背景下的电力市场运行机理研究方面，也开发了一些面向智能输电和智能配用电市场的模拟工具，如美国的输电系统批发市场仿真平台 AMES、西北太平洋国家实验室研发的配用电及配电零售市场多代理仿真平台 GridLAB-D 等。这些仿真平台为探究电力系统—电力市场联合运行经济生态系统的动态行为和特征提供了必要的技术支持。

3. 信息网络与通信技术及相关仿真工具

伴随着全球对高能量利用率的需求以及综合能源系统数字化和信息化程度的不断提高，亟须确保高效可靠的通信网络支撑以及安全稳定运行的信息系统。为实现综合能源系统中各部分的高效数字化信息交换，需考虑以下核心问题：①选择面对不同需求的通信技术，如以有线、无线方式接入系统，保证数据的可靠传输；②构建适用于不同能源控制方法的信息系统，如分布式、集中式的信息处理系统等。

类似于物理仿真平台，信息网络仿真工具的发展是对以上相关问题进行研究和验证的必要技术支持，如电力与信息通信技术实时仿真平台 INSPIRE 和 GDCSim、多领域仿真平台 Modelica，以及专有网络模拟器（如 OPNET Modeler、NetSim、ns-3、OMNeT＋＋）等。这些仿真平台如能和物理仿真工具结合使用构建 CPES 模型，则其构建的模型将成为未来能源系统优化、运行、决策和监控的重要基础。

但在上述建模过程中，仍存在以下问题：①由于研究者重点关注电力系统分析需求，因此，电力之外的其他环节被大大简化；②ICT、网络模拟技术与综合能源系统的接口方法仍有待深入研究。此外，上述研究大多仍停留在丰富分立的设备模型库和开发自定义模型阶段，而在综合能源系统规划设计和运行优化过程中亟须的综合能源单元建模和综合能源网络建模则鲜有涉及。本节重点关注综合能源系统物理机理建模研究的创新和改进。

2.2.2 能源集线器理论

国际上仅有的对统一机理建模的尝试，是瑞士苏黎世联邦理工学院大学的 G. Anderson 教授提出的能源集线器（energyhub）模型，如图 2-5（a）所示。在该模型中，能源单元被称为能源集线器，负责能源的转换、分配和存储，将人类的用能需求抽象为电、热、冷 3 类。能源集线器负责将其他能源转化为电、热、冷 3 类能源输出，它是对现有的各类综合能源单元方案的高度抽象化。能源传输环节在能源集线器模型下被称为能源互联器（energy interconnector），其作用是实现电能、气态氢能等化学能和热能的长距离柔性传输，能源传输环节示意如图 2-5（b）所示。根据能源集线器模型表示的综合能源系统的主要架构，如图 2-5（c）所示，其中 H1～H4 均为能源集线器。能源集线器的基本通用模型由转换模型、分配模型和存储模型构成。

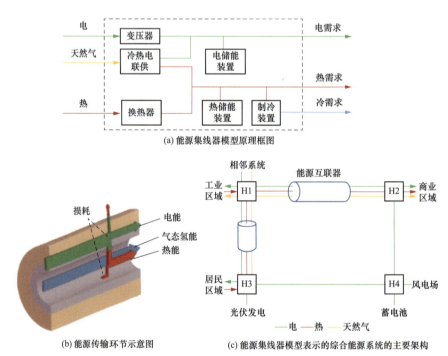

(a) 能源集线器模型原理框图

(b) 能源传输环节示意图

(c) 能源集线器模型表示的综合能源系统的主要架构

图 2-5 能源集线器模型及由其表示的综合能源系统主要架构

1. 转换模型

由能量 α 转换成能量 β 的单输入单输出能量转换模型如图 2-6 所示。

α 和 β 的耦合关系为

$$L_\beta = C_{\alpha\beta} W_\alpha \tag{2-33}$$

式中：$C_{\alpha\beta}$ 为耦合因素，代表转换模型在稳态时的转换效率；W_α、L_β 为稳态时系统的输入和输出。

一般情况下，能量转换模型的转换效率是变化的，通过式（2-33）可以得到一个耦合因素关于输入的函数 f_β，用于表示耦合因素与被转换的能量之间关系，如 $C_{\alpha\beta} = f_\beta(W_\alpha)$。

图 2-6　单输入单输出的能量转换模型

以图 2-5（a）中的能源集线器模型为例，可将其表示为多输入多输出能源转换模型，如图 2-7 所示。图 2-7 中，能源集线器单元被视为一个多输入转换成多输出的结构，输入变量由矩阵 $W = [W_\alpha, W_\beta, \cdots, W_\omega]^{\mathrm{T}}$ 表示，输出变量由矩阵 $L = [L_\alpha, L_\beta, \cdots, L_\omega]^{\mathrm{T}}$ 表示，可形成如下的多输入多输出功率转换公式：

$$L = CW \tag{2-34}$$

式中：C 为转换耦合矩阵，C 中的每一个耦合系数对应一个特定输入和特定输出之间的耦合关系；L 为输出变量矩阵；W 为输入变量矩阵。

假定耦合系数为常数，则式（2-34）为线性变换。反之，若 C 不是常数矩阵，则对应的综合能源系统将具有一定的自由度，可对其矩阵系数进行优化求解。一般来说，C 是不可逆的。

下面将以含有热电联产设备的综合能源系统为例，说明能源集线器的组成原理，对应的能源集线器单元如图 2-8 所示。通过能源集线器单元输入输出形式描述电能、天然气以及分散热能转化成电和热负荷的过程。

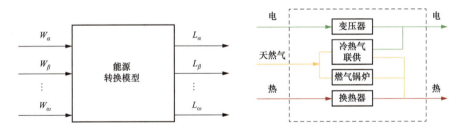

图 2-7　多输入多输出能源转换模型　　　图 2-8　含热电联产设备的能源集线器单元

令电能、天然气以及分散热能分别为输入量 P_e、P_g 和 P_h。再令电负荷和热负荷分别为输出量 L_e 和 L_h，在天然气输入节点引进调度因子 ν，表示天然气流入燃气轮机的部分。燃气轮机的输入功率 P_{g1} 与天然气输入功率 P_g 间存在以下关系：

$$P_{g1} = \nu P_g, 0 \leqslant \nu \leqslant 1 \tag{2-35}$$

余下的转换器的输出功率可表达为输入与能效的函数。为简化起见，假设转换装置的效率为一常数，则可得输出电负荷和热负荷为：

$$L_e = \eta_{ee}^{\mathrm{T}} P_e + \nu \eta_{ge}^{GT} P_g \tag{2-36}$$

$$L_h = \nu \eta_{gh}^{GT} P_g + (1-\nu) \eta_{gh}^{F} P_g + \eta_{hh}^{HE} P_h \tag{2-37}$$

式中：η_{ee}^{T} 为变压器的效率；η_{ge}^{GT} 和 η_{gh}^{GT} 分别为燃气轮机转换成电能和热能的效率；η_{gh}^{F} 为燃气锅炉的效率；η_{hh}^{HE} 为热能交换机的效率。

将式（2-36）和式（2-37）写为矩阵形式，可得如下基于能源集线器模型的热电联供（CHP）系统的多输入多输出的功率转换公式：

$$\begin{bmatrix} L_{\mathrm{e}} \\ L_{\mathrm{h}} \end{bmatrix} = \begin{bmatrix} \eta_{\mathrm{ee}}^{\mathrm{T}} & \nu\eta_{\mathrm{ge}}^{\mathrm{GT}} & 0 \\ 0 & \nu\eta_{\mathrm{gh}}^{\mathrm{GT}} + (1-\nu)\eta_{\mathrm{gh}}^{\mathrm{F}} & \eta_{\mathrm{hh}}^{\mathrm{HE}} \end{bmatrix} \begin{bmatrix} P_{\mathrm{e}} \\ P_{\mathrm{g}} \\ P_{\mathrm{h}} \end{bmatrix} \tag{2-38}$$

2. 分配模型

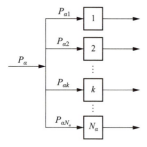

图 2-9　能源集线器单元

对于图 2-9 所示的能源集线器单元，由于一种能源在一个节点可以分别给几个转换器（能源转换模型内部最小转换单元）供能，在多输入多输出的情况下，耦合系数一般不等于转换效率，此时应引入调度因子，以定义转换该能源的所有输入的分配系数。输入功率在一个输入节点处的分配如图 2-9 所示，其中 P_a 为 N_a 个转换器的总输入功率；P_{ak} 为第 k 个转换器的输入功率，其计算式为 $P_{ak} = P_a \nu_{ak}$。调度因子 ν_{ak} 表示 P_a 分配给第 k 个转换器的百分比，在一个输入节点处所有调度因子的和等于 1。

3. 存储模型

储能设备的通用模型如图 2-10 所示。

储能设备的通用模型中，储能设备被看作由一个接口以及内部理想储能元件构成，在一定的范围内，通过该接口将交换能量转换成其他形式的能量进行存储。当压缩空气蓄能电站与外部进行能量交换时，其内部通过压缩空气储能。存储接口的模型和变换装置的模型类似，稳态输入和输出功率满足以下方程：

$$\widetilde{Q}_a = e_a Q_a$$

$$e_a = \begin{cases} e_a^+, & Q_a \geqslant 0 (充电 / 待机) \\ \dfrac{1}{e_a^-}, & Q_a < 0 (放电) \end{cases} \tag{2-39}$$

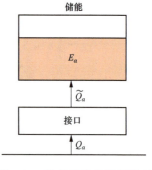

图 2-10　储能设备的通用模型

E_a—存储的能量

式中：$\widetilde{Q}_a$ 为内部存储能量对应功率；Q_a 为交换能量对应的功率；e_a 为描述系统交换功率对储能的影响的系数，其值一般取决于功率方向；e_a^+ 和 e_a^- 分别为充电和放电时的存储效率。

能源集线器模型是对综合能源系统通用建模一次有益的尝试，但它仅给出了不同能源环节的静态传递和转换关系，忽略了大量不同能源环节间的耦合特性，无法考虑能源环节的任何动态，模型过于抽象，对实际综合能源系统建设的指导意义较为有限。该模型较为合理地表达了 30～50 年后的人类能源系统。虽然实现从现阶段到未来愿景的过渡尚有很多不确定性，但能源集线器模型对综合能源系统进行系统化建模的尝试，为其通用建模研究提供了可借鉴的思路。

截至 2021 年底，中国已建成或正在建设的各类工业园区、低碳园区、生态园区等共计超过 2000 个，园区是典型的区域能源综合利用对象，但园区的供能模式具有多样性的特点，不同的能源转换、分配、存储机理导致能源集线器模型的复杂性也大大增加，对上述转换、分配和存储模型中关键参数的识别和获取难度也随之增大。因此，探究适用于不同园区的综合能源通用建模理论，寻求园区供能的科学解决方案和运行模式具有非常重要的意义。

2.2.3　多能流转换分析

能源集线器理论将综合能源系统的能量输入和输出在宏观上相联系，适用范围广，可以针对不同系统进一步调整和优化。将物理中的能量供需关系通过数学上的耦合矩阵来表示，使原本抽象的能量关系有了具体的数学形式。在建模过程中遵循能量守恒的原则有助于处理不同系统之间的耦合关系，然而基于能源集线器理论对综合能源系统建模仅适用于单一时间断面下的稳态分析，无法对动态过程和多时间尺度进行分析；仅在宏观上考虑了系统之间的能量平衡关系，没有考虑网络的具体拓扑，对于仿真和优化过程中更细节的问题无法进行建模。能源集线器理论不存在节点矩阵或回路矩阵导致其无法对系统线路中的损耗进行计算，在优化过程中也无法建立某些支路不等式约束，例如电网中的节点电压上下限约束、热网中管段流量上下限约束。能源集线器理论缺乏电网、供热网拓扑的具体分析，属于宏观上的能量关系模型，存在一定的局限性，难以在此基础上扩展稳态分析和能量管理的高级应用。

近年来，更多学者采用具体的网络拓扑建模方式，仿照电网中潮流计算的模型，基于图论对区域供热网进行建模。根据广义的基尔霍夫第一定律和基尔霍夫第二定律，建立供热网的水力模型；根据热力学定律，建立供热网的热力模型。与此同时，耦合设备的有关研究也进一步开展，在原理特性、耦合关系和可行域等方面都有更深入的分析。

相较于能源集线器理论建模，网络拓扑建模更加精细，既考虑了综合能源系统的拓扑结构，又不会忽略能量在传输过程中的损耗，并且对于耦合组件的建模更加详尽。因此网络拓扑建模更广泛地被用于稳态分析的高级应用，也更适用于能量管理方面的研究。

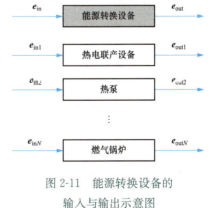

图 2-11　能源转换设备的
输入与输出示意图

1. 多能流转换框架

各种类型的能源转换设备输入与输出示意图如图 2-11 所示。

将能源转换设备的终端输出表示为向量形式：

$$e^{\text{out}} = \begin{bmatrix} e_{\text{out1}} \\ e_{\text{out1}} \\ \vdots \\ e_{\text{outN}} \end{bmatrix} \qquad (2\text{-}40)$$

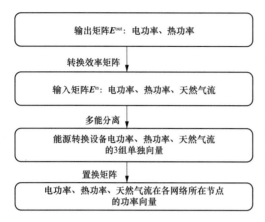

图 2-12 将转换设备模型集成到多能源网络方程中的流程

将转换设备模型集成到多能源网络方程中的流程如图 2-12 所示。根据输入数据,自动生成多能源网络关联矩阵和全系统转换效率矩阵,通过关联矩阵描述转换设备节点的编号与相应网络节点的关联;通过转换效率矩阵描述多能源网络耦合节点处的转换设备。假定已知各能源设备的输出(向量),根据转换效率矩阵,得出各能源设备的输入(向量)。将按设备编号排序的输入向量与输出向量分离成电、热、气 3 组单独向量,通过置换矩阵将能源转换设备的电、热、气向量按节点映射到各网络所有节点的功率向量。各节点电功率向量用来计算电力系统潮流;各节点热功率与天然气流用来进行供热网的热力流计算与天然气网的燃气流计算。

经过转换效率矩阵与多能分离,得出各设备的电、热、气值。该模型可实现自动集成任意数目与任意种类的能源转换设备,因为设备种类繁多,该模型能最大程度地减小用户的数据输入,自动识别设备从哪种能源类型转换到哪种能源类型,且只需给定所有设备的效率与终端输出即可。

2. 转换效率矩阵

能源转换设备的转换效率是指输出能量与输入能量之比,根据输入数据可构建所有能源转换设备的转换效率矩阵。转换效率矩阵样例见表 2-2。

表 2-2　　　　　　　　　　　　　　转换效率矩阵样例

节点	设备类型	气→电	气→热	电→热	电→气	气→冷	电→冷	热→冷	热→电
1	CHP(大型)	$H_g \eta_{ge}^1$	$H_g \eta_{gh}^1$						
2	CHP(楼宇 1)	$H_g \eta_{ge}^2$	$H_g \eta_{gh}^2$						
3	燃气轮机(楼宇 2)	$H_g \eta_{ge}^3$							
4	热泵(楼宇 3)			COP_{eh}^4					
5	电热锅炉(楼宇 4)			η_{eh}^5					
6	燃气锅炉(楼宇 5)		$H_g \eta_{gh}^6$						
7	CHP(楼宇 6)	$H_g \eta_{ge}^7$	$H_g \eta_{gh}^7$						
8	CHP(楼宇 7)	$H_g \eta_{ge}^8$	$H_g \eta_{gh}^8$						
9	热泵(楼宇 8)			COP_{eh}^9					
10	热泵(楼宇 9)			COP_{eh}^{10}					
11	燃气锅炉(楼宇 10)		$H_g \eta_{gh}^{11}$						
12	电解制氢(节点 11)				η_{eg}^{12}/H_{H_2}				

续表

节点	设备类型	气→电	气→热	电→热	电→气	气→冷	电→冷	热→冷	热→电
13	燃气制冷（楼宇 12）					$H_{\mathrm{g}}COP_{\mathrm{gc}}^{13}$			
14	电制冷（楼宇 13）						COP_{ec}^{14}		
15	吸收式制冷（楼宇 14）							COP_{hc}^{15}	

注　H_{g} 表示天然气的热值，$H_{\mathrm{g}}=39\mathrm{MJ/m}^3$。燃气流单位为 m^3/h，电功率与热功率单位为 MW。为了保持单位一致，涉及燃气转换的效率需乘以或除以 H_{g}。H_{H_2} 表示氢能的热值，$H_{\mathrm{H}_2}=13\mathrm{MJ/m}^3$。

将能源转换设备的终端使用需求（如电功率和热功率）的向量表示为 $\boldsymbol{e}^{\mathrm{out}}$。对于热电联产机组，将热功率输出（非电功率输出）记录在 $\boldsymbol{e}^{\mathrm{out}}$ 对应元素中。将所有转换设备输出向量 $\boldsymbol{e}^{\mathrm{out}}$ 转换成矩阵形式表示为 $\boldsymbol{E}^{\mathrm{out}}$。所有转换设备的输入（如电功率和天然气流）转换成矩阵形式表示为 $\boldsymbol{E}^{\mathrm{in}}$。矩阵 $\boldsymbol{H}$、$\boldsymbol{E}^{\mathrm{in}}$ 和 $\boldsymbol{E}^{\mathrm{out}}$ 有相同的维度，如 $N_{\mathrm{con}}\times 3$，其中 N_{con} 是转换设备的数量。元素 e_{ij}^{in} 等于元素 e_{ij}^{out} 除以转换效率矩阵的对应元素 h_{ij}，即

$$e_{ij}^{\mathrm{in}} = e_{ij}^{\mathrm{out}}/h_{ij} \tag{2-41}$$

式中：i 为转换设备的节点编号；j 为能源转换类型的列编号。

如某能源转换设备消耗的电力 P_{con_i} 由终端热力输出 ϕ_{con_i} 决定，则其计算表达式为

$$P_{\mathrm{con}\_i} = \phi_{\mathrm{con}\_i}/h_{\mathrm{con}\_i,\mathrm{e}\rightarrow\mathrm{h}} \tag{2-42}$$

式中：$h_{\mathrm{con}\_i,\mathrm{e}\rightarrow\mathrm{h}}$ 为转换设备（如热泵）的电热转换效率。

下面举例描述设备节点与其在电热气单独网络对应节点的映射关系。假设编号为 1、2、3、4 的转换设备分别是燃气轮机、热电联产机组、热泵、燃气锅炉。转换设备编号示意图如图 2-13 所示。

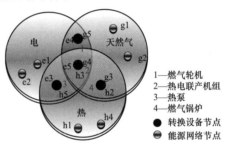

1—燃气轮机
2—热电联产机组
3—热泵
4—燃气锅炉
● 转换设备节点
◉ 能源网络节点

图 2-13　转换设备编号示意图

示例中 $\boldsymbol{e}^{\mathrm{out}} = \begin{bmatrix} e_{1,\mathrm{ge}}^{\mathrm{out}} \\ e_{2,\mathrm{gh}}^{\mathrm{out}} \\ e_{3,\mathrm{eh}}^{\mathrm{out}} \\ e_{4,\mathrm{gh}}^{\mathrm{out}} \end{bmatrix}$，转换效率矩阵 $\boldsymbol{\mathcal{H}}$ 的列包括 ge、gh、eh（分别为气转电、气转

热、电转热）；设备输出矩阵 $\boldsymbol{E}^{\mathrm{out}}$ 的列分别表征电力 e、热力 h、热力 h；设备输入矩阵 $\boldsymbol{E}^{\mathrm{in}}$ 的列分别表征天然气 g、天然气 g、电力 e。示例中 $\boldsymbol{E}^{\mathrm{out}}$ 与 $\boldsymbol{\mathcal{H}}$ 分别为

$$\boldsymbol{E}^{\mathrm{out}} = \begin{matrix} \quad\; \mathrm{e} \qquad \mathrm{h} \qquad\; \mathrm{h} \\ \begin{bmatrix} E_{1,\mathrm{ge}}^{\mathrm{out}} & 0 & 0 \\ E_{2,\mathrm{ge}}^{\mathrm{out}} & E_{2,\mathrm{gh}}^{\mathrm{out}} & 0 \\ 0 & 0 & E_{3,\mathrm{eh}}^{\mathrm{out}} \\ 0 & E_{4,\mathrm{gh}}^{\mathrm{out}} & 0 \end{bmatrix} \end{matrix}, \boldsymbol{\mathcal{H}} = \begin{matrix} \quad\; \mathrm{ge} \qquad\; \mathrm{gh} \qquad\; \mathrm{eh} \\ \begin{bmatrix} H_{\mathrm{g}}\eta_{\mathrm{ge}}^1 & 0 & 0 \\ H_{\mathrm{g}}\eta_{\mathrm{ge}}^2 & H_{\mathrm{g}}\eta_{\mathrm{gh}}^2 & 0 \\ 0 & 0 & \eta_{\mathrm{eh}}^3 \\ 0 & H_{\mathrm{g}}\eta_{\mathrm{gh}}^4 & 0 \end{bmatrix} \end{matrix} \tag{2-43}$$

则设备输入矩阵为

$$\boldsymbol{E}^{\text{in}} = \begin{matrix} \text{g} & \text{g} & \text{e} \\ \begin{bmatrix} E_{1,\text{ge}}^{\text{in}} & 0 & 0 \\ E_{2,\text{ge}}^{\text{in}} & E_{2,\text{gh}}^{\text{in}} & 0 \\ 0 & 0 & E_{3,\text{eh}}^{\text{in}} \\ 0 & E_{4,\text{gh}}^{\text{in}} & 0 \end{bmatrix} \end{matrix} \tag{2-44}$$

3. 转换设备输出功率

转换设备 i 的电功率 P_i^{con} 等于设备节点 i 燃气发电的出力 $E_{i,\text{ge}}^{\text{out}}$ 减去电转热设备消耗的电力 $E_{i,\text{eh}}^{\text{in}}$，再减去电制氢设备消耗的电力 $E_{i,\text{eg}}^{\text{in}}$，再减去电制冷设备消耗的电力 $E_{i,\text{ec}}^{\text{in}}$。转换设备 i 的热功率 Φ_i^{con} 与燃气流 $\nu_{q\_i}^{\text{con}}$ 可以此类推，其计算公式见式（2-45）。

$$\begin{aligned} P_i^{\text{con}} &= E_{i,\text{ge}}^{\text{out}} - E_{i,\text{eh}}^{\text{in}} - E_{i,\text{eg}}^{\text{in}} - E_{i,\text{ec}}^{\text{in}}, \quad i = 1,2,\cdots,N_{\text{con}} \\ \Phi_i^{\text{con}} &= E_{i,\text{gh}}^{\text{out}} + E_{i,\text{eh}}^{\text{out}} - E_{i,\text{hc}}^{\text{in}}, \quad i = 1,2,\cdots,N_{\text{con}} \\ \nu_{q\_i}^{\text{con}} &= -E_{i,\text{ge}}^{\text{in}} - E_{i,\text{gh}}^{\text{in}} + E_{i,\text{eg}}^{\text{out}} - E_{i,\text{gc}}^{\text{in}}, \quad i = 1,2,\cdots,N_{\text{con}} \end{aligned} \tag{2-45}$$

式中：i 代表设备节点编号，con 代表转换设备（conversion components）。

能源转换设备的输入与输出示例见表 2-3。

表 2-3　　　　　　　　　　能源转换设备输入与输出示例

能源转换设备输入数据					输出设备电热气功率		
设备节点	设备类型	效率	热电比	设备终端输出（MW）	电（MW）	热（MW）	气（m³/h）
1	2	0.42	1.52	1.50	0.99	1.50	0.091575
2	40	0.95	0.00	0.04	0.00	0.04	0.000978
3	40	0.95	0.00	0.22	0.00	0.22	0.005938
4	40	0.95	0.00	0.46	0.00	0.46	0.012524
5	40	0.95	0.00	0.23	0.00	0.23	0.006100
6	50	3.00	0.00	0.28	−0.09	0.28	0.000000
7	50	3.00	0.00	0.30	−0.10	0.30	0.000000
8	50	3.00	0.00	0.80	−0.27	0.80	0.000000
9	50	3.00	0.00	0.87	−0.29	0.87	0.000000
10	50	3.00	0.00	0.36	−0.12	0.36	0.000000
11	50	3.00	0.00	0.38	−0.13	0.38	0.000000
12	20	0.65	2.50	0.30	0.12	0.30	0.011834
13	20	0.65	2.50	4.56	1.83	4.56	0.180039
14	20	0.65	2.50	0.19	0.08	0.19	0.007535
15	2	0.42	1.52	2.60	1.72	2.60	0.158730

4. 置换矩阵

通过置换矩阵运算的编号方法，将不同网络的拓扑结构及其转换设备的关系进行建模。置换矩阵由输入数据中转换设备的节点编号与对应多能源网络编号形成，通过置换矩阵可将能源转换设备的电热气功率映射到多能流网络的电热气功率。映射关系可由式（2-46）表述。

$$\boldsymbol{P}_{\text{local}}^{\text{con}} = (\boldsymbol{M}_{\text{e}})^{\text{T}} \boldsymbol{P}_{\text{global}}^{\text{con}}$$
$$\boldsymbol{\Phi}_{\text{local}}^{\text{con}} = (\boldsymbol{M}_{\text{h}})^{\text{T}} \boldsymbol{\Phi}_{\text{global}}^{\text{con}} \qquad (2\text{-}46)$$
$$\boldsymbol{v}_{\text{q\_local}}^{\text{con}} = (\boldsymbol{M}_{\text{g}})^{\text{T}} \boldsymbol{v}_{\text{q\_global}}^{\text{con}}$$

式中：M 表示置换矩阵；下标 global 表示设备自身的编号；下标 local 表示设备在各自电热气网络中的编号。

转换设备编号映射到对应多能流网络的编号示意图如图 2-14 所示。映射到对应多能流网络的转换设备的编号见表 2-4。

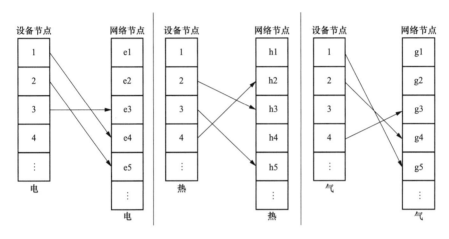

图 2-14　转换设备编号映射到对应多能流网络的编号示意图

表 2-4　　　　　　　　　映射到对应多能流网络的转换设备的编号

转换设备编号	电网中编号	热网中编号	气网中编号
1	e4	—	g5
2	e5	h3	g4
3	e3	h5	—
4	—	h2	g3

转换设备映射到电网的编号可表示为

$$\boldsymbol{\alpha}_{\text{e}} = (1\ 4)(2\ 5)(3\ 3) \qquad (2\text{-}47)$$

式（2-47）中的（1 4）表示编号为 1 的转换设备被映射到其电网络中的编号 4，其余类同。置换矩阵是根据数字 1~n 的某种置换，对 $n \times n$ 单位矩阵的行进行遍历变换得到的矩阵。因此，每一行和每一列都有且仅有一个 1，其余元素均为 0，每次置换对应一个唯一的置换矩阵 $\boldsymbol{M}_{\text{e}}$。

置换矩阵 $\boldsymbol{M}_{\text{e}}$ 的行数为转换设备的数目，列数为电网节点数减去 1。式（2-47）中的元素在置换矩阵 $\boldsymbol{M}_{\text{e}}$ 中被置为 1，而其他元素被置为 0。因此，转换设备节点映射到电网节点的置换矩阵形式如下：

$$
\boldsymbol{M}_{\mathrm{e}} = \begin{bmatrix} 0 & 0 & 0 & 1 & 0 \\ 0 & 0 & 0 & 0 & 1 \\ 0 & 0 & 1 & 0 & 0 \\ 0 & 0 & 0 & 0 & 0 \end{bmatrix} \tag{2-48}
$$

类似地，也可以形成热力和天然气的置换矩阵。至此，每个转换设备的电、热和气被映射到其对应的多能流网络。本例中电网中的电功率可表示为

$$
\boldsymbol{P}_{\mathrm{local}}^{\mathrm{con}} = \begin{bmatrix} P_{\mathrm{e1}} \\ P_{\mathrm{e2}} \\ P_{\mathrm{e3}} \\ P_{\mathrm{e4}} \\ P_{\mathrm{e5}} \end{bmatrix} = (\boldsymbol{M}_{\mathrm{e}})^{\mathrm{T}} \boldsymbol{P}_{\mathrm{global}}^{\mathrm{con}} = \begin{bmatrix} 0 & 0 & 0 & 0 \\ 0 & 0 & 0 & 0 \\ 0 & 0 & 1 & 0 \\ 1 & 0 & 0 & 0 \\ 0 & 1 & 0 & 0 \end{bmatrix} \begin{bmatrix} P_1 \\ P_2 \\ P_3 \\ P_4 \end{bmatrix} = \begin{bmatrix} 0 \\ 0 \\ P_3 \\ P_1 \\ P_2 \end{bmatrix} \tag{2-49}
$$

通过转换效率矩阵 $\mathcal{H}$ 和置换矩阵 $\boldsymbol{M}$，耦合电、热、气网的转换设备模型自动地包含在多能流联合方程中的 $\boldsymbol{P}^{\mathrm{sp}}$，$\boldsymbol{\Phi}^{\mathrm{sp}}$，$\boldsymbol{v}_{\mathrm{q}}^{\mathrm{sp}}$。式（2-47）的示例中节点编号 2 的转换设备被编号为电力网络的节点 5、热网节点 3 和天然气网络节点 4。例如，节点编号 2 的转换设备变量值 P_2^{con}、Φ_2^{con}、$v_{\mathrm{q2}}^{\mathrm{con}}$ 分别映射到电网节点 5 的电功率 $P_{\mathrm{e5}}^{\mathrm{sp}}$、热网节点 3 的热功率 $\Phi_{\mathrm{h3}}^{\mathrm{sp}}$ 和气网节点 4 的天然气流量 $v_{\mathrm{q\_g4}}^{\mathrm{sp}}$。以电力功率为例，表达式如下：

$$
\begin{bmatrix} P_{\mathrm{e1}}^{\mathrm{sp}} \\ P_{\mathrm{e2}}^{\mathrm{sp}} \\ P_{\mathrm{e3}}^{\mathrm{sp}} \\ P_{\mathrm{e4}}^{\mathrm{sp}} \\ P_{\mathrm{e5}}^{\mathrm{sp}} \end{bmatrix} = \begin{bmatrix} P_{\mathrm{load,e1}}^{\mathrm{sp}} \\ P_{\mathrm{load,e2}}^{\mathrm{sp}} \\ P_{\mathrm{load,e3}}^{\mathrm{sp}} \\ P_{\mathrm{load,e4}}^{\mathrm{sp}} \\ P_{\mathrm{load,e5}}^{\mathrm{sp}} \end{bmatrix} + \begin{bmatrix} 0 \\ 0 \\ P_3^{\mathrm{con}} \\ P_1^{\mathrm{con}} \\ P_2^{\mathrm{con}} \end{bmatrix} \tag{2-50}
$$

5. 多能流耦合方程

能源转换设备连接了多能源网络之间的能量流动，每个节点处转换设备的功率是另一类型网络状态变量的函数，在不考虑其他网络的情况下无法分析单个网络。能源系统内各类设备的能流转换模型，基于电力系统的有功功率和无功功率、供热系统的水力和热力方程、天然气网络的流量和环压降联合方程，形成综合能源系统包含各独立网络与设备的联合物理方程。

$$
\Delta \boldsymbol{F}(x) = \boldsymbol{0} \Rightarrow \begin{cases} P_i^{\mathrm{sp}} - U_i \sum_{j=1}^{N_{\mathrm{e}}} U_j (G_{ij}\cos\theta_{ij} + B_{ij}\sin\theta_{ij}) = \boldsymbol{0} & \leftarrow \text{有功潮流平衡} \\ Q_i^{\mathrm{sp}} - U_i \sum_{j=1}^{N_{\mathrm{e}}} U_j (G_{ij}\sin\theta_{ij} - B_{ij}\cos\theta_{ij}) = \boldsymbol{0} & \leftarrow \text{无功潮流平衡} \\ c_p \boldsymbol{A}_{\mathrm{h}} \boldsymbol{q}_{\mathrm{m}} (\boldsymbol{T}_{\mathrm{s}} - \boldsymbol{T}_{\mathrm{o}}) - \boldsymbol{\Phi}^{\mathrm{sp}} = \boldsymbol{0} & \leftarrow \text{节点热量平衡—热} \\ \boldsymbol{B}_{\mathrm{h}} \boldsymbol{K}_{\mathrm{h}} \boldsymbol{q}_{\mathrm{m}} \mid \boldsymbol{q}_{\mathrm{m}} \mid = \boldsymbol{0} & \leftarrow \text{回路压力平衡—热} \\ \boldsymbol{C}_{\mathrm{s}} \boldsymbol{T}_{\mathrm{s}} - \boldsymbol{b}_{\mathrm{s}} = \boldsymbol{0} & \leftarrow \text{供水网温度方程} \\ \boldsymbol{C}_{\mathrm{r}} \boldsymbol{T}_{\mathrm{r}} - \boldsymbol{b}_{\mathrm{r}} = \boldsymbol{0} & \leftarrow \text{回水网温度方程} \\ \boldsymbol{A}_{\mathrm{g}} \boldsymbol{v}_{\mathrm{g}} - \boldsymbol{v}_{\mathrm{g}}^{\mathrm{sp}} = \boldsymbol{0} & \leftarrow \text{节点流量平衡—气} \\ \boldsymbol{B}_{\mathrm{g}} \boldsymbol{K}_{\mathrm{g}} \boldsymbol{v}_{\mathrm{g}} \mid \boldsymbol{v}_{\mathrm{g}}^{k-1} \mid = \boldsymbol{0} & \leftarrow \text{回路压力平衡—气} \end{cases}
$$

$$
\tag{2-51}
$$

式中：P_i 为节点 i 的电力有功功率，MW；Q_i 为节点 i 的电力无功功率，Mvar；U 为节点电压的标幺值；N_e 为电力系统节点数；G_{ij} 为线路 ij 的电导；B_{ij} 为线路 ij 的电纳；θ_{ij} 为节点 i 与 j 的电压相角差，rad。

电网导纳矩阵可通过关联矩阵 $\boldsymbol{A}_e$ 形成，下标 e 代表电网。

对于热力网，c_p 为水的比热容，J/（kg·℃）；$\boldsymbol{A}_h$ 为热力网网络关联矩阵，下标 h 代表热力管网；q_m 为管段质量流率，kg/s；$\boldsymbol{T}_s$ 为供水温度；$\boldsymbol{T}_o$ 为出水温度（回水网络中每个节点在水力交汇点之前的出口处温度）；$\boldsymbol{T}_r$ 为回水温度。下标 s 代表供水网络，下标 r 代表回水网络。$\boldsymbol{\Phi}_{sp}$ 为节点消耗或提供的热功率向量；$\boldsymbol{B}_h$ 为热力网环路关联矩阵；$\boldsymbol{K}_h$ 为热力网管道的阻力系数；$\boldsymbol{C}_s$ 为供水管网系数矩阵；$\boldsymbol{b}_s$ 为常数向量；$\boldsymbol{b}_r$ 为常数向量；$\boldsymbol{C}_r$ 为回水网系数矩阵。

对于燃气网，$\boldsymbol{A}_g$ 为燃气网网络关联矩阵；v_g 为管道内天然气流速，m³/h；下标 g 代表天然气网；v_g^{sp} 为节点的天然气流速，m³/h；$\boldsymbol{B}_g$ 为燃气网环路关联矩阵；$\boldsymbol{K}_g$ 为燃气网管道的阻力系数；k 为指数常数。

2.3　综合能源系统协同仿真

2.3.1　多能流联合潮流计算

多能流联合潮流计算（简称联合潮流计算）是综合能源系统分析的基础，在综合能源系统规划、稳态运行分析与评价、多能流静态安全分析及状态估计和调度优化等方面都发挥着关键作用。与电网潮流计算相比，联合潮流计算因以下两方面问题而变得更加复杂。

（1）多个能源系统之间存在热电联产机组、电锅炉、燃气锅炉等能量耦合元件。针对此问题，早期思路是将电、热、气网整体建模并统一求解。但由于不同能源系统的物理特性、参数量级差异大，整体仿真效率并不高，并且各能源系统之间仅存在弱耦合，整体仿真增加了不必要的复杂性。为此，后续研究提出了分解法，即各能源系统独立建模，然后通过交换信息完成仿真。

（2）电、热、气系统内包含多重扰动变量，如负荷、随机能源、气温等，其变换周期各不相同，难以通过断面潮流结果全面分析、评价综合能源系统的稳态运行。针对此问题，近年来研究者提出了准静态时间序列潮流计算方法，并应用于风电、光伏发电和电动汽车接入电网等场景，用于分析多重扰动变量对系统的影响，但仅针对电力系统。此方法可推广应用于综合能源系统，有助于分析联合潮流的时空分布规律，挖掘不同能源系统之间负荷转换与平移的潜力，提升能源利用效率，保障综合能源系统的稳定运行。

图 2-15 给出了一个典型的区域综合能源系统示例，该综合能源系统由 32 节点热力网络、8 节点电力网络和 11 节点天然气网络组成。耦合元件包括燃气型热电联产机组、电锅炉和压缩机。综合能源系统中电网的运行模式包括并网和离网。并网模式下，电网节

点 5 与大电网相连并作为平衡节点；离网模式下，电网节点 5 接入小型光伏组件，热电联产（CHP）机组所在的节点 2 为平衡节点。由于离网模式下平衡节点处存在耦合元件，系统间耦合关系更为紧密，联合潮流计算更为复杂，常常需要进行多次迭代。

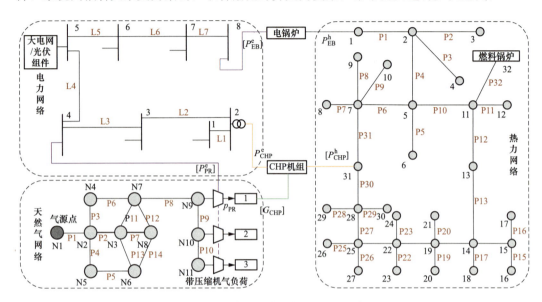

图 2-15　典型区域综合能源系统示例

图 2-15 中各耦合元件有如下耦合变量：热电联产机组电功率 P_{CHP}^{e}，电锅炉电功率 P_{EB}^{e}，压缩机电功率 P_{PR}^{e}；热电联产机组热功率 P_{CHP}^{h}，电锅炉热功率 P_{EB}^{h}；热电联产机组消耗的天然气流量 G_{CHP}，压缩机为热电联产机组输气提供的压强 p_{PR}。在上述耦合变量中，一部分变量为电、热、气能源网络各自进行潮流计算的输入边界条件，以［·］标识。上述耦合变量需满足如下潮流约束方程：

$$f_e(P_{CHP}^{e}, [P_{EB}^{e}], [P_{PR}^{e}]) = 0 \tag{2-52}$$

$$f_h([P_{CHP}^{h}], P_{EB}^{h}) = 0 \tag{2-53}$$

$$f_g([G_{CHP}], p_{PR}) = 0 \tag{2-54}$$

式中：f_e、f_h、f_g 分别表示电、热、气网的潮流模型。

由于本节重点介绍协同仿真技术，且潮流模型在前文中已有讲述，所以此处不再具体展开，电、热、气网各自内部的潮流算法也不具体规定。将式（2-52）～式（2-54）改写为如下形式：

$$f_e'([P_{EB}^{e}], [P_{PR}^{e}]) = P_{CHP}^{e} \tag{2-55}$$

$$f_h'([P_{CHP}^{h}]) = P_{EB}^{h} \tag{2-56}$$

$$f_g'([G_{CHP}]) = p_{PR} \tag{2-57}$$

各耦合元件还需满足自身的耦合关系式：

$$f_{EB}(P_{EB}^{h}) = [P_{EB}^{e}] \tag{2-58}$$

$$f_{CHP,1}(P_{CHP}^{e}) = [P_{CHP}^{h}] \tag{2-59}$$

$$f_{CHP,2}(P_{CHP}^h) = [G_{CHP}] \tag{2-60}$$

$$f_{PR}(p_{PR}) = [P_{PR}^e] \tag{2-61}$$

式中：f_{EB} 为电锅炉的热—电关系；f_{CHP} 为 CHP 的电—热关系和热—气关系；f_{PR} 为压缩机的压强—电关系。

采用分解法进行联合潮流计算的基本思路与过程：电、热、气网首先按式（2-55）～式（2-57）固定各自的边界条件，独立完成潮流计算，获得各系统的输出变量；然后由耦合关系式（2-58）～式（2-61）计算出新的边界输入条件；系统间交换边界条件并重复上述过程，直至协同仿真收敛。

2.3.2　基于消息总线的协同仿真方法

根据联合潮流计算原理和联邦化仿真思想，提出综合能源系统协同仿真系统架构，如图 2-16 所示。电、热、气等仿真子系统（仿真软件）运行于独立的计算机或独立的进程；同时，彼此之间基于消息总线实现协同，共同完成"系统之系统"（system of system，SOS）仿真。现有成熟的仿真软件普遍提供编程接口，可据此开发适配器软件进行接口转换，使其接入消息总线。这种基于消息总线的松耦合结构允许按需动态组成协同仿真系统。

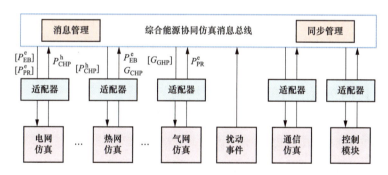

图 2-16　综合能源系统协同仿真系统架构

消息总线提供消息管理和同步管理机制。其中，消息管理提供消息发布与订阅机制。

（1）消息发布。指由各仿真软件向消息总线发送消息，消息采用流行的（topic，kcy，value）格式。其中，topic（主题）是耦合元件的全局唯一标识符，如热电联产机组的 ID；key（键）是耦合变量的标识符，如 P（有功功率）、G（天然气流量）、p（压强）等；value（值）是该耦合变量的实时测量/控制值。

（2）消息订阅。在仿真初始化时，各仿真软件按"topic/key"向消息总线订阅消息；在仿真过程中，消息总线仅将订阅的消息发送至相关仿真软件。

针对图 2-17 所示的综合能源系统的协同仿真，将电、热、气等仿真子系统的消息订阅关系进行可视化，图中箭头代表消息发送方向。可以发现消息订阅关系存在并网和离网两种典型情况，下面分别加以分析。

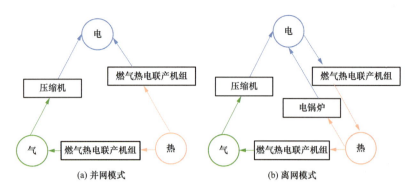

图 2-17　综合能源系统协同仿真中的消息订阅关系

图 2-17（a）对应综合能源系统处于并网模式的情况，其主要特点是不存在环形订阅关系。并网模式时以大电网节点 5 作为平衡节点，热电联产机组工作于以热定电模式。此时，热网无须订阅其他子系统的消息，可独立计算潮流；电网潮流计算的输入边界条件为热电联产机组的电功率和气网压缩机的电功率。为保证潮流的唯一性，电锅炉的电功率为给定值。

图 2-17（b）对应综合能源系统处于离网模式的情况。离网模式下，电网潮流计算以热电联产机组所接入节点 2 作为平衡节点，这样热电联产机组电功率不再是电网潮流计算的输入边界条件。热网在进行潮流计算时，需反过来订阅热电联产机组功率。同时，若热网潮流计算以电锅炉所在热网节点 1 作为平衡节点，则电网潮流还需订阅电锅炉功率，这样图 2-17（b）中就存在多个环形订阅关系，这是与图 2-17（a）的关键区别。消息总线的发布与订阅机制使得整个协同仿真框架不依赖于特定的电、热、气耦合场景，具有很强的灵活性与通用性。

2.3.3　协同仿真的时间同步管理机制

1. 同步管理机制

消息总线的同步管理机制需要处理以下两种情况：

（1）仿真子系统间迭代。由分解法的原理可知，电、热、气网需要彼此交换边界条件才能达到收敛。在这种情况下，同步管理机制用于保证当整个协同仿真未收敛之前，仿真时间不能向前推进。

（2）时间序列仿真。热、电负荷和环境温度等扰动变量是连续变化的，为减少潮流计算次数，可采用周期采样、变化率判别以及变化幅度判别等方式进行离散化处理。本节采用变化幅度判别方法，即仅当某一扰动变量的变化幅度超过一定阈值时才设置为时间序列事件。此外，控制器的动作也会产生时间序列事件。上述事件的时刻都不尽相同，为了提高协同仿真的效率，本节在协同仿真层面并不采用固定的时间推进步长，而是先判断下一个最近事件的发生时刻，然后以该时刻作为协同仿真的同步点，令各仿真子系统彼此交换边界条件。

2. 同步规则

本节提出如下同步规则（设当前时刻为 T_0）。

Rule 1，由每个仿真子系统自主申请下一时刻，下一时刻按如下原则确定：

1) 若该仿真子系统的输入边界条件仍在变化（即边界条件的变化量超过设定阈值），则仍申请 T_0 作为下一时刻。

2) 若该仿真子系统无输入边界条件，或边界条件不再变化，则下一时刻为其最近时间序列事件的发生时刻，例如其下一个光伏出力的变化时刻。

3) 若该仿真子系统为控制器，则其下一时刻为控制器的执行延时，如变压器分接头的动作时间。

Rule 2，消息总线收集各仿真子系统所申请的下一时刻，按式（2-62）取最小值作为协同仿真的下一同步点。

$$T_{\text{syn}} = \min_i T_i \tag{2-62}$$

式中：T_i 为仿真子系统 i 申请的下一时刻。

在该同步点，各仿真子系统需通过消息机制交换耦合变量。以图 2-18（a）所示的并网模式为例解释上述同步规则。设当前时刻为 T_0，电、热、气网的下一个时间序列事件的发生时刻分别为 T_1、T_2 和 T_3。

第一次迭代发生在协同仿真开始后，电、热、气仿真子系统先独立完成一次潮流计算。由图 2-18（a）可知，热网仿真子系统无输入边界条件，则根据 Rule1 的 2）申请 T_2 为其下一时刻；由于热电联产机组功率较之仿真初始时发生了变化，故根据 Rule1 的 1），电、气网仿真子系统申请停留在当前时刻 T_0。根据 Rule2，本次迭代结束后，整个协同仿真系统的时间并不向前推进，仍为 T_0，以上过程如图 2-18（a）所示。

在第二次迭代中，气网仿真子系统判断热电联产机组功率不再变化，则申请将仿真时刻推进至 T_3。由于本次迭代中压缩机的功率仍在变化，故电网仿真子系统仍申请停留在 T_0。则本次迭代结束后，协同仿真系统继续停留在 T_0，如图 2-18（b）所示。

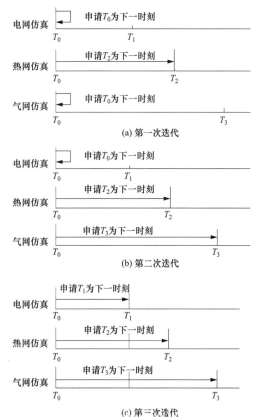

图 2-18　同步规则示意图

在第三次迭代中，电网仿真子系统的输入边界条件不再变化，则申请 T_1 作为其下一时刻。至此，三个仿真子系统的输入边界条件都不再变化，整个协同仿真系统在 T_0 时刻达到收敛，该时刻的潮流计算完毕，如图 2-18（c）所示。根据 Rule 2，协同仿真整体向前推进至 T_1 时刻，各仿真子系统会根据扰动变量变化情况和控制器动作情况更新数据，随后继续进行上述迭代过程，直至完成所有时间序列事件仿真。

可见，由于图 2-17(a) 中不包含环形消息订阅关系，协同仿真的迭代次数是可预知的。而图 2-17(b) 中包含环形订阅关系，在每一个时间断面，协同仿真所需的迭代次数是不可预知的，这是两者的重要区别。但鉴于其遵循完全一致的同步规则，本节不再对图 2-17(b) 的情况进行分析，而是通过下节的仿真算例进行验证。

2.3.4 协同仿真算例

本节采用图 2-19 的算例进行仿真分析。由于篇幅所限，本节仅考虑该系统处于离网模式。触发事件包括扰动变量所触发事件和控制器所触发事件两类。

扰动变量所触发事件算例系统包括如下周期性数据：电网常规负荷（不包括电锅炉和压缩机）、热负荷、光伏组件功率和温度变化，以上主要取自英国某大学校园数据，时间分辨率皆为 15min，扰动变量所触发事件如图 2-19 所示。

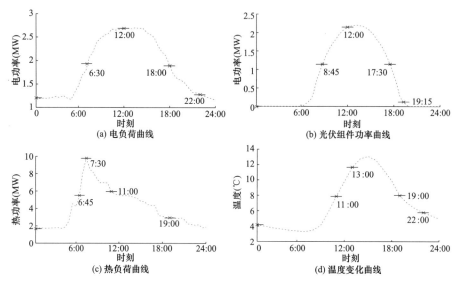

图 2-19 扰动变量所触发事件

时间序列潮流计算的时间跨度可达 1 年，本算例以一天作为跨度。为减少潮流计算次数，对上述周期性数据做进一步抽样处理。以电网负荷为例，设当负荷变化幅度超过 0.6MW 时才认为是新的事件。同理，热负荷、光伏组件功率和温度变化幅度阈值分别取为 3.0MW、1.0MW 和 2℃。抽样事件在图中用红色 "×" 表示，并标注了事件时刻。上述变化阈值可以根据需要设定，以便保证仿真计算量和精细度。

另一类时间序列事件由控制器触发。系统采用式（2-63）的自动调压策略。

$$U_s = \begin{cases} 1.05, & U_{\min} > 1.05 \\ 1.10, & U_{\min} < 0.95 \end{cases} \tag{2-63}$$

式中：U_s 为电网平衡节点处有载调压变压器二次侧的电压的标幺值；$U_{\min}$ 为距电源最远的负荷节点 8 的电压标幺值。

热网的热源采用式（2-64）的自动调温策略。

$$T_s = \begin{cases} 70℃, T_{min} > 70℃ \\ 72℃, T_{min} < 68℃ \end{cases} \tag{2-64}$$

式中：T_s 为热网热源出口温度，℃；T_{min} 为距热源最远的热负荷节点 17 的供给温度，℃。

设定完成上述调压、调温操作分别需 0.25h 和 0.5h，仿真中相应控制器按此申请下一事件时刻。

电网、热网时间序列潮流计算结果如图 2-20 所示。图 2-20（a）表明，电负荷以常规负荷和电锅炉为主。对比图 2-20（a）与图 2-20（b）可见，在白天时段随着热电联产机组功率的增加，压缩机需提供更大压强以满足热电联产机组对天然气的需求，压缩机所需电功率也会增加。燃气锅炉保持恒定热功率不变，而热电联产机组与电锅炉提供热功率的趋势与总热负荷变化趋势一致。

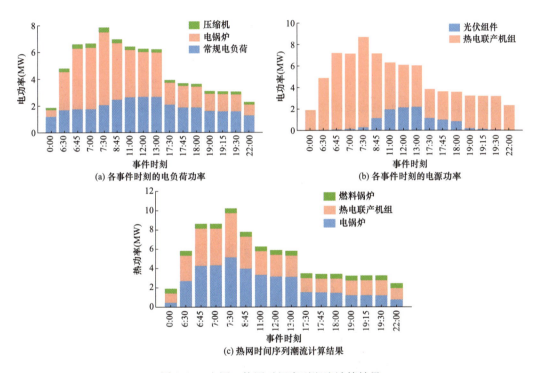

图 2-20　电网、热网时间序列潮流计算结果

调压与调温控制结果如图 2-21 所示，图中为采用了控制策略后，电负荷节点 8 电压 U_{min} 和热负荷节点 17 供给温度 T_{min} 的变化情况。由图 2-21 可见，采取控制策略后，供给温度 T_{min} 大部分时间稳定为 68～70℃，U_{min} 基本稳定为 0.95～1.05。

选取 6：30、6：45 和 7：00 三个连续时间断面进行分析。6：30 事件由扰动变量触发，系统中热电负荷和温度相较于上一时刻均有明显上升，此时热网出现 $T_{min} > 70℃$ 的情况，则控制器会根据控制策略相应动作，在 0.5h 调温完成后触发新的事件，且由于系统功率增加，该时刻收敛所需迭代次数较上一时刻明显增加。6：45 事件同样由扰动变量触发，系统中电负荷功率进一步增加，此时电网出现 $U_{min}<0.95$ 的情况，则控制器会根据控制策略相应动作，在 $0.25h$ 调压完成后触发新的事件。7：00 事件由控制器触发，此时热网调温和电网调压完毕，电网平衡节点电压标幺值升高为 1.10，热网热源出口温度降低为 70℃，使得 U_{min} 与 T_{min} 位于理想区间内。

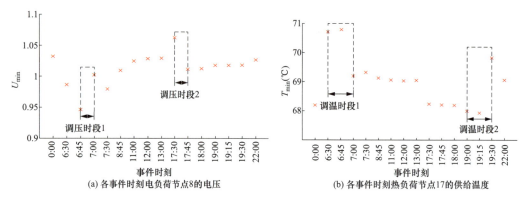

图 2-21 调压与调温控制结果

每次事件发生时，协同仿真系统都需迭代才能收敛。图 2-22 给出了各事件类型和协同仿真的迭代次数，由图可见迭代次数为 4~11 次。图 2-23 展示了在 7：30 时间断面处，电网输出结果和热网输出结果的收敛过程。因电网子系统输出结果为热网子系统的边界条件，因此两者的收敛趋势相似。

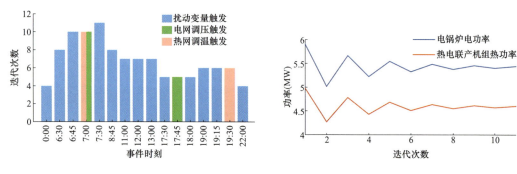

图 2-22 各事件时刻的迭代次数   图 2-23 单一时间断面的收敛曲线

2.3.5 协同仿真平台

综合能源仿真分析系统采用 NET 框架进行开发，基于 Windows 系统部署，建立面向系统建模和运行优化相关的区域综合能源系统设备模型库，具备电—热/冷联合仿真功能，可实现电力、热（冷）离线仿真；可开展源荷资源预测、源荷数据导入、现有系统供能能力分析、能效评估分析、能源结构分析等辅助决策功能；根据区域综合能源系统的典型运行场景，提取若干种典型场景的运行模式，可实现用能成本最低、污染物排放量最低、系统运行可靠性最高的单目标优化或多目标优化策略生成。综合能源系统仿真分析界面如图 2-24 所示。

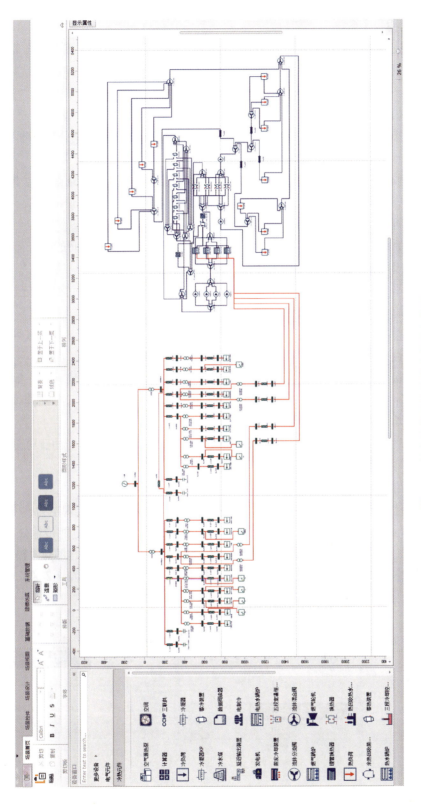

图2-24　综合能源系统仿真分析平台界面

1. 整体架构

（1）基础支撑平台。提供平台操作的基础功能，主要包括项目管理、组态管理、模型管理、图表管理、日志管理、数据管理、系统管理、连接管理等基础功能，支撑上层业务体系应用。

（2）统一模型体系。为不同业务应用的统一模型进行封装服务，服务于不同应用，主要包括电力模型、冷热模型、运行优化模型、规划优化模型、安全分析与预警模型、功率预测模型等。

（3）核心业务体系。为终端用户提供不同的高级应用，各业务间通过数据共享，既可独立运行，亦可组合运行。包括源荷预测、潮流计算、热力计算、谐波分析、动态分析、安全分析等。

（4）外部系统接口。为外部子系统提供数据接口服务，实现系统间的联合运行。

2. 设计原则

（1）统一平台。综合能源仿真分析系统主要部署源荷预测、建模仿真、安全分析等应用，服务于综合能源系统运行管理、研究开发等人员。

（2）统一模型。统一模型是在统一平台上支撑多业务应用的数据基础，按照典型设备及其公有属性全应用通用，私有属性由各应用按需扩展维护。

（3）统一接口。业务应用相互独立，应用间完全解耦，不存在私有接口，跨应用的信息交互依靠平台公共服务实现。业务应用外部接口和内部实现分离，各功能模块的更新和变化不影响外部调用。

（4）统一展示。提供统一的图表、报表、GIS 展示框架，提供独立的、可复用的展示组件，提升各类主题展示的兼容性。

3. 仿真功能

联合仿真计算解决联合仿真时间同步、数据交互两大技术难点，实现电力、冷热独立仿真或电—冷/热联合仿真。电力仿真计算可实现分布式发电分析、电能传输效率分析、故障分析、谐波潮流分析；冷热仿真计算可实现三联供系统模拟计算、地源热泵模拟计算、蓄冷蓄热系统模拟计算、光热系统模拟计算。冷热电联合仿真流程图如图 2-25 所示。

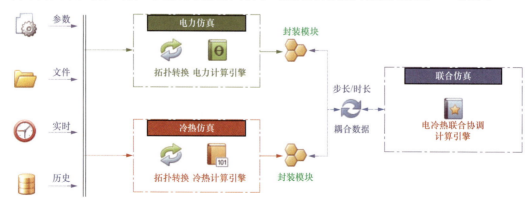

图 2-25　冷热电联合仿真流程图

2.4　本　章　小　结

　　本章首先介绍了基于能源集线器的综合能源系统建模方法，在此基础上考虑增加能源网络，提出多能流转换分析方法，包括构建多能流转换效率矩阵、置换矩阵和多能流耦合方程，实现系统潮流计算高效求解。根据多能流之间物理特性差异大、松耦合的特点，本章提出利用电、热、气网等多个仿真软件实现综合能源系统协同仿真的方法。通过消息订阅与发送机制，多能流仿真软件可动态组成一种松耦合、联邦化的协同仿真结构，能够充分发挥已有仿真软件的作用，并能适应灵活多变的能量耦合场景；通过时间同步机制，能实现协同仿真的收敛，并能实现多能流时间序列潮流计算，从而能够在较长时间尺度内评价综合能源系统的稳态运行情况，并在此基础上开发了综合能源系统协同仿真平台，实现电、热、冷联合仿真。

第 3 章

城镇能源互联网用能分析与预测

为应对风、光等可再生能源出力及电、气、冷、热等多能源荷数据对能源互联网规划运行带来的挑战，针对能源互联网数据海量异构、能源供需多样化、不确定特性显著等特点，本章主要介绍城镇能源互联网用能分析与预测方法，为能源互联网各项决策提供数据支撑。本章首先给出了多能用户用能特性与基础分类，并针对用户个体及群体两种研究对象给出了对应的用能特性分析方法，实现用户负荷的精准可靠聚类；然后为了满足规划和运行不同时间尺度的多能源荷预测需求，利用先进的统计分析和人工智能技术，分别建立了中长期和短期预测模型，提供有效的多能源荷预测，保障能源互联网的安全、可靠、经济运行。

3.1 城镇能源互联网用能分析与预测概述

当前，多能源荷大规模集成接入，能源互联网建设正快速推进，多能负荷呈现类型多样、数量庞大、分布广泛、耦合关系复杂的特征，其特性分析与预测存在极大挑战。与此同时，物联网通信技术和计算机技术快速发展，以智能表计为基础的高级测量体系延伸到普通用户，使大量用户侧用能数据的获取成为可能。这些用能数据中隐藏着用户的用能行为习惯以及未来的负荷发展规律，采用先进的数据挖掘算法对这些数据进行分析，研究不同类型用户的用能特征，构建先进的中长期以及短期负荷预测模型，可以帮助系统运行人员了解用户的个性化、差异化服务需求，提供更精确的多能负荷预测，为能源互联网决策提供数据支撑，例如规划方案、需求响应政策以及运行调度策略的制定。准确的负荷特性分析和预测对保障用电可靠性、降低用能成本具有重要意义。对负荷特性分析和预测而言，聚类和回归分析分别是其研究热点与创新方向，然而，这两方面仍存在一定不足，限制了负荷特性分析和预测准确性的提升，例如：

（1）传统的聚类方法在面对复杂的负荷数据时，由于其初始点挑选、聚类算法的不足，无法适应对大量复杂负荷准确精细划分的要求。

（2）现有的多能负荷中长期预测方法未考虑不同类型能源之间相关性，以及综合需求响应对负荷的影响等因素。

（3）负荷预测方法在拟合非线性关系、泛化能力等方面仍有提升空间。

本章针对用户个体用能分析介绍了 k-means 算法的改进，通过对聚类中心与聚类类数选择的优化，更准确地划分用户簇；针对用户群体用能特征分析介绍了两阶段聚类算法，结合用户群用能曲线与用户群内各类用户的占比，对用户群进行精细划分，有利于建立有效的负荷模型，进而支撑负荷预测模型的构建；为了得到准确的中长期多能源荷预测，提出了考虑不同能源种类和需求响应政策的预测模型；针对短期源荷预测提出了基于集成深度学习算法和小波变换的预测模型，充分考虑多个模型的预测结果，提高预测模型的泛化能力，利用深度学习的多层学习结构提高回归模型的非线性拟合能力，通过小波变换分解原始数据并分别构建预测模型，多种改进预测方法有助于提升预测精度，满足能源互联网中多种决策的需要。

3.2　城镇能源互联网用户用能特性分析

随着能源系统信息化、智能化程度不断深入，智能量测设备累积的用户用能行为数据越来越多。伴随能源互联网业务的多样化，精细化的用户个体用能特性分析在能源系统规划、源荷预测、负荷建模、用户侧互动响应等方面扮演重要支撑角色。通过开展不同用户在多时间尺度下的负荷特征数据挖掘，能够有效分析及辨识用户用能行为规律，利用多维度标签化用能行为分析结果，实现用户负荷的精准可靠聚类，为能源互联网规划运行决策、市场机制设计等工作提供依据。

3.2.1　多能用户用能特性与基础分类

不同用户由于其用能结构功能不同、用能消费用途不同，其负荷特征呈现较大差异，如商业用户、商务办公用户、公共服务用户、普通居民用户、工业用户等（按照能源目录价格分类）的负荷需求存在显著差异（见图 3-1）。

1. 用户用能特性分类

（1）商业用户。商业建筑作为消费中心，有其独特的负荷特性，规模较大的商业建筑表现出空间大、人员集中、密度大、常年使用等特点，但昼夜间断使用特性清晰，因此在营业时间内存在较高的电负荷需求。对于冷、热的需求因气候条件的不同而不同，但同电负荷一样，需求时间主要集中在营业时间内。

（2）商务办公用户。用能行为与商业用户类似，同属于周期性间断负荷，但与商业用户不同的是时间上存在工作日与非工作日间隔，电负荷需求在固定周期内相对稳定，冷、热负荷随季节和温度的变化而变化，且冷、热、电负荷变化与人员活动规律密切相关。

（3）公共服务用户。酒店等公共服务型用户虽然与商业、商务办公用户同属于非居民用户，但在冷、热、电负荷特性上却相差较大，虽然也存在白天与夜晚使用率不同的差别，但该类用户在运行时间上几乎不间断，这就使其负荷相对稳定，且对冷、热、电负荷都有持续性需求。

（4）普通居民用户。居民用户用能需求由各类家电、炊事、照明、生活热水以及满足人们对舒适热环境要求的取暖、空调等生活能耗构成，其用电负荷受到电器使用频率、工作日/非工作日时间等影响，采暖和空调负荷主要受到气候条件的影响。

（5）工业用户。工业负荷不仅取决于工业用户的工作方式，而且与行业特点、季节因素都有紧密联系。工业负荷由工业生产的规律决定，晚间的负荷较轻、白天的负荷较重，工作日负荷重、节假日负荷轻。与其他类型负荷相比，工业负荷的稳定性相对较强，波动性较小，不容易受气候、经济等因素的影响，但工业企业的电负荷和热负荷仍受到天气因素和时间因素的影响。

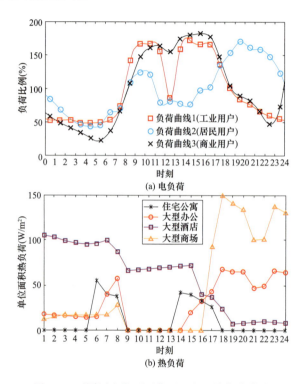

图 3-1　不同用户类型下典型日电、热负荷曲线

2. 传统分类方法的缺点

除能源目录价格分类方法外，在实际生产中，为区分不同用户的功能性及行业性需求，提升用户分类的精细程度，经常以负荷功能角色作为用户特性分类补充指标。以电负荷为例，常见的分类是按照用电部门及其所属行业进行分类，包括建筑、化工、机械加工等工业用电负荷，商业楼宇、房地产等商业用电负荷，高铁、地铁等交通运输电负荷，路灯、景观市政生活及公共事业用电负荷等；在热负荷领域，常见功能性分类包括室温调节热负荷、工业用热负荷、民用热负荷、生产用热负荷等。

但上述传统分类方法都无法实现用户个体用能特性精细化分类，主要存在以下问题：

（1）无法精确识别负荷模式。由于工业、农业生产方式变化以及居民用户用电行为转变等原因，同一行业的负荷特性呈现差异化，然而不同行业的负荷却呈现一定的相似性，因此按照行业进行的负荷分类不能获得精确的分类结果，从而使市场决策、需求侧管理等方面的策略出现偏差。

（2）难以发现用能行为模式的变化与差异。随着社会经济发展，生活生产方式日新月异，一些新型负荷模式开始出现，这些新的负荷模式与传统意义的用户负荷可能有较大差异，若是将这些新的负荷模式直接定义到已有的负荷分类模型里面，会造成负荷分类结果的不稳定性，更无法准确针对用户制定相应的能源互联网规划、需求侧管理等方面的决策，因此对这些新的负荷类型进行识别和分类具有重要意义。

（3）笼统的负荷分类影响负荷模式识别的后续应用。传统的负荷分类方法没有考虑到用户负荷的实际变化规律，人为地按照经验指导负荷分类，理论依据不足，主观因素太大。传统分类阻碍了对负荷数据的进一步应用，造成负荷预测准确率低、能源价格不合理等问题。负荷聚类应该是一个无监督问题，挖掘和识别出用户负荷的模式更加有利于市场环境下的用户特性精确分析。

因此，为准确分析用户个体多样化能源消费特性，实现用户个体负荷精准分类，应综合考虑用户个体用能时空特性、用能习惯等多维度用能特征，利用用户侧能源消费多源异构数据，采用深度数据挖掘方法，对多时间尺度、多用能等级等多维特征信息进行分类聚合，实现用户负荷的准确快速分类。

3.2.2　用户个体用能特性分析

中国一直在大力推进城镇能源互联网的建设，力求构建以双向数据互动为基础、精细化智能管理为目标的能源互联网能量管理体系和智能用电监测管理体系，实现用户用电的双向互动、信息采集、信息交换、信息处理等环节的智能化管理与控制。由于用户是城镇能源互联网的神经末梢，网络架构复杂且用能消费用途类型多，用户行为分析难度大，故需按照聚类方法加以细化区分。伴随着大数据分析技术的兴起，使得深度分析用户行为、提取用户的潜在用能习惯和用能趋势成为一种技术可能，分析用户的用能行为对电网的安全稳定运行以及提高电网的经济性能具有重大意义。因此，需要对用户个体用能行为进行合理聚类。

1. 改进 k-means 算法

在聚类算法中，确定正确的类簇数目是非常关键的，因为 k-means、FCM 等算法都需要确定聚类的参数，而且合适的聚类数目可以控制聚类的有效粒度和准确性。k-means 算法是极高效的一种，并且具有不受数据集规模影响的优势，故本节聚类算法基于 k-means 算法，但 k-means 算法有两个明显的缺陷，k 的确定和初始中心的选择对聚类结果有很大影响，因此应分别对 k 选取以及优化初始中心两个方面进行相应的改进。

（1）基于聚类评估指标的 k 选取。传统的 k 选取方法是利用不同的聚类有效性函数（指标）确定最优取值，常用的聚类评估指标包含戴维森堡丁指数（Davies-Bouldin index，DBI）、类内距离平方和（calinski harabasz index，CHI）、轮廓系数等。通常情况下，这些有效性指标根据不同特性（如数据分散性等）分别评估聚类质量，所以有效性指标是片面的度量聚类质量，发现最优 k_{opt} 比较有难度，选择起来比较困难。

本节采用一种混合的距离代价函数确定最优 k_{opt}，该指标能较为有效地评估聚类质量。距离代价函数是一种结合内在评估和外在评估的指标，定义为：假设 $\{X, R\}$ 为数据样本，包含 n 个待聚类对象，每个对象的维度为 R，聚类数目为 k。内在评估考虑簇内同质性，即簇内距离 D。计算每一个类簇内所有样本到簇内中心的距离，这里的簇内中心指簇内所有样本的均值，最后把所有类的簇内距离相加作为总的簇内距离。类簇的相异度评价使用类间距离，类间距离评估的定义为所有类的类簇中心到整体样本中心距离的和，这里的中心点均为样本均值。

由定义可知，聚类的目的是尽量使簇内对象相似，所以定义评估准则 $F(S,k)$，表示簇内距离 D_1 与簇间距离 D_2 之和。

$$F(S,k) = D_1 + D_2 = \sum_{i=1}^{k} \sum_{p \in S_i} |p - \overline{d_i}| + \sum_{i=1}^{k} |\overline{d_i} - \overline{d}| \tag{3-1}$$

式中：p 为簇内单个样本；$\overline{d_i}$ 为第 i 类的类中心；$\overline{d}$ 为全体样本的中心。

当距离代价函数 $F(S,k)$ 取得极小值时，获得最优的结果，因此 k-means 算法的最优个数为 $k_{opt} = \min_k \{F(S,k)\}$。

（2）基于密度和相异性的初始中心化 k-means。本章的改进 k-means 算法主要针对 k-means 算法对聚类中心敏感的缺点，提出了一种基于数据集密度和相异性属性的改进 k-means 算法。现有的初始聚类中心点选取方法有基于拟蒙特卡洛的初始中心选取方法、基于层次聚类算法的初始中心选取方法，但现有方法的缺点是计算量较大。基于拟蒙特卡洛的初始中心选取方法需要生成 N 个拟随机点，然后在拟随机点中使用 k-d 树进行采样搜索，增大了数据量和计算量；基于层次聚类算法的初始中心选取方法，需要使用层次聚类进行粗聚类，得到的聚类中心作为初始中心点。因此，本章提出一种基于高密度数据集和数据相异性的初始中心点选取方法，极大地减少了运算量，而且提高了聚类质量和稳定性。

聚类质量的好坏和聚类中心的选取、数据的分布有关，数据密度是数据集的一个属性，反映一个指定半径的球状区间内的数据量，相异性矩阵则反映数据之间的距离，通过这两个数据集属性，再结合哈夫曼（Huffman）树构建最优二叉树，可以很好地替代 k-means 初始化过程的初始中心，更加符合数据分布，且能保证结果的正确性，不会陷入局部最优解。具体方法如下：

1）通过添加具有高密度的对象来创建高密度数据集。设数据集 U 含有 n 个数据，样本数据 p_i，以 p_i 为球心，距离小于 R 的球体内的数据点的个数称为数据样本 p_i 的密度，标记为 $D_{en}(p_i)$。

$$R = \alpha \cdot \frac{\max[dis(p_i, p_j)]}{k} \tag{3-2}$$

$$D_{en}(p_i) = \sum_{j=1}^{n} u[R - dis(p_i, p_j)], \quad u(z) = \begin{cases} 1, & z \geqslant 0 \\ 0, & z < 0 \end{cases} \tag{3-3}$$

式中：k 为聚类的类别数目；α 为可调整的参数，一般为 1；$dis(p_i, p_j)$ 为点 p_i 与点 p_j 的距离（一般为欧式距离）。

样本点的密度越高，样本数据对象周围的数据对象越密集，说明这个样本点具有更好的代表性，可以作为更高质量的中心点。

为了表达数据的相异性，对类似负荷序列的数据集换一种表达方式，定义数据集合为

$$D = (X, A) \tag{3-4}$$

式中：X 为包含的 m 个负荷数据对象；A 对应的是每个数据对象的数据维度，或称为数据对象的 n 个属性，对于负荷数据来说 $n = 48$，表示 48 个时间测试点的负荷值。

传统的数据相异性定义是对 $x_i = (x_{i1}, x_{i2}, \cdots, x_{in})$ 和 $x_j = (x_{j1}, x_{j2}, \cdots, x_{jm})$ 求距离，它们之间的相异性就是 $dis(i, j)$。然而在比较大的数据集中，每个维度的数据值范围波动较大，所以对数据相异性做出一定的改动，以保证原有信息的保存。对每个维度的数据相异性可定义为

$$ad_{ij}^k = \frac{||x_{ik} - x_k| - |x_{jk} - x_k||}{x_{k\max} - x_{k\min}} \tag{3-5}$$

式中：x_{ik} 为 x_i 在维度 k 上的取值；x_{jk} 为 x_j 在维度 k 上的取值；x_k 为整个数据集在第 k 维上的平均值；$x_{k\max}$、$x_{k\min}$ 分别是整个数据集第 k 维上的最大值和最小值。

通过相异性的定义进行改进，相当于对数据做了约束和归一化，可以更好地保留原始数据的信息。所以两个数据对象 $x_i = (x_{i1}, x_{i2}, \cdots, x_{in})$ 和 $x_j = (x_{j1}, x_{j2}, \cdots, x_{jn})$ 的相异性重新定义为

$$D_{ij} = \frac{\sum_{k=1}^{n} ad_{ij}^k}{n} \tag{3-6}$$

数据集里面的所有对象两两之间的相异性构成的矩阵称为相异性矩阵，记为 $\boldsymbol{P}_u$，表达式见式（3-7）。

$$\boldsymbol{P}_u = \begin{bmatrix} D_{12} & D_{13} & \cdots & D_{1(n-1)} & D_{1n} \\ D_{23} & D_{24} & \cdots & D_{2n} \\ \cdots & \cdots & \cdots \\ D_{(n-2)(n-1)} & D_{(n-2)n} \\ D_{(n-1)n} \end{bmatrix} \tag{3-7}$$

2）为了选择初始聚类中心，根据相异性矩阵生成由高密度数据集构造的 Huffman 树，通过 Huffman 树进行聚类中心选择。基于数据相异性矩阵的 Huffman 树的构建步骤如下：

a. 对于数据集 U，根据公式计算距离，得到数据集的相异性矩阵。

b. 发现相异性矩阵的差异度最小的两个对象，并将其合并成一个对象，新对象的属性值为两个属性值对象的原始平均值，并用新对象替换原始数据集里的两个相异度最小的

两个对象，重新生成相异度矩阵。

c. 重复 b，直到只有一个对象。

构建 Huffman 树耗时较长，如果直接在数据集合 U 上构建 Huffman 树，可以得到一个更好的初始聚类中心，但是算法的时间复杂度是巨大的。因此，首先，在数据集合 U 中找到相对高密度的数据对象，形成高密度的集合，然后在高密度的集合上构造 Huffman 树，由于数据对象的密度较高，对于数据分布的表示形式较强，因此在高密度数据集上进行 Huffman 树的构造不会显著地降低初始簇中心的质量，反而会显著减少算法的耗时。在生成 Huffman 树之后，反向删除 k 个对象可以获得 k 个初始聚类中心。

在处理密度数据集时，选择平均密度数据集来判断数据对象是否属于高密度的对象，而平均密度 D_{av} 和高密度集 U_1 可表示为

$$D_{av} = \beta \cdot \frac{1}{n} \sum_{i=1}^{n} D_{en}(p_i) \tag{3-8}$$

$$U_1 = \{ p \mid D_{en}(p_i) \geqslant D_{av}, p_i \in U \} \tag{3-9}$$

式中：β 为调整系数（通常为 1）。

当处理数据集时，计算高密度数据集的时间消耗比构造 Huffman 树的时间要少，可以通过调整 β 来确定高密度集的大小，以减少构建 Huffman 树的耗时，但如果高密度数据集的密度过高会导致初始聚类中心的质量下降，因此需要对这两个方面进行整合以选择合适的系数值。

2. 基于改进 k-means 算法的用户负荷模式聚类及有效性分析

考虑到原始负荷数据的高维性，使用降维时间效率和效果最好的主成分分析法（principal component analysis，PCA）降维算法对原始的负荷数据进行数据特征选取之后再对数据进行聚类分析，聚类结果的负荷曲线、聚类中心曲线分别如图 3-2、图 3-3 所示。由图 3-2 和图 3-3 可见，由 730 条用户负荷数据所划分的 8 类日负荷模式聚类中心具有显著的差异，每一类负荷曲线都呈现相似的模式，聚类效果达到预期。

如图 3-3 所示，经过改进 k-means 算法对电力负荷数据进行聚类分析，获得了最优的类别个数，即 $k=8$，并且很好地区分开了这 8 类负荷，证明改进 k-means 算法可以很好地对用户的用电模式进行分类。

通过图 3-2、图 3-3 的聚类曲线可以直观地发现，8 类负荷的最大负荷值都在 20：00，这与居民的用电晚高峰相吻合。类别 1 用电模式负荷低谷在 3：00 左右，7：30～17：30 有一个持续的中等水平的用电情况，20：00 迎来负荷高峰。与类别 1 相似的用电负荷类型还有类别 7，类别 7 的早高峰为 10：00～11：00，11：00～17：00 有一个持续的用电情况，晚高峰在 20：00。类别 1 和类别 7 的用电负荷呈现单峰型，早高峰时间段类别 1 早于类别 7，白天有不同时间段的持续用电。

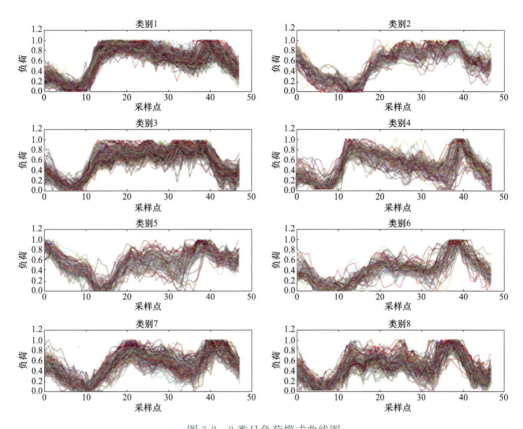

图 3-2　8 类日负荷模式曲线图

注　取一天 48 个采样点，每个采样点间隔 30min。

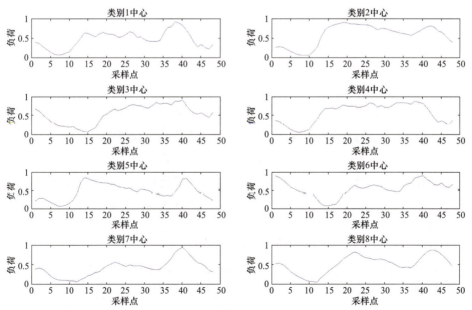

图 3-3　8 类日负荷模式聚类中心曲线图

注　取一天 48 个采样点，每个采样点间隔 30min。

类别 2、类别 3 和类别 4 的用电模式呈现一定的相似性,在白天有一段时间的持续用电情况,且较为平稳;三种负荷模式的差异性在于类别 2 呈现波动模式,在早 9:00、晚 21:00 到达高峰;类别 3 呈现上升趋势,7:30~20:00 负荷持续增长,只有一个波峰;类别 4 在 7:30~20:30 整体呈现很平稳的用电情况,且负荷都较大,是持续高负荷水平的用电模式。

类别 5 和类别 8 呈现出双峰模式,两者的差异在于类别 5 的波峰分别出现在早 7:30 和晚 8:00;类别 8 的波峰出现在早 11:00 和晚 21:00;造成这样的差异可能是因为用户的生活作息有差异。

3.2.3 用户群体用能特征分析

相比于用户个体用能特征,用户集群之后往往体现出更直观统一的用电行为,在聚类分析中的表现为聚类类数减少,典型负荷曲线更加平滑。变电站作为用户群体的典型代表,其负荷特性是下属用户用电行为的集中反映,相关数据也较为完备,因此本节中用户群体负荷特征聚类将以变电站作为负荷群体的代表进行分析。

对变电站聚类分析的研究途径主要有针对变电站的用户构成对变电站进行聚类和针对变电站的日负荷曲线对变电站进行聚类两种。用户构成一般指变电站中各类用户所占的比例,采用用户构成作为聚类指标的研究者认为,用户构成是造成综合负荷特性差异的根本原因,负荷构成是最直接的负荷本质特征,最能体现负荷特性分类的科学性和合理性。而针对日负荷曲线进行聚类的研究者认为,电力负荷曲线聚类是配用电数据挖掘的基础,在异常用户检测、需求侧管理与能效管理等多种配用电问题上有广泛的应用。

电力系统是一个高度复杂的分层系统,其中,用户作为底层,其负荷组成相对单纯,特性较为清晰;变电站等用户群体负荷作为上层,由大量用户负荷构成,其特性复杂,综合反映了其下属所有用户的用电习惯、行业特征。采用仅考虑日负荷曲线或是用户构成的聚类模型可以准确地对用户群体进行聚类,但也相对地忽略了其他影响因素。例如,实际中存在变电站日负荷曲线相同而下属用户构成比例不同的情况,此时,如果只考虑日负荷曲线对变电站进行聚类,将会忽略变电站用户构成的差异。而在电网运行分析、电网规划中,往往既需要了解用户群体的负荷变化特征,也需要了解用户群体下附属的用户的构成特征。因此我们在本节中将采用共同考虑用户群体负荷曲线以及其下属用户构成的方式对用户群体进行聚类分析。

1. 基于用户个体聚类的负荷分解与构成分析

负荷分解即将综合负荷分解为较精细的负荷,从而明确综合合荷的构成情况。按综合负荷所在层级,可将其分为用户个体负荷分解与用户群体负荷分解,其中用户个体负荷分解,也就是非侵入式负荷监测与分解,将用户总负荷信息分解为各用电设备的信息,进而获取用能耗情况与用户规律等用电信息;对用户群体负荷分解,按照不同粒

度，又可划分为用电设备、负荷类别、典型
用户、行业类别四级，用户群体负荷分解可
提供不同精细程度的负荷构成信息，能满足
研究与应用的不同需求。以变电站为例，随
着负荷粒度级逐渐升高，负荷信息细化程度
逐渐降低，变电站层各粒度负荷信息示意图
如图 3-4 所示。为进一步提高变电站层的需
求响应分析、负荷预测、负荷建模等应用的
精度和可信性，可借助更高精度的负荷信息
完成。

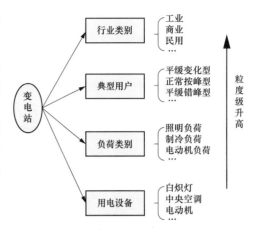

图 3-4　变电站层各粒度负荷信息示意图

　　从现有能提供的负荷数据基础及实际
可应用性角度看，从变电站层分解得到用
电设备、负荷类别构成情况是相当困难的，而分解得到典型用户、行业类别构成情
况则较为可行。通过获取配电网中终端用户的用电负荷数据，经聚类分析就能得到
典型用户，再结合变电站的综合负荷数据就可以分解得到变电站的典型用户构成
情况。

　　本节不再从变电站下层用户的行业构成角度计算构成比例，而以下层众多用户的实
际负荷特性聚类结果计算变电站构成。将由用户负荷聚类分析得到的类中心视为不同用
户类的典型用电特性，而后结合各变电站的综合负荷特性做负荷分解得到其对于典型用
户负荷特性的构成系数。

2. 基于两阶段聚类修正算法群体用能特征分析

　　针对用户群体中存在的能源消费特征多样、用户构成复杂的问题，提出了基于两
阶段聚类修正算法，用以完成基于深度数据挖掘技术的海量用户用能量测数据分析，
该算法可根据用户群体的负荷曲线与群体内的用户行业构成共同对用户群体进行精细
化聚类。

　　（1）考虑负荷与构成的用户群聚类模型。可将电力系统看作一个分层系统，一座变
电站作为一种典型的用户群，本例选取包含 s 个用户的变电站 i 作为用户群的例子。忽
略用户到变电站之间的复杂拓扑结构与通常相对较小的线路损耗，则变电站负荷可以看
作是由底层用户构成的，用户到用户群的连接示意图如
图 3-5 所示。

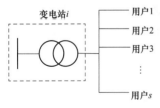

图 3-5　用户到用户群的
连接示意图

　　将用户群下属的用户依照其日负荷曲线不同，采用改
进 k-means 算法、模糊 C 均值聚类（Fuzzy C-Means,
FCM）算法等聚类算法将用户分为 n 类，假设这 n 类用户
的负荷总量在用户群中所占的比例分别为 q_1、q_2、$\cdots$、q_n，
则由上述 n 类用户组成的用户群用户构成的 n 维数据向量

可表示为

$$\boldsymbol{K} = [q_1,\ q_2,\ \cdots,\ q_n] \tag{3-10}$$

与此同时，假设用户群日负荷曲线数据为 m 维，记为 $\boldsymbol{P} = [p_1,\ p_2,\ \cdots,\ p_m]$。对于每一个待聚类的用户群，都有相应的数据向量 $\boldsymbol{K}$、$\boldsymbol{P}$。据此，用于描述一个用户群特征的数据向量由 m 维的日负荷曲线数据向量及 n 维的用户群的用户构成数据向量两部分组成，即数据向量 $\boldsymbol{U} = [\boldsymbol{K},\ \boldsymbol{P}]$。本文主要研究日负荷曲线的形状，因此对数据进行了归一化。

聚类的最终目标是使所有类的类内距离之和最小，通常将目标函数 S 写为误差平方和的形式，即

$$S(\boldsymbol{c}_1, \boldsymbol{c}_2, \cdots, \boldsymbol{c}_k) = \sum_{i=1}^{k} \sum_{j=1}^{h} D(u_j, \boldsymbol{c}_i) \tag{3-11}$$

式中：$\boldsymbol{c}_i$ 为数据点所属的聚类中心向量，表示第 i 类聚类中心；u_j 为归属于 $\boldsymbol{c}_i$ 的第 j 个元素；h 为归属于第 i 类的数据向量个数；D 表示数据点与聚类中心点之间的距离，距离函数 D 选择欧式距离。

求解该模型时需要注意的是，数据向量 $\boldsymbol{K}$、$\boldsymbol{P}$ 的数据类型与数据维数有差异，将 $\boldsymbol{K}$、$\boldsymbol{P}$ 合并为一个数据向量进行聚类是不合适的，因此采用先聚类、再修正的方法求解模型。

（2）两阶段聚类修正算法。

1）两阶段聚类修正算法概述。首先依照 m 维日负荷曲线数据向量 $\boldsymbol{P}$ 对用户群进行聚类，获得原始聚类结果，之后依照 n 维用户构成数据向量 $\boldsymbol{K}$ 对原始聚类结果进行修正。在此将修正前的聚类结果称为仅考虑日负荷曲线的聚类结果，修正后的聚类结果简称为日负荷曲线聚类结果，该结果包括第一次聚类后形成的聚类中心 $\boldsymbol{c}_0$ 以及各数据点归属于各个类的情况。

与聚类模型对应，该算法的目标是使所有类的类内距离之和最小，即误差平方和最小。因此两阶段聚类修正算法考虑了如下问题：①加入用户构成数据后，类与类之间的元素转移；②类内差异较大时考虑类的分裂；③日负荷曲线数据与用户构成数据在聚类中所占权重的确定；④修正后最优类数的确定。

2）类与类之间的元素转移。加入用户构成数据向量 $\boldsymbol{K}$ 后，各数据点与各聚类中心的距离将会发生变化，聚类结果将随之发生变化，并偏离之前的最优结果。此时选择一部分离群数据，并判断这些离群数据是否应当从原来所属的类中移除并移入新的类中。

考虑到运算速度，选出距离所属聚类中心较远的一部分数据点作为离群数据，数据点选择的具体方法：设 $R\%$ 为元素转移比例，则选择距离所属聚类中心最远的 $R\%$ 数据点作为待转移的数据点。被选出的距聚类中心较远的数据向量 $\boldsymbol{U}$ 满足与其他的聚类中心的距离比与当前聚类中心的距离更近时，则移入距离最近的聚类中心。判断待转移的数据点是否真正转移的原则：在现有的聚类中心中，若存在聚类中心 $\boldsymbol{c}_1$ 与待转移的数据点距离更小，即 $D(u, \boldsymbol{c}_1) < D(u, \boldsymbol{c}_0)$，则将该数据点从之前所属的聚类中心 $\boldsymbol{c}_0$ 中去除，加入聚类中心 $\boldsymbol{c}_1$。

所有满足条件的元素都被转移后，取各类内数据的平均值为新的聚类中心，设第 i 类聚类中心在元素转移后包含 j 个数据点，则新的聚类中心可以表示为 $c_i = \frac{1}{j} \sum\limits_{n=1}^{j} u_n$，元素转移将会引起聚类中心的改变，应当重复上述步骤多次以得到一个稳定的结果。

修正前数据已经被分成了数类，修正后，最优类数类可能会因为新的特性的加入而增加，又因为每次类的分裂都会使目标函数 S 减小，所以选择使内部混乱的类分裂为小类。从初始类数 k 开始，类内距离最大的类将被分为两类。若 S_k 表示第 k 类的类内距离，如果存在 $S_{max} = \max(S_1, S_2, \cdots, S_k)$，则将 S_{max} 对应的类采用 k-means 算法分裂成两个类。在类的不断分裂过程中，类内距离之和将不断减小，直到到达预先设定的类数。

采用戴维森堡丁指数（也称分类适确性指标或 DBI）确定最优聚类类数，其计算方法如下

$$DBI = \frac{1}{k} \sum_{i=1}^{k} \max_{i \neq j} \left[\frac{\overline{d_i} + \overline{d_j}}{D(\boldsymbol{c}_i, \boldsymbol{c}_j)} \right] \tag{3-12}$$

式中：k 为聚类类数；$\overline{d_i}$、$\overline{d_j}$ 分别为第 i 类、第 j 类中的数据对象到相应类的聚类中心的平均距离；$D(\boldsymbol{c}_i, \boldsymbol{c}_j)$ 为第 i 类到第 j 类的聚类中心的欧氏距离。

DBI 越小意味着类内距离越小，类间距离越大，分类效果越明显。由此，寻找 DBI 的最小值就可以快速确定最优类数。

日负荷曲线数据向量 $\boldsymbol{P}$ 和用户构成数据向量 $\boldsymbol{K}$ 的类型和数量级不同，因此在聚类过程中所占的权重也应当不同，所占权重较小的那部分数据的特征将更容易被忽略，这部分数据在聚类结果中的分布也会相对混乱。为使最终的目标函数 S 达到最小，选择合适的权重很必要。确定权重的方法：首先基于两类数据的数值与维数差异按比例给出初始权重，之后在初始范围内考虑使目标函数最小的权重。考虑了权重的不同后，判断元素交换与聚类效果中所使用的距离函数 D_q 可以改写为

$$D_q(u, c) = \sqrt{a \sum_{j-1}^{m} (u_i - \boldsymbol{c}_i)^2 + b \sum_{i-1}^{n} (u_j - \boldsymbol{c}_j)^2} \tag{3-13}$$

式中：a、b 分别为原始数据与新增数据所占的权重；m、n 分别为原始数据与新增数据的维数。

后续算例中采用的权重计算方法：首先设定计算步长为 0.1，进行 10 次计算，找出目标函数值最小的点，之后在该点两侧区间内设定计算步长为 0.01，以此逐步找出最优权重。

3）两阶段聚类修正算法步骤。综上，两阶段聚类修正算法的详细步骤如下：

步骤 1：将用户日负荷曲线采用 k-means 算法进行聚类确定各用户的用户类型，利用 DBI 确定聚类类数。

步骤 2：针对各个用户群的日负荷曲线数据采用 k-means 算法进行聚类，利用 DBI 确定聚类类数，获得用户群日负荷曲线聚类结果。

步骤3：在日负荷曲线聚类结果的基础上，考虑用户群中的用户构成比例，以之前的聚类结果为基础形成新的聚类中心向量。

步骤4：挑选各个类中距离类中心最远的 $R\%$ 数据向量，计算该数据向量到其他聚类中心的距离，如果 $R\%$ 数据向量与其他的中心距离得更近，则将这些数据点各自移入距离其最近的中心。

步骤5：取更新后的所有数据向量的平均值，生成新的聚类中心。

步骤6：迭代到类与类之间没有元素被交换、满足设定阈值，或是设定迭代次数后停止迭代。

步骤7：将最大的类拆分为两个类，并重复步骤4～6。如果类数达到设定的类数则停止，否则继续步骤4，最终获得聚类结果。

3. 用户群体用能特征分析实例

以某电网39座220kV变电站的12000条用户日负荷曲线数据为例进行分析，根据其与下属用户之间的实际拓扑关系，通过用户归属的各个变电站的情况，得到变电站中7类用户的构成比例，形成待聚类的数据向量 $\boldsymbol{K}$、$\boldsymbol{P}$。

对39座变电站的日负荷曲线数据进行聚类，将变电站日负荷曲线分为单峰型变电站与双峰型变电站两类。在此基础上采用两阶段聚类修正算法进行修正。在实际算例中，日负荷曲线权重为0.61，构成数据权重为0.39时，计算目标函数值相对较小。

在聚类类数增加过程中，采用 DBI 判断，DBI 在聚类类数为5时达到最小值0.4606，因此将最优聚类类数确定为5类，原聚类结果中类内聚类之和为255.88，修正后该值降低为175.90。

修正后的第2类、第5类变电站聚类结果如图3-6所示，这两类变电站的日负荷曲线相似，均属于单峰型日负荷曲线，但这两类变电站的用户构成相差较大，其中第2类变电站的主要由第4类、第6类用户构成，第5类变电站成分相对平均。

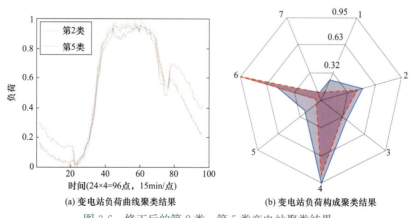

(a) 变电站负荷曲线聚类结果   (b) 变电站负荷构成聚类结果

图3-6 修正后的第2类、第5类变电站聚类结果

第4类变电站的用户构成与第1类变电站的构成相似，但变电站之间构成区分明显。修正后的第1类、第4类变电站聚类结果如图3-7所示，由于第1类变电站的日负荷曲

线与第 4 类变电站的日负荷曲线有一定差别，所以这些用户构成非常相似的变电站被分为两类。这种情况的出现是因为划分用户类别时，被划为同一类的用户的日负荷曲线可能存在差别，同一类变电站的用户构成也会有所不同。误差被两次放大后，则会形成用户构成相同的变电站日负荷曲线不同的状况。

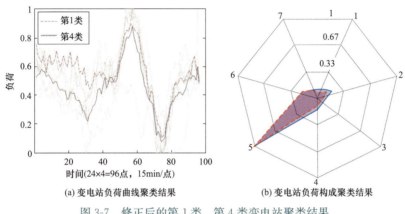

(a) 变电站负荷曲线聚类结果　　　　(b) 变电站负荷构成聚类结果

图 3-7　修正后的第 1 类、第 4 类变电站聚类结果

第 3 类变电站在构成与日负荷曲线上与其他变电站均有较大差别，修正后的第 3 类变电站聚类结果如图 3-8 所示，由图可看出该类变电站日负荷曲线特征与用户构成特征。

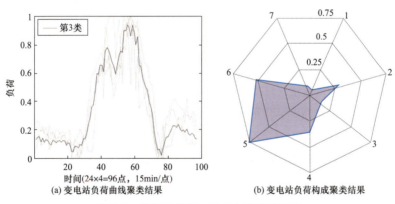

(a) 变电站负荷曲线聚类结果　　　　(b) 变电站负荷构成聚类结果

图 3-8　修正后的第 3 类变电站聚类结果

同时考虑用户构成与日负荷曲线的聚类模型以及两阶段聚类修正算法，将聚类过程拆分为一次聚类过程与多次修正过程。相比于直接采用 k-means 算法等传统算法对日负荷曲线与用户构成数据进行聚类，该方法间接提高了负荷建模、负荷预测等研究工作的精度。

3.3　中长期多能负荷预测

综合能源系统的能源供应日趋多样化。在应对化石能源危机、气候变化和环境污染等挑战方面，可再生能源已成为国际能源领域的重要战略方向。综合能源系统能有效应对高比例可再生能源接入，促进能源产业结构升级。负荷预测可以提前预知多能负荷未来发展变化趋势，是保证综合能源系统可靠经济运行的前提和基础。1985 年，一项英国研究报道表明，英国电力负荷预测误差每增加一个百分点，每年的经济损失将增加 1000 万英镑；如果一年的预测误差减小 1％，可节约能源消耗 58.78TWh。在综合能源需求日趋增长的背景下，准确的负荷预测发挥着越来越重要的作用，中长期多能负荷预测是保证综合能源系统运行可靠性和经济性的重要前提，是综合能源系统能源现状分析、能量平衡、网架规划和市场投资等方面研究的基础。

中长期负荷预测是在对历史数据的合理归纳、整理、分析的基础上，采用相应模型推测出未来负荷发展趋势的技术。中长期负荷预测常用的模型主要有传统预测模型和现代预测模型两种，前者代表方法有指数平滑法、趋势外推法和回归分析法；后者代表方法有灰色系统预测法、模糊逻辑预测法、人工神经网络法、组合预测法等。

历史数据的规模决定了不同预测方法的选择，按照历史数据量的大小不同，可将其分为足量数据场景和少量数据场景。对于足量数据场景，数据优势较明显，可以选择人工智能方法，通过大量历史数据充分挖掘负荷变化的内在规律，并依据此规律实现对未来负荷预测的目的，但中长期负荷预测需要的历史数据时间跨度较大，因此，一般情况下难以获得足量的历史数据量，针对少量数据场景的中长期负荷预测在实际中遇到的概率会更大，因此本节内容针对少量数据场景的中长期负荷预测方法。

3.3.1 最大负荷预测和典型日负荷曲线预测

1. 灰色系统预测法

最大负荷预测是对未来年最大负荷进行预测的方法，是中长期负荷预测的常见形式之一。本节采用灰色系统预测法来解决电力系统和综合能源系统中的年最大负荷预测问题。

灰色系统预测法是 1982 年我国学者邓聚龙教授提出的一种智能算法，该算法以采集信息贫乏的小样本为研究对象，通过开发贫乏信息中的已知部分，应用累加、累减生成方法，生成有价值、有规律的数据信息。灰色系统预测法的优点是处理样本数据少，不考虑分布规律，计算简单。

设 $X^{(0)}$ 为 n 个元素的数列，$X^{(0)}=(x^{(0)}(1)，x^{(0)}(2)，\cdots，x^{(0)}(n))$，$X^{(0)}$ 的一阶累加生成序列 $X^{(1)}$ 表示为 $X^{(1)}=\sum_{i=1}^{k}x^{(0)}(i)$ $(k=1，2，\cdots，n)$。定义 GM(1，1) 的灰微分方程模型为

$$x^{(0)}(k)+az^{(1)}(k)=u \qquad (3-14)$$

$$z^{(1)}(k)=\frac{1}{2}x^{(1)}(k)+\frac{1}{2}x^{(1)}(k-1) \qquad (3-15)$$

式中：$x^{(0)}(k)$ 为灰导数；a 和 u 是待识别的灰色参数，其中 a 为发展系数，反映 X 的发展趋势，u 为灰色作用量，反映数据间的变化关系；$k=2、3、\cdots、n$。

GM(1，1) 的白化微分方程为

$$\frac{dX^{(1)}}{dt}+aX^{(1)}=u \qquad (3-16)$$

该模型的离散解为

$$\hat{X}^{(1)}(k+1) = \left(X^{(0)}(1) - \frac{u}{a}\right)\mathrm{e}^{-ak} + \frac{u}{a} \tag{3-17}$$

令 $Y = [X^{(0)}(2),\ X^{(0)}(3),\ \cdots,\ X^{(0)}(n)]$，设 $\boldsymbol{\alpha}$ 为待估参数向量，则灰微分方程（3-16）的最小二乘估计参数列满足

$$\boldsymbol{\alpha} = (au)^{\mathrm{T}} = (\boldsymbol{B}^{\mathrm{T}}\boldsymbol{B})^{-1}\boldsymbol{B}^{\mathrm{T}}Y \tag{3-18}$$

其中，

$$\boldsymbol{B} = \begin{bmatrix} -\dfrac{1}{2}\left[x^{(1)}(1) + x^{(1)}(2)\right] & 1 \\[2mm] -\dfrac{1}{2}\left[x^{(1)}(2) + x^{(1)}(3)\right] & 1 \\[2mm] -\dfrac{1}{2}\left[x^{(1)}(n-1) + x^{(1)}(n)\right] & 1 \end{bmatrix} \tag{3-19}$$

将式（3-18）求得的 a 和 u 代入式（3-17），并经过一次累减可生成模型 GM（1，1）的预测计算式

$$\hat{X}^{(0)}(k) = \left[X^{(0)}(1) - \frac{u}{a}\right](1 - \mathrm{e}^{-a})\mathrm{e}^{-a(k-1)} \tag{3-20}$$

为了说明 GM(1, 1) 在年最大负荷预测中的有效性，通过某市 2004—2011 年最大负荷情况进行验证，负荷情况见表 3-1。其中 2004—2009 年数据作为历史数据，利用 GM（1，1）对 2010、2011 年最大负荷进行预测。

表 3-1　　　　　　　　　　　　某市 2004—2011 年最大负荷情况

年份	2004	2005	2006	2007	2008	2009	2010	2011
最大负荷（kW）	6007.42	7515.79	9428.82	11889.47	14279.89	18174.83	22439.42	28186.64

为了观察 GM（1，1）的预测结果，将预测结果分别与原始真实数据和由传统指数平滑方法得到的预测结果进行对比，对比情况如图 3-9 所示。

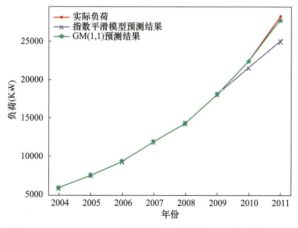

图 3-9　2010—2011 年最大负荷变化趋势和预测结果对比

从图 3-9 可以看出，与指数平滑模型的预测结果相比，GM(1,1) 的预测结果与实际负荷更接近，预测准确性明显优于传统指数平滑模型。

年最大负荷预测中用到了灰色系统预测法中的最基本预测模型，即 GM(1,1) 时间序列预测模型。GM(1, 1) 时间序列预测模型仅分析了单一变量的变化规律，无法考虑其他影响因素变化对研究主体的影响。因此，在多能负荷预测中，电、气、热负荷间的耦合关系不能通过 GM(1，1) 时间序列预测模型来实现。为此，采用另一种灰色预测模型 GM(1，N) 来弥补直接用历史数据建立时间序列预测模型的缺陷，可进一步提高多能负荷预测结果可信度。与 GM(1，1) 相比，GM(1，N) 可对多因素做整体、动态的分析，以反映研究变量序列与相关因素序列间的动态变化关系。

设有 n 个序列，$x_i^{(0)} = (x_i^{(0)}(1)，x_i^{(0)}(2)，\cdots，x_i^{(0)}(p))$，$i=1、2、\cdots、n$，其中 $x_1^{(0)}(k)$ 为灰导数。

对 $x_i^{(0)}$ 做一阶累加，即

$$x_i^{(1)}(k) = \sum_{m=1}^{k} x_i^{(0)}(m) \quad (k=1,2,\cdots,p) \tag{3-21}$$

定义 GM(1，N) 的白化微分方程为

$$\frac{\mathrm{d}x_1^{(1)}}{\mathrm{d}t} + ax_1^{(1)} = b_1 x_2^{(1)} + b_2 x_3^{(1)} + \cdots + b_{n-1} x_n^{(1)} \tag{3-22}$$

式中：a 为发展系数，反应序列的发展趋势；b_1，b_2，$\cdots$，b_{n-1} 反应数据间的变化关系。

记 $\alpha = (a，b_1，b_2，\cdots，b_{n-1})$。根据导数定义，可以得到

$$\frac{\mathrm{d}x_1^{(1)}}{\mathrm{d}t} = \lim_{\Delta t \to 0} \frac{x_1^{(1)}(t+\Delta t) - x_1^{(1)}(t)}{\Delta t} \tag{3-23}$$

设 $Y_n = (x_1^{(0)}(2)，x_1^{(0)}(3)，\cdots，x_1^{(0)}(p))$，则可将式（3-24）按差分法离散得到线性方程组，形如

$$Y_n = B \cdot \hat{\alpha} \tag{3-24}$$

式中：$\hat{\alpha}$ 为 α 的估计值，B 为参数矩阵。

定义 GM(1，N) 的灰微分方程模型为

$$x_1^{(0)}(k) + az^{(1)}(k) = \sum_{i=2}^{n} b_{i-1} \cdot x_i^{(1)}(k) \tag{3-25}$$

由两点滑动平均思想可得

$$z^{(1)}(k) = \frac{1}{2} x_1^{(1)}(k) + \frac{1}{2} x_1^{(1)}(k-1)，\quad k=2,3,\cdots,n \tag{3-26}$$

则 B 可表示为

$$B = \begin{pmatrix} -\frac{1}{2}\left[x_1^{(1)}(1) + x_1^{(1)}(2)\right] x_1^{(1)}(2) \cdots x_n^{(1)}(2) \\ -\frac{1}{2}\left[x_1^{(1)}(2) + x_1^{(1)}(3)\right] x_1^{(1)}(3) \cdots x_n^{(1)}(3) \\ \cdots \\ -\frac{1}{2}\left[x_1^{(1)}(p-1) + x_1^{(1)}(p)\right] x_1^{(1)}(p) \cdots x_n^{(1)}(p) \end{pmatrix} \tag{3-27}$$

$\hat{a}$ 可通过最小二乘法求得

$$\hat{a} = (\boldsymbol{B}^{\mathrm{T}}\boldsymbol{B})^{-1}\boldsymbol{B}^{\mathrm{T}}\boldsymbol{Y}_n \tag{3-28}$$

模型的离散解为

$$\hat{x}_1^{(1)}(k+1) = \left[x_1^{(1)}(0) - \frac{1}{\hat{a}} \cdot \sum_{i=2}^{n} \hat{b}_{i-1} \cdot x_i^{(1)}(k+1) \right] \cdot \mathrm{e}^{-\hat{a} \cdot k} +$$

$$\frac{1}{\hat{a}} \cdot \sum_{i=2}^{n} \hat{b}_{i-1} \cdot \hat{x}_i^{(1)}(k+1) \tag{3-29}$$

则根据式（3-21）可得

$$\hat{x}_1^{(0)}(k+1) = \hat{x}_1^{(1)}(k+1) - \hat{x}_1^{(1)}(k) \tag{3-30}$$

以美国 T 校区的综合能源系统为对象来研究 GM(1, N) 模型在区域多能负荷预测中的应用。T 校区拥有 288 栋教学楼、师生总数 52000 名。本节采用的数据是 T 校区综合能源系统记录的 2009—2020 年的冷、热、电负荷数据，其中冷、热、电负荷数据单位分别是 RT、mmBtu/h、kW。

为了量化 GM(1, N) 的预测效果，通过平均绝对百分比误差（MAPE）、均方根误差（RMSE）两个指标来评估 GM(1, N) 的精确度。MAPE 是预测值和实际值的绝对差与实际值的平均比值，用百分比表示。RMSE 是均方误差的算术平方根，RMSE 越低，预测效果越好；RMSE 越高，预测效果越差。

将不同模型对多能负荷预测误差对比情况分别列于表 3-2，表中列出了同一时刻 SVR、GM(1, 1) 和 GM(1, N) 3 个模型的预测误差。可以看到，三个模型对电负荷的预测误差 MAPE、RMSE 从小到大依次为 GM(1, N)<SVR<GM(1, 1)，且 GM(1, N) 的预测误差远远小于其他两个模型的误差，因此 GM(1, N) 在电负荷预测上具有显著优势。对比表 3-2 中热负荷、冷负荷的预测误差，可以得到与电负荷相似的结果，即三个模型对热负荷和冷负荷的预测误差 MAPE、RMSE 从小到大依次为 GM(1, N)<SVR<GM(1, 1)，且 GM(1, N) 的预测误差远远小于其他两个模型的误差。因此，在对年度多能负荷预测时，将其他负荷数据作为影响因素考虑到建模过程中，能够极大地减小预测误差，提高预测精度。

表 3-2　　　　　　　　　　　不同模型多能负荷预测误差对比

模型	负荷					
	电负荷（kW）		热负荷（mmBtu/h）		冷负荷（RT）	
	MAPE	RMSE	MAPE	RMSE	MAPE	RMSE
SVR	18.36	7240.79	18.37	54.22	13.96	2094.97
GM(1, 1)	87.88	26000.49	34.74	103.13	14.25	2288.37
GM(1, N)	0.56	179.03	5.60	18.14	0.30	67.72

通过对历史年典型日负荷曲线进行 24h 预测，可以得到由 24 个负荷值构成的待预测负荷曲线，实际负荷曲线与 GM(1, 1)、GM(1, N) 模型预测曲线对比如图 3-10 所示。

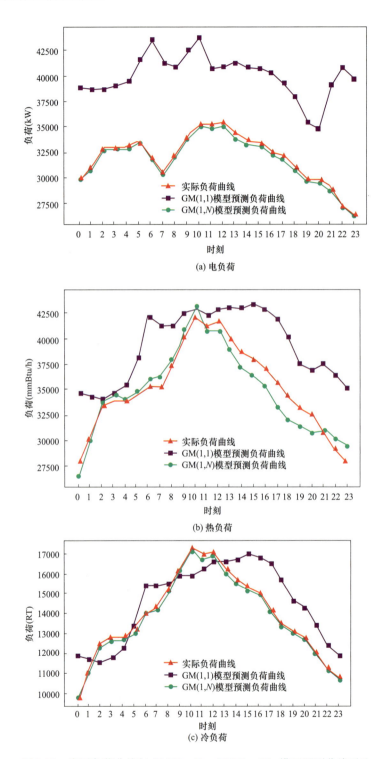

图 3-10 实际负荷曲线与 GM(1, 1)、GM(1, N) 模型预测曲线对比

从图 3-10 可以发现，GM(1, N) 模型预测得到的电负荷曲线比 GM(1, 1) 模型预

测得到的电负荷曲线更加接近真实的电负荷曲线，与 GM(1，1) 模型相比，在逐时预测中的每个时刻 GM(1，N) 模型都表现出了明显优势。

综上所述，与只考虑单一负荷序列进行预测的 GM(1，1) 模型相比，GM(1，N) 由于加入了负荷间的影响关系，从而提高了预测准确度。无论从样本时间维度还是负荷类型维度，都表现出了明显优势，具有很好的鲁棒性。因此，GM(1，N) 是解决较少数据场景下的综合能源中长期负荷预测问题的有效方法，能够为综合能源系统能源站选址、定容、能源网络规划提供可靠的数据支撑。

2. 基于灰色关联度的中长期负荷曲线非线性规划预测模型

典型日负荷曲线预测是中长期负荷预测的另一种常见形式。通过中长期负荷预测算法得到的待预测年的典型日负荷曲线，是期货、合约交易中分配能量、审核调峰能力及分析互联系统错峰效益的基础，对综合能源系统规划也具有重要意义。

有研究选取待预测年的前一年典型日负荷曲线作为基准曲线，建立了以两条曲线误差平方和最小为指标的二次规划模型，从而得到待预测年负荷曲线。有研究选取历史年的平均日负荷曲线作为待预测年的基准负荷曲线，并选取与基准负荷曲线灰色关联度最大的曲线为待预测年曲线。在此基础上研究基于灰色关联度的中长期负荷曲线非线性规划预测模型。

灰色关联度方法是研究事物之间、因素之间关联性的一种方法，根据事物或影响因素的时间序列曲线的相似程度来判断其关联程度。设 X_0 与 X_i 是两个长度相同的等间距序列，两者的始点零化像分别是 $X_0^0 = X_0 - x_0(1)$，$X_i^0 = X_i - x_i(1)$，它们围成的折线分别记为 $\hat{X_0^0}$ 和 $\hat{X_i^0}$，则 X_0 与 X_i 的灰色绝对关联度 ε_{0i} 定义为

$$\varepsilon_{0i} = \frac{1 + |s_0| + |s_i|}{1 + |s_0| + |s_i| + |s_i - s_0|} \tag{3-31}$$

其中 s_0、s_i 表示为

$$s_0 = \int_1^h \hat{X_0^0} \mathrm{d}t \tag{3-32}$$

$$s_i = \int_1^h \hat{X_i^0} \mathrm{d}t \tag{3-33}$$

式中：h 为序列 X_0 与 X_i 的长度。

为了防止 $\hat{X_i^0}$ 位于 $\hat{X_0^0}$ 之上和之下的部分面积发生抵消，有研究采用了绝对面积来替代 $s_i - s_0$ 部分。在此基础上，为了计算方便又将其改进为

$$\varepsilon_{0i} = \frac{1 + s_1 + s_2}{1 + s_1 + s_2 + s_3} \tag{3-34}$$

其中，s_1、s_2、s_3 分别表示为

$$s_1 = \sum |X_0^0| \tag{3-35}$$

$$s_2 = \sum |X_i^0| \tag{3-36}$$

$$s_3 = \sum |X_0^0 - X_i^0| \qquad (3\text{-}37)$$

基于灰色关联度的中长期负荷混合预测方法：首先，通过融合指数平滑、GM(1，1) 的混合模型获得待预测年典型日最大负荷 M、最小负荷系数 u、日负荷率 v 等负荷特性指标量；然后，选取待预测年的上一年典型日负荷曲线作为待预测年的基准曲线 B；其次，建立以灰色关联度最大为目标、以得到的待预测年典型日负荷特性指标量为约束的规划模型；最后，求解模型得到待预测年的典型日负荷曲线。

假设待预测的日负荷曲线为 $Y = \{y_1，y_2，\cdots，y_{24}\}$，其归一化序列为 $X = \{x_1，x_2，\cdots，x_{24}\}$。则非线性规划模型的目标函数为

$$\max \frac{1 + s_1 + s_2}{1 + s_1 + s_2 + s_3} \qquad (3\text{-}38)$$

约束条件如下：

1）最大负荷约束

$$x_m = 1 \qquad (3\text{-}39)$$

2）最小负荷系数

$$x_q = u \qquad (3\text{-}40)$$

3）日负荷率约束

$$\frac{\sum\limits_{k=1}^{24} x_k}{N} = v \qquad (3\text{-}41)$$

式中：m、q 分别表示最大和最小负荷出现的时刻；N 为日负荷曲线的采样点数。

基于灰色关联度的中长期典型日负荷混合预测方法流程如图 3-11 所示。

为了更好地评估混合模型的预测效果，设置了对比实验，对比实验见表 3-3。其中，混合模型即是基于灰色关联度的中长期负荷混合预测方法，模型 1～4 是混合模型的 4 个对比实验。

选用某区域 2013—2018 年典型日电负荷、热负荷曲线数据对模型进行验证分析。用 2013—2017 年数据作为历史年数据，预测 2018 年的典型日负荷曲线，并与 2018 年实际典型日负荷曲线进行对比，预测年典型日电负荷、热负荷曲线预测结果对比图如图 3-12 所示。

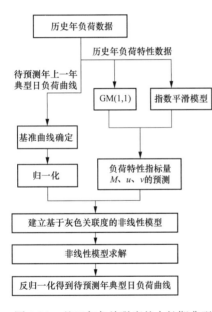

图 3-11 基于灰色关联度的中长期典型日负荷混合预测方法流程

表 3-3		对 比 实 验		
模型	分点预测	指数平滑	灰色预测	规划
模型 1	√	√	—	—

续表

模型	分点预测	指数平滑	灰色预测	规划
模型 2	√	—	√	—
模型 3	—	√	—	√
模型 4	—	—	√	√
混合模型	√	√	√	√

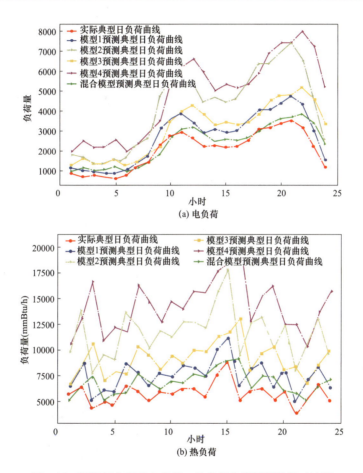

图 3-12　预测年典型日电负荷、热负荷曲线预测结果对比图

　　从图 3-12 可以看出，5 个模型得到的预测曲线都表现出了与实际典型日负荷曲线相似的形状变化规律。与模型 1~4 得到的预测曲线相比，混合模型得到的预测曲线与实际负荷曲线更接近，预测效果更好。因此，基于灰色关联度构建的融合指数平滑、GM（1，1）和分点预测方法的中长期负荷混合预测模型在电负荷预测中具有更高的预测精度。

3.3.2 考虑新能源及综合需求响应接入对多能负荷预测影响分析

新型城镇发展伴随着多能耦合环节及用户侧储能和电动汽车等新能源的接入，同时电力、天然气、供热和交通等多类型能源系统的交叉互联和复杂耦合等因素使得用能需求逐渐趋向多样化，且存在大量的不确定性。除了用户自身用能与需求预测的不确定性，仍存在用户参与综合需求响应意愿更改等不确定性因素，用户用能规律难以把握，用能行为复杂化，加剧了随机化趋势，而多能负荷曲线也会由于不同综合需求响应的实施产生削峰填谷的改变，原有对负荷曲线的预测结果没有充分考虑到上述影响因素，最终影响多能负荷的预测精度。因此，研究新能源接入及能源互联网场景下综合需求响应对负荷曲线的影响具有重要意义。本节对综合需求响应进行时间尺度上的分类，利用系统动力学分析新能源和综合需求响应接入对多能负荷行为的影响，分析其对多能负荷预测结果的影响。

1. 不同时间尺度下综合需求响应分类

综合需求响应（integrated demand response，IDR）作为需求侧在综合能源网络中传统电力需求响应的衍生和扩展，相较于电力需求响应单纯在横向上的时间转移和用能削减，综合需求响应将需求侧的响应行为更新为将用能种类转换（纵向）与时间转移（横向）相结合。按照响应特性，可将用户自主响应的负荷分为削减负荷、转移负荷、代替负荷三种类型。

由于综合需求响应整合了多种能源，因此对多时间尺度需求响应的研究更为复杂。根据时间周期，将综合需求响应分为短期及中长期综合需求响应，IDR 的时间尺度分类如图 3-13 所示。

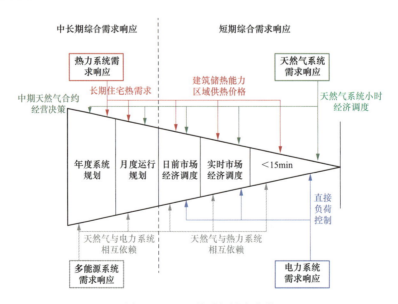

图 3-13　IDR 的时间尺度分类

　　分析短期时间尺度的综合能源系统调度以及以柔性负荷、储能、电动汽车为参与主体的综合需求响应情况，可以为中长期综合需求响应对多能负荷曲线的预测影响分析提供数据来源。中长期需求响应决策结果需要由短期结果累加，因此，面向综合能源系统的中长期综合需求响应决策包括长期综合需求响应决策、中期综合需求响应决策和短期综合需求响应决策等三部分。

2. 考虑新能源及综合需求响应接入的多能负荷行为系统动力学分析

　　在长期综合需求响应决策中，用户将综合用能设备寿命周期内可以提供的效用值与自身的期望值进行比较，决定是否投资综合用能设备，投资综合用能设备可以提升用户的长期潜力，即用户可响应的最大容量。在中期综合需求响应决策中，用户根据合同有效时间内累计的综合需求响应收益决定是否签订综合需求响应合同，签订综合需求响应合同的用户则具有中期潜力，并且只有具备中期综合需求响应潜力的用户可以进行短期响应决策。在短期综合需求响应决策中，根据综合能源系统调度及综合需求响应运行模拟响应，确定响应容量及响应收益，决定是否响应。通过系统动力学能够有效分析考虑新能源及综合需求响应接入的多能负荷预测影响，中长期综合需求响应决策的存量流量图如图 3-14 所示。

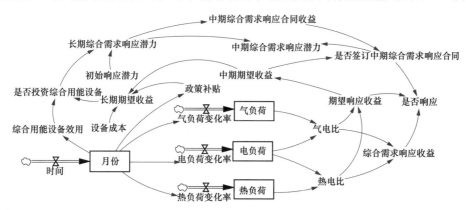

图 3-14　中长期综合需求响应决策存量流量图

　　用户的长期综合需求响应决策考虑是否更换高效综合用能设备、增建库存或者改造生产线等增加综合需求响应潜力的技改项目。长期综合需求响应决策模块存量流量图如图 3-15 所示。

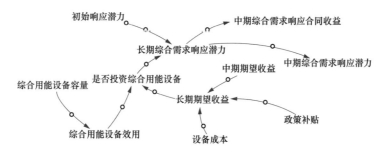

图 3-15　长期综合需求响应决策模块存量流量图

用户的中期决策考虑是否签订中期综合需求响应合同。中期综合需求响应决策模块存量流量图如图 3-16 所示。

用户的短期综合需求响应考虑是否参与响应。综合需求响应模拟模块存量流量图如图 3-17 所示。

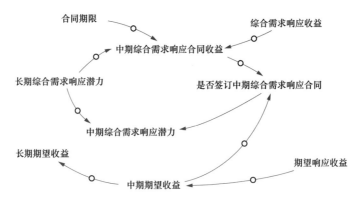

图 3-16　中期综合需求响应决策模块存量流量图

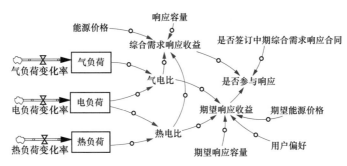

图 3-17　综合需求响应模拟模块存量流量图

3. 新能源和综合需求响应接入对多能负荷预测的影响分析

（1）考虑新能源接入的综合需求响应模型。新能源主要指柔性负荷、储能以及电动汽车，考虑多能源之间的耦合替代关系，根据用能替代的方式不同，会形成气电替代和热电替代。储能包括电储能、气储能和热储能。电动汽车考虑用户电动汽车行驶习惯，其充放电行为也会对负荷曲线产生影响。

1）柔性负荷响应模型。对于节点 i 上的用户，在 t 时刻，经用能替代项目调节后的电负荷可表示为

$$q_{i,t}^{\mathrm{e}} = \overline{q_{i,t}^{\mathrm{e}}} - L_{i,t}^{\mathrm{eg}} - L_{i,t}^{\mathrm{eh}} \tag{3-42}$$

调节后的天然气负荷表示为

$$q_{i,t}^{\mathrm{g}} = \overline{q_{i,t}^{\mathrm{g}}} + \rho_{\mathrm{e/g}} L_{i,t}^{\mathrm{eg}} \tag{3-43}$$

调节后的热负荷表示为

$$q_{i,t}^{\mathrm{h}} = \overline{q_{i,t}^{\mathrm{h}}} + \rho_{\mathrm{e/h}} L_{i,t}^{\mathrm{eh}} \tag{3-44}$$

式中：$L_{i,t}^{\mathrm{eg}}$ 为 t 时刻用户用气替代电的负荷；$L_{i,t}^{\mathrm{eh}}$ 为 t 时刻用户用热替代电的负荷；$\overline{q_{i,t}^{\mathrm{e}}}$ 为

参与用能替代项目前的用户电力负荷；$\overline{q^g_{i,t}}$ 为参与用能替代项目前的用户天然气负荷；$\overline{q^h_{i,t}}$ 为参与用能替代项目前的用户热负荷；$\rho_{e/g}$ 为气—电替代系数；$\rho_{e/h}$ 为热—电替代系数。

2）多类型储能响应模型。电储能系统、储气系统以及储热系统均可参与综合需求响应，可通过切换充放模式来实现响应。电储能动态数学模型表示为

$$E^{ESS}_t = (1 - \mu_e)E^{ESS}_{t-1} + \left(P^{ESS,in}_t \eta_{ech} - \frac{P^{ESS,dis}_t}{\eta_{edis}}\right) \cdot \Delta t \tag{3-45}$$

式中：E^{ESS}_t、E^{ESS}_{t-1} 分别为 t 时段、$t-1$ 时段的储电容量；μ_e 为储电的损耗率；$P^{ESS,in}_t$、$P^{ESS,dis}_t$ 分别为 t 时段内储电充电、放电功率；η_{ech}、η_{edis} 分别为充、放电效率。

储气动态数学模型表示为

$$E^{GS}_t = (1 - \mu_g)E^{GS}_{t-1} + \left(F^{GS,in}_t \eta_{gch} - \frac{F^{GS,dis}_t}{\eta_{gdis}}\right) \cdot \Delta t \tag{3-46}$$

式中：E^{GS}_t、E^{GS}_{t-1} 分别为 t 时段、$t-1$ 时段的储气容量；μ_g 为储气的损耗率；$F^{GS,in}_t$、$F^{GS,dis}_t$ 分别为 t 时段内储气设施注入、提取流量；η_{gch}、η_{gdis} 分别为注入、提取效率。

储热动态数学模型表示为

$$H^{HS}_t = (1 - \mu_h)H^{HS}_{t-1} + \left(Q^{HS,in}_t \eta_{hch} - \frac{Q^{HS,dis}_t}{\eta_{hdis}}\right) \cdot \Delta t \tag{3-47}$$

式中：H^{HS}_t、H^{HS}_{t-1} 分别为 t 时段、$t-1$ 时段的储热容量；μ_h 为储热的散热损耗率；$Q^{HS,in}_t$、$Q^{HS,dis}_t$ 为 t 时段内储热吸热、放热功率；η_{hch}、η_{hdis} 分别为吸、放热效率。

3）电动汽车响应模型。电动汽车可作为移动式储能参与综合需求响应，其响应情况与出行规律、行驶里程密切相关，在实现储能的同时，满足用户的出行要求。电池频繁的放电会对其寿命造成一定的损耗，为减缓电池寿命的衰减，要尽量减少电池的充放电切换次数，假设一天内电动汽车只进行一次放电行为。电动汽车充放电极限时间 t_{lim} 可以表示为

$$t_{lim} = \frac{P_d t_n + P_c t_l - (1 - S_n)C_s}{P_c + P_d} \tag{3-48}$$

式中：P_c、P_d、C_s 分别为电动汽车的充、放电功率以及额定容量；t_n、t_l、S_n 分别为当前时间、离网时间和当前时间的荷电状态。

电动汽车离开时的荷电状态满足

$$S_n \geqslant \frac{d_{next} \cdot W + Q_{min}}{C_s} \tag{3-49}$$

式中：d_{next} 表示电动汽车的下次行驶里程；W 为每 1km 消耗的电量；Q_{min} 为电动汽车的最低电量。

电动汽车可放电容量 P^{EV}_{dis} 可以表示为

$$P^{EV}_{dis} = \frac{P_d}{P_c + P_d}\left[(t_l - t_n)P_c - (1 - S_n)C_s\right] \tag{3-50}$$

电动汽车的充电容量 P^{EV}_{ch} 可以表示为

$$P_{ch}^{EV} = C_s(S_n + S_l - S_a - S_{min}) \tag{3-51}$$

式中：S_l、S_a、S_{min} 分别为离网时的荷电状态、接入时的荷电状态以及最低荷电状态。

4）考虑新能源接入的综合需求响应模型。考虑新能源接入的综合需求响应模型以最大化节点用户效用为目标，其目标函数为

$$\max U_i = \sum_{t=1}^{T} \{\lambda_e(\nu_{i,t}^e q_{i,t}^e - q_{i,t}^e p_t^e) + \lambda_g(\nu_{i,t}^g q_{i,t}^g - q_{i,t}^g p_t^g) + \lambda_h[\nu_{i,t}^h q_{i,t}^h - (q_{i,t}^{he} p_t^e + q_{i,t}^{hg} p_t^g)]\}$$

$$\tag{3-52}$$

式中：U_i 为节点用户 i 的综合用能效用；$\nu_{i,t}^e$、$\nu_{i,t}^g$ 以及 $\nu_{i,t}^h$ 分别为节点 i 在 t 时段用户的用电、用气以及用热满意度；$q_{i,t}^e$、$q_{i,t}^g$、$q_{i,t}^h$ 分别为节点 i 用户在 t 时段的用电负荷、用气负荷和用热负荷；λ_e、λ_g、λ_h 分别为用户用电、用气以及用热效用的权重系数；$q_{i,t}^{he}$、$q_{i,t}^{hg}$ 分别为节点 i 在 t 时段供给用户纯热负荷所消耗的电能和天然气；p_t^e、p_t^g 为 t 时段的节点电价和节点气价。

系统约束主要为节点能量平衡约束、热网模型约束、气网模型约束、电网模型约束。其中，热网模型约束包括节点流量平衡、节点功率融合、负荷取用特性、供回水温度约束以及管段传热特性；气网模型约束包括管道流量约束、气源点约束、流量平衡约束、压缩机约束及节点压力约束；电网模型约束包括节点功率平衡、机组出力约束、爬坡约束、支路潮流约束以及电转气和燃气轮机相关模型约束。

（2）算例分析。下面针对新能源和综合需求响应接入对多能负荷曲线的预测影响进行分析。假定未考虑新能源接入与综合需求响应影响的电—气—热综合能源系统中的典型负荷预测曲线为初始负荷预测曲线，基于初始负荷预测曲线，考虑新能源和综合需求响应接入系统，得出实施综合需求响应后的多能负荷预测曲线，综合需求响应前后负荷曲线图如图 3-18 所示。由图 3-18 可知，相对初始负荷预测曲线，负荷曲线变得更加平滑，这是由于预测结果考虑了电动汽车、柔性负荷和储能等新能源及综合需求响应的实施。

用户具有柔性负荷，会在电价较高的时段通过消耗天然气和热来代替电的部分需求，相反也会在电价低的时段减少天然气和热需求，通过消耗电力代替热的需求。同时，由于储能设备具有"谷充峰放"的特征，在能源价格较低时进行充电，在负荷需求峰时段进行放电；而用户侧的电动汽车也会在电价高峰时段放电，在谷时段充电，因此储能和电动汽车也会影响多能负荷的变化。从图 3-18 可以看出，在 8：00～12：00 和 19：00～22：00 这两个时段用户的用电量降低，天然气和热力需求对应上升。在气价较低而电价较高的地区，11：00 左右电力负荷下降约 9.46%，气负荷增加了 4.76%，热负荷几乎不变，这是由于用户通过消耗天然气和热力满足其电力需求，而部分气负荷由气储能提供；在气价较高而电价相对较低的地区，11：00 左右电力负荷下降了 4%，气负荷与热负荷几乎不变，这是由于用户消耗电力满足其部分气力和热力消耗，其部分电力需求由电储能补偿。反之在其他时段电力消耗上升，气、热需求下降，同时各类储能进行充电，电动汽车也在夜间进行充电。

此外，相比于传统调度预测的用户效用，考虑新能源接入和综合需求响应后的用户

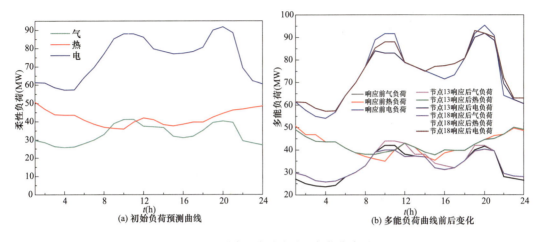

图 3-18　综合需求响应前后负荷曲线图

效用提升了 13.67%，系统调度运行成本降低了约 3.24%，可以发现考虑新能源接入和综合需求响应后的负荷中长期预测可以提升城镇用户居民的收益，提高城镇能源系统的效益。从图 3-18 还可看出，相较于初始负荷预测曲线，在实施综合需求响应之后的曲线虽然趋于平滑，但仍然存在明显的峰谷趋势，这样的预测结果符合节点能源价格的趋势，也能够证明预测结果的可行性。此外，在考虑了新能源和综合需求响应接入之后对多能负荷进行预测，可以发现综合需求响应和新能源接入可实现削峰填谷，减轻负荷高峰时的能源供给压力。

3.4　短 期 多 能 源 荷 预 测

短期多能源荷预测可为能源互联网提供多能负荷在未来几分钟、几小时或者几天的取值。作为城镇能源互联网源荷预测的重要组成部分，短期预测在城镇能源互联网供需平衡、决策优化和安全经济运行等方面发挥重要支撑作用，然而，影响因素众多、随机性明显、波动复杂等多能源荷数据特点给短期多能源荷准确预测增加了难度。

3.4.1　基于混合集成深度学习的短期多能源荷预测

1. 深度信念网络

深度信念网络（deep belief network，DBN）是一种神经网络模型，其本质是采用若干隐藏层对原始数据进行最佳的特征表达以实现特征学习的过程。DBN 由多个受限玻尔兹曼机（restricted boltzmann machine，RBM）串联组成，其中上一个 RBM 的隐藏层即为下一个 RBM 的输入层。深度信念网络结构如图 3-19 所示。深度信念网络的训练过程主要分为两步，首先单独无监督训练每一层 RBM，在保

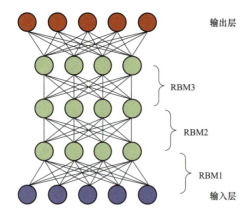
图 3-19　深度信念网络结构

输出层

RBM3

RBM2

RBM1

输入层

留特征信息的基础上确保网络的特征学习能力，然后利用最后一层设置的反向传播（back propagation，BP）神经网络对整个模型进行参数调优。深度信念网络可利用无监督学习的结果实现较好的模型参数初始化，避免了模型训练陷入局部最优或耗时过长的问题。

2. 集成学习算法

集成学习的思想是建立多个学习模型并综合利用多个模型的学习结果，克服单个学习模型学习能力差的缺点，进而整合得到泛化能力更强的模型。集成学习的关键在于如何得到性能差异的多个基模型。对原始训练数据集重复取样是一个简单但有效的方法，常用的方法有 Bagging 和 Boosting。Bagging 又称为 bootstrap aggregating，是一种根据均匀概率分布从数据中重复抽样（有放回）的技术，常用于得到统计量的分布。Boosting 的典型代表是 Adaboost（adaptive boosting），其有多种变式。本节选取两种常见且有效的 Adaboost 方法——adaboost. r2 和 adaboost. RT 用于提升预测模型性能。Bagging 利用 bootstrap 方法在原始数据集中有放回抽样，得到 N 个数据集，对每个数据集训练得到相应的 DBN 模型，最后的预测结果利用 N 个模型的输出取平均值得到；Adaboost 则在刚开始训练时对每一个训练样本赋予相等的权重，然后进行迭代训练，对误差较大的模型赋以更大的权重，以提高模型对错误样本的灵敏度，进而提升预测精度，adaboost. r2 和 adaboost. RT 的实现方法类似，分别采用了相对均方误差和相对绝对值误差作为误差计算的根据，以此实现模型训练。Bagging、adaboost. r2 和 adaboost. RT 与深度学习结合的模型名称分别为 bagging DBN（BaDBN）、adaboost. r2 DBN（BDBN1）和adaboost. RT DBN（BDBN2）。

3. 混合集成深度点预测模型

集成学习是一种构造一系列假设空间/基学习器，并将其结合起来作为最终结果的机器学习方法。基学习器的准确性和多样性决定了集成模型提高预测性能的能力。因此，本研究将 bagging DBN（BaDBN）、adaboost. r2 DBN（BDBN1）、adaboost. RT DBN（BDBN2）三种集成深度方法相结合，构造了一个新的混合集成深度算法，用于提供较为精确的确定性预测结果。

混合集成深度预测方法的基预测模型是三个初级的集成深度模型，分别为 BaDBN、BDBN1 和 BDBN2。综合利用三种初级集成深度学习方法的预测值即可得到最终的预测结果，可表示为

$$y_{HE} = w_1 y_{BaDBN} + w_2 y_{BDBN1} + w_3 y_{BDBN2}$$

(3-53)

式中：y_{BaDBN}、y_{BDBN1} 和 y_{BDBN2} 分别为 BaDBN、BDBN1 和 BDBN2 三种初级集成深度学习

方法的预测结果；w_1，w_2 和 w_3 分别为 BaDBN、BDBN1 和 BDBN2 三种初级集成深度学习方法对应的权重。

为得到合适的权重，本章节采用初级集成模型在训练样本中拟合实际值的能力来确定，具体使用算法为 k 最邻近法（K-Nearest Neighbor，KNN）。

3.4.2　基于深度学习和小波变换的短期源荷预测

1. 长短期记忆神经网络

长短期记忆神经网络（long-short-term memory network，LSTM）与传统的循环神经网络（recurrent neural network，RNN）相似，通过神经元之间的递归连接，探索时间序列数据之间的内在联系，建立序列数据模型。用 LSTM 的存储单元构造的隐含层可以存储任意长度的信息，使 LSTM 比传统的 RNN 具有更高的预测精度。LSTM 的网络结构类似于传统的 RNN，包括输入层、隐藏层和输出层。在该模型中，LSTM 网络包含 4 层，其中输入层作为第一层，LSTM 层作为第二层，全连接层作为第三层，回归层作为第四层。LSTM 的输出为

$$y_{\mathrm{LSTM}}(\boldsymbol{x}_i) = f_{\mathrm{LSTM}}(\boldsymbol{x}_i; w_{\mathrm{LSTM}}) \tag{3-54}$$

式中：$\boldsymbol{x}_i$ 为输入数据向量；$y_{\mathrm{LSTM}}(\boldsymbol{x}_i)$ 为对应于输入 $\boldsymbol{x}_i$ 长短期记忆网络的输出；w_{LSTM} 表征了 LSTM 内的各项参数值；$f_{\mathrm{LSTM}}(\bullet)$ 为 LSTM 网络映射的对应关系。

LSTM 的记忆单元典型结构如图 3-20 所示，相较于传统的 RNN 结构，LSTM 加入输入门、输出门和遗忘门，控制模型对历史状态的更新，解决了 RNN 梯度爆炸的问题。

2. 多层感知器

多层感知器（multilayer perceptron，MLP）是一种前向人工神经网络模型，也是一种无监督学习模型。MLP 的输出为

$$y_{\mathrm{MLP}}(\boldsymbol{x}_t) = f_{\mathrm{MLP}}(\boldsymbol{x}_t; w_{\mathrm{MLP}}) \tag{3-55}$$

式中：$\boldsymbol{x}_t$ 为输入向量；$y_{\mathrm{MLP}}(\boldsymbol{x}_t)$ 为 MLP 的输出值；w_{MLP} 为已训练好的 MLP 的参数，包括权值和偏置；$f_{\mathrm{MLP}}(\bullet)$ 是已训练好的 MLP 关于输入与输出的映射。

MLP 的典型结构如图 3-21 所示。MLP 由一个输入层、一个或多个隐含层以及一个输出层组成。输入层的节点用来接收输入数据集。将输入层记作第一层，第一个隐含层记作第二层，以此类推；第 i 层第 k 个神经元的赋值记作

$$x_{ik}(1 \leqslant i \leqslant l, 1 \leqslant k \leqslant n_l) \tag{3-56}$$

式中：l 为 MLP 输入层和隐含层的总层数；n_l 为第 l 层所具有的神经元个数；b_l 为第 l 层的偏置。

MLP 中每一层的神经元都与下一层中的神经元全连接。

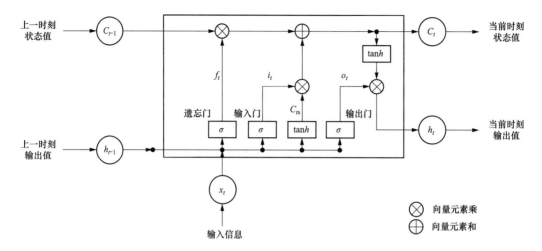

图 3-20　LSTM 的记忆单元典型结构

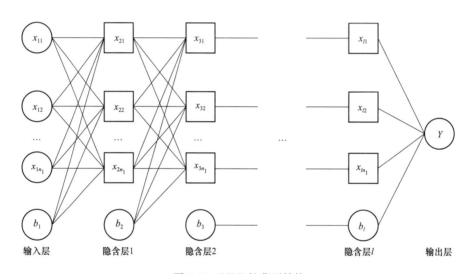

图 3-21　MLP 的典型结构

3. 小波变换

连续小波变换的定义式为

$$\varphi(a,b) = \frac{1}{\sqrt{|a|}} \int_{-\infty}^{+\infty} f(t)\psi\left(\frac{t-b}{a}\right)\mathrm{d}t, \quad (a,b \in R, a \neq 0) \tag{3-57}$$

式中：$f(t)$ 表示原时域信号；a 为非零的比例因子；b 为移位因子；$\varphi(a,\,b)$ 是 $f(t)$ 的小波变换；R 表示实数集；$\psi(t) \in L^2(R)$ 且 $\psi(t)$ 应是平方可积的。

要想使连续小波变化定义式有意义，则存在 M 使其满足式（3-58）约束。

$$C_\psi = \int_0^{+\infty} \dot{\psi}(w)\frac{\mathrm{d}w}{w} < M \tag{3-58}$$

式中：$\dot{\psi}(w)$ 为 $\psi(t)$ 的傅里叶变换。

满足上述约束时，可将 $\psi(t)$ 视为一个基小波函数。通过比例因子和移位因子对 $\psi(t)$ 的变换，我们可得到一系列小波函数：

$$\psi_{a,b}(t) = \frac{1}{\sqrt{a}}\psi\left(\frac{t-b}{a}\right) \tag{3-59}$$

而将小波变换重构为原始信号的方法为

$$f(t) = \frac{1}{C_\psi}\iint\limits_{R^2}\varphi(a,b)\psi_{a,b}(t)\,\frac{\mathrm{d}a}{a^2}\mathrm{d}b \tag{3-60}$$

4. 基于小波变换和深度学习的集成深度学习模型

集成深度学习模型（ensemble deep learning，EDL）可以综合各种深度学习算法的优点。为了提高深度学习模型的泛化能力，本节将通过 DBN、LSTM、MLP 所得的三种预测结果进行集成，从而得到最终预测结果。将采集的负荷数据按比例分为训练集和测试集，训练集用来训练三种深度学习模型。将训练所得的三种基于单个深度学习方法的预测模型用于测试集数据的负荷预测，所得预测值分别记为 y_{DBN}、y_{LSTM} 和 y_{MLP}，则 EDL 的预测结果可用式（3-61）算出。

$$y_{EDL} = \frac{y_{DBN} + y_{LSTM} + y_{MLP}}{3} \tag{3-61}$$

如前文所述，利用小波变换将实验数据分解为四个小波分量，对不同频率的分量分别预测可以有效地提高预测精度。首先对负荷数据进行小波变化和单支重构，得到低频系数和高频系数，然后对各频率分量进行小波重构，得到低频信号 A_3 和高频信号 D_1、D_2、D_3。测试集各小波分量均分别通过 EDL 来训练各小波分量的预测模型，并分别用已训练好的预测模型来预测测试集各小波分量。各小波分量预测值之和即为基于小波变换和深度学习的集成学习预测模型（ensemble wavelet deep learning，EWDL）的预测值，EWDL 的预测值可用式（3-62）表示。

$$y_{EWDL} = y_{D1} + y_{D2} + y_{D3} + y_{A3} \tag{3-62}$$

式中：y_{EWDL} 是 EWDL 模型的预测结果；y_{D1}、y_{D2}、y_{D3} 和 y_{A3} 是高频分量 D_1、D_2、D_3 和低频分量 A_3 的预测结果。

EWDL 利用小波变换对待预测对象进行时间序列分解，集成多种深度学习模型，充分发挥了深度学习模型的非线性映射能力和多维特征提取能力，能够充分挖掘预测对象的未来发展变化特征，从而提升预测性能。EDWL 算法流程图如图 3-22 所示。

3.4.3　算例分析

1. 基于混合集成深度学习的短期源荷预测

为验证算法的有效性，分别对电负荷和热负荷进行实验。预测结果均说明混合集成深度学习方法在预测方面具有先进性和良好的精度能力。

风电预测选取华东地区某风电场 2020 年 4～11 月的历史风电功率数据，时间分辨率

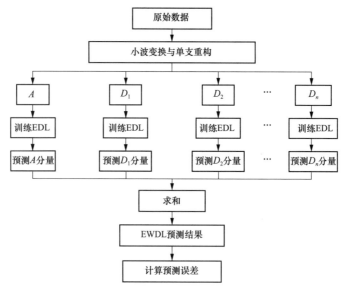

图 3-22　EWDL 算法流程图

为 15min/点，预测提前时间为 15min，选取约 60 天的合格数据作为训练集，20 天数据作为训练集进行预测。光伏功率预测选取华东地区某光伏电站逆变器出口测得的光伏发电功率，时间范围为 2018 年 1～8 月，时间分辨率为 15min/点，选择 800 个有效数据作为训练集，300 个有效数据作为测试集。电负荷预测选取华东地区某城市的低压侧 220V 变电站在 2014 年 5 月～2015 年 2 月的历史负荷数据，对所提方法的有效性进行测试，数据的时间分辨率为 15min/点，预测提前时间为 15min，利用约 30 天的数据作为训练集，接下来 10 天的数据作为测试集。热负荷选取华北地区某能源站的实际数据进行测试，数据的时间分辨率为 10min/点，其预测时间尺度为 10min，训练数据样本数为 1000，测试数据为 500。

不同预测方法得到的点预测结果的预测性能比较见表 3-4，表中给出了本研究提出方法与人工神经网络（artificial neural network，ANN）、单独深度信念网络（deep belief network，DBN）和三种初级的集成深度模型 BaDBN、BDBN1、BDBN2 所获得的电负荷和热负荷点预测结果的预测性能指标比较。从表 3-4 可以看出，DBN 与 ANN 相比，可以获得更低的预测误差，以预测评价指标 MAPE 为例，在光伏发电算例中 DBN 的 MAPE 降低了 8.02%；另外，集成学习是一种提高预测泛化能力的有效方法，三种初级的集成模型 BaDBN、BDBN1 和 BDBN2 均在单独 DBN 的基础上提高了预测表现，三种预测指标均优于单独的 DBN；与此同时，这种混合集成方法可进一步提高普通集成的预测性能，例如，与三种初级的集成模型对比，三种初级集成模型在电负荷的 RMSE 方面分别相对提升 1.95%、6.82% 和 0.62%。综合看来，本方法得到的预测结果在 MAPE、RMSE 和 MAE 三种评价指标和风电、光伏发电、电负荷和热负荷的算例中有更好的表现，说明了本方法在源荷确定性预测的有效性。

表 3-4　　　　　　　　　不同预测方法得到的点预测结果的预测性能比较

负荷类型	评价指标	预测方法					
		ANN	DBN	BaDBN	BDBN1	BDBN2	混合集成方法
风电	MAPE	17.71%	17.66%	16.45%	16.42%	16.47%	16.40%
	RMSE	897.09	886.84	863.53	855.51	857.26	855.31
	MAE	665.42	662.08	637.23	633.62	635.37	633.22
光伏发电	MAPE	36.86%	28.84%	28.36%	28.33%	27.32%	27.10%
	RMSE	87.75	86.55	85.38	85.24	85.20	84.62
	MAE	60.34	56.60	56.27	56.51	56.08	55.82
电负荷	MAPE	15.48%	9.25%	7.14%	7.91%	7.14%	6.96%
	RMSE	21.19	9.21	8.22	8.65	8.11	8.06
	MAE	13.98	6.72	5.85	6.20	5.83	5.77
热负荷	MAPE	2.61%	1.90%	1.80%	1.86%	1.72%	1.52%
	RMSE	0.43	0.36	0.31	0.37	0.33	0.29
	MAE	0.25	0.18	0.18	0.18	0.17	0.15

注　风电、光伏发电、电负荷评价指标单位为 kW；热评价指标单位为 GJ。

2. 基于深度学习和小波变换的短期源荷预测

选取华东某城市 10kV 变电站负荷数据测试 EWDL 方法的有效性。数据时间分辨率为 15min，预测提前时间为 15min。将 EWDL 与反向传播（BP）神经网络、极限学习机（extreme learning machine，ELM）、支持向量机（support vector machine，SVM）、DBN、LSTM、MLP、EDL 做对比，实验结果对比见表 3-5。

表 3-5　　　　　　　不同预测方法所得电负荷点预测结果预测性能比较

预测方法	指标	冬季	春季	夏季	秋季
BP 神经网络	MAPE	2.05%	3.70%	4.02%	11.86%
	RMSE（kW）	117.66	133.35	196.15	135.63
ELM	MAPE	8.85%	1.49%	1.40%	3.14%
	RMSE（kW）	104.23	114.43	138.47	113.97
SVM	MAPE	14.01%	1.79%	1.47%	3.51%
	RMSE（kW）	109.46	132.65	138.08	115.32
DBN	MAPE	18.92%	1.57%	1.54%	3.31%
	RMSE（kW）	148.11	104.89	158.24	104.89
LSTM	MAPE	3.07%	1.52%	0.70%	3.38%
	RMSE（kW）	117.56	111.58	143.96	101.47
MLP	MAPE	22.66%	2.09%	1.68%	4.16%
	RMSE（kW）	108.06	120.24	153.13	121.45
EDL	MAPE	0.86%	0.72%	0.58%	0.78%
	RMSE（kW）	99.918	103.20	122.73	89.995
EWDL	MAPE	0.38%	0.67%	0.49%	0.47%
	RMSE（kW）	41.646	77.755	91.470	77.756

实验结果表明，基于单一深度学习方法的预测模型，无论是 DBN、LSTM 还是 MLP，其预测性能均优于基于 BP 神经网络的负荷预测模型。在春、夏、秋三季，考察 MAPE 和 RMSE 误差指标发现，与 BP 神经网络相比，深度学习方法优势明显，尤其是秋季 BP 神经网络方法预测值的 MAPE 达到 11.86%，几乎是深度学习方法预测结果 MAPE 的 3 倍。尽管在冬季 BP 神经网络显示出略优于深度学习方法的性能，但通过集成三种深度学习方法预测的 EDL 表现出更好的性能。显然，深度学习方法较传统的浅层神经网络方法在负荷预测领域有着更好的表现，而 EDL 的 MAPE 和 RMSE 指标均优于基于单个深度学习方法的预测模型；此外，从表 3-5 还可看出，DBN、LSTM 和 MLP 在秋季性能差于 EDL。当引入小波变换后，集成学习预测模型 EWDL 的性能在各个季节均有了比 EDL 更好的性能体现。

以夏季为例，选取一天 96 个时间点（15min/点）作各预测方法预测结果曲线，夏季典型日各算法预测结果曲线如图 3-23 所示。

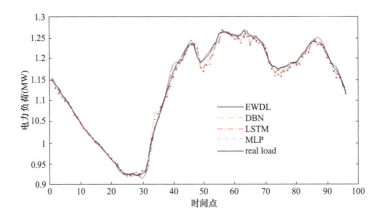

图 3-23   夏季典型日各算法电力负荷预测结果曲线

由图 3-23 可以看出，各预测模型均有效地跟随了真实负荷曲线的变化趋势。这说明单个深度学习方法可以有效拟合变化特性。然而，本章所提出的 EWDL 比基于单种深度学习算法的预测模型与真实负荷曲线偏差更小，尤其是在负荷剧烈变动时段和负荷的极大极小值点，EWDL 对性能的提升更加明显。

3.5   本 章 小 结

在多能源荷分散接入、多能耦合日益紧密的背景下，能源互联网中个体群体的用能特征复杂多变。准确可靠的用能分析与预测为能源互联网设计规划、运行控制、市场交易等决策行为提供关键信息支撑。本章针对个体用能行为分析，提出一种基于聚类评估指标的 k 值选取以及基于高密度数据集和数据相异性的初始中心点选取的优化 k-means 算法，分别针对传统 k-means 算法缺陷进行了优化，极大地减少了运算量，提高了聚类质量和稳定性。针对用户群体用能行为分析，提出一种两阶段聚类算法，结合用户群用能曲线与用户群内各类用户的占比，对用户群进行精细划分，为负荷预测、建模等工作提供了良好基础。为对能源互联网提供关键数据支撑，本章提出了中长期负荷预测和短期源荷预测模型。在构建基于灰色关联度的中长期负荷曲线非线性规划预测模型时，充分考虑不同能源种类之间的相关性以及需求响应的应用，以提高中长期预测的准确度，从而更好地服务于能源系统；对于短期源荷预测，建立了基于混合集成深度学习和小波变换的短期源荷预测模型，挖掘源荷功率与解释变量之间潜在的规律，预测结果能够准确估计多能出力与用户用能，其结果可以为能源系统优化运行和控制决策提供数据支撑，在满足用户用能需求下提高能源系统运行的经济性。

规划技术作为城镇能源系统建设的基础，是保证其高效、安全和稳定运行的先决条件，传统的规划方法无法满足新型城镇能源系统模型复杂、不确定因素多样和供需双侧互动频繁等新特点，故研究适用于城镇能源系统的规划方法势在必行。首先，从城镇能源系统规划方法及相关支撑技术研究两方面对其进行概述；其次，建立面向规划的城镇能源系统规划模型，介绍城镇能源枢纽规划技术，包括能源枢纽选址、选型定容方法以及能源枢纽互联规划技术；然后，从多能流分析技术及考虑多重不确定性的网络规划技术两方面展开，介绍城镇能源网络规划技术；最后，分别结合具体算例对两类规划进行分析，验证了所提规划方法的有效性。

4.1 城镇能源系统规划方法及技术

城镇是能源供给和消费的核心，自改革开放以来，中国城镇化水平快速提升，能源需求不断增加，但能源短缺与环境恶化带来的双重约束，给中国城镇化发展带来一系列新的问题与挑战。2014 年，国务院提出新型城镇化概念，指出新型城镇化是大中小城市、小城镇和新型农村社区协调发展、互促共进的城镇化。因此，城镇能源系统建设应把绿色低碳、可持续发展作为基本准则，提升能源利用效率，充分发挥可再生能源的天然优势。

规划是城镇能源系统由理论转化为实践的基础，对促进各类能源相互关联、紧密互动具有重要意义。城镇能源系统存在综合建模复杂、不确定性因素多样、供需双侧互动频繁等特点，传统的规划方法无法满足新型城镇化背景下城镇能源系统全面统筹规划的需要。同时，上述特点也给各类能源耦合设备以及信息与通信设备的研发带来挑战。

4.1.1 城镇能源系统规划方法

城镇能源系统规划一般用于解决在哪个时段、哪个地点，建设哪种形式、容量、结构的能源系统元件问题。由于多能源网络互联后的能源系统具有源荷种类多样、耦合形式复杂、能量交互密集、多元用户供需互动频繁等特点，因此城镇能源系统规划需要考虑区域资源禀赋，针对不同的规划对象，在保证经济性的基础上，以优化资源配置、提升综合能效、促进供需互动为目标，研究科学、合理的规划方法。

1. 城镇能源系统能源枢纽规划

能源枢纽作为城镇能源系统多能耦合的重要载体，集成了多种能量耦合设备。对能源枢纽的规划主要在于确定能源枢纽内部集成设备的配置方式以及能源枢纽的建设位置。对于第一类规划，规划目标多为能源枢纽投资和运行总成本最优下的设备选型、定容，或设备类型确定下的拓扑结构规划；对于第二类规划，考虑区域资源禀赋，规划能源枢纽在城镇中的建设位置，可以实现资源、经济的最优分配。同时各区域多能源枢纽协调运行又会对能源枢纽内部集成设备规划造成影响。

针对上述两种规划，能源枢纽规划模型可大致分为线性与非线性两类，且以非线性居多。同时，由于规划与运行优化紧密相关，为了同时考虑这两种因素，现有研究大多通过非线性算法求解双层模型。对于复杂的优化规划问题，双层算法存在迭代烦琐、易陷入局部最优的隐患，求解速度也相对较慢。为解决以上问题，可以建立能源枢纽线性模型或考虑通过约束条件将运行与规划结合，实现能源枢纽规划运行统一线性求解。

2. 城镇能源系统能源网络规划

能源网络是确保能源从源端输送至负荷的关键。与传统的单一能源网络规划相比，城镇能源系统的能源网络规划不仅需要满足各网络本身的需求与运行状态，还需要顾及互联系统整体规划需求以及新型城镇各区域供用能特点，各网络间互为约束、相互补充。

与能源枢纽规划不同的是，能源网络规划需满足各能源网络潮流约束、电力网络电压、功率约束，气、热网络管道压力约束等安全要求。考虑到电、气、热三种能源形式互联的网络模型较为复杂，现有研究多针对电、热或电、气互联网络进行规划。

3. 城镇能源系统联合规划

在城镇能源系统背景下，对能源枢纽与能源网络进行联合规划有助于将能源转换与传输相结合，充分协调各能源系统优势与各区域资源禀赋，同时，规划中考虑电动汽车、储能、柔性负荷等可调资源又可增加城镇能源系统的灵活性与互动性，从整体上提高能源利用效率。在规划过程中，需统筹考虑能源枢纽、能源网络及各类灵活可调资源的接入，对城镇能源系统进行联合规划。

在能源枢纽与能源网络联合规划方面，多将能源枢纽与能源网络的规划对象和目标进行综合考虑。与单独规划不同的是，联合规划中能源枢纽运行状态需要满足能源网络的约束，能源网络的扩容改建，还需要与能源枢纽相互协调。

在灵活可调资源与城镇能源系统联合规划方面，以电动汽车、储能为代表的各类灵活可调资源是新型城镇建设中不可或缺的一部分。结合先进的信息通信技术及自动化技术，这些资源与能源网络可实现主动控制、互动响应，既影响系统潮流，又可以削峰填谷，促进可再生能源消纳。因此，也可将这类资源的规划技术称为主动综合能源系统规划技术。以电动汽车接入城镇能源系统规划为例，规划对象多为电力网络与电动汽车充电站，目标为总建设投资以及系统运行成本最优。

由于电力、热力、天然气系统潮流计算是求解运行费用、判断系统是否满足安全约束的必要环节，导致大多能源网络规划模型为非线性模型，需要通过粒子群算法、遗传算法等智能算法进行求解。同时，由于能源网络本身较为复杂，在此基础上考虑能源枢纽模型或可调资源互动特性增加了问题建模和求解难度，因此关于站网协同规划问题，常选取包含两种能源（电、气或电、热）的互联系统进行研究，电动汽车、可调负荷等也多结合配电系统进行规划。

为解决能源系统规划问题，可对能源枢纽或能源网络模型进行合理线性化，或考虑对各部分解耦求解，先结合区域现状进行能源枢纽规划，在此基础上再进行多能网络规划，以降低问题求解规模。

4.1.2 城镇能源系统规划相关支撑技术

1. 城镇能源系统负荷预测

城镇能源系统规划建立在多能负荷预测的基础上。新型城镇化背景下城镇能源系统供用能形式复杂，通过对典型区域负荷特征进行分析，得到准确的多能负荷预测结果，是规划方案准确、合理的关键。

对于电力系统，以电动汽车、储能、柔性负荷为代表的各类灵活可调资源越来越多，这类负荷的接入使电力负荷的组成结构愈发复杂。针对此问题，需要结合各类负荷的行为特征进行预测。对热力、天然气进行准确合理的负荷预测也是城镇能源系统规划的重要基础，但当前预测研究多针对单独的热、气系统，考虑多能耦合的负荷研究相对较少，并且冷、热负荷受城镇建筑隔热材料、结构和人员密度等因素影响，随机性较强，预测难度较大。

2. 考虑不确定因素的规划方法

城镇能源系统源荷种类多样，源端可再生能源出力、能源价格、政策因素以及负荷侧需求响应、运行方式使城镇能源系统不确定性进一步增加。对于上述问题，需要明确不确定因素的成因、特性，并针对不确定因素机理，选择合适的模型、方法进行研究。其中较为常见的方法有概率场景法、区间优化法、点估计法或基于期望值模型、多场景模型及机会约束模型的随机规划方法等。另外，还可以借助配电网安全边界的概念，通过分析城镇能源系统安全边界的形状、体积等指标，确定系统不确定因素下的安全运行状态及最大负分布范围，判断规划方案的优劣。安全边界的数学描述也有助于简化功率不确定性和负荷比例不确定性的计算。对于城镇能源系统来说，通过各类方法平抑或解决这些不确定性对规划的影响，是进一步提升规划准确性的关键。

3. 综合能源需求侧管理

随着城镇能源系统多能负荷的日益增多，供需双侧互动日益复杂，传统的规划方法已经无法满足能源系统的互联互动需求。不同于以往针对传统电能的需求响应，综合能源需求侧管理是指在多能源系统背景下，对用户电、气、热等多种能源的需求进行统一管理。对于城镇能源系统来说，综合需求侧管理技术手段包括开展先进的能效项目、制定相关措施引导用户节省能源、实施各类需求响应等，这些措施会从不同时间尺度上影响负荷对于能源的需求，进而对规划结果造成影响。同时，负荷参与短时间尺度下的需求响应还将影响系统供能能力。结合用户需求侧管理与负荷分级，研究不同级别用户间的互动关系，可以确定系统最大供能能力，保证规划建设的结果能满足各类用户的需要。因此，通过推广综合能源需求侧管理，充分协调不同能源的耦合互补特性，引导用户积极响应调控，可以进一步提升互联互动背景下城镇资源的优化配置。

4. 复杂能源系统建模与求解

由于城镇能源系统负荷类型多样，能源耦合复杂，对整个系统建立完整的模型并求解存在一定的难度，因此，对于复杂城镇能源系统，部分研究通过自动生成耦合矩阵的方法建立能源枢纽模型，从而大大简化和加速能源枢纽规划的求解；也有部分研究通过降低系统规模，建立线性化的能源枢纽或能源网络模型，通过 YAMLIP、CPLEX、GUROBI 等线性求解器进行求解，具有极高的求解效率。如何针对复杂的城镇能源系统建立合理、简化、易于求解的模型将是未来研究的一个重点。

4.2　城镇能源枢纽规划

4.2.1　能源枢纽选址、选型定容方法

对能源枢纽的规划可分为选址规划和选型定容规划，其中选址规划是后续选型定容规划工作的基础，本节通过介绍能源枢纽的选址规划研究方法，进而提出一种考虑配置——运行协同的能源枢纽选型定容规划方法。

为了充分发挥能源枢纽在整个城镇能源系统中的枢纽作用，需要对能源枢纽的选址进行研究，因此本节提出了一种改进 P-中位模型（P-中位模型是研究如何选择 P 个服务站使得需求点和服务站之间的距离与需求量的乘积之和最小的模型）的分布式能源枢纽选址方法，该方法将能源枢纽供能路径与实际交通网络相结合，以沿道路铺设管线的最短距离作为能源枢纽供能的最短距离，基于交通网络的能源枢纽选址规划示意图如图 4-1所示。

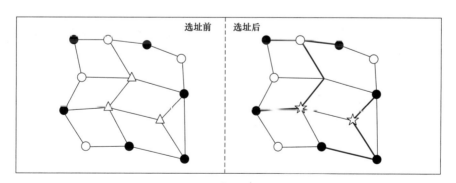

○ 道路节点　● 负荷节点　△ 能源枢纽候选位置　☆ 能源枢纽建设位置　—— 市政道路　—— 供能路径

图 4-1　基于交通网络的能源枢纽选址规划示意图

不同于传统 P-中位模型只考虑一种能源形式，本节引入了多能负荷权重系数 ω_n 作

为各节点的权值，体现了负荷对于能源需求的多样性（电、热）。其模型可以表示为

$$
\begin{cases}
\min \sum_{n \in \Gamma^{N}} \sum_{m \in \Gamma^{M}} \omega_n d_{nm}^{\text{road}} Y_{nm} \\
\text{s. t.} \sum_{n \in \Gamma^{N}, m \in \Gamma^{M}} Y_{nm} = 1 \\
\sum_{m \in \Gamma^{M}} X_m = P \\
Y_{nm} \leqslant X_m
\end{cases}
\tag{4-1}
$$

$$
X_m, Y_{nm} \in \{0, 1\}, \forall n \in \Gamma^{N}, \forall m \in \Gamma^{M}
$$

式中：Γ^{N} 为多能负荷的节点集合；Γ^{M} 为能源枢纽待建位置的集合；d_{nm}^{road} 为负荷节点 n 沿市政网络至各能源枢纽 m 的最短距离，m；X_m 表示待选位置是否被选中，若 m 节点被选中建设能源枢纽，则其为 1，否则为 0；Y_{nm} 表示负荷节点 n 是否通过能源枢纽 m 供能，若是则为 1，否则为 0。

多能负荷权重系数 ω_n 体现了负荷对于能源需求的多样性，具体表示负荷节点 n 通过能源枢纽 m 供能所需建设能源管线的单位成本，其表示如下：

$$
\omega_n = \lambda_n^{e} C_n^{\text{line}} + \lambda_n^{h} C_n^{\text{pipe}}
\tag{4-2}
$$

式中：λ_n^{e} 与 λ_n^{h} 分别表示负荷节点 n 是否需要电能或热能的供应，若需要则为 1，否则为 0；C_n^{line} 与 C_n^{pipe} 分别表示负荷节点 n 对应电力线路与热力管线的单位建设成本，与管线的额定容量有关，元/m。

通过上述能源枢纽选址规划，可以确定各能源枢纽的建设位置以及其供应多能负荷的大小，进而提出了一种配置—运行协同优化方法，可适用于能源枢纽设备选型、定容规划与运行优化统一求解的方法。配置—运行协同优化方法通过将能源枢纽设备规划问题转变成为相应的决策变量、约束条件，整合规划、运行两部分目标函数，以实现设备选型、定容配置与系统运行优化的高效求解。

1. 目标函数

以能源枢纽设备等值年投资成本 C_{inv} 与规划年运行成本 C_{oper} 的总成本 C_{cost} 最低为规划目标，目标函数为

$$
C_{\text{cost}} = \min \sum (C_{\text{inv}} + C_{\text{oper}})
\tag{4-3}
$$

其中，等值年投资成本 C_{inv} 可表示为

$$
C_{\text{inv}} = \sum_{k \in \Gamma^{\text{equ}}, s \in \Gamma_k^{\text{equ}}} (CAP_k^{s} \omega_k^{s, \text{inv}} R)
\tag{4-4}
$$

$$
R = \frac{r(1+r)^{T_k}}{(1+r)^{T_k} - 1}
\tag{4-5}
$$

式中：CAP_k^{s} 为设备 k 第 s 种类型的规划容量，kW；$\omega_k^{s, \text{inv}}$ 为设备 k 第 s 种类型的单位容量成本，元/kW；R 为设备的折旧系数；r 为设备的折旧率；T_k 为设备 k 的使用年限。

规划年运行成本 C_{oper} 主要包括设备能源购置成本 C_c、设备运行维护成本 C_m、等值

碳税成本 C_e，其关系可表示为

$$C_{oper} = C_c + C_m + C_e \tag{4-6}$$

利用等值碳税成本表示环境成本，其中等值碳税成本可表示为

$$C_e = \sum \left[\frac{E_{grid}}{\eta_{grid}} P_{net}^e(t) + E_{gas} P_{net}^g(t) \right] \cdot \omega^{C_{tax}} \tag{4-7}$$

式中：E_{grid}、E_{gas} 分别为传统发电厂以及天然气系统的单位产能 CO_2 排放，m^3/kW；$P_{net}^e(t)$、$P_{net}^g(t)$ 分别为 t 时刻上级能源网输入的电和天然气功率，kW；η_{grid} 为配电网的传输效率；$\omega^{C_{tax}}$ 为等值碳税系数，元$/m^3$。

2. 约束条件

主要分为规划类约束条件和运行类约束条件。

（1）规划类约束条件。规划类约束条件主要包括设备投运约束、设备选型约束以及设备定容约束。其中，投运约束表示为

$$\chi_k \cdot CAP_{k\_min} \leqslant CAP_k \leqslant \chi_k \cdot CAP_{k\_max} \tag{4-8}$$

式中：$\chi_k \in (1, 0)$ 为设备 k 的投运系数，用于确定非选型设备是否被投运；CAP_k 为各类规划设备 k 的规划容量，kW；CAP_{k_min}、CAP_{k_max} 分别为容量的下限和上限，kW。

设备选型约束表示为

$$\delta_k^s \cdot CAP_{k\_min} \leqslant CAP_k \leqslant CAP_{k\_max} \cdot \delta_k^s \tag{4-9}$$

$$\begin{cases} \delta_k^1 + \delta_k^2 + \cdots + \delta_k^s = 1 \\ \delta_k^1 + \delta_k^2 + \cdots + \delta_k^s \leqslant 1 \end{cases} \tag{4-10}$$

式中：δ_k^s 为设备 k 第 s 种类型的选型系数，表示设备 k 的第 s 种类型是否被选择。

每种选型系数之和等于 1 可使设备 k 有且仅选择一种类型，选型系数之和不大于 1 可使设备 k 最多选择一种类型。

为了实现设备容量配置，满足系统线性特征，同时实现规划与运行优化间的相互作用，需要设置定容约束，使得设备运行功率不能超过其规划容量，即

$$P_{k\_max}^s = CAP_k \tag{4-11}$$

式中：$P_{k\_max}^s$ 为所有设备 k 第 s 种类型的运行功率上限，kW。

（2）运行类约束。运行类约束主要包括功率平衡约束、各设备运行安全约束等。其中电、热、气各能量子系统存在的能量平衡，通过运行功率等式约束表示；考虑到能源网络运行可靠性与安全性，还需对其与能源枢纽接口网络设置功率约束；热电联产机组运行约束包含热电联产的出力约束以及爬坡率约束；热泵、燃气锅炉运行约束主要是设备的出力约束。

设置电储能的充放电功率约束，同时借助荷电状态（state of charge，SOC）模型对电储能约束条件进行表述。考虑到过度充放电会降低电储能的寿命，其 SOC 应该被限制在一定的范围内，电储能约束表示为

$$\begin{cases} 0 \leqslant P_e^{ch} \leqslant x_e^{ch} P_{e\_max}^{ch} \\ 0 \leqslant P_e^{dis} \leqslant x_e^{dis} P_{e\_max}^{dis} \\ 0 \leqslant x_e^{ch} + x_e^{dis} \leqslant 1 \end{cases} \tag{4-12}$$

$$SOC_{\min} \leqslant SOC(t) \leqslant SOC_{\max} \tag{4-13}$$

式中：$P_{e\_max}^{ch}$、$P_{e\_max}^{dis}$ 分别为蓄电池充、放电功率上限，kW，蓄电池充放电功率约束表示蓄电池 SOC 的爬坡率约束；$x_e^{ch}(t)$、$x_e^{dis}(t)$ 分别为电储能的充、放电 0-1 状态变量，取 1 时表示电储能处于充电状态，取 0 时则相反，x_e^{dis} 与之类似；$SOC(t)$ 为蓄电池在 t 时刻的 SOC，kWh；$SOC_{\min}$、$SOC_{\max}$ 分别为蓄电池的充放电深度，即 SOC 的下限、上限，kWh。

热储能相比电储能约束较为简单，本节仅考虑输入输出功率约束：

$$\begin{cases} 0 \leqslant P_h^{ch} \leqslant x_h^{ch} P_{h\_max}^{ch} \\ 0 \leqslant P_h^{dis} \leqslant x_h^{dis} P_{h\_max}^{dis} \\ 0 \leqslant x_h^{ch} + x_h^{dis} \leqslant 1 \end{cases} \tag{4-14}$$

式中：$P_{h\_max}^{ch}$、$P_{h\_max}^{dis}$ 分别为热储能充、放热功率上限，kW；x_h^{ch}、x_h^{dis} 分别为热储能的蓄热、放热 0-1 状态变量，x_h^{ch} 取 1 时表示热储能处于蓄热状态，取 0 时则相反，x_h^{dis} 与之类似。

3. 算法求解

本节所提算法增设了规划类决策变量与约束条件，实现了设备选型、定容规划与运行优化统一求解。通过式（4-3）～式（4-14）可以看出，该方法建立的模型涉及的所有目标函数、约束条件均为决策变量与等式、不等式构成的线性公式。其求解模型可以表示为

$$\begin{cases} \min f_{inv}(x) + f_{oper}(y) \\ s.\,t.\ h_{inv}(x) = 0 \\ g_{inv}(x) \leqslant 0 \\ h_{DES}(y) = 0 \\ g_{oper}(y) \leqslant 0 \end{cases} \tag{4-15}$$

式中：$f_{inv}(x)$、$f_{oper}(y)$ 分别为运行、规划部分目标函数；$h_{inv}(x)$、$g_{inv}(x)$、$g_{oper}(y)$ 分别为规划类约束中的等式、不等式约束及运行约束；$h_{DES}(y)$ 为分布式能源枢纽（distributed energy station，DES）能量流平衡方程；x 为规划决策变量（设备安装容量及选型投运系数）；y 为运行决策变量（设备运行输入输出功率）。

比较本节所提算法与一般双层规划算法的区别，见表 4-1。

表 4-1　　　　　　　　　　本节所提算法与一般双层规划算法的区别

类别	本节所提算法	一般双层规划算法
基本属性	单层线性模型	双层非线性模型
建模方式	运行模型增设规划类决策变量与约束	规划与运行分别建模
规划运行关系	运行嵌套规划协同求解	规划、运行依序迭代求解
求解方式	混合整数线性求解	非线性算法、智能算法
求解特征	线性模型求解快、精度高，可解决包含较多变量、约束问题	非线性模型求解较慢、收敛性较差，适用于包含较少变量、约束问题

本节借助 YALMIP 求解器，调用 CPLEX 在 MATLAB 中对所述模型进行仿真和求解，求解算法为 CPLEX 自带的经典分支定界法，对于混合整数线性化问题，该方法具有较高的求解效率。求解流程可主要分为以下 4 个阶段：

（1）参数输入阶段。输入能源枢纽负荷信息、可再生能源信息、待规划设备信息以及能源价格等信息。

（2）综合建模阶段。分析能源枢纽系统特征，建立求解目标函数与规划、运行约束；依据规划需求设定各设备规划所需决策变量，依据运行需求设定各设备运行所需决策变量。

（3）算法求解阶段。借助规划、运行两类约束条件的限制，实现目标函数下各决策变量的取值，完成规划与运行优化的统一求解。本阶段算法求解流程：考虑规划部分整数约束，求解原模型的松弛问题，若最优解中规划变量刚好是整数变量，则该值为混合整数优化的最优解，输出优化规划结果，否则，通过分支定界法求解可行解集，再将可行解集不断切割、细分，直至得到满足整数约束的最优解。

（4）结果输出阶段。输出优化规划结果。

规划与运行优化统一求解示意图如图 4-2 所示。

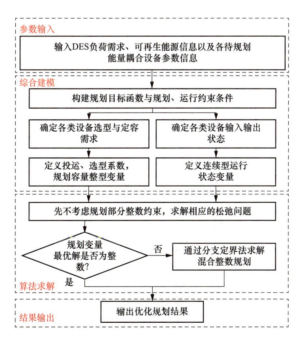

图 4-2　规划与运行优化统一求解示意图

4.2.2　能源枢纽互联规划

基于能源枢纽选址规划结果，本节研究了一种考虑多区域互联协同的分布式能源枢纽设备配置及管线选型规划方法。通过引入新的决策变量与约束条件，实现了能源枢纽集成各类能源设备、能源枢纽间互联管线配置规划与多区域系统整体运行优化。

1. 目标函数

模型以等值年总成本 C_{cost} 最低为目标，包含投资成本 C_{inv} 和运行成本 C_{oper} 两部分，目标函数为

$$C_{\text{cost}} = \min \sum (C_{\text{inv}} + C_{\text{oper}}) \tag{4-16}$$

其中投资成本包含了能源枢纽设备投资成本与能源枢纽互联管线投资成本两部分，投资成本表示为

$$C_{\text{inv}} = \sum_{i,j \in I^{\text{DES}}} (C_{i,\text{inv}}^{\text{equ}} + C_{i-j,\text{inv}}^{\text{net}}) \tag{4-17}$$

$$C_{i,\text{inv}}^{\text{equ}} = \sum_{i \in I^{\text{DES}}, k \in I^{\text{equ}}, s \in I_k^{\text{equ}}} (CAP_k^s \omega_{k,\text{inv}}^s) \cdot \frac{r(1+r)^{T_k}}{(1+r)^{T_k} - 1} \tag{4-18}$$

$$C_{i-j,\text{inv}}^{\text{net}} = \sum_{i,j \in I^{\text{DES}}, x \in I_{\text{lp}}^{\text{net}}} \left[\begin{array}{l} \varepsilon_{i-j}^{x,l} L_{l,i-j}^{\text{line}} \omega_{l,\text{inv}}^x \dfrac{r(1+r)^{T_l}}{(1+r)^{T_l} - 1} \\ + \varepsilon_{i-j}^{x,p} L_{p,i-j}^{\text{pipe}} \omega_{p,\text{inv}}^x \dfrac{r(1+r)^{T_p}}{(1+r)^{T_p} - 1} \end{array} \right] \tag{4-19}$$

式中：$C_{i,\text{inv}}^{\text{equ}}$ 为第 i 个能源枢纽集成的各类设备等值年投资成本，元；$C_{i-j,\text{inv}}^{\text{net}}$ 为第 i、j 个能源枢纽之间的能源管线考虑折旧的等值年投资成本，元；CAP_k^s 为设备 k 第 s 种类型的规划容量，kW；$\omega_{k,\text{inv}}^s$ 为设备 k 第 s 种类型的单位容量成本，元/kW；r 为设备的折旧率；T_k、T_l、T_p 分别为设备 k、线路 l、管道 p 的使用年限；I^{DES} 为各区域能源枢纽的集合；I^{equ} 为能源枢纽内部集成各种设备集合；I_k^{equ} 为各种设备包含的类型集合；$I_{\text{lp}}^{\text{net}}$ 为各种线路或管道包含的类型集合；$\varepsilon_{i-j}^{x,l}$、$\varepsilon_{i-j}^{x,p}$ 分别为第 i、j 个能源枢纽之间第 x 种线路或管道选型系数，为 0-1 整型变量；$L_{l,i-j}^{\text{line}}$、$L_{p,i-j}^{\text{pipe}}$ 分别为第 i、j 个能源枢纽之间的线路或管道长度，m；$\omega_{l,\text{inv}}^x$、$\omega_{p,\text{inv}}^x$ 分别为第 x 种电力线路与热力管道的单位长度成本，元/m。

运行成本包含了能源购置成本，设备维护成本以及环境成本三部分，其中环境成本通过等值碳税成本进行表示，具体表示为

$$C_{\text{oper}} = \sum_{i \in I^{\text{DES}}} C_{i,\text{fuel}} + C_{i,\text{main}} + C_{i,\text{envi}} \tag{4-20}$$

$$C_{i,\text{fuel}} = \sum_{td=1}^{3} \tau_{td} \left[\sum_{t=1}^{24} P_{i,\text{net}}^o(t) \pi^o \right] \tag{4-21}$$

$$C_{i,\text{main}} = \sum_{td=1}^{3} \tau_{td} \left\{ \sum_{t=1}^{24} \left[\sum_{k \in I^{\text{equ}}, s \in I_k^{\text{equ}}} P_{i,k}^s(t) \omega_k^{s,\text{m}} \right] \right\} \tag{4-22}$$

$$C_{i,\text{envi}} = \sum_{td=1}^{3} \tau_{td} \left\{ \sum_{t=1}^{24} \left[\frac{E_{\text{grid}}}{\eta_{\text{grid}}} P_{i,\text{net}}^e(t) + E_{\text{gas}} P_{i,\text{net}}^g(t) \right] \omega^{\text{Ctax}} \right\} \tag{4-23}$$

式中：$C_{i,\text{fuel}}$、$C_{i,\text{main}}$、$C_{i,\text{envi}}$ 分别为第 i 个能源枢纽的能源购置成本、设备维护成本以及环境成本，元；td 表示不同季节的典型日，其取值为 1~3，分别表示夏季、过渡季以及冬季；τ_{td} 为各典型日在一年中的权重，当 td 为 1 或 3 时，τ_{td} 取 365/4，当 td 为 2 时，τ_{td} 取

$365/2$；$P_{i,\text{net}}^o(t)$ 为第 i 个能源枢纽在 t 时刻电力或天然气的消耗功率，kW；π^o 为电力或天然气的单位耗量成本，元/kW；o 表示电力或天然气；$P_{i,k}^s(t)$ 为第 i 个能源枢纽中设备 k 的第 s 种类型在 t 时刻的输出功率，kW；$\omega_k^{s,\text{m}}$ 为设备 k 的第 s 种类型输出单位功率的运行维护成本，元/kW；$P_{i,\text{net}}^e(t)$、$P_{i,\text{net}}^g(t)$ 分别为第 i 个能源枢纽在 t 时刻上级能源网输入的电力或天然气功率，kW；E_{grid} 为发电厂单位产能的 CO_2 排放，m^3/kW；η_{grid} 为电力网络的传输效率；E_{gas} 为天然气系统单位产能的 CO_2 排放，m^3/kW；$\omega^{C_{\text{tax}}}$ 为等值碳税系数，元$/\text{m}^3$。

2. 约束条件

多区域能源枢纽互联协同系统的约束条件可以分为能源枢纽约束、能源枢纽互联管线约束和功率平衡约束三部分。

（1）能源枢纽约束。为了实现各区域能源枢纽的选型与定容规划，本节引入了选型系数及选型与定容规划约束；为了使能源枢纽集成的各种设备运行在合理的范围内，还需要满足热电联产机组、燃气锅炉、热泵运行上下限约束，爬坡率约束，以及电储能、热储能的蓄能、释能约束等相关约束，这里不再赘述。

（2）能源枢纽互联管线约束。类似能源枢纽设备选型，互联网络投建与选型规划也可以通过引入选型系数，起到判断管线是否投建、选择管线投建类型的作用。管线约束表示为

$$\begin{cases} 0 \leqslant P_{i,i-j}^{x,d}(t) \leqslant \varepsilon_{i-j}^{x,d} P_{\max}^{x,d} \\ \varepsilon_{i-j}^1 + \varepsilon_{i-j}^2 + \cdots + \varepsilon_{i-j}^x \leqslant 1 \end{cases} \tag{4-24}$$

式中：$P_{i,i-j}^{x,d}(t)$ 为 t 时刻第 i、j 个能源枢纽之间第 x 种线路或管道传输的功率，kW；$P_{\max}^{x,d}$ 为第 x 种线路或管道允许通过的最大功率，kW；d 表示电或热；$\varepsilon_{i-j}^{x,d}$ 表示第 i、j 个能源枢纽之间第 x 种线路或管道选型系数，为 0-1 整型变量，1 表示线路或管道被选择，0 表示不被选择。

每种选型系数相加不大于 1 可使线路或管道最多选择一种类型，或者均不被选择。若各类型线路或管道均不被选择，则视为第 i、j 个能源枢纽之间不投建相应互联网络。

为了保证能源枢纽互联协调不超过线路或管道的传输功率，并且各能源枢纽不能同时给对方传输同种能源，能源枢纽互联协调还需要满足以下约束：

$$\begin{cases} 0 \leqslant P_{i,i-j}^d(t) \leqslant \mu_{i,i-j}^d(t) \cdot \max(P_{i-j}) \\ 0 \leqslant P_{j,j-i}^d(t) \leqslant \mu_{j,j-i}^d(t) \cdot \max(P_{i-j}) \\ \mu_{i,i-j}^d(t) + \mu_{j,j-i}^d(t) \leqslant 1 \end{cases} \tag{4-25}$$

式中：$\max(P_{i-j})$ 为一任意较大的正数；$\mu_{i,i-j}^d(t)$、$\mu_{j,j-i}^d(t)$ 表示 t 时刻第 i、j 个能源枢纽之间的电能或热能的传输系数，为 0-1 整型变量，1 表示能量传输、0 表示能量不传输。

（3）互联协同系统功率平衡约束。多区域能源枢纽互联协同系统中第 i 个能源枢纽应满足式（4-26）的功率平衡约束。

$$\begin{cases} L_{i,\text{load}}^{\text{e}}(t) + \sum_{j \in \Gamma_{\text{co}}^{\text{DES}}} \left[P_{i,i-j}^{\text{e}}(t) - P_{i,j-i}^{\text{e}}(t) \right] = P_{i,\text{dis}}^{\text{e}}(t) - P_{i,\text{ch}}^{\text{e}}(t) + P_{i,\text{net}}^{\text{e}}(t) + P_{i,\text{CHP}}^{\text{e}}(t) + P_{i,\text{pv}}(t) \\ \qquad\qquad\qquad\qquad\qquad\qquad\qquad\qquad\qquad\quad + P_{i,\text{wt}}^{\text{e}}(t) - P_{i,\text{HP}}^{\text{e}}(t) \\ L_{i,\text{load}}^{\text{h}}(t) + \sum_{j \in \Gamma_{\text{co}}^{\text{DES}}} \left[P_{i,i-j}^{\text{h}}(t) - P_{i,j-i}^{\text{h}}(t) \right] = P_{i,\text{dis}}^{\text{h}}(t) - P_{i,\text{ch}}^{\text{h}}(t) + P_{i,\text{CHP}}^{\text{h}}(t) + P_{i,\text{GB}}^{\text{h}}(t) + P_{i,\text{HP}}^{\text{h}}(t) \\ L_{i,\text{load}}^{\text{g}}(t) = P_{i,\text{net}}^{\text{g}}(t) - P_{i,\text{CHP}}^{\text{g}}(t) - P_{i,\text{GB}}^{\text{g}}(t) \end{cases}$$

$$(4\text{-}26)$$

式中：$P_{l,k}^{q}(t)$ 为待选型设备功率，考虑到每种设备具有不同的类型，对于第 i 个能源枢纽的集成设备来说，其表示 t 时刻设备 k 第 s 种类型对于能源 q 总的输入或输出功率，kW；q 表示电、气或热；$P_{i,i-j}^{\text{e}}(t)$、$P_{i,i-j}^{\text{h}}(t)$、$P_{i,j-i}^{\text{e}}(t)$、$P_{i,j-i}^{\text{h}}(t)$ 分别为 t 时刻第 i 个能源枢纽传输给第 j 个能源枢纽的电或热功率，以及第 i 个能源枢纽收到第 j 个能源枢纽的电或热功率；$\Gamma_{\text{co}}^{\text{DES}}$ 为与第 i 个能源枢纽互联的能源枢纽集合。

待选型设备功率 $P_{l,k}^{q}(t)$ 为各类型设备功率之和，即表示为

$$P_{l,k}^{q}(t) = \sum_{s \in \Gamma_{k}^{\text{equ}}} P_{l,k}^{s,q}(t) \tag{4-27}$$

考虑到每种线路也具有不同的类型，还需要引入如下约束，即第 j 个能源枢纽收到的能量由各类型线路输入的功率乘以相应的损耗系数并求和，表示为

$$\begin{cases} P_{j,i-j}^{\text{e}}(t) = \sum_{l \in \Gamma^{\text{e}}, x \in \Gamma_{\text{lp}}^{\text{net}}} f_{l,i-j}(\sigma^{\text{e}}) P_{i,i-j}^{x,\text{e}}(t) \\ P_{j,i-j}^{\text{h}}(t) = \sum_{p \in \Gamma^{\text{h}}, x \in \Gamma_{\text{lp}}^{\text{net}}} f_{p,i-j}^{x}(\psi_{p,i-j}) P_{i,i-j}^{x,\text{h}}(t) \end{cases} \tag{4-28}$$

式中：$P_{i,i-j}^{x,\text{e}}(t)$、$P_{i,i-j}^{x,\text{h}}(t)$ 分别为第 i 个能源枢纽通过第 x 种线路或管道传输的电、热功率，kW；$P_{j,i-j}^{\text{e}}(t)$、$P_{j,i-j}^{\text{h}}(t)$ 为第 j 个能源枢纽接收到的电、热功率，kW；$f_{p,i-j}^{x}(\psi_{p,i-j})$ 为不同类型热力管道对应的损耗函数。

3. 模型求解

为了实现上述考虑多区域互联协同的分布式能源枢纽设备配置规划，需要对能源枢纽选址规划与能源枢纽、互联管线配置规划两部分进行求解。其中，能源枢纽选址规划为配置规划提供互联管线的拟建设长度与各能源枢纽供应多能负荷的大小。同时，可以发现上述两部分规划均为线性优化。相比一般的非线性优化，线性优化有利于降低规划问题的求解难度，使多区域能源枢纽互联规划与协同优化成为可能。

本节在 MATLAB 中借助 YALMIP 求解器，调用 CPLEX 算法对能源枢纽选址规划模型以及能源枢纽、互联管线配置规划模型进行求解。规划模型求解流程如图 4-3 所示，首先考虑实际管线的建设路径与负荷多能需求，从能源枢纽候选建设位置中求出能源枢纽的最终建设位置；进而通过 Dijkstra 算法（由荷兰计算机科学家 Dijkstra 提出，是从一个顶点到其余各顶点的最短路径算法，解决的是有权图中最短路径问题）计算出能源枢纽间拟建设互联管线的实际长度，以及各能源枢纽供应多能负荷的大小；然后，将上

述结果带入考虑多区域互联协同的分布式能源枢纽设备配置及管线选型规划模型当中，通过算法求解，得到能源枢纽集成各类型能源设备配置规划、能源枢纽间互联管线的选型规划与多区域系统整体运行优化结果。

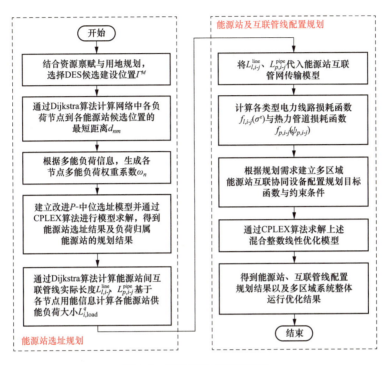

图 4-3　规划模型求解流程图

4.3　城镇能源网络规划

4.3.1　多能流分析

1. 城镇能源网络多能流计算模型

城镇能源网络多能流计算模型由电力系统、天然气系统、热力系统的能流模型及能源枢纽模型共同组成，其中能流模型详见第 2 章，能源枢纽模型说明如下：

耦合元件包括变压器（transformer，T）、空调系统（air conditioner，AC）、燃气锅炉（gas furnace，GF）、燃气轮机（gas turbine，GT）、换热器（heat exchanger，HE）等，能源枢纽（energy hub）模型可以对耦合环节进行描述。对于涉及电力、天然气、热力三种能源的能源枢纽来说，其输入与输出关系可以表示为

$$\underbrace{\begin{Bmatrix} L_e \\ L_g \\ L_h \end{Bmatrix}}_{\boldsymbol{L}_{\text{EH}}} = \underbrace{\begin{bmatrix} C_{ee} & C_{ge} & C_{he} \\ C_{eg} & C_{gg} & C_{hg} \\ C_{eh} & C_{gh} & C_{hh} \end{bmatrix}}_{\boldsymbol{c}_{\text{EH}}} \underbrace{\begin{Bmatrix} P_e \\ P_g \\ P_h \end{Bmatrix}}_{\boldsymbol{P}_{\text{EHinput}}} \tag{4-29}$$

式中：下标 e、g、h、EH 分别表示电力、天然气、热力和能源枢纽；$\boldsymbol{L}_{EH}$ 为能源枢纽的负荷功率向量；L_e、L_g、L_h 分别为能源枢纽的电力负荷、天然气负荷和热力负荷，MW；$\boldsymbol{C}_{EH}$ 为能源枢纽的耦合关系矩阵，各元素表示能源枢纽中各种能源两两之间的转换关系，其数值与能源分配系数和能源转换效率有关；C_{eg} 为电力向天然气转换的转换系数，以此类推；$\boldsymbol{P}_{EHinput}$ 为能源枢纽的输入功率向量；P_e、P_g、P_h 分别为能源枢纽的输入电功率、输入天然气功率和输入热功率，MW。

2. 模型求解

（1）模型的预处理。本节介绍模型的预处理方法，有助于简化后续计算过程。

1）对天然气系统能流模型的预处理。天然气系统能流模型中的管道流量方程包含的 $D^5/(fSLT)$ 项是与管道参数相关的常系数，类似电力系统中的导纳。该系数可以提前计算，并以 $Y_{g,ij}$ 表示

$$Y_{g,ij} = D_{ij}^5/(fSL_{ij}T) \tag{4-30}$$

式中：D_{ij} 为天然气系统支路 ij 的管径，mm；f 为天然气系统支路 ij 对应的摩擦系数；S 为管道内气体相对比重；L_{ij} 为天然气系统支路 ij 的长度，m；T 为管道内气体温度，℃。

天然气系统中的自导纳为 0，即 $Y_{g,ij}$ 为 0。此外，天然气系统内部进行能流计算时，天然气流以体积流表示，能源枢纽模型的输入向量为功率流向量，需要通过天然气热值进行体积流至功率流的换算。

2）对热力系统能流模型的预处理。由于热力系统能流求解过程中需要对供水和回水温度求取偏导数，管道温降方程和温度混合方程需要按照节点编号顺序重新整理。管道温降方程和温度混合方程本质上遵循能量守恒定律。对节点应用基尔霍夫定律，可得到重新整理的管道温降方程和温度混合方程的统一表达式，即

$$\sum_{j \in C_{in,i}} m_{ji} e^{-\frac{\lambda_{ji} L_{ji}}{c_{p,ji}}} T_j - \left(\sum_{j \in C_{out,i}} q_{ij} + q_{m,i} \right) T_i = 0 \tag{4-31}$$

式中：$C_{in,i}$、$C_{out,i}$ 分别为热质流向节点 i 和由节点 i 流向的节点集合；$\sum\limits_{j \in C_{in,i}} m_{ji}$ 表示流入节点 i 的热质流量之和；λ_{ji} 为节点 j 到节点 i 的管道传热系数；L_{ji} 为节点 j 到节点 i 的管道长度；$c_{p,ji}$ 为水的比热容；$\sum\limits_{j \in C_{out,i}} q_{ij}$ 表示流出节点 i 的热质流量之和；$q_{m,i}$ 表示节点 i 的负荷流量，kg/s；T_i、T_j 分别为节点 i、j 的工质温度，℃。

整理后可得供水温度和回水温度满足的方程为

$$\boldsymbol{C}_s \boldsymbol{T}_s' = 0 \tag{4-32}$$

$$\boldsymbol{C}_r \boldsymbol{T}_r' = 0 \tag{4-33}$$

式中：$\boldsymbol{C}_s$、$\boldsymbol{C}_r$ 分别为整理后的供水网络和回水网络系数矩阵；$\boldsymbol{T}_s'$、$\boldsymbol{T}_r'$ 分别为供水、回水温度与环境温度的差值向量，℃。

进行上述预处理后，城镇能源网络多能流模型可表示为

$$
\begin{cases}
P_{\mathrm{e},i} = U_i \sum_{j=1}^{n} U_j (G_{ij}\cos\theta_{ij} + B_{ij}\sin\theta_{ij}) \\[2mm]
Q_{\mathrm{e},i} = U_i \sum_{j=1}^{n} U_j (G_{ij}\sin\theta_{ij} - B_{ij}\cos\theta_{ij}) \\[2mm]
P_{\mathrm{g},i} = \left(q_{V,i} - \sum_{j\in\Omega_{\mathrm{GB},i}} k_{ij}\alpha_{ij}\sqrt{\alpha_{ij}\dfrac{p_i^2 - p_j^2}{f_{ij}}} - L_{\mathrm{g},i} \right) \times GCV \\[4mm]
c_p \boldsymbol{A}\boldsymbol{q}_{\mathrm{m}}(\boldsymbol{T}_{\mathrm{s}} - \boldsymbol{T}_{\mathrm{o}}) - \boldsymbol{P}_h = 0 \\[2mm]
\boldsymbol{B}\boldsymbol{K}\boldsymbol{q}_{\mathrm{m}}|\boldsymbol{q}_{\mathrm{m}}| = 0 \\[2mm]
\boldsymbol{C}_{\mathrm{s}}\boldsymbol{T}_{\mathrm{s}}' = 0 \\[2mm]
\boldsymbol{C}_{\mathrm{r}}\boldsymbol{T}_{\mathrm{r}}' = 0 \\[2mm]
\boldsymbol{P}_{\mathrm{EH},i} = \boldsymbol{C}_{\mathrm{EH},i}P_{\mathrm{EHinput},i} - \boldsymbol{L}_{\mathrm{EH},i} \\[2mm]
P_{\mathrm{inject},i} = P_{\mathrm{in},i} - P_{\mathrm{out},i} - P_{\mathrm{EHin},i} - P_{\mathrm{load},i}
\end{cases}
\tag{4-34}
$$

式中：$P_{\mathrm{EH},i}$ 为第 i 个能源枢纽的净注入功率，MW；$P_{\mathrm{EHinput},i}$ 为第 i 个能源枢纽的输入功率，MW；$P_{\mathrm{inject},i}$ 为节点 i 的净注入功率，MW；$P_{\mathrm{out},i}$ 为节点 i 流向其他节点的总功率，MW；$P_{\mathrm{load},i}$ 为节点 i 的总负荷功率，MW；U_i、U_j 分别为节点 i、j 的电压幅值，kV；G_{ij}、B_{ij} 分别为支路 ij 的电导和电纳，S；θ_{ij} 为节点 i 和节点 j 的相角差，rad；$q_{V,i}$ 为节点 i 的天然气源体积流量，m^3/s；k_{ij} 为管道常数；α_{ij} 为管道流量标志位；$L_{\mathrm{g},i}$ 为节点 i 的天然气负荷流量，m^3/s；GCV 为天然气热值，J/m^3；$\boldsymbol{A}$ 为热力系统节点—支路关联矩阵；$\boldsymbol{B}$ 为热力系统回路—支路关联矩阵；$\boldsymbol{K}$ 为阻抗系数矩阵；$\boldsymbol{T}_{\mathrm{s}}$、$\boldsymbol{T}_{\mathrm{o}}$ 分别为供水和出水温度，℃；$\boldsymbol{P}_h$ 为热力系统负荷，MW；$\boldsymbol{C}_{\mathrm{EH},i}$ 为第 i 个能源枢纽的耦合矩阵；$\boldsymbol{L}_{\mathrm{EH},i}$ 为第 i 个能源枢纽的输出功率，MW；n 为电力系统节点数；f_{ij} 为与管道直径、长度等有关的变量；c_p 为水的比热容；$\boldsymbol{q}_{\mathrm{m}}$ 为管道流量向量；$P_{\mathrm{in},i}$ 为节点 i 的输入功率，MW。

（2）城镇能源网络多能流求解。

1）城镇能源网络节点分类。在进行城镇能源网络多能流计算前，需要先对电力系统、天然气系统和热力系统的节点进行分类，以明确求解城镇能源网络多能流问题时每个节点对应的已知变量与待求变量。电力系统中的节点类型包括平衡节点、PQ 节点（有功功率和无功功率给定的节点）和 PV 节点（有功功率和电压给定的节点），变量包括电压相角、电压幅值、有功功率和无功功率；天然气系统中的节点类型包括平衡节点、气源节点和负荷节点，变量包括节点压力、注入气流量和负荷气流量；热力系统中的研究对象类型包括平衡节点、热源节点、负荷节点和供/回热管道，变量包括产热功率、负荷功率、供水温度、回水温度和热质流量。具体节点分类及对应的已知变量、待求变量见表 4-2。

表 4-2　　　　　　　　　　　　城镇能源网络节点分类

系统	类型	已知变量	待求变量
电力系统	平衡节点	电压相角、电压幅值	有功功率、无功功率
	PV 节点	有功功率、电压幅值	电压相角、无功功率
	PQ 节点	有功功率、无功功率	电压相角、电压幅值

系统	类型	已知变量	待求变量
天然气系统	平衡节点	节点气压	注入气流量
	气源节点	节点气压、注入气流量	—
	负荷节点	负荷气流量	节点气压
热力系统	平衡节点	供水温度	产热功率、回水温度
	热源节点	产热功率、供水温度	回水温度
	负荷节点	负荷功率、回水温度	供水温度
	供/回热管道	—	热质流量

2）城镇能源网络多能流求解算法。本节采用牛顿-拉夫逊法进行城镇能源网络多能流计算，迭代形式如下：

$$\begin{cases} \Delta \boldsymbol{x}^{(k)} = (\boldsymbol{J}^{(k)})^{-1} \Delta \boldsymbol{F}^{(k)} \\ \boldsymbol{x}^{(k+1)} = \boldsymbol{x}^{(k)} - \Delta \boldsymbol{x}^{(k)} \end{cases} \tag{4-35}$$

式中：$\Delta \boldsymbol{x}^{(k)}$ 为第 k 次迭代时修正向量；$\Delta \boldsymbol{F}^{(k)}$ 为第 k 次迭代时不平衡量向量；$\boldsymbol{x}^{(k)}$、$\boldsymbol{x}^{(k+1)}$ 分别为第 k、$k+1$ 次迭代时待求变量；$(\boldsymbol{J}^{(k)})^{-1}$ 为第 k 次迭代时 Jacobi 矩阵的逆。

差值 $\Delta \boldsymbol{F}$ 分为电、气、热、能源枢纽差值四部分，即

$$\Delta \boldsymbol{F} = \begin{bmatrix} \Delta \boldsymbol{F}_{\mathrm{e}} \\ \Delta \boldsymbol{F}_{\mathrm{g}} \\ \Delta \boldsymbol{F}_{\mathrm{h}} \\ \Delta \boldsymbol{F}_{\mathrm{EH}} \end{bmatrix} = \begin{bmatrix} \boldsymbol{J}_{\mathrm{e}} & 0 & 0 & \boldsymbol{J}_{\mathrm{e,EH}} \\ 0 & \boldsymbol{J}_{\mathrm{g}} & 0 & \boldsymbol{J}_{\mathrm{g,EH}} \\ 0 & 0 & \boldsymbol{J}_{\mathrm{h}} & \boldsymbol{J}_{\mathrm{h,EH}} \\ 0 & 0 & 0 & \boldsymbol{C}_{\mathrm{EH}} \end{bmatrix} \begin{bmatrix} \Delta \boldsymbol{x}_{\mathrm{e}} \\ \Delta \boldsymbol{x}_{\mathrm{g}} \\ \Delta \boldsymbol{x}_{\mathrm{h}} \\ \Delta \boldsymbol{x}_{\mathrm{EH}} \end{bmatrix} = \boldsymbol{J} \Delta \boldsymbol{x} \tag{4-36}$$

式中：$\Delta \boldsymbol{F}_{\mathrm{e}}$、$\Delta \boldsymbol{F}_{\mathrm{g}}$、$\Delta \boldsymbol{F}_{\mathrm{h}}$、$\Delta \boldsymbol{F}_{\mathrm{EH}}$ 分别为电、气、热、能源枢纽差值；$\boldsymbol{J}_{\mathrm{e}}$ 为电力系统非平衡量对电力系统待求量增量的 Jacobi 矩阵；$\boldsymbol{J}_{\mathrm{g}}$ 为天然气系统非平衡量对天然气系统待求量增量的 Jacobi 矩阵；$\boldsymbol{J}_{\mathrm{h}}$ 为热力系统非平衡量对热力系统待求量增量的 Jacobi 矩阵；$\boldsymbol{J}_{\mathrm{e,EH}}$、$\boldsymbol{J}_{\mathrm{g,EH}}$、$\boldsymbol{J}_{\mathrm{h,EH}}$ 分别为非平衡量对电力系统待求量增量、天然气系统待求量增量、热力系统待求量增量的修正 Jacobi 矩阵。$\Delta \boldsymbol{x}_{\mathrm{e}}$、$\Delta \boldsymbol{x}_{\mathrm{g}}$、$\Delta \boldsymbol{x}_{\mathrm{h}}$、$\Delta \boldsymbol{x}_{\mathrm{EH}}$ 为电、气、热、能源枢纽待求变量的改变量。

进行迭代运算之前，要先设定已知变量和待求变量的初值，推导出 Jacobi 矩阵中各子阵的计算方法。

a. 初值设定。电力系统的状态变量初始化遵循"平直电压法"，即将 PQ 节点和平衡节点的电压设置为 1，所有非平衡节点的节点相角均设为 0。

由于天然气系统对初值非常敏感，初始天然气气压需谨慎设置。本节采取方法：从气压已知的平衡节点出发，基于深度优先搜索遍历所有节点，生成初始气流流向，根据气流流向和节点数目以相同百分比降低各节点的气压初值。

对于热力系统，可以仿照电力系统将初始管道流量设置为 1。由于城镇能源网络范围不会很大，热力系统的管网规模也不会很大，可以将负荷节点的供水温度初始化为平衡节点的供水温度，同理回水温度也可以设定为与节点出口水温相同。

b. Jacobi 矩阵推导。电力系统 Jacobi 矩阵 $\boldsymbol{J}_{\mathrm{e}}$ 的计算方法此处不再赘述。$\boldsymbol{J}_{\mathrm{g}}$ 的推导过程如下。

非平衡量 $\Delta \boldsymbol{F}_{\mathrm{g}}$ 可表示为

$$\Delta \boldsymbol{F}_{\mathrm{g}} = \begin{bmatrix} \Delta F_{\mathrm{gp},k} \\ \vdots \\ \Delta F_{\mathrm{gp},m} \\ \Delta F_{\mathrm{gf},l} \\ \vdots \\ \Delta F_{\mathrm{gf},n} \end{bmatrix} = \begin{bmatrix} \dfrac{\partial F_{\mathrm{gp},k}}{\partial S_k} & \cdots & \dfrac{\partial F_{\mathrm{gp},k}}{\partial S_m} & \dfrac{\partial F_{\mathrm{gp},k}}{\partial p_l} & \cdots & \dfrac{\partial F_{\mathrm{gp},k}}{\partial p_n} \\ \vdots & \ddots & \vdots & \vdots & \ddots & \vdots \\ \dfrac{\partial F_{\mathrm{gp},m}}{\partial S_k} & \cdots & \dfrac{\partial F_{\mathrm{gp},m}}{\partial S_m} & \dfrac{\partial F_{\mathrm{gp},m}}{\partial p_l} & \cdots & \dfrac{\partial F_{\mathrm{gp},m}}{\partial p_n} \\ \dfrac{\partial F_{\mathrm{gf},l}}{\partial S_k} & \cdots & \dfrac{\partial F_{\mathrm{gf},l}}{\partial S_m} & \dfrac{\partial F_{\mathrm{gf},l}}{\partial p_l} & \cdots & \dfrac{\partial F_{\mathrm{gf},l}}{\partial p_n} \\ \vdots & \ddots & \vdots & \vdots & \ddots & \vdots \\ \dfrac{\partial F_{\mathrm{gf},l}}{\partial S_k} & \cdots & \dfrac{\partial F_{\mathrm{gf},l}}{\partial S_m} & \dfrac{\partial F_{\mathrm{gf},l}}{\partial p_l} & \cdots & \dfrac{\partial F_{\mathrm{gf},l}}{\partial p_n} \end{bmatrix} \begin{bmatrix} \Delta S_k \\ \vdots \\ \Delta S_m \\ \Delta p_l \\ \vdots \\ \Delta p_n \end{bmatrix} \tag{4-37}$$

式中：$\Delta F_{\mathrm{gp},k}$ 为已知气压的节点 k 的能流非平衡量，共 $m-k+1$ 个已知气压的节点；$\Delta F_{\mathrm{gf},l}$ 为已知注入气流的节点 l 能流非平衡量，共 $n-l+1$ 个已知注入气流的节点。

则 Jacobi 矩阵 $\boldsymbol{J}_{\mathrm{g}}$ 可分块表示为

$$\boldsymbol{J}_{\mathrm{g}} = \begin{bmatrix} \dfrac{\partial \boldsymbol{F}_{\mathrm{gp}}}{\partial \boldsymbol{S}} & \dfrac{\partial \boldsymbol{F}_{\mathrm{gp}}}{\partial \boldsymbol{p}} \\ \dfrac{\partial \boldsymbol{F}_{\mathrm{gf}}}{\partial \boldsymbol{S}} & \dfrac{\partial \boldsymbol{F}_{\mathrm{gf}}}{\partial \boldsymbol{p}} \end{bmatrix} = \begin{bmatrix} \boldsymbol{J}_{\mathrm{g}1} & \boldsymbol{J}_{\mathrm{g}2} \\ \boldsymbol{J}_{\mathrm{g}3} & \boldsymbol{J}_{\mathrm{g}4} \end{bmatrix} \tag{4-38}$$

式（4-38）中各子块的计算方法：$\boldsymbol{J}_{\mathrm{g}1}$ 为单位矩阵；$\boldsymbol{J}_{\mathrm{g}2}$ 的对角元素为 0，非对角元素通过式（4-39）计算；$\boldsymbol{J}_{\mathrm{g}3}$ 的非对角元素为 0，对于其对角元素 $\dfrac{\partial F_{\mathrm{gf},i}}{\partial S_i}$，当节点 i 为负荷节点时为 0，当节点 i 为恒压源节点时为 1；$\boldsymbol{J}_{\mathrm{g}4}$ 的对角元素和非对角元素分别通过式（4-40）和式（4-41）计算。

$$\frac{\partial F_{\mathrm{gp},i}}{\partial p_j} = k p_j Y_{\mathrm{g},ij} \left[\alpha_{ij} (p_i^2 - p_j^2) Y_{\mathrm{g},ij} \right]^{-\frac{1}{2}} \tag{4-39}$$

$$\frac{\partial F_{\mathrm{gf},i}}{\partial p_i} = - k p_i \sum_{j \in C_i} Y_{\mathrm{g},y} \left[\alpha_y (p_i^2 - p_j^2) Y_{\mathrm{g},ij} \right]^{-\frac{1}{2}} \tag{4-40}$$

$$\frac{\partial F_{\mathrm{gf},i}}{\partial p_j} = k p_j Y_{\mathrm{g},ij} \left[\alpha_{ij} (p_i^2 - p_j^2) Y_{\mathrm{g},ij} \right]^{-\frac{1}{2}} \tag{4-41}$$

$\boldsymbol{J}_{\mathrm{h}}$ 的推导过程如下。

差值 $\Delta \boldsymbol{F}_{\mathrm{h}}$ 可表示为

$$\Delta \boldsymbol{F}_{\mathrm{h}} = \begin{bmatrix} \Delta \boldsymbol{P}_{\mathrm{h}} \\ \Delta \boldsymbol{h} \\ \Delta \boldsymbol{a}_{\mathrm{s}} \\ \Delta \boldsymbol{a}_{\mathrm{r}} \end{bmatrix} = \begin{bmatrix} \dfrac{\partial [\boldsymbol{P}_{\mathrm{h}}; \boldsymbol{h}]}{\partial \boldsymbol{m}} & \dfrac{\partial [\boldsymbol{P}_{\mathrm{h}}; \boldsymbol{h}]}{\partial \boldsymbol{T}_{\mathrm{s}}'} & \dfrac{\partial [\boldsymbol{P}_{\mathrm{h}}; \boldsymbol{h}]}{\partial \boldsymbol{T}_{\mathrm{r}}'} \\ \dfrac{\partial \boldsymbol{a}_{\mathrm{s}}}{\partial \boldsymbol{m}} & \dfrac{\partial \boldsymbol{a}_{\mathrm{s}}}{\partial \boldsymbol{T}_{\mathrm{s}}'} & \dfrac{\partial \boldsymbol{a}_{\mathrm{s}}}{\partial \boldsymbol{T}_{\mathrm{r}}'} \\ \dfrac{\partial \boldsymbol{a}_{\mathrm{r}}}{\partial \boldsymbol{m}} & \dfrac{\partial \boldsymbol{a}_{\mathrm{r}}}{\partial \boldsymbol{T}_{\mathrm{s}}'} & \dfrac{\partial \boldsymbol{a}_{\mathrm{r}}}{\partial \boldsymbol{T}_{\mathrm{r}}'} \end{bmatrix} \begin{bmatrix} \Delta \boldsymbol{m} \\ \Delta \boldsymbol{T}_{\mathrm{s}}' \\ \Delta \boldsymbol{T}_{\mathrm{r}}' \end{bmatrix} \tag{4-42}$$

式中：Δa_s 为供水网络温降方程及混合温度计算方程整理后的非平衡量；Δa_r 为回水网络温降方程及混合温度计算方程整理后的非平衡量。

则 Jacobi 矩阵 $\boldsymbol{J}_h$ 可分块表示为

$$\boldsymbol{J}_h = \begin{bmatrix} \boldsymbol{J}_{h11} & \boldsymbol{J}_{h12} & 0 \\ \boldsymbol{J}_{h21} & \boldsymbol{J}_{h22} & 0 \\ \boldsymbol{J}_{h31} & 0 & \boldsymbol{J}_{h33} \end{bmatrix} = \begin{bmatrix} \begin{bmatrix} c_p \boldsymbol{A}(\boldsymbol{T}_s - \boldsymbol{T}_o) \\ 2\boldsymbol{BKq}_m \end{bmatrix} & diag[c_p \boldsymbol{A}\boldsymbol{q}_m] & 0 \\ 0 & \boldsymbol{C}_s & 0 \\ 0 & 0 & \boldsymbol{C}_r \end{bmatrix} \quad (4\text{-}43)$$

由于供热管道与回热管道通常情况下温降很小，$\boldsymbol{J}_{h21}$ 与 $\boldsymbol{J}_{h31}$ 中的元素相比 $\boldsymbol{J}_h$ 中其他元素小很多，类比电力系统潮流计算方法中的快速解耦法，因此可以将 $\boldsymbol{J}_{h21}$ 和 $\boldsymbol{J}_{h31}$ 视作零矩阵。

在各子系统内部的网络状态或者负荷情况产生变化时，发生的供需波动会由各自的平衡节点承担，不会对其他子系统产生影响，因此最终形成的 Jacobi 矩阵中子系统间变量求出的偏导数均为零。

对于能源枢纽非平衡量对三个能源子系统待求量增量的修正 Jacobi 矩阵，以 $\boldsymbol{J}_{e,EH}$ 为例，修正步骤如下：

步骤 1：将矩阵初始化为零矩阵。

步骤 2：设耦合节点的编号为 i，该节点连接的是第 k 个能源枢纽，则在 Jacobi 矩阵中找到节点 i 的有功功率差值对应的行与矩阵的第（$3k-2$）列，将该位置的元素修改为 -1。

步骤 3：若节点 i 为 PQ 节点，找到其无功功率差值对应的行与修正矩阵的第（$3k-2$）列交叉处的元素，将其修改为相角正切值的相反数。

城镇能源网络多能流求解算法流程图如图 4-4 所示。

4.3.2 考虑多重不确定性的网络规划

1. 目标函数

基于概率多能流的城镇能源网络随机规划模型的目标函数为规划期内总成本期望值最低。总成本由新建成本、运行成本的期望值、CO_2 处理成本的期望值 3 部分组成，对各项成本均计算其等年值。目标函数的计算公式为

$$\min \widehat{F} = C_1 + \widehat{C}_2 + \widehat{C}_3 \quad (4\text{-}44)$$

式中：$\widehat{F}$ 为总成本的期望值，万元；C_1 为新建配电线路/配气管道/供热管道的成本，万元；$\widehat{C}_2$ 为运行成本的期望值，万元；$\widehat{C}_3$ 为 CO_2 处理成本的期望值，万元。

为便于说明，本节定义对于 $\forall i \in \Omega_C$，有

$$x_{C,i}^y = \begin{cases} X_{C,i}^y - X_{C,i}^{(y-1)}, & y \in \{2, \cdots, T\} \\ X_{C,i}^y, & y = 1 \end{cases} \quad (4\text{-}45)$$

式中：$x_{C,i}^y$ 表示配电线路/配气管道/供热管道 i 在第 y 年是否安装，取 0 为不安装，取 1

为安装；$X_{C,i}^y$ 表示配电线路/配气管道/供热管道 i 在第 y 年是否存在，取 0 为不存在，取 1 为存在；Ω_C 为所有候选配电线路/配气管道/供热管道的可选型号集合；T 为规划期阶段数。

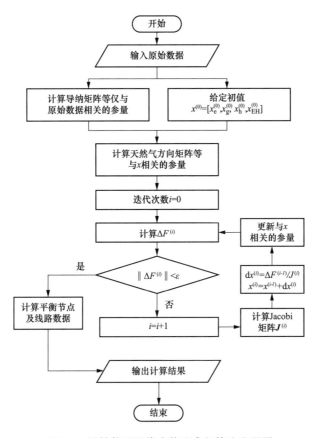

图 4-4　城镇能源网络多能流求解算法流程图

新建成本包括配电线路/配气管道/供热管道的新建和扩容成本，计算公式为

$$C_1 = \sum_y \sum_{i \in \Omega_C} D_y C_i^{\text{inv}} x_{C,i}^y \tag{4-46}$$

式中：D_y 为年金现值系数；C_i^{inv} 为配电线路/配气管道/供热管道 i 的新建/扩容成本，万元。

年金现值系数的计算公式为

$$D_y = 1/(1+r)^{y-1} \tag{4-47}$$

式中：r 为年利率；y 为每段规划内年数。

运行成本期望值计算公式为

$$\widehat{C}_2 = \sum_y \sum_s \sum_h D_y \Big[C_{\text{BUY}}^{\text{E}} \sum_{i \in \Omega_{\text{BUS}}^{\text{ES}}} \widehat{P}_{\text{gen},i}^{hsy} + C_{\text{BUY}}^{\text{G}} \sum_{i \in \Omega_{\text{BUS}}^{\text{GGATE}}} \widehat{P}_{\text{gate},i}^{hsy} + C_{\text{BUY}}^{\text{H}} \sum_{i \in \Omega_{\text{BUS}}^{\text{HS}}} (\widehat{P}_{\text{hs},i}^{hsy} / \eta_{\text{hs},i}) \Big]$$

$$\tag{4-48}$$

式中：$\hat{P}_{\text{gen},i}^{hsy}$ 为第 y 年度第 s 季度第 h 小时变电站 i 出力的期望，MW；$\hat{P}_{\text{gate},i}^{hsy}$ 为第 y 年度第 s 季度第 h 小时天然气门站 i 出站气流量的期望，m^3/h；$\hat{P}_{\text{hs},i}^{hsy}$ 为第 y 年度第 s 季度第 h 小时热源 i 产热功率的期望，MW；$C_{\text{BUY}}^{\text{E}}$ 为购电单价，万元/MWh；$C_{\text{BUY}}^{\text{G}}$ 为购气单价，万元/m^3；$C_{\text{BUY}}^{\text{CH}}$ 为单位热值燃气价格，万元/MWh；$\Omega_{\text{BUS}}^{\text{ES}}$ 为变电站节点集合；$\Omega_{\text{BUS}}^{\text{GGATE}}$ 为天然气门站节点集合；$\Omega_{\text{BUS}}^{\text{HS}}$ 为热源节点集合。

CO_2 处理成本期望值的计算公式为

$$\hat{C}_3 = \sum_y \sum_s \sum_h D_y \left(C_{\text{CO}_2} \sum_{i \in \Omega_{\text{BUS}}^{\text{ES}}} \hat{P}_{\text{gen},i}^{hsy} \right) \tag{4-49}$$

式中：C_{CO_2} 为 CO_2 处理单价，以消耗单位电能排放的 CO_2 计算，万元/MWh。

2. 约束条件

城镇能源网络随机规划模型的约束条件包括状态变量约束、电力系统约束、天然气系统约束、热力系统约束和经济性约束。由于可再生能源出力波动、各能源子系统负荷波动以及能源子系统负荷之间存在相关性，配电线路/配气管道/供热管道传输功率以及电力系统节点电压有可能发生越限，因此城镇能源网络随机规划模型的约束条件中，节点电压和配电线路/配气管道/供热管道传输容量约束为满足一定置信水平的机会约束。

（1）状态变量约束。对 $\forall i \in \Omega_C$，$\forall y \in \{2, \cdots, T\}$，$\forall t \in \Omega_{\text{type}}$，$\Omega_{\text{type}}$ 为所有配电线路/配气管道/供热管道的可选型号集合，配电线路/配气管道/供热管道安装状态变量应满足如下逻辑关系

$$X_{C,it}^{(y-1)} \leqslant X_{C,it}^{y} \tag{4-50}$$

式中：$X_{C,it}^{y}$ 为决策变量，表示 t 型号的备选配电线路/配气管道/供热管道 i 在第 y 年是否存在，若存在为 1，反之为 0。

（2）经济性约束。城镇能源网络新建配电线路、配气管道和供热管道的总成本需满足如下经济性约束

$$\sum_y \sum_{i \in \Omega_C} D_y C_i^{\text{inv}} x_{C,i}^{y} \leqslant W \tag{4-51}$$

式中：W 为城镇能源网络新建配电线路、配气管道和供热管道的成本的上限，万元。

（3）电力系统约束。

1）节点功率平衡方程。对于 $\forall i \in \Omega_{\text{BUS}}^{\text{E}}/\Omega_{\text{BUS}}^{\text{ESUB}}/\Omega_{\text{BUS}}^{\text{EEH}}$，$\forall h$，$\forall s$，$\forall y$，节点功率平衡方程为

$$\begin{cases} \sum_{(i,k) \in \Omega^{\text{EL}}} P_{ik}^{\text{E},hsy} = \sum_{(i,j) \in \Omega^{\text{EL}}} P_{ji}^{\text{E},hsy} - L_i^{\text{E},hsy} \\ \sum_{(i,k) \in \Omega^{\text{EL}}} Q_{ik}^{\text{E},hsy} = \sum_{(i,j) \in \Omega^{\text{EL}}} Q_{ji}^{\text{E},hsy} - L_i^{\text{EQ},hsy} \end{cases} \tag{4-52}$$

对于 $\forall i \in \Omega_{\text{BUS}}^{\text{EEH}}$，$\forall h$，$\forall s$，$\forall y$，节点功率平衡方程为

$$\begin{cases} \sum_{(i,k) \in \Omega^{\text{EL}}} P_{ik}^{\text{E},hsy} = \sum_{(i,j) \in \Omega^{\text{EL}}} P_{ji}^{\text{E},hsy} - P_i^{\text{E},hsy} \\ \sum_{(i,k) \in \Omega^{\text{EL}}} Q_{ik}^{\text{E},hsy} = \sum_{(i,j) \in \Omega^{\text{EL}}} Q_{ji}^{\text{E},hsy} - Q_i^{\text{E},hsy} \end{cases} \tag{4-53}$$

式中：$P_{ik}^{\mathrm{E},hsy}$ 为第 y 年度第 s 季度第 h 小时节点 i 和节点 k 之间线路 ik 传输的有功功率，MW；$Q_{ik}^{\mathrm{E},hsy}$ 为第 y 年度第 s 季度第 h 小时节点 i 和节点 k 之间线路 ik 传输的无功功率，Mvar；$L_i^{\mathrm{E},hsy}$ 为第 y 年度第 s 季度第 h 小时节点 i 的有功负荷，MW；$L_i^{\mathrm{EQ},hsy}$ 为第 y 年度第 s 季度第 h 小时节点 i 的无功负荷，Mvar；$P_i^{\mathrm{E},hsy}$ 为第 y 年度第 s 季度第 h 小时电力系统输入至第 i 个能源枢纽的有功功率，MW；$Q_i^{\mathrm{E},hsy}$ 为第 y 年度第 s 季度第 h 小时电力系统输入至第 i 个能源枢纽的无功功率，Mvar；$\Omega_{\mathrm{BUS}}^{\mathrm{E}}$ 为电力系统中所有节点集合；$\Omega_{\mathrm{BUS}}^{\mathrm{EEH}}$ 为电力系统中所有连接能源枢纽的节点集合；Ω^{EL} 为所有配电线路集合。

2）配电线路传输功率机会约束。对于 $\forall i \in \Omega_{\mathrm{BUS}}^{\mathrm{E}}$，$\forall h$，$\forall s$，$\forall y$，线路传输功率应满足如下约束

$$\begin{cases} P\left(0 \leqslant P_{ij}^{\mathrm{E},hsy} \leqslant \sum_{t \in \Omega_{\mathrm{type}}^{\mathrm{E}}} P_{\mathrm{C},ijt}^{\mathrm{ELmax}} X_{\mathrm{C},ijt}^{\mathrm{EL},y}\right) \geqslant \gamma_{P^{\mathrm{E}}}^{\mathrm{EL}} \\ P\left(0 \leqslant Q_{ij}^{\mathrm{E},hsy} \leqslant \sum_{t \in \Omega_{\mathrm{type}}^{\mathrm{E}}} Q_{\mathrm{C},ijt}^{\mathrm{ELmax}} X_{\mathrm{C},ijt}^{\mathrm{EL},y}\right) \geqslant \gamma_{Q^{\mathrm{E}}}^{\mathrm{EL}} \end{cases} \tag{4-54}$$

对于 $\forall i \in \Omega_{\mathrm{BUS}}^{\mathrm{ESUB}}$，$\forall h$，$\forall s$，$\forall y$，线路传输功率应满足如下约束

$$\begin{cases} P\left(0 \leqslant \sum_{(i,j) \in \Omega^{\mathrm{EL}}} P_{ij}^{\mathrm{E},hsy} \leqslant P_{\mathrm{gen},i}^{\mathrm{ESmax}}\right) \geqslant \gamma_{P^{\mathrm{E}}}^{\mathrm{EL}} \\ P\left(0 \leqslant \sum_{(i,j) \in \Omega^{\mathrm{EL}}} Q_{ij}^{\mathrm{E},hsy} \leqslant Q_{\mathrm{gen},i}^{\mathrm{ESmax}}\right) \geqslant \gamma_{Q^{\mathrm{E}}}^{\mathrm{EL}} \end{cases} \tag{4-55}$$

式中：$P(\cdot)$ 为括号内事件发生的概率；$\gamma_{P^{\mathrm{E}}}^{\mathrm{EL}}$ 为满足配电线路传输有功功率上限机会约束的置信度；$\gamma_{Q^{\mathrm{E}}}^{\mathrm{EL}}$ 为满足配电线路传输无功功率上限机会约束的置信度；$X_{\mathrm{C},ijt}^{\mathrm{EL},y}$ 为决策变量，表示 t 类型备选配电线路 ij 在第 y 年是否存在，若存在为 1，反之为 0；$P_{\mathrm{C},ijt}^{\mathrm{ELmax}}$ 为 t 类型备选配电线路 ij 可承载的最大有功功率，MW；$Q_{\mathrm{C},ijt}^{\mathrm{ELmax}}$ 为 t 类型备选配电线路 ij 可承载的最大无功功率，Mvar；$P_{\mathrm{gen},i}^{\mathrm{ESmax}}$ 为变电站 i 能输出的最大有功功率，MW；$Q_{\mathrm{gen},i}^{\mathrm{ESmax}}$ 为变电站 i 能输出的最大无功功率，Mvar；$\Omega_{\mathrm{type}}^{\mathrm{E}}$ 为电力系统中所有可选线路类型的集合。

3）电力系统节点电压机会约束。对于 $\forall i \in \Omega_{\mathrm{BUS}}^{\mathrm{E}}$，$\forall h$，$\forall s$，$\forall y$，节点电压应满足如下约束

$$P(U_i^{\min} \leqslant U_i^{\mathrm{E},hsy} \leqslant U_i^{\max}) \geqslant \gamma_U^{\mathrm{E}} \tag{4-56}$$

式中：$U_i^{\min}$、$U_i^{\max}$ 为节点 i 电压标幺值的下限和上限；γ_U^{E} 为满足电力系统节点电压机会约束的置信度。

4）网络拓扑结构约束

$$\begin{cases} z_{ij}^{\mathrm{E},hsy} = 0, \forall j \in \Omega_{\mathrm{BUS}}^{\mathrm{ESUB}}, \forall (i,j) \in \Omega^{\mathrm{EL}} \\ \sum_{(i,j) \in \Omega^{\mathrm{EL}}} z_{ji}^{\mathrm{E},hsy} = 1, \forall i \in \Omega_{\mathrm{BUS}}^{\mathrm{E}}/\Omega_{\mathrm{BUS}}^{\mathrm{ESUB}} \end{cases} \tag{4-57}$$

式中：$z_{ij}^{\mathrm{E},hsy}$ 为辅助变量，表示配电线路 ij 中功率的流向，若由 i 流向 j 则取 1，由 j 流向 i 则取 0。

（4）天然气系统约束。

1）节点功率平衡约束。对于 $\forall i \in \Omega_{\mathrm{BUS}}^{\mathrm{G}}/\Omega_{\mathrm{BUS}}^{\mathrm{GGATE}}/\Omega_{\mathrm{BUS}}^{\mathrm{GEH}}$，$\forall h$，$\forall s$，$\forall y$，节点功率平

衡约束如下

$$\sum_{(i,k)\in\Omega^{\mathrm{GL}}} P_{ik}^{\mathrm{G},hsy} = \sum_{(i,j)\in\Omega^{\mathrm{GL}}} P_{ji}^{\mathrm{G},hsy} - L_i^{\mathrm{G},hsy} \tag{4-58}$$

对于 $\forall i\in\Omega_{\mathrm{BUS}}^{\mathrm{GEH}}$，$\forall h$，$\forall s$，$\forall y$，节点功率平衡约束如下

$$\sum_{(i,k)\in\Omega^{\mathrm{GL}}} P_{ik}^{\mathrm{G},hsy} = \sum_{(i,j)\in\Omega^{\mathrm{GL}}} P_{ji}^{\mathrm{G},hsy} - P_i^{\mathrm{G},hsy} \tag{4-59}$$

式中：$P_{ik}^{\mathrm{G},hsy}$ 为第 y 年度第 s 季度第 h 小时节点 i 和节点 k 之间配气管道 ik 的功率，MW；$L_i^{\mathrm{G},hsy}$ 为第 y 年度第 s 季度第 h 小时节点 i 的负荷功率，MW；$P_i^{\mathrm{G},hsy}$ 为第 y 年度第 s 季度第 h 小时天然气系统输入至第 i 个能源枢纽的功率，MW；$\Omega_{\mathrm{BUS}}^{\mathrm{G}}$ 为天然气系统中所有节点集合；$\Omega_{\mathrm{BUS}}^{\mathrm{GEH}}$ 为天然气系统中所有连接能源枢纽的节点集合；Ω^{GL} 为所有配气管道集合。

2）配气管道传输功率机会约束。对于 $\forall i\in\Omega_{\mathrm{BUS}}^{\mathrm{G}}$，$\forall h$，$\forall s$，$\forall y$，配气管道传输功率应满足如下约束

$$P\Big(0\leqslant P_{ij}^{\mathrm{G},hsy}\leqslant \sum_{(i,j)\in\Omega_{\mathrm{type}}^{\mathrm{G}}} P_{\mathrm{C},ijt}^{\mathrm{GLmax}} X_{\mathrm{C},ijt}^{\mathrm{GL},y}\Big)\geqslant \gamma^{\mathrm{GL}} \tag{4-60}$$

对于 $\forall i\in\Omega_{\mathrm{BUS}}^{\mathrm{GGATE}}$，$\forall h$，$\forall s$，$\forall y$，配气管道传输功率应满足如下约束

$$P\Big(0\leqslant \sum_{(i,j)\in\Omega^{\mathrm{GL}}} P_{ij}^{\mathrm{G},hsy}\leqslant P_{\mathrm{gate},i}^{\mathrm{GGATEmax}}\Big)\geqslant \gamma^{\mathrm{GL}} \tag{4-61}$$

式中：$X_{\mathrm{C},ijt}^{\mathrm{GL},y}$ 为决策变量，表示 t 类型备选配气管道 ij 在第 y 年是否存在，若存在为 1，反之为 0；$P_{\mathrm{C},ijt}^{\mathrm{GLmax}}$ 为 t 类型备选配气管道 ij 可承载的最大天然气功率，MW；$P_{\mathrm{gate},i}^{\mathrm{GGATEmax}}$ 为天然气门站 i 能输出的最大天然气功率，MW；$\Omega_{\mathrm{type}}^{\mathrm{G}}$ 为天然气系统中所有可选配气管道类型的集合；γ^{GL} 为满足配气管道传输功率上限机会约束的置信度。

（5）热力系统机会约束。

1）节点功率平衡约束。对于 $\forall i\in\Omega_{\mathrm{BUS}}^{\mathrm{H}}/\Omega_{\mathrm{BUS}}^{\mathrm{HS}}/\Omega_{\mathrm{BUS}}^{\mathrm{HEH}}$，$\forall h$，$\forall s$，$\forall y$，节点功率平衡约束如下

$$\sum_{(i,k)\in\Omega^{\mathrm{HL}}} P_{ik}^{\mathrm{H},hsy} = \sum_{(i,j)\in\Omega^{\mathrm{HL}}} P_{ji}^{\mathrm{H},hsy} - L_i^{\mathrm{H},hsy} \tag{4-62}$$

对于 $\forall i\in\Omega_{\mathrm{BUS}}^{\mathrm{HEH}}$，$\forall h$，$\forall s$，$\forall y$，节点功率平衡约束如下

$$\sum_{(i,k)\in\Omega^{\mathrm{HL}}} P_{ik}^{\mathrm{H},hsy} = \sum_{(i,j)\in\Omega^{\mathrm{HL}}} P_{ji}^{\mathrm{H},hsy} - P_i^{\mathrm{H},hsy} \tag{4-63}$$

式中：$P_{ik}^{\mathrm{H},hsy}$ 为第 y 年度第 s 季度第 h 小时节点 i 和节点 k 之间供热管道 ik 的能量流，MW；$L_i^{\mathrm{H},hsy}$ 为第 y 年度第 s 季度第 h 小时节点 i 的负荷功率，MW；$P_i^{\mathrm{H},hsy}$ 为第 y 年度第 s 季度第 h 小时热力系统输入至第 i 个能源枢纽的功率，MW；$\Omega_{\mathrm{BUS}}^{\mathrm{H}}$ 为热力系统中所有节点集合；$\Omega_{\mathrm{BUS}}^{\mathrm{HEH}}$ 为热力系统中所有连接能源枢纽的节点集合；Ω^{HL} 为所有供热管道集合。

2）供热管道传输功率机会约束。对于 $\forall i\in\Omega_{\mathrm{BUS}}^{\mathrm{H}}$，$\forall h$，$\forall s$，$\forall y$，供热管道传输功率应满足如下约束

$$P\Big(0 \leqslant P_{ij}^{\mathrm{H},hsy} \leqslant \sum_{(i,j) \in \Omega_{\mathrm{type}}^{\mathrm{H}}} P_{C,ijt}^{\mathrm{HLmax}} X_{C,ijt}^{\mathrm{HL},y}\Big) \geqslant \gamma^{\mathrm{HL}} \tag{4-64}$$

对于 $\forall i \in \Omega_{\mathrm{BUS}}^{\mathrm{HS}}$，$\forall h$，$\forall s$，$\forall y$，供热管道传输功率应满足如下约束

$$P\Big(0 \leqslant \sum_{(i,j) \in \Omega^{\mathrm{HL}}} P_{ij}^{\mathrm{H},hsy} \leqslant P_{\mathrm{h},i}^{\mathrm{HSmax}}\Big) \geqslant \gamma^{\mathrm{HL}} \tag{4-65}$$

式中：$X_{C,ijt}^{\mathrm{HL},y}$ 为决策变量，表示 t 类型备选供热管道 ij 在第 y 年是否存在，若存在为 1，反之为 0；$P_{C,ijt}^{\mathrm{HLmax}}$ 为 t 类型备选供热管道 ij 可传输的最大功率，MW；$P_{\mathrm{h},i}^{\mathrm{HSmax}}$ 为热源 i 能输出的最大功率，MW；$\Omega_{\mathrm{type}}^{\mathrm{H}}$ 为热力系统中所有可选供热管道类型的集合；γ^{HL} 为满足供热管道传输功率上限机会约束的置信度。

供热管道还应满足管道热损方程

$$P_{ij,j}^{\mathrm{H},hsy} = P_{ij,i}^{\mathrm{H},hsy} \mathrm{e}^{\left(\frac{\lambda_{ij} L_{ij}}{c_{p,ij} q_{m,ij}}\right)} \tag{4-66}$$

式中：$P_{ij,j}^{\mathrm{H},hsy}$ 为供热管道 ij 中流入终点 j 的功率，MW；$P_{ij,i}^{\mathrm{H},hsy}$ 为供热管道 ij 中流出起点 i 的功率，MW；λ_{ij} 为供热管道 ij 的阻力系数；L_{ij} 为供热管道 ij 的长度，m；$q_{m,ij}$ 为供热管道 ij 的内热质的质量流量，kg/s；$c_{p,ij}$ 为供热管道 ij 中热质的比热容，MJ／（kg·℃）。

3. 模型求解

采用粒子群优化算法对城镇能源网络随机规划模型进行求解。具体步骤如下：

步骤 1：输入待规划城镇能源网络的基础数据，包括现有网络拓扑信息、可再生能源出力信息、备选配电线路/配气管道/供热管道信息及新增节点负荷信息等。

步骤 2：对备选配电线路/配气管道/供热管道重新编码并初始化一群粒子（粒子数量为 n），使每个粒子对应的备选配电线路/配气管道/供热管道断开后的城镇能源网络满足连通性约束且电力系统呈辐射状。

步骤 3：对每个粒子对应的城镇能源网络进行概率多能流计算，根据概率多能流计算结果选择备选配电线路/配气管道/供热管道型号以满足传输容量上限机会约束和节点电压机会约束。

步骤 4：根据变电站/天然气门站/热源出力的期望值计算每个粒子的适应度，确定其 p_{Best} 和整个粒子群的 g_{Best}。

步骤 5：对每个粒子，将它的适应度和它上一个 p_{Best} 对应的适应度比较，如果适应度更低，则将其作为新的 p_{Best}，否则 p_{Best} 保持不变。

步骤 6：对每代粒子，将这一代最低的适应度与上一个 g_{Best} 对应的适应度比较，如果适应度更低，则将其作为新的 g_{Best}，否则 g_{Best} 保持不变。

步骤 7：若迭代次数达到最大迭代次数 max_iter 或适应度小于给定值 ε，则结束迭代过程，输出 g_{Best}；否则更新粒子的速度和位置，回到步骤 3。

粒子群优化算法求解城镇能源网络随机规划模型的流程图如图 4-5 所示。

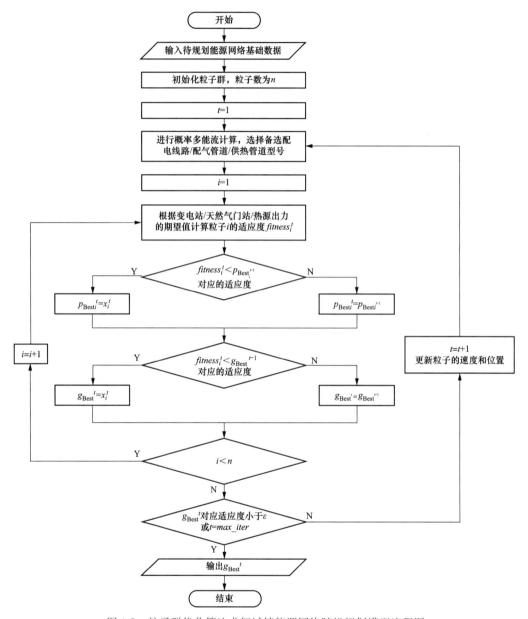

图 4-5 粒子群优化算法求解城镇能源网络随机规划模型流程图

4.4 算 例 分 析

4.4.1 能源枢纽规划算例分析

1. 参数设置

以北方某地区为例进行研究，该地区可大体分为居民、办公、工业三个区域，本节拟规划三座能源枢纽以满足各区域负荷对于电、热的能源需求，结合当地资源禀赋与用地规划性质得到能源枢纽候选位置，多能负荷及能源枢纽候选位置示意图、各区域电热负荷特性曲线分别如图 4-6 和图 4-7 所示。

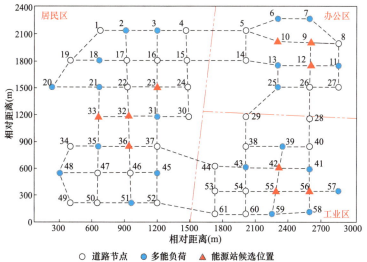

图 4-6 多能负荷及能源枢纽候选位置示意图

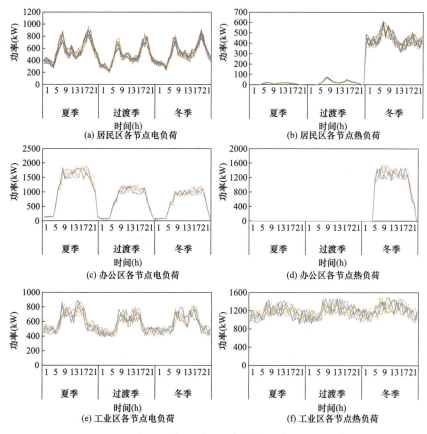

图 4-7 各区域电热负荷特性曲线

各能源枢纽中各设备规划容量及热电联产机组、锅炉、热泵规划类型待定，热电联产机组、热泵、燃气锅炉各型号设备参数以及其他设备参数见表4-3～表4-5。

表4-3 热电联产机组各型号设备参数

设备型号	CHP-1	CHP-2	CHP-3
规划容量（kW）	0～300	0～300	0～300
单位容量成本(元/kW)	5230	5950	6500
运行维护成本(元/kW)	0.025	0.025	0.025
机组发电效率	33%	37%	40%
机组产热效率	40%	42%	45%
使用年限（年）	25	25	25

表4-4 热泵、燃气锅炉各型号设备参数

设备种类	空气源热泵	地源热泵	燃气锅炉-1型	燃气锅炉-2型
规划容量（kW）	0～300	0～300	0～300	0～300
单位容量成本(元/kW)	1200	3000	320	340
运行维护成本(元/kW)	0.097	0.097	0.02	0.02
产热效率	300%	440%	90%	91%
使用年限（年）	20	20	20	20

表4-5 其他设备参数

设备种类	光伏组件	风机	电储能	热储能
规划容量（kW）	0～100	0～100	—	—
规划容量（kWh）	—	—	0～300	0～300
单位容量成本（元/kW）	10000	4000	—	—
单位容量成本(元/kWh)	—	—	1000	35
运行维护成本(元/kW)	0.01	0.049	0.0016	0.0018
自损失率	—	—	1%	1%
使用年限（年）	25	20	10	20

需要说明的是，由于负荷需求不同，结合区域地理条件与实际安装环境，各设备的容量上限也有所不同。特别是光伏组件、风机差异较为明显，且仅工业区地理条件适宜建设风机。在互联协同方面，假设热力管道工质水流最高温度95℃，管道外部土壤温度25℃，在能源枢纽间拟建设各类型互联管线，各区域分布式能源枢纽集成设备规划容量上限、分布式能源枢纽互联管线参数见表4-6和表4-7。

表4-6 各区域分布式能源枢纽集成设备规划容量上限

类别	热电联产机组（kW）	燃气锅炉（kW）	热泵（kW）	光伏组件（kW）	风机（kW）	电储能（kWh）	热储能（kWh）
居民区	10000	10000	10000	2000	0	2000	2000
办公区	10000	10000	10000	2000	0	2000	2000

续表

类别	热电联产机组 （kW）	燃气锅炉 （kW）	热泵 （kW）	光伏组件 （kW）	风机 （kW）	电储能 （kWh）	热储能 （kWh）
工业区	10000	10000	10000	3500	3500	2000	2000

表 4-7　　　　　　　　　　　　分布式能源枢纽互联管线参数

类型	电力线路			热力管道		
	YJV3×25	YJV3×70	YJV3×150	DN100	DN150	DN200
最大功率上限（kW）	1200	2100	3300	2759	7242	14714
推荐流量（kg/s）	—	—	—	9.42	24.74	50.26
单位容量成本（元/m）	60	115	213	70	120	146
年运维成本占初投资 成本百分比（%）	4.4	4.4	4.4	4.4	4.4	4.4
使用年限（年）	20	20	20	20	20	20

仿真过程中，典型日光照强度曲线、典型日风速曲线分别如图 4-8 和图 4-9 所示。其中电价为分时电价，峰时为 0.9640 元/kWh（8：00～11：00、18：00～23：00）、平时 0.6785 元/kWh（7：00～8：00、11：00～18：00）、谷时 0.4090 元/kWh（23：00～次日 7：00），天然气价格按照单位热值折合为 0.34 元/kWh。燃煤电厂、天然气燃烧 CO_2 排放系数分别为 0.80kg/kWh 和 0.19kg/kWh。电网的线损率取 7%，等值碳税取 0.3 元/kg。

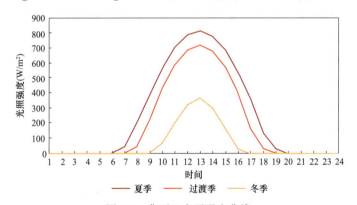

图 4-8　典型日光照强度曲线

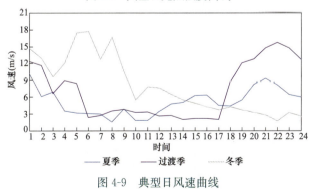

图 4-9　典型日风速曲线

2. 规划结果

（1）分布式能源枢纽选址规划。基于该地区负荷特性曲线，采用 4.2 所述的分布式能源枢纽选址方法对该区域拟建设三座能源枢纽的位置进行选址，能源枢纽选址规划结果如图 4-10 所示。其中，能源枢纽 1、2、3 分别对居民区、办公区、工业区进行能源供应。

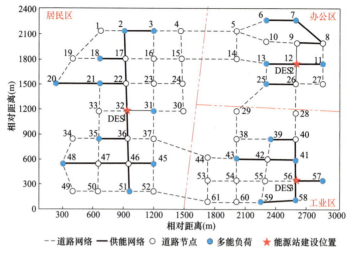

图 4-10　能源枢纽选址规划结果

基于各负荷归属能源枢纽的规划结果，也可以得出各能源枢纽供应多能负荷的大小，各区域能源枢纽供应电热负荷曲线如图 4-11 所示。从图中可以看出，各区域多能负

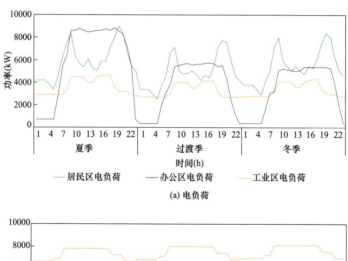

(a) 电负荷

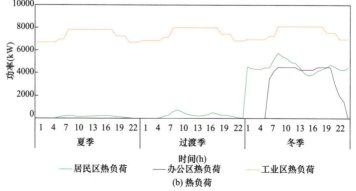

(b) 热负荷

图 4-11　各区域能源枢纽供应电热负荷曲线

荷需求由于用户用能行为的不同而存在差异，例如，办公区夜间基本无用电需求，而其他区域夜间还存在一定的用电需求。居民区与办公区在夏季和过渡季基本无供热需求，但工业区各季度均存在较为稳定的供热需求，且需求较大。这些负荷的特性差异均为多区域能源枢纽互联协同创造了可能。

（2）分布式能源枢纽互联协同规划。为了研究多区域能源枢纽互联协同规划相对于单一区域能源枢纽规划以及传统各能源系统分立规划的优势，设计以下三种场景：①场景 1 为传统各能源系统分立运行方式，即各区域由电网供电，由燃气锅炉-1 型供热；②场景 2 为单一能源枢纽规划方式，即各区域能源枢纽间无互联协同，仅负责各自区域的能源供应；③场景 3 为多区域能源枢纽互联协同规划方式。

1）互联规划结果。基于上述各能源枢纽的建设位置，通过 Dijkstra 算法可以计算出各能源枢纽间拟建设管线的传输距离。其中，能源枢纽 1、2 间距离为 3308m，能源枢纽 1、3 间距离为 2998m，能源枢纽 2、3 间距离为 1366m。通过多区域能源枢纽互联协同规划方法进行求解，得到场景 3 的多区域能源枢纽互联协同规划结果，能源枢纽间互联管线规划结果示意图如图 4-12 所示，图中展示了能源枢纽间拟建设互联管线长度及各互联管线的规划类型。

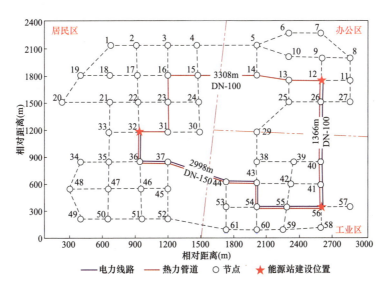

图 4-12　能源枢纽间互联管线规划结果示意图

将能源枢纽选址规划结果与能源枢纽互联管线规划结果进行整合，得到多区域互联协同系统的整体规划，以展示多区域互联协同系统整体管线连接情况。多区域互联协同系统整体示意图如图 4-13 所示。

DES 互联管线选型规划结果见表 4-8。可以看出，在互联管线规划方面，各区域间均规划了能源互联，只是由于负荷特性的不同，各区域间的互联形式存在差异。例如居民区与办公区间并未规划电力互联、办公区与工业区间规划了不同类型的热力管道。这表明，为了实现经济最优，并非各区域间均适合建立各类型的能源互联，而是应该结合区域各自的多能负荷需求，通过科学的规划方法，确定合理的能源互联形式与规划管线类型。

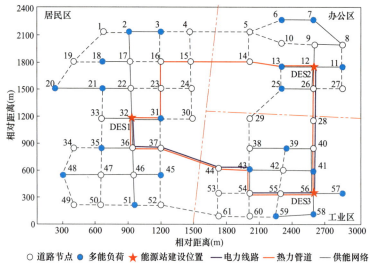

图 4-13　多区域互联协同系统整体示意图

表 4-8　　　　　　　　　　　　　　　互联管线规划结果

类别	居民区—办公区	居民区—工业区	办公区—工业区
电力线路	—	YJV3×25	YJV3×25
热力管道	DN-100	DN-150	DN-100

不同场景下的分布式能源枢纽规划结果见表 4-9，对于能源转换设备，场景 1 规划了不同容量的燃气锅炉以满足负荷的热能需求，负荷的电能需求则全部由电网提供。场景 2 与场景 3 由于能源枢纽的建设，各区域均规划了多种类型的能源耦合设备。对于能源转换设备，由于热电联产机组能够同时产生电、热两种能源，能源综合利用率较高，成为各区域能源枢纽主要的供能设备，且场景 2 与场景 3 中各区域均规划了能源转换效率较高的 CHP-3 型机组。同时，由于热电联产机组热电比与负荷热电比存在偏差，仅投建热电联产机组并不能实现经济性最优。因此场景 2 与场景 3 均规划了一定容量的热泵与热电联产机组进行配合，只是工业区选择了效率较高的地源热泵而其他区域选择了价格较低的空气源热泵，这是由于工业区各季度均存在较高的热力需求，虽然地源热泵价格较高，但是其较高的转换效率可以减少更多的电能消耗，因此更为经济。而居民区与办公区仅夏季存在较高的热能需求，选择价格较低的空气源热泵更为经济。

不同的是，场景 2 中各区域设备配置容量与场景 3 均有不同，且场景 3 中各区域均并未配置转换效率相对较低的燃气锅炉。这是由于场景 3 考虑了多区域能源枢纽互联协同，使得各能源枢纽不仅可以为本区域负荷供能，还可以根据需要通过互联管线传递至其他区域。通过区域间能源的协调互济，充分发挥热电联产机组、热泵等转换效率较高的能源设备的供能优势，减少多区域总体的配置冗余，提升规划的经济性。例如，虽然场景 3 中办公区热电联产机组容量配置较大，但其可以在满足自身用能需求的同时为工业区提供能量，从而降低工业区热电联产机组以及地源热泵的容量配置。

对于能源供给设备与能源存储设备，虽然光伏组件、风机的造价相对较高，但由于其不存在能源消耗与环境成本，在场景 2 与场景 3 中均得到了较大的应用。不同的是，场景 2 中仅居民区与办公区的光伏组件容量达到上限，而场景 3 中各区域光伏组件容量均达到上限，这表明多区域互联协同还有助于提升可再生能源的利用。储能作为协调可再生能源与配合系统削峰填谷的关键设备，在场景 2 与场景 3 中均得到了充分的利用。但由于电储能相较热储能价格较高，使用年限较短，并未在办公区进行配置。

表 4-9　　　　　　　　　不同场景下的分布式能源枢纽规划结果

场景	类别	热电联产机组类型及容量（kW）	燃气锅炉类型及容量（kW）	热泵类型及容量（kW）	光伏组件容量（kW）	风机容量（kW）	电储能容量（kWh）	热储能容量（kWh）
场景1	居民区	—	燃气锅炉 1 型（5760）	—				
	办公区	—	燃气锅炉 1 型（4500）	—				
	工业区	—	燃气锅炉 1 型（8154）	—				
场景2	居民区	CHP-3 型（4028）	燃气锅炉 1 型（279）	空气源热泵（759）	2000*	—	2000*	2000*
	办公区	CHP-3 型（2679）	燃气锅炉 2 型（13）	空气源热泵（1300）	2000*	—		2000*
	工业区	CHP-3 型（3468）	燃气锅炉 1 型（447）	地源热泵（6989）	3233	3500*	2000*	2000*
场景3	居民区	CHP-3 型（4427）	—	空气源热泵（165）	2000*	—	2000*	2000*
	办公区	CHP-3 型（3361）	—	空气源热泵（390）	2000*	—		2000*
	工业区	CHP-3 型（1416）	—	地源热泵（6423）	3500*	3500*	2000*	2000*

* 表示该设备规划容量达到上限；—表示不规划该设备或规划结果为 0。

2）典型日运行优化结果。分布式能源枢纽互联协同规划不仅完成了能源枢纽设备配置及互联管线选型规划，同时也实现了多区域系统整体的典型日运行优化。居民区电力、热力优化运行结果，办公区电力、热力优化运行结果，工业区电力、热力优化运行结果如图 4-14～图 4-19 所示。

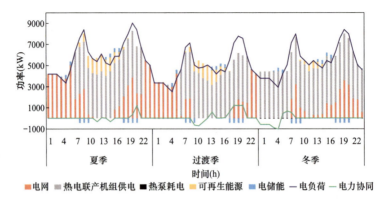

图 4-14　居民区电力优化运行结果

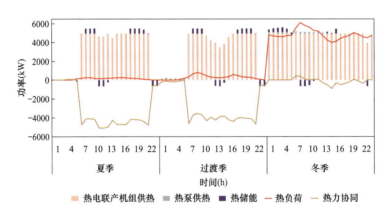

图 4-15　居民区热力优化运行结果

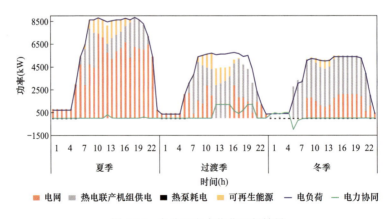

图 4-16　办公区电力优化运行结果

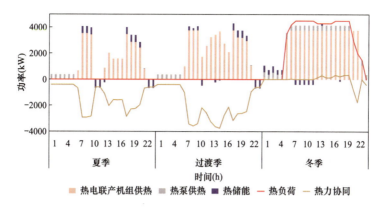

图 4-17　办公区热力优化运行结果

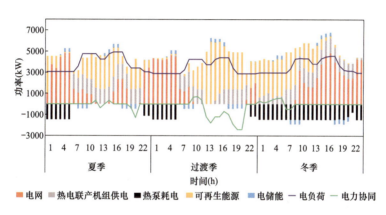

图 4-18　工业区电力优化运行结果

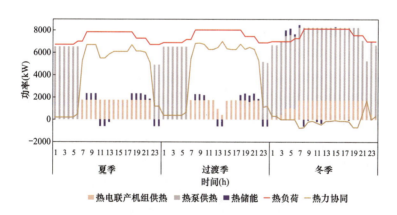

图 4-19　工业区热力优化运行结果

　　在电力方面，由于可再生能源在运行过程中不需要能源购置，且仅产生运行维护成本，因此成为各区域首选供电方式，特别是对于可再生能源接入较多的工业区。当可再生能源无法满足负荷或热泵用电需求时，再由电网及热电联产机组进行补充。与此同时，电储能在电价较低时充电，电价较高时放电，以实现系统经济运行。

对于区域间的电力协同，当工业区可再生能源与热电联产机组供电总量大于其电负荷及热泵耗电总量时，过剩的电能可以通过互联线路传输给具有电负荷需求的居民区与办公区，从而减少多区域系统整体对于电能的生产与购置需求，如夏季13：00、20：00～21：00，过渡季13：00～22：00，冬季7：00～9：00。当居民区可再生能源产生的电能与热电联产机组产热同时产生的电能总和大于其自身的电能需求时如居民区夏季12：00～15：00、过渡季10：00～12：00、冬季1：00～5：00，居民区的电能通过互联线路传递给工业区，从而减少工业区的供电成本。值得注意的是，虽然居民区与办公区间未建立直接联系，但由于能源枢纽间的能源传输是相通的，当办公区富余的电能大于工业区对电能协同的需求时，办公区还可以通过工业区能源枢纽间接为居民区供能，如办公区冬季6：00。因此，多区域间电能的互联协同有助于优化系统整体的用能方式，促进可再生能源的消纳，提高能源的综合利用效率。

在热力方面，各区域热负荷主要由热电联产机组、热泵，结合区域间热力协同进行热能供应，热储能配合热电联产机组实现热电解耦最优运行。对于区域间的热力协同，由于办公区、居民区夏季、过渡季基本无热力需求，而工业区全年热力需求较高且较为稳定，因此各区域不同季节运行情况存在较大差异。在夏季和过渡季，当夜间电价较低时（23：00～6：00），工业区热负荷主要通过热泵供热，同时通过与办公区域间的热力协同，减少工业区热泵的容量配置，降低投资成本。日间（7：00～22：00）电价较高时，为了实现系统最优运行，虽然居民区与办公区基本无热力需求，但其仍可通过供能经济性较高的热电联产机组供电，随之产生的过剩热能通过热力管道传输至工业区，在满足工业区热力需求的同时，降低工业区对于热电联产机组的容量配置，提升系统的经济性。在冬季，由于居民区、办公区、工业区能源枢纽均具有较高的热力需求，区域间的热力协同相对较少，13：00～20：00办公区供热能力达到最大时，工业区与居民区向其传输少量热能，21：00～22：00办公区热力需求下降时向工业区传输少量热能。

3）经济性分析。不同场景下经济成本对比见表4-10，可以看出，场景2通过多能互补，改善了场景1中供能设备单一、各能源间缺少合理配合的情况，虽然由于能源枢纽的建设增加了投资成本，但各类能源设备的耦合运行使得能源购置费用与环境成本显著降低，约节省总成本3034.22万元。

而场景3在场景2的基础上，进一步考虑了多区域能源枢纽间的互联协同，通过能源枢纽互联规划与协同优化，进一步提升了系统的经济与环境效益。在规划方面，虽然在能源枢纽间建立了互联网络，但多区域互联协同减少了能源枢纽内部的设备投资冗余，总投资成本相较场景2仍有降低。在运行方面，虽然场景3运维费用由于互联管线以及热电联产机组的运维成本较高而有所提高，但多区域能源枢纽互联协同可以将不同区域间相互独立的用能特性耦合起来，实现区域间的互联互通与互补互济，提升能源的利用效率，促进可再生能源的消纳，进一步改善系统的运行状态。因此，场景3中的能源购置成本与环境成本相较场景2均有一定的降低，进一步节约成本693.57万元，较场景1节省3727.79万元。

表 4-10　　　　　　　　　　　　　不同场景下经济成本对比

场景	投资成本（万元）	能源购置（万元）	运行维护（万元）	环境成本（万元）	总成本（万元）
1	70.59	11552.10	166.45	3440.38	15229.52
2	2166.46	7579.97	193.97	2254.90	12195.30
3	2098.17	7280.77	227.41	1895.38	11501.73

4.4.2　能源网络规划算例分析

1. 参数设置

以江苏某地区的区域综合能源系统为研究对象。该系统的现状电力子系统包含 92 个节点，其中有 6 个变电站节点，总负荷为 136.78MW；现状天然气子系统为单气源中压管网，包含 136 个负荷节点，总负荷为 31690m³/h；现状热力子系统规模较小，包含 32 个节点，其中有 3 个热源节点，总负荷为 26MW；能源枢纽与电力系统节点 EB92、天然气系统节点 GB108 和热力系统节点 HB3 连接，由电力系统和天然气系统向其输入电能和天然气，输出 8MW 的电力负荷与 10MW 的热力负荷。

规划期限为 5 年，设备的扩容与新建在规划初始年进行，年利率为 5%。电力系统新增 7 个负荷节点，共有 11 条备选线路；热力系统新增 4 个负荷节点，有 8 条备选线路。规划期内电力负荷增加 87.5MW，天然气负荷增加 6237m³/h，热力负荷增加 5.7MW，配电线路、配气管道、供热管道均可能需要扩容。

待选配电线路信息、电力系统备选配电线路型号及参数、待选供热管道信息、热力系统备选供热管道型号及参数、天然气系统备选配气管道型号及参数见表 4-11～表 4-15。

表 4-11　　　　　　　　　　　　　　待选配电线路信息

待选线路编号	起始节点	终止节点	线路长度（m）
87	EB1	EB93	304
88	EB31	EB93	412
89	EB1	EB94	316
90	EB1	EB95	910
91	EB28	EB96	327
92	EB57	EB96	600
93	EB85	EB96	132
94	EB65	EB97	858
95	EB75	EB98	892
96	EB91	EB98	1801
97	EB91	EB99	1761

表 4-12　　　　　　　　　　　　电力系统备选配电线路型号及参数

线路型号	线路类型	单位电阻 R（Ω/km）	单位电抗 X（Ω/km）	造价（万元/km）	传输容量上限（kVA）
JKLYJ-240	架空线	0.21	0.34	20	9526
YJLV22-3×300	电缆	0.072	0.103	80	7275
YJLV22-3×400	电缆	0.054	0.103	90	8400

表 4-13　　　　　　　　　　　　　待选供热管道信息

待选管道编号	起始节点	终止节点	线路长度（m）
33	HB16	HB33	152
34	HB18	HB34	244
35	HB19	HB34	79.1
36	HB8	HB35	435
37	HB10	HB35	227
38	EB27	EB36	391
39	EB29	EB36	763
40	EB30	EB36	542

表 4-14　　　　　　　　　　　热力系统备选供热管道型号及参数

管道型号	直径（mm）	传热系数	摩擦系数	造价（万元/km）	热水流速上限（kg/s）
DN-32	32	0.189	0.4	16	0.39
DN-40	40	0.21	0.4	20	0.80
DN-65	65	0.236	0.4	32	3.98
DN-80	80	0.278	0.4	40	7.04
DN-100	100	0.301	0.4	50	12.57
DN-125	125	0.321	0.4	60	22.09
DN-200	200	0.346	0.4	100	69.11
DN-300	300	0.372	0.4	150	183.78

表 4-15　　　　　　　　　　天然气系统备选配气管道型号及参数

管道型号	直径（mm）	造价（万元/km）	传输气流量上限（m³/h）
DN-63	63	32	1347
DN-90	90	45	2748
DN-110	110	55	4105
DN-160	160	80	8686
DN-200	200	100	13572
DN-325	325	160	35838

2. 规划结果

区域综合能源系统能源网络综合规划方案成本对比见表 4-16。各能源子系统和区域综合能源系统的运行成本、区域综合能源系统确定性规划方案总成本如图 4-20 和图 4-21 所示。

表 4-16　　　　　　　　区域综合能源系统能源网络综合规划方案成本对比

能源枢纽容量与设定容量比值		0	1/5	2/5	3/5	4/5	1
新建成本（万元）	电力系统	275	275	275	275	275	275
	天然气系统	98	98	98	98	98	98
	热力系统	89	89	89	71	66	43
	合计	462	462	462	444	439	416
运行成本（万元）	电力系统	90421	89967	89513	89059	88605	88151
	天然气系统	104465	105222	105979	106736	107493	108250
	热力系统	10158	9422	8686	7950	7215	6479
	合计	205044	204611	204178	203745	203313	202880
CO_2 处理成本（万元）		27686	27547	27408	27269	27130	26991
总成本（万元）		233192	232584	232012	231458	230882	230287

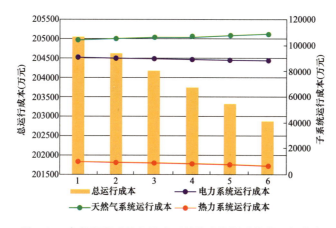

图 4-20　各能源子系统和整个区域综合能源系统的运行成本

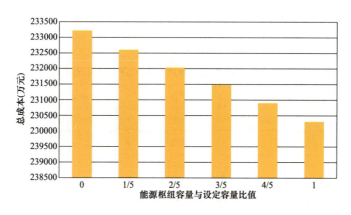

图 4-21　区域综合能源系统确定性规划方案总成本

　　根据计算结果，相较各能源子系统单独规划（即能源枢纽容量为 0），本算例中的区域综合能源系统能源网络综合规划，可以减少新建成本等年值 46 万元，减少年运行成本 2164 万元，减少 CO_2 年处理成本 695 万元，共节省总成本等年值 2905 万元。

新建成本的减少主要是由于能源枢纽不向热力系统节点 HB3 供热后，损失的热能由供热管道 HB2—HB3 提供，导致该段供热管道热水流速大幅上升，综合规划新建成本相比能源子系统单独规划新建成本减少的等年值主要为该段供热管道的扩容改建费用。

相较各能源子系统单独规划，综合规划运行成本减少的原因是能源枢纽的高效率能源转换使得各能源子系统耦合后天然气子系统增加的运行成本少于电力子系统和热力子系统减少的运行成本。

本算例中能源枢纽容量增加，即三个能源子系统耦合程度加深时，电力系统和热力系统运行成本下降，天然气系统运行成本上升，区域综合能源系统总运行成本和规划总成本下降。这是由于能源枢纽具有多能互补、能源转换效率较高的特性，能够将价格较为低廉的天然气高效地转换为价格稍贵的电能，降低向上级电网购电的需求。

本算例的综合规划比各能源子系统单独规划总成本减少的比例仅为 1.2%，这是因为能源枢纽负荷占总负荷的比例较少。

3. 随机规划结果

令节点电压不越限和配电线路/配气管道/供热管道传输能流不越限的置信度水平均为 0.95。区域综合能源系统能源网络随机规划方案成本见表 4-17。将区域综合能源系统能源网络随机规划结果与确定性规划的结果进行比较，可以发现，随机规划的新建成本等年值多于确定性规划，原因是确定性规划结果中的配气管道 GB1—GB111 和 GB111—GB109 在区域综合能源系统接入可再生能源后，由于不确定性因素影响，其传输气流量越限的风险超过了 5%，因此随机规划中将这两处配气管道进行了扩建，新建成本等年值随之增加。在随机规划模型的求解过程中此处存在的风险被发现，这是确定性规划无法做到的。随机规划的年运行成本、CO_2 年处理成本、总成本等年值均少于确定性规划，这是因为算例系统中包含可再生能源，分担了电力子系统的一部分负荷，降低了整个系统的运行成本。

表 4-17　　　　　　区域综合能源系统能源网络随机规划方案成本　　　　　　　万元

系统	新建成本	运行成本	CO_2 处理成本	总成本
电力系统	275	81211	24866	106352
天然气系统	157	104465	—	104622
热力系统	43	10158	—	10211
合计	475	195834	24866	221175

（1）机会约束置信度水平对随机规划结果的影响。节点电压不越限和配电线路/配气管道/供热管道传输能流不越限的置信度水平分别为 0.9 和 0.95 时，机会约束置信度水平对随机规划结果的影响见表 4-18 和图 4-22。

表 4-18		机会约束置信度水平对随机规划结果的影响	万元
置信度水平		0.9	0.95
新建成本	电力系统	255	275
	天然气系统	157	157
	热力系统	42	43
	合计	454	475
运行成本	电力系统	81137	81211
	天然气系统	104467	104465
	热力系统	10158	10158
	合计	195762	195834
CO_2 处理成本		24843	24866
总成本		221059	221175

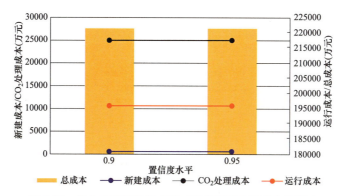

图 4-22　机会约束置信度水平对随机规划方案成本的影响

可以看出，置信度水平为 0.9 和 0.95 时，配电线路和供热管道的选择结果不同。相比置信度水平为 0.95，置信度水平为 0.9 时，电力子系统和热力子系统的新建成本等年值各减少了 20 万元和 1 万元，电力子系统年运行成本减少了 74 万元，CO_2 年处理成本减少了 23 万元，总成本等年值减少了 116 万元，原因是置信度水平降低后部分新建配电线路/配气管道/供热管道可以选择造价较低、传输能流上限较低的线路和型号，新建成本随之减少。在更换线路和线型后，电力子系统线损降低，年运行成本和 CO_2 年处理成本随之略微下降。结果验证了置信度水平下降时，随机规划的总成本可能会随之下降。

（2）负荷波动性对随机规划结果的影响。比较负荷标准差为均值的 5%、10%、20% 时的随机规划结果，得出负荷波动对随机规划结果的影响，负荷波动性对随机规划结果的影响见表 4-19、图 4-23。

表 4-19		负荷波动性对随机规划结果的影响		万元
负荷标准差/均值		0.05	0.1	0.2
新建成本	电力系统	255	275	283
	天然气系统	157	157	157

续表

负荷标准差/均值		0.05	0.1	0.2
新建成本	热力系统	43	43	45
	合计	455	475	485
运行成本	电力系统	81137	81211	81297
	天然气系统	104467	104465	104465
	热力系统	10158	10158	10182
	合计	195762	195834	195944
CO_2 处理成本		24843	24866	24892
总成本		221059	221175	221321

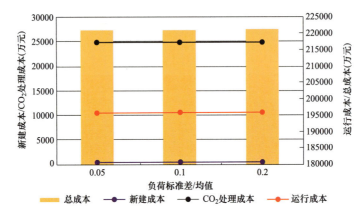

图 4-23　负荷波动性对随机规划方案的影响

可以看出，负荷的标准差增加时，随机规划方案的新建成本等年值、年运行成本、CO_2 年处理成本均有所增加，原因是负荷标准差的增大导致节点电压、配电线路/配气管道/供热管道传输流量的标准差增大，越限概率增加，需要选用造价较高、传输能流上限较高的线路和型号，增加了新建成本；更换选线方案后电力子系统线损增加，年运行成本和 CO_2 年处理成本随之略微增加。结果验证了负荷波动性上升会导致随机规划方案的总成本增加。

（3）负荷间相关性对随机规划结果的影响。比较 Pearson 相关系数分别为 0.3、0.5、0.7 时的随机规划结果，得出相关性对随机规划结果的影响，负荷间相关性对随机规划结果的影响见表 4-20、图 4-24。

表 4-20　　　　　　　　　负荷间相关性对随机规划结果的影响　　　　　　　　　万元

Pearson 相关系数		0.3	0.5	0.7
新建成本	电力系统	255	275	313
	天然气系统	157	157	169
	热力系统	31	43	58
	合计	443	475	540

续表

Pearson 相关系数		0.3	0.5	0.7
运行成本	电力系统	81036	81211	81372
	天然气系统	104467	104465	104489
	热力系统	10116	10158	10204
	合计	195619	195834	196065
CO_2 处理成本		24812	24866	24915
总成本		220874	221175	221520

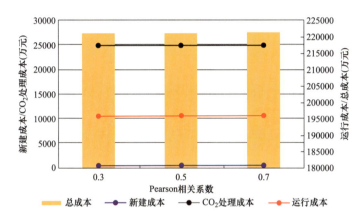

图 4-24　负荷间相关性对随机规划结果的影响

可以看出，负荷间的相关性增强时，随机规划方案的新建成本等年值、年运行成本、CO_2 年处理成本均随之增加，原因是负荷间相关性的增强导致节点电压、配电线路/配气管道/供热管道传输流量的标准差增大，越限概率增加，需要选用造价较高、传输能流上限较高的线路和型号，增加了新建成本；更换选线方案后电力子系统线损增加，年运行成本和 CO_2 年处理成本随之略微增加。该结果验证了负荷间相关性上升会导致随机规划方案的总成本增加。

4.5　本　章　小　结

城镇能源系统规划根据规划对象的不同，主要可以分为能源枢纽规划、能源网络规划和系统联合规划三大类，相关的支撑技术包括负荷预测、不确定性因素分析和复杂能源系统建模和求解等。

首先讨论城镇能源系统枢纽规划，通过介绍基于一种改进 P-中位模型的分布式能源枢纽选址规划研究方法，进而提出考虑配置—运行协同的能源枢纽选型定容规划方法。基于选址定容规划结果，研究了一种考虑多区域互联协同的分布式能源枢纽设备配置及管线选型规划方法，实现多区域系统整体运行优化。

然后讨论城镇能源系统网络规划，通过对网络多能流计算模型的预处理实现后续计算过程的简化，在城镇能源系统多能流计算结果的基础上，提出一种考虑多种不确定性的网络随机规划模型，采用粒子群优化算法对该模型进行求解。

最后分别结合两个实际工程算例，对上述能源枢纽规划和能源网络规划方法进行结果分析，验证了所提规划方法的有效性。通过对城镇能源系统进行规划，可充分发挥区域内和区域间的多能互联协同潜力，有助于优化系统整体的用能方式，促进可再生能源消纳，提高能源的综合效率，达到节能减排的效果。

城镇能源互联网运行优化旨在开发利用城镇各种能源资源的调控潜力，为电网运行调控提供一定的灵活性调节资源，一方面实现城镇各类能源资源的友好并网，可提高电网运行对这些资源的管控能力；另一方面城镇能源资源的主体也可通过为电网提供灵活性调节资源而获得经济收益，从而实现电网与能源用户的双赢。然而，城镇能源资源分布分散，随着城镇的发展及能源互联网的建设，其规模还会不断扩大。传统的电网调控手段将面临通信成本高、优化效率低、末端能源资源运行条件多变等诸多难题，难以协调大量不可控能源资源的随机性和波动性，此外，能源资源之间缺少协调，调控割裂，难以充分利用不同能源资源特性做到优势互补。以上这些问题将使接入电网的各类能源资源难以共同运行在最优状态，电网作为各类能源资源的电力备用不断受到冲击，不仅经济效益受到影响，甚至难以维持内部的稳定运行。为应对上述问题与挑战，实现城镇能源互联网环境下，并入电网的能源资源高效自治和区域电网的合理调控，本章首先提出了资源—集群—电网分层分级协调调控架构，接着提出状态估计与安全评估方法，在此基础上通过自律协同运行优化和能量优化管理技术，保证城镇能源互联网的优化运行。

5.1 资源—集群—电网分层分级协调调控架构

5.1.1 架构设计

在城镇能源互联网系统中，大量的能源资源并网运行，这些资源分布分散，接入和出力都具有较强的不确定性，难以被直接调控，单独参与电力市场更为困难。借鉴传统电网调度分层分级调控的架构体系，本章从空间层面提出资源—集群—电网的分层分级协调调控架构。该架构的核心在于"自律—协调"，资源根据地理位置、能源类型、归属主体等进行聚类形成集群，集群通过"自律"管理其内部各资源运行，实现对内安全高效；通过汇聚资源，作为资源的代理和上级电网进行"协调"互动，实现对外友好可控，同时也保护了各资源的信息隐私，解决了城镇能源互联网多主体参与运行调控的信息安全问题。资源—集群—电网三层控制体系架构如图 5-1 所示。

（1）资源层。资源层的分布式能源资源主要包括分布式光伏、分布式储能、移动储能、可控负荷、用户需求响应资源、智能电器、电动汽车等，这些资源可以根据地理位

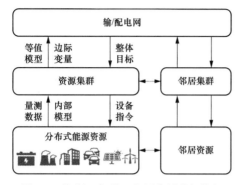

图 5-1 资源—集群—电网分层分级协调调控架构

置、能源类型、归属主体等不同的方式进行划分，形成资源集群，经由集群层的内部自律协同优化控制方法灵活调控，实现与电网的协调运行。

分布式能源资源的控制一般采取分散或者集中控制的方式，分散控制中各个控制设备通过获取本地信息，独立控制本地设备，分散控制速度快，不依赖于控制中心，但由于控制器之间缺乏协调，往往不会得到整体最优的运行效果；集中控制需要控制范围内各资源的信息，由集群调度中心产生控制信号统一下达，集中控制能够得到全局最优解，但对测量精度和数据通信有较高的要求，且对网络变化的适应性不强，实施起来有一定的难度。

（2）集群层。集群层对内部的分布式能源资源进行控制管理，通过一定的优化方法实现内部资源的"自律"运行，优化的目标可以是集群的运行成本、环境效益、综合能效或并网点的输出指标（如并网点电压）。在进行内部"自律"控制的同时，基于物理模型和运行数据，考虑内部资源在空间和时间上的耦合关系，集群层还将构建集群等值模型，对外呈现一系列随时间变化的输出外特性，包括出力特性、变化特性、成本特性、调节特性等，上级电网在无须获取集群内部资源详细设备信息的情况下，将集群作为个体纳入统一优化调度，所生成的调度策略再由对应的集群通过内部自律优化进一步分解到资源，从而实现了电网和资源的"协调"，同时也保护了集群内部资源主体的信息隐私。其中最关键的技术是集群等值模型的构建，可以通过机会约束方法对集群内部资源不确定性进行建模，再通过叠加建立高维凸多面体形式的集群输出外特性动态约束，从而实现集群的精细化等值建模。

（3）电网层。电网层在传统调度优化算法的基础上，考虑资源集群的影响，利用集群间互补协同调控算法，进行集群—电网、集群之间的互补协同调控。在保证集群与电网调控独立性的前提下，通过少量的边界信息交换从多时间尺度上优化整个系统的运行，从而充分挖掘末端能源资源的调控潜力，达到提高可再生能源消纳能力、增强电网运行安全性和经济性的目的。

5.1.2 实现方案

为了能够在现有的电网调控中心及集群控制站中实现快速部署，在充分考虑各方的实际情况后，提出了资源—集群—电网分层分级协调调控架构的实现方案。

（1）资源层。对于分布式能源资源层的各个分布式能源设备，可在现有分布式电源控制器的基础上进行改造，引入同中央协调器的通信或点对点通信（peer-to-peer，P2P）。分布式控制算法将在分布式资源本地进行量测及运算，因此需要确保现有分布式电源控制器（如 PCL 或逆变器 DSP 等）有足够的运算资源，如改造难度大，可在本地加装单独控制器，获取分布式资源的量测数据，并将有功功率、无功功率、频率、电压等目标设定值发送到分布式能源资源层。

（2）集群层。资源集群层需对各资源集群引入单独的控制设备，即各集群内部在资源聚合商层级部署主控制器。集群控制的有功功率、无功功率或频率、电压目标值由上级电网层根据厂间协同控制方法给定，同时利用本地获取的控制数据计算并上传集群等值模型到上级电网。若集群层兼容现有的通信环境，可选择采用分解协调控制架构或分布式控制架构：①如资源集群有稳定的集中式通信环境，则在中央控制站部署协调器，在各资源侧部署本地子控制器，采用分解协调算法，实现灵活性资源的本地快速控制与全站协同控制；②如资源集群集中通信环境不佳，则需部署 P2P 通信网络，在各资源侧部署子控制器，同时各控制器同邻居进行通信，采用分布式算法完成快速控制。

（3）电网层。最上层的电网需实现区域集群间互补协同调控，可在区域配电网或输电网的调控中心进行部署，并在调控中心与各集群主控制器间建立通信；也可直接使用现有服务器进行改造，或采用更易于维护的单独服务器。主网接受集群层的各等值模型，同各集群进行少量迭代，产生各集群设定指令，并将指令下发到各集群。

5.2　多能流状态估计与安全评估

5.2.1　多能流状态估计

状态估计是根据可获取的量测数据估算系统内部运行状态的方法，系统的状态估计是能量管理的基础，可以为能源系统网络优化调度、安全评估提供高精度的系统状态数据。由于能源互联网多能流系统通过网络间的耦合元件进行耦合，如电—热—气耦合元件（热电联供机组）、电—热耦合元件（热泵）、热—气耦合元件（燃气锅炉）等，因此多能流网络状态估计需要增加网络间耦合元件特性的约束关系，这也增加了状态估计的冗余度。冗余度的增加，使多能流网络状态估计的精度得到提升。由于考虑了耦合元件特性约束，多能流网络状态估计可以得到整个网络的全局一致潮流解。

1. 热网状态估计

热网的量测量包括各节点压力、各支路流量、各连接支路用热功率、各支路首端温度和各支路末端温度，可写成如下形式：

$$z_h = \begin{bmatrix} p_b \\ q_{mb} \\ \varPhi_T \\ T_{bf} \\ T_{bt} \end{bmatrix} \tag{5-1}$$

式中：z_h 为热网量测量集合；p_b 为各节点相对参考节点压力，Pa；q_{mb} 为各支路工质流量（下标 b 表示支路），kg/s；$\varPhi_T$ 为各支路用热功率，kW；T_{bf} 为各支路首端温度，℃；

T_{bt} 为各支路末端温度，℃。

热网水力模型部分可以类比电力系统，其状态量可以选取为各节点压力。针对热网水力模型部分，从物理特性讨论，只要知道热源节点的供水温度，即可以通过式（5-2）和式（5-3）求得供水网络每一条管道的首端温度和末端温度；同理，只要知道热负荷节点的回水温度，也可以通过式（5-2）和式（5-3）求得回水网络每一条管道的首端温度和末端温度。

$$T_{ijt} = (T_{ijf} - T_a) e^{\frac{\lambda_{ij} L_{ij}}{c_p q_{m,ij}}} + T_a \tag{5-2}$$

式中：T_{ijf} 为以节点 i 为首端节点、节点 j 为末端节点的管道的首端温度，℃；T_{ijt} 为以节点 i 为首端节点、节点 j 为末端节点的管道的末端温度，℃；T_a 为环境温度，℃；λ_{ij} 为以节点 i 为首端节点、节点 j 为末端节点的管道的散热系数，W/(m·K)；c_p 为供热介质比热容，J/(kg·℃)；$q_{m,ij}$ 为以节点 i 为首端节点、节点 j 为末端节点的管道工质流量，kg/s；L_{ij} 为以节点 i 为首端节点、节点 j 为末端节点的管道长度，m。

若某个节点有两个注入流量和一个注出流量，其注出流量在该节点的温度与两个注入流量在该节点的温度都相关，此时需要混温方程：

$$\sum q_{m,in} T_{in} = (\sum q_{m,out}) T_{out} \tag{5-3}$$

式中：$q_{m,in}$ 为流入某节点的流量，kg/s；$q_{m,out}$ 为流出某节点的流量，kg/s；T_{in} 为流入某节点的供热介质温度，℃；T_{out} 为流出某节点的供热介质温度，℃。

通过式（5-4）可求得热源和热负荷处的热功率

$$\Phi_i = c_p q_{m,i} (T_{si} - T_{oi}) \tag{5-4}$$

式中：Φ_i 为节点 i 处的用热功率，W；T_{si} 为节点 i 处的供水温度，℃；T_{oi} 为节点 i 处用户处出来的回水温度，℃；$q_{m,i}$ 为节点 i 处的注出流量，kg/s。

为了方便状态估计的求解，选取各节点压力、各支路首端温度和各支路末端温度作为状态量，写成如下形式：

$$x_h = \begin{bmatrix} p_b \\ T_{bf} \\ T_{bt} \end{bmatrix} \tag{5-5}$$

这时，选取的状态量之间存在冗余，可以利用等式约束来刻画状态量间的关系。由于量测存在误差，热网各量测值 z_h 和状态量真值 $\hat{x}_h$ 存在如下关系：

$$z_h = g_h(\hat{x}_h) + \upsilon \tag{5-6}$$

式中：υ 为量测误差向量，通常认为其呈高斯分布；g_h 为非线性量测函数。

对于上述问题，可以仿照电力系统，采用最小二乘法进行状态估计，此时，热网状态估计可以转化为如下优化问题：

$$\min F_h(\hat{x}_h) = [z_h - g_h(\hat{x}_h)]^T \boldsymbol{R}_h^{-1} [z_h - g_h(\hat{x}_h)] \quad s.t. \ c_h(\hat{x}_h) = 0 \tag{5-7}$$

式中：$\boldsymbol{R}_h$ 为热网量测误差的协方差矩阵，这里认为各量测误差间互不相关，$\boldsymbol{R}_h$ 为对角阵；$\hat{x}_h$ 为热网状态量的估计值；$g_h(\hat{x}_h)$ 为热网量测量的估计值；$c_h(\hat{x}_h)$ 为热网零等式约束。

根据热网流量方程、温降方程等，将除热网状态量外的热网量测量估计值的计算方法整理为如下形式：

$$\begin{cases} M_{bs}(\hat{x}_h) = \varphi_h(\boldsymbol{A}_s^{\mathrm{T}}\hat{\boldsymbol{H}}_s + \boldsymbol{H}_{ps} - \boldsymbol{A}_s^{\mathrm{T}}\boldsymbol{Z}_s) \\[2mm] M_{br}(\hat{x}_h) = \varphi_h(\widetilde{\boldsymbol{A}}_r^{\mathrm{T}}\hat{\boldsymbol{H}}_r + \boldsymbol{H}_{pr} - \boldsymbol{A}_r^{\mathrm{T}}\boldsymbol{Z}_r) \\[2mm] M_{bT}(\hat{x}_h) = -\boldsymbol{A}_{\mathrm{Ts}}^{-1}\boldsymbol{A}_{2s}\boldsymbol{M}_{bs} = -\boldsymbol{A}_{\mathrm{Ts}}^{-1}\boldsymbol{A}_{2s}\varphi_h(\boldsymbol{A}_s^{\mathrm{T}}\hat{\boldsymbol{H}}_s + \boldsymbol{H}_{ps} - \boldsymbol{A}_s^{\mathrm{T}}\boldsymbol{Z}_s) \\[2mm] \boldsymbol{\Phi}_T(\hat{x}_h) = \mathrm{diag}[C_p M_{bT}(\hat{x}_h)](\hat{T}_{bTf} - \hat{T}_{bTt}) \end{cases} \tag{5-8}$$

式中：H_p 为各支路上泵的扬程，m；Z 为各节点水平位置高度，m；φ_h 为水头损失方程。

式（5-8）中的 A_s、A_r、A_{1s}、A_{2s}、A_{1r}、A_{2r}、A_{Ts}、A_{Tr} 满足如下的关系式：

$$\boldsymbol{A}_0 = \begin{bmatrix} \boldsymbol{A}_s & 0 & \boldsymbol{A}_{\mathrm{Ts}} \\ 0 & \boldsymbol{A}_r & \boldsymbol{A}_{\mathrm{Tr}} \end{bmatrix} \tag{5-9}$$

$$\boldsymbol{A}_0 = \begin{bmatrix} \boldsymbol{A}_{1s} & 0 & 0 \\ \boldsymbol{A}_{2s} & 0 & \boldsymbol{A}_{\mathrm{Ts}} \\ 0 & \boldsymbol{A}_{1r} & 0 \\ 0 & \boldsymbol{A}_{2r} & \boldsymbol{A}_{\mathrm{Tr}} \end{bmatrix} \tag{5-10}$$

$\boldsymbol{A}_0$ 为节点—支路关联矩阵。根据支路位置，将支路按照位于供水网络（后称为供水支路，表示为下标 s）、位于回水网络（后称为回水支路，表示为下标 r）、连接供回水网络（即热源等效支路和负荷等效支路，后称为连接支路，表示为下标 T）的顺序排列，同时将节点按照位于供水网络、位于回水网络的顺序排列，可以形成式（5-9）。进一步地，将供水节点按照不与连接支路相关联（后称为纯供水节点，表示为下标 1s）、与连接支路相关联（后称为负荷供水节点，表示为下标 2s）的顺序排列；将回水节点按照不与连接支路相关联（后称为纯回水节点，表示为下标 1r）、与连接支路相关联（后称为负荷回水节点，表示为下标 2r）的顺序排列，可以形成式（5-10）。

零等式约束主要包括节点零注入约束、连接支路压降约束、温降约束和混温约束，对综合热网流量方程、压力环路方程、温降方程、混温方程等进行整理，可得零等式约束的具体表达式为

$$\begin{cases} \boldsymbol{A}_{1s}M_{bs}(\hat{x}_h) = 0 \\[1mm] \boldsymbol{A}_{1r}M_{br}(\hat{x}_h) = 0 \\[1mm] \widetilde{\boldsymbol{A}}_{2r}M_{br}(\hat{x}_h) + \widetilde{\boldsymbol{A}}_{\mathrm{Tr}}M_{bT}(\hat{x}_h) = 0 \\[1mm] \boldsymbol{A}_{\mathrm{Ts}}^{\mathrm{T}}\hat{\boldsymbol{H}}_{2s} + \widetilde{\boldsymbol{A}}_{\mathrm{Tr}}^{\mathrm{T}}\hat{\boldsymbol{H}}_{2r} - \boldsymbol{A}_{\mathrm{Ts}}^{\mathrm{T}}Z_{2s} - \boldsymbol{A}_{\mathrm{Tr}}^{\mathrm{T}}Z_{2r} + H_{pT} = 0 \\[1mm] \ln\hat{T}'_{bf} - \ln\hat{T}'_{bt} - \mathrm{diag}\left(\dfrac{1}{C_p\hat{M}_b}\right)\mathrm{diag}(\lambda_b)L_b = 0 \\[1mm] \mathrm{diag}(\boldsymbol{A}_f^{\mathrm{T}}\boldsymbol{A}_f\hat{M}_b)\hat{T}'_{bf} - \boldsymbol{A}_f^{\mathrm{T}}\boldsymbol{A}_t\mathrm{diag}(\hat{M}_b)\hat{T}'_{bt} = 0 \end{cases} \tag{5-11}$$

式（5-11）中所述带等式约束的优化问题在电力系统中有两种常见处理方法：将所有零约束处理为量测误差极小的伪量测，形成一个无约束优化问题，采用牛—拉法进行迭代求解；采用拉格朗日乘子法处理零约束，求解带等式约束的优化问题。

状态估计除了可以减小量测误差的影响，获得更准确的网络运行情况外，还可以起到坏数据辨识的作用。在实际工程中，各项量测值在获取过程中可能存在测量仪器故障、传输数据过程中断等问题，从而造成量测中存在坏数据。在电力系统中，最常见的处理坏数据的方法是正则化残差法。

2. 气网状态估计

气网的量测量包括各节点压力平方、各支路流量、各节点注出流量，可写成如下形式：

$$z_g = \begin{bmatrix} \Pi \\ f_b \\ L_g \end{bmatrix} \tag{5-12}$$

式中：z_g 为气网量测量集合；Π 为各系统压力平方相对值，MPa^2；f_b 为各支路流量（标准情况下），m^3/h；L_g 为各节点注出流量（标准情况下），m^3/h。

上述各项量测量中，f_b、L_g 可以直接利用流量计测量得到，而 Π 则先利用压力计测出相应压力，再通过计算求得。因此，Π 并非量测量，而是通过量测量计算得到的伪量测量。对于直接通过测量得到的量测量，其误差分布遵循高斯分布，而通过计算得到的伪量测量，其误差分布则不再遵循高斯分布，现对伪量测量的误差分析如下。对于压力的量测方程，可表现如下：

$$p_z = \bar{p} + \nu \tag{5-13}$$

对式（5-13）两边取平方有

$$\Pi_z = p_z^2 = (\bar{p} + \nu)^2 = \bar{p}^2 + 2\bar{p}\nu + \nu^2 \tag{5-14}$$

式中：p_z 为压力量测值；$\bar{p}$ 为压力真实值；ν 为压力量测误差；Π_z 为压力平方伪量测值。

忽略式（5-14）中 ν^2 项可得

$$\Pi_z \approx \bar{\Pi} + 2\bar{p}\nu \tag{5-15}$$

式中：$\bar{\Pi}$ 为压力真实值平方。

若 $\nu \sim N(0, \sigma)$，则近似地可以认为有 $\Pi_z \sim N(\bar{\Pi}, 2\bar{p}\sigma)$，在实际工程中，由于不知道 $\bar{p}$ 的具体数值，故可以再近似地处理为

$$\Pi_z \sim N(\bar{\Pi}, 2p_z\sigma) \tag{5-16}$$

气网的状态量选取与热网水力模型部分类似，取节点压力平方作为状态量，记作

$$x_g = [\Pi] \tag{5-17}$$

采用最小二乘法进行气网状态估计，可以将气网状态估计问题转化为如下优化问题：

$$\min F_g(\hat{x}_g) = [z_g - g_g(\hat{x}_g)]^T R_g^{-1} [z_g - g_g(\hat{x}_g)] \text{ s. t. } c_g(\hat{x}_g) = 0 \tag{5-18}$$

式中：R_g 为气网量测误差的协方差矩阵，为对角阵；$\hat{x}_g$ 为气网状态量的估计值；g_g $(\hat{x}_g)$ 为气网量测量的估计值；$c_g(\hat{x}_g) = 0$ 为气网零等式约束。

除气网状态量外的气网量测量估计值计算方法，可以根据气网的流量方程、气网的压力环路方程推算，具体如下：

$$\begin{cases} f_{bLp}(\hat{x}_g) = \varphi_g(\widetilde{\boldsymbol{A}}_{Lp}^T \dot{\Pi}) \\ f_{bGp}(\hat{x}_g) = -\boldsymbol{A}_{tGp}^{-1} A_{2tLp} f_{bLp}(\hat{x}_g) = -\boldsymbol{A}_{tGp}^{-1} A_{2tLp} \varphi_g(\widetilde{\boldsymbol{A}}_{Lp}^T \dot{\Pi}) \\ L_{gl}(\hat{x}_g) = -A_{1Lp} f_{bLp}(\hat{x}_g) = -A_{1Lp} \varphi_g(\widetilde{\boldsymbol{A}}_{Lp}^T \dot{\Pi}) \end{cases} \tag{5-19}$$

式中：下标 b 表示真实支路，下标 t 表示虚拟支路的末端节点；φ_g 为阻力特性方程。

式（5-19）中的 A_{Lp}、A_{1Lp}、A_{2Lp}、A_{Gp} 满足如下关系式：

$$\boldsymbol{A}_0 = \begin{bmatrix} A_{Lp} & A_{Gp} \end{bmatrix} \tag{5-20}$$

$$\boldsymbol{A}_0 = \begin{bmatrix} A_{1Lp} & 0 \\ A_{2Lp} & A_{Gp} \end{bmatrix} \tag{5-21}$$

$\boldsymbol{A}_0$ 为节点—支路关联矩阵，根据支路的特性，将支路按照真实支路（正常管道，表示为下标 Lp）、虚拟支路（压缩机和调压阀等效支路，表示为下标 Gp）进行排列，可以得到式（5-20）。进一步将节点按照真实节点（实际存在的节点，表示为下标 1）、虚拟节点（实际不存在的节点，即虚拟支路两端节点，表示为下标 2）进行排列，可以得到式（5-21）。

式（5-18）中零等式约束为压缩机或调压阀支路的特性约束，则阻力特性如下：

$$\begin{cases} \boldsymbol{\Pi}_{tGpPC} - \boldsymbol{\Pi}_{comp} = 0 \\ \boldsymbol{\Pi}_{tGpRC} - \boldsymbol{r}_{comp}^2 \boldsymbol{\Pi}_{fGpRC} = 0 \end{cases} \tag{5-22}$$

式中：$\boldsymbol{\Pi}_{tGpPC}$ 为出口压力恒定类压缩机或调压阀的出口压力平方向量，MPa^2；$\boldsymbol{\Pi}_{tGpRC}$ 为压缩比恒定类压缩机或调压阀的出口压力平方向量，MPa^2；$\boldsymbol{\Pi}_{fGpRC}$ 为压缩比恒定类压缩机或调压阀的入口压力平方向量，MPa^2；$\boldsymbol{\Pi}_{comp}$ 为出口压力恒定类压缩机或调压阀的出口压力常数平方向量，MPa^2；$\boldsymbol{r}_{comp}$ 为压缩比恒定类压缩机或调压阀的压缩比向量。

与热网状态估计相同，气网状态估计也可以采用牛-拉法或拉格朗日乘子法来进行状态估计，采用正则化残差法来进行坏数据辨识。

3. 多能流网络状态估计

（1）多能流能源枢纽模型。能源互联网多能流系统中，对于各类实现能量在不同形式间转化的多能耦合元件，可以利用能源枢纽模型描述其能量转换关系。假设一个能源枢纽共有 α 种能源形式的输入，β 种能源形式的输出，输入的 α 种能源通过能源枢纽的转换，以 β 种能源输出，则能源枢纽在不同形式的能量间转换情况可以表述如下：

$$\begin{bmatrix} E_1^{out} \\ E_2^{out} \\ \vdots \\ E_\beta^{out} \end{bmatrix} = \begin{bmatrix} \gamma_{11} & \gamma_{12} & \cdots & \gamma_{1\alpha} \\ \gamma_{21} & \gamma_{22} & \cdots & \gamma_{2\alpha} \\ \vdots & \vdots & \ddots & \vdots \\ \gamma_{\beta 1} & \gamma_{\beta 2} & \cdots & \gamma_{\beta\alpha} \end{bmatrix} \begin{bmatrix} E_1^{in} \\ E_2^{in} \\ \vdots \\ E_\alpha^{in} \end{bmatrix} \tag{5-23}$$

式中：E_i^{in} 为第 i 种输入能源；E_j^{out} 为第 j 种输出能源；γ_{ji} 为第 i 种输入能源转换为第 j 种输出能源的转换系数。

每一种多能耦合元件都可以看作一个能源枢纽。以燃气轮机为例，其输入为耗气量，输出为燃气轮机发电功率和产热功率，能源枢纽模型如下：

$$\begin{bmatrix} P_{\text{gas,CHP}} \\ \Phi_{\text{gas,CHP}} \end{bmatrix} = \begin{bmatrix} \dfrac{1}{3600}\eta_{\text{elec,gas,CHP}}CV_{\text{gas}} \\ \dfrac{1}{3600}\eta_{\text{elec,gas,CHP}}CV_{\text{gas}}HPR \end{bmatrix} L_{\text{g,gas,CHP}} \tag{5-24}$$

式中：$P_{\text{gas,CHP}}$ 为燃气轮机发电功率，MW；$\Phi_{\text{gas,CHP}}$ 为燃气轮机产热功率，MW；$L_{\text{g,gas,CHP}}$ 为燃气轮机耗气量（标准情况下），m^3/h；CV_{gas} 为天然气热值，取 39MJ/m^3；$\eta_{\text{elec,gas,CHP}}$ 为燃气轮机发电效率；HPR 为燃气轮机热电比。

对于电—热—气耦合多能流网络的分析，其中所有的多能耦合元件只能在电能、热能和天然气三种能量间转换，否则将不能使用能源枢纽。因此当电—热—气耦合多能流网络中存在蒸汽轮机时，由于其输入的能源形式为煤，蒸汽轮机的约束不能用能源枢纽来描述，必须单独列出。

（2）多能流网络状态估计方法。采用最小二乘法对电—热—气耦合多能流网络进行状态估计，则该状态估计问题可以转换为如下优化问题：

$$\min F(\hat{x}) = [z_e - g_e(\hat{x}_e)]^{\text{T}}\boldsymbol{R}_e^{-1}[z_e - g_e(\hat{x}_e)] + [z_h - g_h(\hat{x}_h)]^{\text{T}}\boldsymbol{R}_h^{-1}[z_h - g_h(\hat{x}_h)]$$
$$+ [z_g - g_g(\hat{x}_g)]^{\text{T}}\boldsymbol{R}_g^{-1}[z_g - g_g(\hat{x}_g)]$$
$$\text{s. t. } c(\hat{x}) = 0 \tag{5-25}$$

式中：$\boldsymbol{R}$ 表示量测误差的协方差矩阵，为对角矩阵；$\hat{x}$ 为状态量估计值；$g(\hat{x})$ 为量测量估计值；z 为量测值，下标 e、h、g 分别代表电网、热网和气网。

$c(\hat{x})=0$ 为零等式约束，具体可以写作如下形式：

$$\begin{cases} c_h(\hat{x}_h) = 0 \\ c_g(\hat{x}_g) = 0 \\ \boldsymbol{\Gamma}E^{\text{in}} - E^{\text{out}} = 0 \end{cases} \tag{5-26}$$

式中：E^{in} 为能源枢纽输入能量向量；E^{out} 为能源枢纽输出能量向量；$\boldsymbol{\Gamma}$ 为能源枢纽能量转换矩阵，表示为

$$\boldsymbol{\Gamma} = \begin{bmatrix} \gamma_{11} & \gamma_{12} & \cdots & \gamma_{1\alpha} \\ \gamma_{21} & \gamma_{22} & \cdots & \gamma_{2\alpha} \\ \vdots & \vdots & \ddots & \vdots \\ \gamma_{\beta 1} & \gamma_{\beta 2} & \cdots & \gamma_{\beta\alpha} \end{bmatrix} \tag{5-27}$$

需要注意的是，当存在多能流网络传输能量形式以外的能量时，不能用能源枢纽模型来描述相应的多能耦合元件，应单独列出其耦合约束。

式（5-25）描述的是电—热—气耦合多能流网络状态估计方法，对于电—热耦合网络、电—气耦合网络，其状态估计方法也可以进行类似推导，值得注意的是，电—热耦合

网络中的多能耦合元件通常不能用能源枢纽模型进行描述（如燃气轮机、蒸汽轮机），需要单独列出其耦合约束。

4. 算例结果

本算例基于图 5-2 所示的电—热—气耦合系统，电—热—气耦合系统由双机 4 母线电力系统、双热源 10 节点的集中供热系统、6 节点天然气系统，电—热—气通过热电联产机组耦合形成。实际工程中，由于热网受限于其传输过程中的热损，热网的供热范围通常是园区级，而气网的供气范围则通常在城市级以上，在求解中将天然气等效成负荷节点，天然气门站对应的气负荷节点有多个注出量。

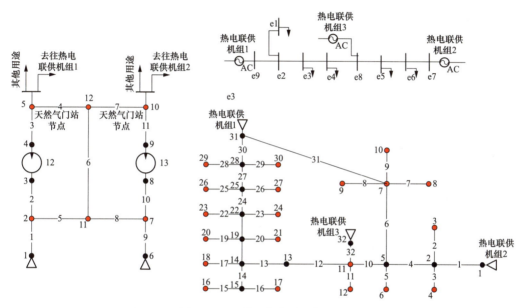

图 5-2　电—热—气耦合网络拓扑

电—热—气耦合网络本质上可以解耦为电—热—气耦合子网、输气子网两个子网络，其中，电—热—气耦合子网络状态估计形成的优化问题可见式（5-25）。

其中，$\tilde{x}_g$、z_g、$g_g(\hat{x}_g)$ 表示为

$$\begin{cases} \hat{x}_g = \hat{l}_{g,\text{turbine}} \\ z_g = l_{g,\text{turbine}} \\ g_g(\hat{x}_g) = \hat{l}_{g,\text{turbine}} \end{cases} \qquad (5\text{-}28)$$

式中：$l_{g,\text{turbine}}$ 为燃气轮机耗气量量测值（标准情况下），m^3/h；$\hat{l}_{g,\text{turbine}}$ 为燃气轮机耗气量估计值（标准情况下），m^3/h。

式（5-28）表示电—热—气耦合子网络中，气网部分相关量测仅燃气轮机耗气量，因此取燃气轮机耗气量作状态量进行状态估计。

本算例着重分析电—热—气耦合状态估计在气网注入量上出现坏数据的情况，仍然采取非全量测配置，电网、热网、气网量测配置情况见表 5-1～表 5-3。设置气网给热电联

供机组的两个注出负荷为坏数据，坏数据辨识结果见表 5-4，非全量测配置下电—热—气耦合电网、热网、气网状态估计结果如图 5-3～图 5-5 所示。

表 5-1   电网量测配置情况

量测类型	配置情况	配置量测数/总量测数
节点电压幅值	全配置	9/9
节点有功注入功率	全配置	9/9
节点无功注入功率	全配置	9/9

表 5-2   热网量测配置情况

量测类型	配置情况	配置量测数/总量测数
节点压力	全配置	32/32
支路流量	仅配置连接支路	24/88
连接支路所有注出热功率	全配置	26/26
支路首端温度	仅配置连接支路	24/88
支路末端温度	仅配置连接支路	24/88

表 5-3   气网量测配置情况

量测类型	配置情况	配置量测数/总量测数
节点压力	全配置	12/12
支路流量	不配置	0/13
真实节点注出流量	全配置	8/8

表 5-4   坏数据辨识结果

节点编号（去向）	量测值（m³/h）	估计值（m³/h）	是否坏数据	是否正确辨识
5（燃气轮机机组）	0	214	是	是
5（其他去向）	33506	33226	否	—
10（燃气轮机机组）	0	77	是	是
10（其他去向）	33473	33343	否	—

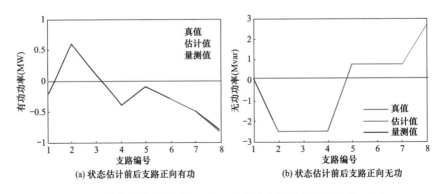

图 5-3   非全量测配置下电—热—气耦合电网状态估计结果（一）

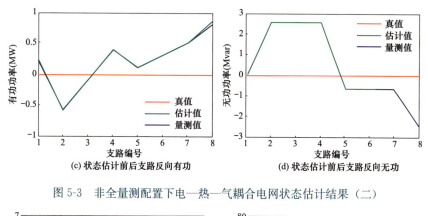

(c) 状态估计前后支路反向有功

(d) 状态估计前后支路反向无功

图 5-3 非全量测配置下电—热—气耦合电网状态估计结果（二）

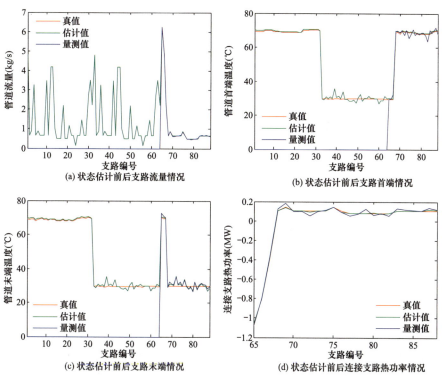

(a) 状态估计前后支路流量情况

(b) 状态估计前后支路首端情况

(c) 状态估计前后支路末端情况

(d) 状态估计前后连接支路热功率情况

图 5-4 非全量测配置下电—热—气耦合热网状态估计结果

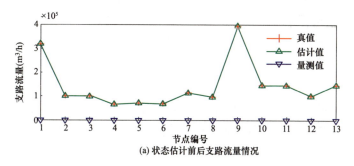

(a) 状态估计前后支路流量情况

图 5-5 非全量测配置下电—热—气耦合气网状态估计结果（一）

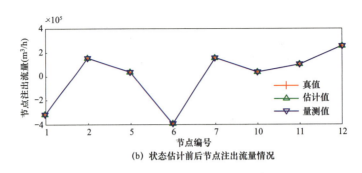

图 5-5　非全量测配置下电—热—气耦合气网状态估计结果（二）

从图 5-3～图 5-5 可以看出，电—热—气耦合状态估计可以在非全量测配置下补全量测，得到正确的状态估计结果，实现对整个电—热—气耦合网络的监测。其中，虽然在气网的两个节点设置了注入坏数据，该节点注入坏数据已在电—热—气耦合子网状态估计中成功辨识，并将正确的估计结果传入输气子网状态估计程序中，因此在输气子网状态估计中不存在坏数据。

5.2.2　多能流安全评估

多能流系统在运行过程中会受到各种扰动的影响，包括元件故障、发电（如风电）变化、负荷变化等。为了保障多能流系统的安全运行，在绝大部分扰动下仍然可以持续传输能量的情况下，需要对系统的运行状态进行安全分析。相比电力系统，多能流系统的静态安全分析更为复杂，体现在模型更复杂、安全运行约束更多、扰动类型更多等，其相互作用和影响机理也更为复杂。

1. 多能流系统安全运行约束

多能流系统要运行在安全状态，需要满足相应的安全运行约束，否则系统中的元件可能发生损坏，或者系统失去稳定等。安全运行约束一般使用不等式方程组表示，其中多能流系统的安全约束由多个系统的安全约束共同组成。

（1）电力系统的安全约束一般包括节点电压幅值、发电机功率、支路潮流等。

（2）供热系统的安全约束一般包括节点压力、供回水温度、管道流量等。

（3）燃气系统的安全约束一般包括节点压力、管道流量等。

2. 多能流系统运行状态分类

多能流系统的静态运行状态可以使用一组等式约束（平衡约束）和不等式约束（安全约束）来表示。借鉴电力系统实时运行状态的分类，可以将多能流系统的实时运行状态分为以下 4 种：

（1）安全正常状态。系统处于正常状态，而且在承受一个合理的预想事故集的扰动后，系统仍处于正常状态。正常状态是指系统同时满足等式约束和不等式约束，包括安全正常状态和预警状态。

（2）预警状态。系统处于正常状态，但是在承受规定的合理的预想事故集中的某一扰动后（存在一个扰动即可），系统无法满足正常状态要求。

（3）紧急状态。系统当前的运行状态满足等式约束，但不满足不等式约束，存在某些量越限。

（4）待恢复状态。系统中存在部分地区出现违反等式约束的情况。

3. 多能流系统预想事故集

预想事故集是系统中全部可能的扰动集合的一个子集，是为了减少安全分析时间和工作量而人为选择的。静态安全分析需要对预想事故集中的所有扰动进行模拟，一般包括主要元件的 $N-1$ 开断、可能性较大的多重故障等。在多能流系统中，常见的元件开断有：①电力系统中的输电线路、变压器、发电机或重要负荷的开断；②供热系统中的供热管道、循环泵、热源、重要负荷的开断；③燃气系统中的供气管道、循环泵、压缩机、气源、重要负荷的开断。

开断元件中，有些属于耦合元件，比如热电联产机组、循环泵、压缩机等。耦合元件发生开断时，会同时对多个系统产生较大影响。非耦合元件发生开断时，也可能通过耦合元件将影响传递到另一个系统，从而对另一个系统产生影响，而该影响又有可能反过来影响原系统。因此即使只研究一个能源子系统的安全分析，也需要考虑耦合比较紧密的另一个能源子系统的预想事故或运行特性。

此外常见的扰动也包括负荷、电源出力等突然增加或减少的情形，比如电网中许多电动汽车同时开始充电，风电/光伏发电出力突然增加或者减少，冷空气影响下气温迅速下降导致热负荷快速增加等。

4. 多能流系统安全分析流程

多能流系统安全分析的流程如下：

（1）根据状态估计结果，得到系统当前运行状态。

（2）从预想事故集中取出一个预想事故，直到预想事故集为空集，到步骤（5）。

（3）在此预想事故下求解多能流，得到系统预想事故下的运行状态。

（4）判断该状态下是否存在违反安全运行约束的变量，如果存在，则发出警告；如果不存在，则返回步骤（2）。

（5）给出最终安全分析结果，结束。

在实际求解中，可以通过预删选、外部等值、并行计算等方法提高安全分析的速度，以适应更大规模系统的在线分析。

5. 算例结果

以某综合能源园区冬季典型日运行场景为研究对象，进行多能流安全分析计算。该场景下，园区由三联供机组、燃气调峰锅炉和地源热泵机组进行供热。以正常运行状态为基态，考虑园区 $N-1$ 预想故障，对供热时期某一运行断面进行综合安全评估。其中 $N-1$ 考虑了电路线路、热力管道及冷热电联供系统因故障等因素退出运行的情况，$N-1$ 概率取相关文献中典型数据。在 $N-1$ 情况下，园区会出现线路潮流越限、联络线功率越限、管道温度偏移、管道压力越限等运行风险。示范区安全评估结果、安全评估典型预想故障分析见表 5-5 和表 5-6。

表 5-5 示范区安全评结果

风险类型	设备名称	风险水平	风险值	严重风险数
失电负荷		0	0.0000	25
失冷/热负荷		0	0.0000	0
联络线功率越限	关口断面	1	0.3907	2
压力越限		0	0.0000	0
温度偏移	用户热水母管	1	14.2280	58
流量越限		0	0.0000	0
电压偏移		0	0.0000	0
功率越限		0	0.0000	0
总风险		2	14.6187	85

表 5-6 安全评估典型预想故障分析

设备类型	设备名称	风险类型	严重程度	风险概率	风险值	扰动来源
母管	用户热水母管	温度偏移	177.8496	0	0	CCHP1 热水管道
母管	用户热水母管	温度偏移	177.8496	0	0	风电
母管	用户热水母管	温度偏移	177.8496	0	0	光伏发电
母管	用户热水母管	温度偏移	73.6702	0	0	风电园 2 号 220kV 变压器
负荷	商务中心	失电负荷	3.628	0	0	风电园 1 号 220kV 变压器
负荷	生产企业	失电负荷	2.5311	0	0	喜逢台 2 号 220kV 变压器
负荷	购物中心	失电负荷	0.9353	0	0	风电园 2 号 110kV 变压器
母管	用户热水母管	温度偏移	177.8496	0.08	14.228	源荷波动
联络线	关口断面	联络线功率越限	2.6	0.08	0.208	源荷波动

根据评估结果可知：

（1）当线路、管道等元件因故障而退出运行时，会导致相应的单一能流系统的安全受到影响。如表 5-6 的 CCHP1 热水管道故障导致用户热水母管温度偏移；风电园 1 号 220kV 变压器故障导致商务中心失去电负荷。

（2）某一能流系统的故障通过耦合元件蔓延至其他能流系统，引发不同能流系统间的连锁故障。如表 5-6 的风电、光伏发电扰动或变压器故障后，导致耦合元件的电出力发生变化，由于冷热电联供系统的固有热—电耦合特性导致其热出力变化，从而导致用户热水母管温度偏移。在该过程中，电网的波动和故障经由冷热电联供系统产生了电—热系统间的连锁故障。

（3）光伏发电和风电的不确定性容易造成源荷波动，导致示范区的联络线功率越限风险大大增加，此时任何线路故障均会导致联络线越限风险出现。这主要是由于光伏发电、风电出力波动导致园区潮流分布改变，如光伏发电出力减少使园区电源出力减少，从而使得园区电力自给率降低，需要从外电网购买更多电量保证供电稳定，造成联络线越限。

5.3　自律协同运行优化技术

5.3.1　自律层优化技术

自律层指在城镇能源互联网体系中的子区域管理层，这些子区域可以是建筑楼宇、工业园区及能源站等。在自律层，各子区域一般均以经济性最优为运行目标，对子区域内涵盖的冷、热、电、气的综合能源多能流系统进行协同调度，确保多能流系统安全、高效运行，实现子区域能源系统的最佳运行效果。

1. 多时间尺度调度

子区域中的风电、光伏发电等可再生能源出力及冷、热、电负荷具有双层的不确定性，难以实现出力与负荷的准确预测，时间尺度越长，预测误差越大。建立基于递阶模型的预测控制（hierarchical model predictive control method）的多时间尺度优化调度体系，可以有效应对不确定性因素的影响。基于递阶模型将预测控制分解为多个时间尺度，用于解决传统模型预测控制方法在优化调度的复杂性和实时控制的快速性要求之间的矛盾。基于递阶模型预测控制的多时间尺度优化调度架构如图 5-6 所示。

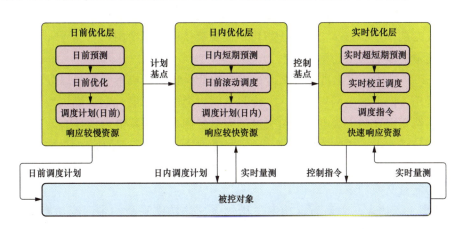

图 5-6　基于递阶模型预测控制的多时间尺度优化调度架构

不同时间尺度的优化调度关系如下：

（1）日前与日内优化。日前优化的结果是日内优化计算的输入，日内优化可实现对日前优化结果的进一步修正。

（2）日内与实时优化。日内优化的结果作为实时优化计算的输入，实时优化的目的是实现与日内优化结果的偏差最小。

（3）日前与实时优化。日前优化与实时优化通过日内优化间接联系。针对调节速率慢的设备和需求响应慢的负荷，日内优化并未对其进行修改，而是直接使用，这些数据也被直接下发给实时优化，因此实时优化使用的这些信息来自日前优化。

2. 日前优化

日前优化计算每天启动一次，结果可给出未来 24h 共计 96 点（15min 为 1 点）的多能流系统调度计划。日前优化调度的调控对象主要包括直接可控的热电联产机组、燃气锅炉、热泵、电制冷机组、电储能、蓄冷设备、蓄热设备等能源设备，确定未来一天的购电、购气计划和能源设备的调度计划。在自律层，常见的优化目标包括成本最优化或能耗最小化，此处仅把运行成本最小化作为优化目标，下面介绍目标函数的构造及约束条件。

（1）目标函数构造。在自律层，目标函数为整体运行成本最小化，即运营利益最大化。模型可以描述如下：

$$\min \sum \begin{bmatrix} C_{\text{Pbuy}}P_{\text{buy}} - C_{\text{Psell}}P_{\text{sell}} + C_{\text{gas}}F_{\text{cchp}} + C_{\text{gas}}F + C_{\text{Ec}}P_{\text{ch}} + C_{\text{Ed}}P_{\text{dis}} \\ + C_{\text{Hc}}H_{\text{TI}} + C_{\text{Hd}}H_{\text{TO}} + C_{\text{Lc}}L_{\text{TI}} + C_{\text{Ld}}L_{\text{TO}} + C_{\text{tras}}P_{\text{gridmax}} \end{bmatrix} \quad (5\text{-}29)$$

式中：C_{Pbuy} 为从电网购电电价，元/kWh；P_{buy} 为从电网购电功率，kW；C_{Psell} 为向电网售电电价，元/kWh；P_{sell} 为向电网售电功率，kW；C_{gas} 为天然气价格，元/m³；F_{cchp} 为冷热电联供耗气量，m³；F 为燃气锅炉耗气量，m³；C_{Ec} 为储能充能成本，元/kWh；C_{Ed} 为储能放能成本，元/kWh；P_{ch} 为电池充电功率，kW；P_{dis} 为电池放电功率，kW；C_{Hc} 为储热装置的储热成本，元/kW；C_{Hd} 为储热装置的放热成本，元/kW；C_{Lc} 为储冷装置的储冷成本，元/kW；C_{Ld} 为储冷装置的放冷成本，元/kW；H_{TI} 为储热装置的吸热功率，kW；H_{TO} 为储热装置的放热功率，kW；L_{TI} 为储冷装置的储冷功率，kW；L_{TO} 为储冷装置的放冷功率，kW；C_{tras} 为与上级电网能量交换的容量费用，元/kWh；P_{gridmax} 为与上级电网能量交换的最大功率，kW。

式（5-29）描述了优化目标为总运行成本的最优化，其成本函数可以分解为从上级电网购电费用、向上级电网售电收入、冷热电联供燃气费、燃气锅炉燃气费、各类型储能充放损耗费用以及与上级电网能量交换的容量费用。如果集群内部还有其他种类的能源资源，如垃圾发电、生物质发电等，还需要考虑这些能源资源的原料成本。

（2）约束条件。自律层日前优化的约束条件包括功率平衡约束、设备运行约束、同上级电网的能量交换约束。

1）功率平衡约束。主要为电功率平衡约束、热功率平衡约束、冷功率平衡约束、天然气平衡约束等。

2）设备运行约束。主要为各设备模型参数运行约束，如冷热电联产机组运行约束、新能源发电机组运行约束、锅炉运行约束、储能运行约束等。

3）同上级电网的能量交换约束。资源集群同上级电网能量交换的约束一般分为购电约束和售电约束。

$$0 \leqslant P_{\text{buy},i}^{\text{t}} \leqslant P_{\text{buy},i}^{\max} \quad (5\text{-}30)$$

$$0 \leqslant P_{\text{sell},i}^{\text{t}} \leqslant P_{\text{sell},i}^{\max} \quad (5\text{-}31)$$

$$P_{\text{buy},i}^{\text{t}} \cdot P_{\text{sell},i}^{\text{t}} = 0 \quad (5\text{-}32)$$

式中：$P_{\text{buy},i}^{\text{t}}$、$P_{\text{sell},i}^{\text{t}}$ 分别为从上级电网购电和向上级电网售电的电功率，kW；$P_{\text{buy},i}^{\max}$、$P_{\text{sell},i}^{\max}$ 分别为从上级电网购电和向上级电网售电的电功率上限，kW。

式（5-30）和式（5-31）分别表示园区从上级电网购电和向上级电网售电的功率约束。式（5-32）描述了与上级电网进行能量交换的互补约束，同储能的互补约束相似，该互补约束同样能够被松弛。

3. 日内优化

日内优化计算每 15min 启动一次，结果可给出未来 4h 共计 16 点（15min 为 1 点）的调度指令，下发至下层可控资源，修正日前调度计划误差。在每个滚动计算周期内，基于数据预测误差、负荷不确定性等给出光伏发电出力和电、热、冷、气负荷的区间，建立鲁棒优化模型，给出热电联产机组的出力调整、储能充放计划等，确保最恶劣场景下的安全性和经济性。下面介绍日内优化模型的目标函数和约束条件。

（1）目标函数。日内优化目标与日前优化一致，均为运行成本最小化，区别在于调度时段范围。日内优化是以所调度的 4h 运行总成本最小化为目标，而日前优化是以一天 24h 的运行总成本最小化为目标。

（2）约束条件。日内优化约束条件中的功率平衡约束、设备模型约束和同上级电网的能量交换约束与日前优化相同，但日内优化约束中需要重点考虑能源网络约束。能源网络约束主要包括电力网络约束、天然气网络约束、供热网络约束。能源网络约束模型此处不再赘述。

4. 实时优化

实时优化基于模型预测控制方法，每 5min 启动一次，结果每次给出未来 15min 共计 3 点（5min 为 1 点）的调度指令，下发给下层可控资源，修正日内优化调度计划的偏差。实时优化中采用的预测数据相比日内优化时间，尺度更细、预测精度更高。下面介绍实时优化模型的目标函数和约束条件。

（1）目标函数。实时优化的目标是修正日内调度计划的偏差，包括总外购电功率和上级电网下发指令的偏差、自律控制区实时电功率计划和日内电功率计划的总偏差、自律控制区实时热功率计划和日内热功率计划的总偏差。一般来说，总外购电功率和上级电网下发指令偏差的目标优先级要远远高于其他两个偏差目标。

（2）约束条件。实时优化中的设备模型约束条件与日前优化模型中建立的设备模型相同，在上述约束的基础上，还需要重点考虑多能网络的灵敏度约束，包括电力网络灵敏度、热力网络灵敏度、燃气网络灵敏度等。其中，电力网络因其主要通过有功和其他网络发生联系，所以只需考虑其有功灵敏度（即分布因子），在简化情形下使用直流潮流模型。热力网络、燃气网络灵敏度一般采用 $N-R$ 法迭代公式进行表征。

最终通过求解获得实时优化结果，给出未来 15min 3 个点的调度指令，包括冷热电联供机组出力调整、燃气锅炉出力调整、储能充放电等。

5. 算例结果

以某综合能源园区为例进行自律协同优化（日前）的计算，该园区由电、热、天然气等多种能源网络组成，能源设备主要包括 2 台三联供机组、1 台燃气调峰锅炉、4 台地源热泵、1 台相变蓄热装置以及电储能、风电、光伏发电等。考虑冬季典型日运行场景，园区由冷热电联供机组、燃气调峰锅炉和地源热泵机组进行供热，园区运行优化系统如图 5-7 所示。冷热电联供机组供电计划曲线、光伏发电预测曲线、外购电电价曲线如图 5-8～图 5-10 所示。供热系统采集的量测数据主要包括流量和供回水温度，据此可以计算出热负荷和热源功率；依据历史热负荷数据、气温数据、调度日日期和气温预测，由预测模块得到调度日的热负荷预测曲线。燃气锅炉、地源热泵等设备的能效比（coefficient of performance，COP）由历史数据拟合得到，均认为是定值。

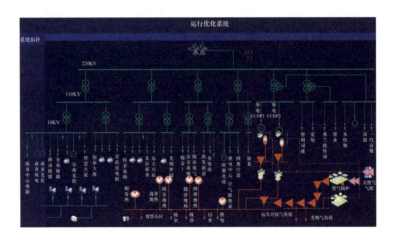

图 5-7　园区运行优化系统

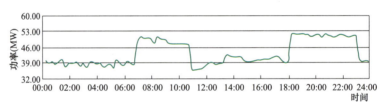

图 5-8　冷热电联供机组供电计划曲线

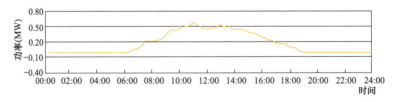

图 5-9　光伏发电预测曲线

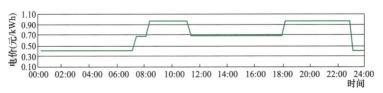

图 5-10　外购电电价曲线

相比于传统供能方案，协同优化后的方案是让地源热泵、相变蓄热和电储能等可调电热设备参与到日前调度中，并对其运行方式进行优化，进一步提高系统调度的灵活性和经济性。计算表明，相比传统供能方案，采用协同优化方案的当日总成本下降了 6.3%，能耗下降 120MWh，碳排放量减少 34t，传统供能与协同优化对比如图 5-11 所示。

图 5-11　传统供能与协同优化对比

其中，地源热泵运行曲线对比如图 5-12 所示，在 8∶00～11∶00、18∶00～22∶00 外购电价高时，燃气供热更为经济，冷热电联供机组发电产生的余热和调峰燃气锅炉为热用户供热，在满足热用户需求前提下尽可能减少地源热泵（电制热）的输出。而在其他时段（外购电价低），外购电比冷热电联供机组发电更为经济，冷热电联供机组和调峰锅炉尽量减少出力，主要通过地源热泵供热。

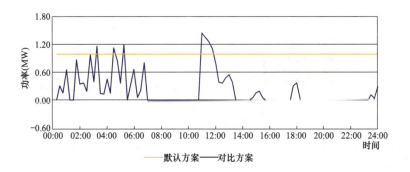

图 5-12　地源热泵运行曲线对比

电储能同样可以根据电价进行充放电优化，电储能的充放电功率计划曲线对比如图 5-13 所示。将电储能充放电次数限制为 2 次，则两次充放电均是在电价低（17∶00～

18：00、23：00～7：00）时充电，电价高（8：00～11：00、18：00～23：00）时放电，通过电价的峰谷套利降低了园区运行成本。

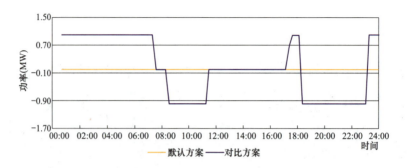

图 5-13 电储能的充放电功率计划曲线对比

5.3.2 协同层优化技术

由于子区域无法对互联网络整体进行管理，单个子区域的优化方案常无法满足互联综合能源系统安全运行的要求。此外，考虑到各子区域可能属于不同的管理实体，需要研究保证各子区域数据隐私和操作权限的、适应可扩展需求的互联系统协同能量管理方法。

本节重点讨论日内运行优化，做出如下假设：①天然气价格可以提前一天获得，并全天保持不变；②实时电价能够日前获得或通过预测得到；③可再生能源出力和负荷预测的预测误差遵循已知参数的正态分布。

1. 协同优化模型及其分解

互联综合能源系统能量管理架构如图 5-14 所示。假定存在一个称为协调器的上级实体负责协调互联系统的运行，通过协调器与子区域之间交换激励/响应信号实现整个互联综合能源系统的优化运行，同时满足保护子区域信息隐私和操作权限的要求。此外，协调器还可以通过响应调度信号充当互联系统与主电网之间的接口。

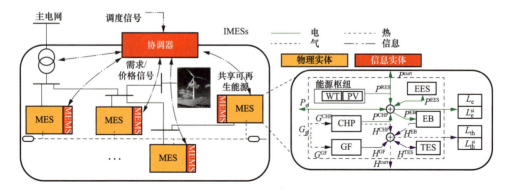

图 5-14 互联综合能源系统能量管理架构

对于互联综合能源系统，各子区域独立运营。假设不考虑主变压器损耗及子区域用能舒适度，互联系统协同优化问题可表达为

$$\min\left\{\boldsymbol{\mu}_{\mathrm{e}}^{\mathrm{T}}\sum_{i}^{N}\boldsymbol{P}_{i}+\boldsymbol{\mu}_{\mathrm{g}}^{\mathrm{T}}\sum_{i}^{N}\boldsymbol{G}_{i}\right\}$$

$$\mathrm{s.\,t.}\ \sum_{i}^{N}\boldsymbol{P}_{i}=\boldsymbol{P}_{\mathrm{T}}+\boldsymbol{P}^{\mathrm{RES}}$$

$$-\bar{P}_{\mathrm{T}}^{\mathrm{out}}\leqslant P_{\mathrm{T,t}}\leqslant\bar{P}_{\mathrm{T}}^{\mathrm{in}},\forall t \tag{5-33}$$

$$\boldsymbol{P}_{i}\in\mathcal{P}_{i},\boldsymbol{G}_{i}\in\mathcal{G}_{i},\forall i$$

式中：$i=1,\cdots,N$ 为子区域的编号；$\boldsymbol{\mu}_{\mathrm{e}}$ 为实时电价向量；$\boldsymbol{\mu}_{\mathrm{g}}$ 为天然气价格向量；$\boldsymbol{P}_{i}$、$\boldsymbol{G}_{i}$ 分别为子区域 i 的电功率和天然气功率向量；$\boldsymbol{P}_{\mathrm{T}}$ 为主变压器电功率向量；$\boldsymbol{P}^{\mathrm{RES}}$ 为接入互联系统的共享风电场/光伏发电厂出力预测向量；$\bar{P}_{\mathrm{T}}^{\mathrm{in}}$、$\bar{P}_{\mathrm{T}}^{\mathrm{out}}$ 分别为主变压器的输入和输出电功率限制；$\mathcal{P}_{i}$、$\mathcal{G}_{i}$ 分别为由设备物理约束和功率平衡约束等定义的子区域电功率和天然气功率可行域。

目标函数的两项分别为购电成本和购气成本，约束条件三项分别为互联系统电功率平衡约束、主变压器功率上下限约束和单个子区域的电、气功率可行性约束。

引入拉格朗日乘子 $\boldsymbol{\lambda}\in\mathcal{R}^{\mathrm{M}}$，将耦合约束松弛，对偶乘子 $\boldsymbol{\lambda}$ 具有价格的含义，并定义本地价格为 $\boldsymbol{\lambda}_{\mathrm{e}}=\boldsymbol{\lambda}+\boldsymbol{\mu}_{\mathrm{e}}$。采用拉格朗日对偶分解方法，在下层，子区域 i 的优化子问题为

$$f_{i}(\boldsymbol{\lambda}_{\mathrm{e}})=\begin{cases}\min\limits_{\boldsymbol{P}_{i},\boldsymbol{G}_{i}}\{\boldsymbol{\lambda}_{\mathrm{e}}^{\mathrm{T}}\boldsymbol{P}_{i}+\boldsymbol{\mu}_{\mathrm{g}}^{\mathrm{T}}\boldsymbol{G}_{i}\}\\\mathrm{s.\,t.}\ \boldsymbol{P}_{i}\in\mathcal{P}_{i},\boldsymbol{G}_{i}\in\mathcal{G}_{i}\end{cases} \tag{5-34}$$

对应配电系统运营商的优化子问题为

$$g(\boldsymbol{\lambda}_{\mathrm{e}})=\begin{cases}\min\limits_{\boldsymbol{P}_{\mathrm{T}}}\{-(\boldsymbol{\lambda}_{\mathrm{e}}-\boldsymbol{\mu}_{\mathrm{e}})^{\mathrm{T}}\boldsymbol{P}_{\mathrm{T}}\}\\\mathrm{s.\,t.}\ -\bar{P}_{\mathrm{T}}^{\mathrm{out}}\leqslant P_{\mathrm{T,t}}\leqslant\bar{P}_{\mathrm{T}}^{\mathrm{in}},\forall t_{i}\end{cases} \tag{5-35}$$

上层的优化主问题负责更新本地电价 $\boldsymbol{\lambda}_{\mathrm{e}}$ 为

$$\max\limits_{\boldsymbol{\lambda}_{\mathrm{e}}}\left\{\sum_{i}f_{i}(\boldsymbol{\lambda}_{\mathrm{e}})+g(\boldsymbol{\lambda}_{\mathrm{e}})\right\} \tag{5-36}$$

主问题的梯度为

$$s(\boldsymbol{\lambda}_{\mathrm{e}})=\sum_{i}\boldsymbol{P}_{i}^{*}(\boldsymbol{\lambda}_{\mathrm{e}})-\boldsymbol{P}_{\mathrm{T}}^{*}(\boldsymbol{\lambda}_{\mathrm{e}})-\boldsymbol{P}^{\mathrm{RES}} \tag{5-37}$$

式中：$\boldsymbol{P}_{i}^{*}(\boldsymbol{\lambda}_{\mathrm{e}})$、$\boldsymbol{P}_{\mathrm{T}}^{*}(\boldsymbol{\lambda}_{\mathrm{e}})$ 分别为给定本地电价 $\boldsymbol{\lambda}_{\mathrm{e}}$ 的情况下式（5-34）和式（5-35）的最优解。若式（5-33）为凸优化且存在一个可行解，则强对偶性成立，Slater 条件满足，对偶间隙为零，此时对偶问题的最优解也即原问题的全局最优解。因此，可通过梯度下降法对本地电价 $\boldsymbol{\lambda}_{\mathrm{e}}$ 进行迭代更新，最终得到原问题的最优解。

2. 两阶段优化框架

本节采用基于迭代出清的控制框架，利用基于市场机制的两阶段交互控制（two-stage transactive control，2S-TC）方法迭代求解上述主—子问题，能够在保证数据隐私

和算法可扩展性的前提下，大幅提高迭代收敛速度，满足实时滚动优化要求。基于市场机制的两阶段优化方法流程操作框架如图 5-15 所示。

优化方法流程包括日前和日内两阶段，其中日前优化为日内优化提供较准确的本地电价预测信息，日内优化采用滚动优化方法，有效降低可再生能源和负荷随机性对结果的影响。

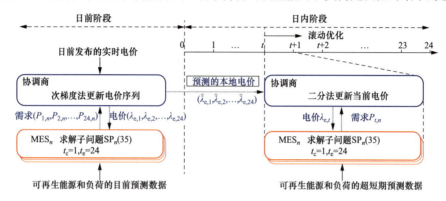

图 5-15　基于市场机制的两阶段优化方法流程操作框架

（1）日前优化流程。利用梯度法经多次迭代求解主问题，优化的目的是预测本地电价序列数据。

设第 k 次迭代的本地电价序列预测值 $\hat{\boldsymbol{\Lambda}}^{k}$ 为

$$\hat{\boldsymbol{\Lambda}}^{k} = \{\hat{\lambda}_{\mathrm{e},1}^{k}, \hat{\lambda}_{\mathrm{e},2}^{k}, \cdots, \hat{\lambda}_{\mathrm{e},t}^{k}, \cdots, \hat{\lambda}_{\mathrm{e},t_{\mathrm{e}}}^{k}\} \tag{5-38}$$

式中：$\hat{\lambda}_{\mathrm{e},t}^{k}$ 为 k 次迭代后时间 t 的预测电价；$\boldsymbol{\Lambda}^{k}$ 为预测电价初始值，可由历史数据估计得到。

日前优化流程如下：

1）在下层，子区域 i 根据配电网发布的预测电价 $\hat{\boldsymbol{\Lambda}}^{k}$ 求解子区域 i 的优化子问题 ［即式（5-34）］并上报最优子区域电功率序列 $\boldsymbol{P}_{i}^{k*}$；变压器求解对应配电系统运营商的优化子问题 ［即式（5-34）］并上报主变压器最优功率序列 $\boldsymbol{P}_{\mathrm{T}}^{*k}$。

$$P_{\mathrm{T},t}(\lambda_{\mathrm{e},t_{\mathrm{c}}}) = \begin{cases} P_{\mathrm{buy}}, & \lambda_{\mathrm{e},t_{\mathrm{c}}} > \mu_{\mathrm{t}} \\ -P_{\mathrm{sell}}, & \lambda_{\mathrm{e},t_{\mathrm{c}}} < \mu_{\mathrm{t}} \end{cases} \tag{5-39}$$

如果电价 $\lambda_{\mathrm{e},t_{\mathrm{c}}}$ 大于阈值 μ_{t}，则子区域从电网购电；如果电价 $\lambda_{\mathrm{e},t_{\mathrm{c}}}$ 小于阈值 μ_{t}，则子区域向电网售电。

2）在上层，协调器汇总各子区域的用电需求，根据式（5-37）计算各时段的区域购电偏差：

$$s^{k} = \sum_{i} \boldsymbol{P}_{i}^{k*} - \boldsymbol{P}_{\mathrm{T}}^{k*} - \boldsymbol{P}^{\mathrm{RES}} \tag{5-40}$$

设可行步长为 $\boldsymbol{\eta}^{k}$，则配电网按 $\boldsymbol{\Lambda}^{\mathrm{f},k+1} = \boldsymbol{\Lambda}^{\mathrm{f},k} + \boldsymbol{\eta}^{k} s^{k}$ 更新电价序列并发布；下层子区域接收该更新电价后重复上述流程，直至预测电价序列 $\hat{\boldsymbol{\Lambda}}$ 基本不再发生变化。

记最终得到的预测电价序列为

$$\boldsymbol{\Lambda} = \{\hat{\lambda}_{e,1}, \hat{\lambda}_{e,2}, \cdots, \hat{\lambda}_{e,t}, \cdots, \hat{\lambda}_{e,t_e}\} \tag{5-41}$$

（2）日内滚动优化流程。基于超短期预测数据，采用滚动优化方法校正控制偏差。为了克服梯度法收敛速度慢的问题，保证日内优化的实时性，日内优化在日前优化的基础上，假定 $t_c+1 \sim t_e$ 本地电价为日前优化的预测电价，利用二分法对当前周期的本地电价进行迭代求解。

设 λ_e^{max}、λ_e^{min} 分别为市场允许的最大、最小出清电价，优化流程具体步骤如下：

1）Step0：协调器向各子区域下发由日前优化得到的预测电价序列 $\boldsymbol{\Lambda}$。

2）Step1：t_c 时刻第 p 次迭代时，协调器更新并下发电价 λ_{e,t_c}^p。其中，$p=0$、1 时，电价分别为 $\lambda_{e,t_c}^0 = \lambda_e^{max}$、$\lambda_{e,t_c}^1 = \lambda_e^{min}$。

3）Step2：子区域 i 通过式（5-42）更新本次迭代的电价序列 $\boldsymbol{\Lambda}_{t_c}^p$。

$$\boldsymbol{\Lambda}_{t_c}^p = \{\lambda_{e,t_c}^p, \overbrace{\lambda_{e,t_c+1}, \cdots, \lambda_{e,t_e}}^{\text{日前预测电价}}\} \tag{5-42}$$

将 $\boldsymbol{\Lambda}_{t_c}^p$ 其代入式（5-34）所示的子区域 i 的优化子问题执行自律优化，以最优购电序列的第一个元素，即当前时刻购电量 P_{i,t_c}^{p*} 向配电网投标。同时，变压器也根据式（5-35）将其最优投标电量 P_{T,t_c}^* 上报协调器。

4）Step3：协调器接收各子区域的投标，按式（5-43）计算总供需关系。

$$\Delta P_{t_c}^p = -P_{T,t_c}^{p*} + \sum_{i=1}^N P_{i,t_c}^{p*} \tag{5-43}$$

5）Step4：若 $\Delta P_{t_c}^p$ 小于允许误差范围 ξ，则 λ_{e,t_c}^p 即为出清电价 λ_{e,t_c}^*，执行 Step5；否则，根据 $\Delta P_{e,t_c}$ 调整价格 λ_{e,t_c}^p 为 λ_{e,t_c}^{p+1}，回到 Step1。

6）Step5：各子区域执行当前周期的优化结果。

设允许的误差范围为 ξ，则 Step4 具体流程如下：

Step4-1：若 $p=0$、1，则相应地初始化区间上限 $\bar{\lambda}_{e,t_c} = \lambda_{e,t_c}^0$、$\Delta \bar{P}_{e,t_c} = \Delta P_{e,t_c}^0$ 或下限 $\underline{\lambda}_{e,t_c} = \lambda_{e,t_c}^1$、$\Delta \underline{P}_{e,t_c} = \Delta P_{e,t_c}^1$。若 $p=0$，更新 $p=1$ 并回到 Step1，否则前往 Step4-2。

Step4-2：若 $\Delta \underline{P}_{e,t_c} \Delta P_{e,t_c}^p < 0$，则更新 $\bar{\lambda}_{e,t_c} = \lambda_{e,t_c}^p$、$\Delta \bar{P}_{e,t_c} = \Delta P_{e,t_c}^p$；否则更新 $\underline{\lambda}_{e,t_c} = \lambda_{e,t_c}^p$、$\Delta \underline{P}_{e,t_c} = \Delta P_{e,t_c}^p$。

Step4-3：若 $\bar{\lambda}_{e,t_c} - \underline{\lambda}_{e,t_c} < \xi$，则最终出清电价 $\lambda_{e,t_c}^* = \lambda_{e,t_c}^p$，执行 Step5；否则，更新迭代次数 $p=p+1$，令电价 $\lambda_{e,t_c}^{p+1} = (\bar{\lambda}_{e,t_c} + \underline{\lambda}_{e,t_c})/2$，回到 Step1。

3. 算例结果

（1）算例设置。仿真系统由三个子区域组成，包括两个居民子区域（MES$_1$ 和 MES$_2$）和一个商业子区域（MES$_3$）。互联系统共享的综合能源系统（integrated energy system，RES）包括 0.4MW 的风电场和 0.3MW 的光伏发电厂。各子区域冬季典型日负荷预测曲线、各子区域冬季典型日可再生能源出力预测曲线分别如图 5-16 和图 5-17 所示。主变压器的额定功率为 2.25MW，MES$_1$、MES$_2$ 和 MES$_3$ 的功率限制分别为

1.1MW、2.25MW 和 1.2MW。三个子区域的电储能（electrical energy storage，EES）均有目标容量 20%、最小/最大允许容量 10%/85%、充放效率 90%、泄漏率 0%/d；热储能（thermal energy storage，TES）均有功率 0.25MW、最小/最大允许容量 10%/90%、充放效率 90%、泄漏率 10%/d，子区域元件设备参数见表 5-7。

表 5-7 子区域元件设备参数

子区域	热电联产机组					燃气锅炉			电锅炉				电储能		热储能	
	额定功率(MW)	热效率(%)	电效率(%)	电功率出力下限(%)	爬坡速率上限(%/h)	额定功率(MW)	产热效率(%)	电功率出力下限(%)	额定功率(MW)	产热效率(%)	电功率出力下限(%)	爬坡速率上限(%/h)	容量(MWh)	功率(MW)	容量(MWh)	目标容量(%)
MES1	1.5	42	30	30	40	—			—				1.6	0.3	1.2	60
MES2			—			1.6	90	0	1	98	0	50	1.5	0.25	1.2	60
MES3	4	56	28	30	40	—			—				1.4	0.3	1.4	50

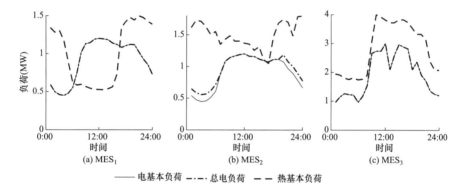

图 5-16 各子区域冬季典型日负荷预测曲线

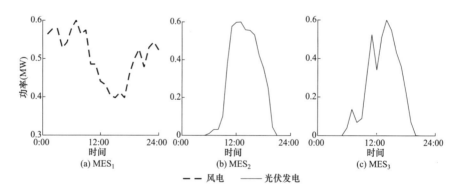

图 5-17 各子区域冬季典型日可再生能源出力预测曲线

（2）协同优化结果。互联系统运行在协同自律模式，即各自律的子区域按照本节提出的两阶段优化模型进行协调。同时，互联系统通过向主网购/售电来实现利润的最大化，并假设上网电价与主网实时电价相同。为对比分析，还将考虑以下两种模式：①自律模式：各个子区域独立地响应实时电价自律优化，无协调器对互联系统进行统一控制；②考虑馈电限制的协同自律模式：在协同自律模式的基础上，设置上网电价为 0，以激励可再生能源的本地消纳。

自律模式、协同自律模式和考虑馈电限制的协同自律模式下的互联系统总运营成本分别为 83.90 千元、84.26 千元和 83.93 千元，可再生能源本地消纳率分别为 87.69%、88.34% 和 100%。三种模式下主变压器功率曲线如图 5-18 所示，由图可见，在协同自律模式下，通过互联系统的协同成功地缓解了自律模式下主变压器在 3：00～4：00 和 15：00～16：00 出现的严重过载问题；此外，在 18：00～19：00，协同自律模式下互联系统将向主电网回售电能，但在考虑馈电限制的协同自律模式下，主变压器在不发生阻塞的情况下，互联系统同样不会向主电网回售电能，提高了可再生能源的本地消纳能力。

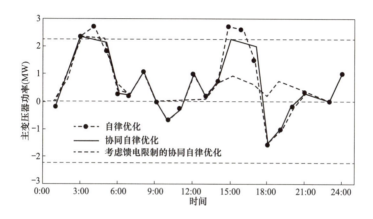

图 5-18　三种模式下主变压器功率曲线

自律模式与协同自律模式下各子区域的优化结果如图 5-19 所示，图中反应了两种模式下各子区域的购电功率和主变压器功率关系。此外，由于协调器使用本地价格信号对互联系统进行协调控制，因此图 5-19 中还绘制了出清电价和主网实时电价的关系，通过对比可见，在协同自律模式下，2：00～4：00 发生购电阻塞，协调器抬高本地电价，为了降低成本，MES_2 和 MES_3 通过降低这段时间内电储能的充电功率来减少自身的购电功率；同时，为了提高售电收益，MES_1 相应地提高本地热电联产机组的功率，有效缓解了主变压器的阻塞问题。

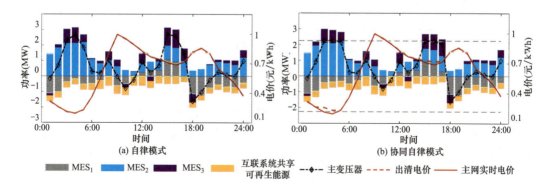

图 5-19　自律模式与协同自律模式下各子区域的优化结果

5.4 能量优化管理技术

从城镇级能量协同管理的角度来看，面向新型城镇的能源互联网优化运行与能量优化管理，需要综合考虑各能源供应主体的能量可调控资源与禀赋、局域级/用户级能源互联网在自律运行策略下的用能优化管理模式，在保证短时间尺度下能源产消的经济性和可靠性的前提下，实现长时间尺度下城镇能源互联网的能量协同优化管理。由此，本节主要围绕城镇能源互联网的源荷场景模拟技术、中长期能量优化策略两个关键核心技术展开论述。

（1）源荷场景模拟技术。计及城镇各能源主体的供用能特点，研究多主体之间能源供需平衡作用机理及其影响因素，结合各能源供需的随机性和多主体互动的不确定性特征，提出城镇能源互联网能源系统的源荷场景模拟方法，为城镇能源互联网的能量优化管理提供典型的场景。

（2）中长期能量优化与管理策略。在不同季节、不同能源主体长时间尺度用能特性分析的基础上，结合用户供需关系及能源价格机制，研究年度、季度和月度等长时间尺度下的能量优化管理策略，为城镇综合能源系统的中长期优化运行提供参考。

5.4.1 源荷场景模拟

场景模拟（scene simulation）技术是描述不确定性问题的一种常用方法，用以刻画具有随机性和波动性输入数据的决策问题中的不确定因素，是能源系统规划和运行研究的基础性工作。场景模拟技术已在电力系统研究中取得了广泛的应用，主要包括场景生成方法和场景缩减方法两个方面。受气象和物理等不确定因素的影响，实际的可再生能源供能出力及用户的各类负荷与预测值可能存在误差，故综合能源系统中风电、光伏发电系统的能量输出和电、热、冷负荷均具有一定的不确定性。根据具体的工程应用问题和研究背景选择不同场景模拟技术进行分析研究，是分析能源系统中的源荷不确定性问题的前提与基础。

1. 源荷场景生成

源荷场景生成方法中应用较多的主要包括以下三种类型：

（1）直接对光伏发电、风电的概率分布特征抽样得到可以描述光伏发电、风电随机性特征的场景。

（2）先对光伏发电、风电出力的统计特征数学建模，然后对该模型抽样生成所需场景。

（3）结合预测误差对光伏发电、风电的概率分布特征抽样生成场景。

前两种方法一般用于能源系统中长期规划运行中的风光场景生成，最后一种方法一般用于短期调度中的场景生成。常用的场景生成方法包括蒙特卡洛/拉丁超立方抽样法、时间序列误差模型法、场景树方法、非参数的概率预测法等。各方法均存在优缺点，在具体工程应用中需根据研究对象和解决问题的不同选择合理的场景生成方法。

本节主要针对新型城镇中位于能源互联网末端的局域级分布式综合能源系统开展典型运行场景的模拟,主要分为基础场景与随机性场景模拟两部分。基础场景主要考虑地理、气候环境、季度/月度/节假日等时空因素,以及区域内各能源子系统的运行交互模式、控制方式,负荷侧冷/热电气用能需求的类型与时序分布特点等,从源荷角度构建分布式综合能源系统的确定性基础运行场景集,为实现区域多能流能量运行优化算法提供场景验证。基础运行场景集 S_c 可表示为

$$
S_c = \begin{bmatrix} S_{source,1} & S_{source,2} & \cdots & S_{source,k} \\ S_{load,1}^h & S_{load,2}^h & \cdots & S_{load,l}^h \\ S_{load,1}^e & S_{load,2}^e & \cdots & S_{load,n}^e \end{bmatrix} \tag{5-44}
$$

式中:k、l、n 分别代表基础场景中的分布式能源数及热、电负荷类型数;$S_{source,k}$ 代表第 k 个分布式能源出力的时序数据集;$S_{load,l}^h$ 代表第 l 类热负荷需求的时序数据集;$S_{load,n}^e$ 代表第 n 类电负荷需求的时序数据集。

随机性场景以基础场景为前提,考虑可再生能源(风电/光伏发电)以及冷/热电负荷的不确定性。拉丁超立方抽样(latin hypercube sampling,LHS)是一种多维分层抽样方法,与传统蒙特卡罗方法相比,该方法能够通过较少迭代次数的抽样有效地反映随机变量的整体分布,保证所有的采样区域都能被采样点覆盖,其具体实现包括采样和排列两个步骤。本节采用拉丁超立方抽样,依据源荷侧的概率分布抽取场景,随机化处理分布式电源和负荷的不确定性,模拟不同时段下的多种不确定性运行场景。

对于不确定变量而言,光伏发电系统出力可视为近似满足 Beta 分布,其概率密度可表示为

$$
\begin{cases} f(S) = \dfrac{\Gamma(\alpha + \beta)}{\Gamma(\alpha)\Gamma(\beta)}(S')^{\alpha-1}(1 - S')^{\beta-1} \\ S' = \dfrac{S}{S_{max}} \end{cases} \tag{5-45}
$$

式中:S_{max} 为统计时间段内的最大太阳光照强度,lx;α、β 为 Beta 分布的形状参数。

风速的概率分布近似满足 Weibull 分布,对应的概率密度及风电系统的出力可分别表示为

$$
f(v) = \left(\frac{k}{c}\right)\left(\frac{v}{c}\right)^{(k-1)} e^{\left[-\left(\frac{v}{c}\right)^k\right]} \tag{5-46}
$$

$$
P_{WT} = \begin{cases} 0, 0 \leqslant v \leqslant v_i \text{ 或 } v \geqslant v_0 \\ P_r \cdot \dfrac{v - v_i}{v_r - v_i}, v_i \leqslant v \leqslant v_r \\ P_r, v_r \leqslant v \leqslant v_0 \end{cases} \tag{5-47}
$$

式中:k、c 分别代表 Weibull 分布的两个参数;v 为实际风速,m/s;P_r 为风机额定功率,kW;v_i、v_r、v_0 分别代表风机的切入、额定以及切出风速,m/s。

对于热电负荷的预测误差,可假设服从正态分布,对应的概率密度函数可表示为

$$f(P_{\text{load}}) = \frac{1}{\sqrt{2\pi}\sigma_{P_{\text{load}}}} e^{\left[-\frac{(P-\mu_{P_{\text{laod}}})^2}{2\sigma_{P_{\text{laod}}}^2}\right]} \tag{5-48}$$

式中：P_{load} 代表热/电负荷，kW；$\mu_{P_{\text{load}}}$ 与 $\sigma_{P_{\text{load}}}$ 分别表示负荷的期望值与标准差。

基于上述源荷侧的不确定性概率分布，结合基础运行场景利用拉丁超立方抽样得到源、荷的随机性初始场景集 $\boldsymbol{S}$。

$$\boldsymbol{S} = \begin{bmatrix} S_{\text{dg},1} & S_{\text{loade},1} & S_{\text{loadh},1} \\ S_{\text{dg},2} & S_{\text{loade},2} & S_{\text{loadh},2} \\ \vdots & \vdots & \vdots \\ S_{\text{dg},T} & S_{\text{loade},T} & S_{\text{loadh},T} \end{bmatrix} \tag{5-49}$$

$$\boldsymbol{S}_{\Omega,t} = \begin{bmatrix} P_{\Omega,1}^1 & P_{\Omega,2}^1 & \cdots & P_{\Omega,W}^1 \\ P_{\Omega,1}^2 & P_{\Omega,2}^2 & \cdots & P_{\Omega,W}^2 \\ \vdots & \vdots & \ddots & \vdots \\ P_{\Omega,1}^N & P_{\Omega,2}^N & \cdots & P_{\Omega,W}^N \end{bmatrix} \tag{5-50}$$

式中：T 为场景周期；$\boldsymbol{S}_{\Omega,t}$ 为第 Ω 种随机变量在 t 时段所模拟出的场景集；N 为抽样规模；W 为第 Ω 类随机变量所包含的变量数；$P_{\Omega,i}^j$ 为第 Ω 类随机变量的第 i 个变量的第 j 次抽样值。

2. 源荷场景缩减

场景缩减是场景模拟技术中的另一重要组成部分，其意义在于用少量代表性场景描述大量复杂性场景特征。场景缩减通过相关数学算法和分析减少研究周期的相似场景数目，达到降低计算复杂度的目的。对于新型城镇综合能源系统中的不确定因素而言，考虑到生成的多个源荷场景数量越多，将会导致问题求解越为复杂，场景过少会影响结果的精确性，因此，本节结合场景缩减技术处理原始场景集，以得到原场景的一个近似子集。

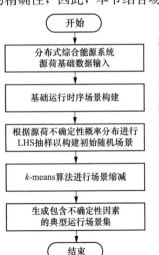

采用 k-means 聚类算法对各场景周期内不同随机变量抽样样本进行缩减，将其聚类至 k 种场景，组合各随机变量得到单位周期内的模拟场景，共计 $k^{w\Omega}$ 组。针对组合场景集进行二次缩减，共得到 $Q \times T$ 组运行场景及对应场景的概率，将其作为新型城镇能源互联网典型运行场景集 $\boldsymbol{S}_d$，其中 Q 表示二次缩减后每个时间步长的模拟场景数量。结合前面所述基于 LHS 的场景生成方法以及源荷不确定性概率分布提出了场景模拟技术，源荷场景模拟流程图如图 5-20 所示。

3. 算例分析

为验证本文所提源荷场景模拟技术的有效性，选择冬季某典型新型城镇综合能源系统中的源荷不确定性因素作为算例进行分析。场景设置如下：

图 5-20　源荷场景模拟流程图

开始

分布式综合能源系统
源荷基础数据输入

基础运行时序场景构建

根据源荷不确定性概率分布进行
LHS 抽样以构建初始随机场景

k-means 算法进行场景缩减

生成包含不确定性因素
的典型运行场景集

结束

（1）综合能源系统（IES）包含的能量转换枢纽主要由两台热电联产机组、两台燃气锅炉、热交换器、吸收式制冷机、电制冷机以及光伏发电/风电系统组成，其中冷负荷可由热/电两种能量形式通过制冷机转换得到，因此考虑将冷负荷按照对应的转换关系等效为热、电负荷。

（2）负荷类型包含商用、民用和工业。商用负荷选择冬季商场群，热电日负荷峰值分别取 25MW 和 40MW；民用负荷选择冬季住宅群，热电日负荷峰值分别取 21MW 和 15MW；工业负荷选择工业园区，热电日负荷峰值分别取 80MW 和 65MW，光伏电站日出力峰值取 10MW，风电场日出力峰值取 30MW，从而构建冬季典型日下的基础运行场景，冬季日基础运行场景曲线如图 5-21 所示。

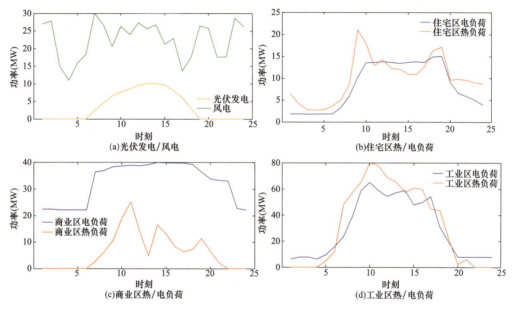

图 5-21　冬季日基础运行场景曲线

基于冬季日基础运行场景曲线数据，假设光照服从 Beta 分布，风速满足 Weibull 分布，热电负荷均服从正态分布，依照本节所提场景生成方法生成源荷随机性场景，源荷随机性场景生成结果如图 5-22 所示。

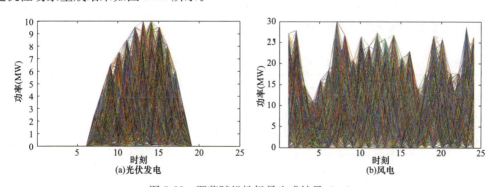

图 5-22　源荷随机性场景生成结果（一）

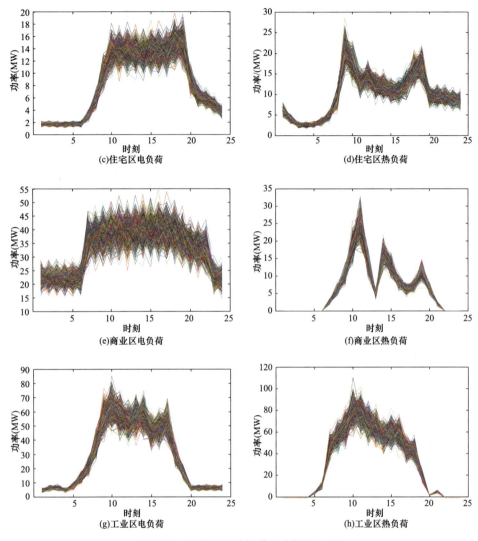

图 5-22　源荷随机性场景生成结果（二）

图 5-22 所示的源荷随机性场景生成结果中每个时段的随机变量（光伏发电/风电/热电负荷）包含 500 组抽样值，利用 k-means 将原场景集缩减至光伏发电/风电以及热/电负荷各 3 个场景，缩减结果见表 5-8。

表 5-8　　　　　一次场景缩减结果（各时段每个随机变量各包含 3 个场景）　　　　　MW

时刻	光伏发电	风电	住宅区电负荷	住宅区热负荷	商业区电负荷	商业区热负荷	工业区电负荷	工业区热负荷
1：00	0.000	22.389	2.040	5.534	22.389	0.000	6.190	0.000
	0.000	11.701	1.818	6.305	19.645	0.000	5.436	0.000
	0.000	2.558	1.596	7.076	25.125	0.000	6.945	0.000

续表

时刻	光伏发电	风电	住宅区电负荷	住宅区热负荷	商业区电负荷	商业区热负荷	工业区电负荷	工业区热负荷
2：00	0.000	2.584	1.819	4.125	19.662	0.000	7.740	0.000
	0.000	11.945	1.597	3.620	25.138	0.000	6.793	0.000
	0.000	22.964	2.042	4.628	22.401	0.000	8.685	0.000
3：00	0.000	12.324	1.784	3.101	19.410	0.000	6.791	0.000
	0.000	1.412	1.566	2.424	22.110	0.000	8.688	0.000
	0.000	6.439	2.002	2.763	24.816	0.000	7.738	0.000
4：00	0.000	9.094	1.751	2.381	22.092	0.000	6.189	0.000
	0.000	4.763	1.965	3.049	19.397	0.000	6.945	0.000
	0.000	1.048	1.538	2.715	24.794	0.000	5.433	0.000
5：00	0.000	13.204	1.597	2.427	24.818	0.000	8.153	5.126
	0.000	6.901	1.819	3.104	22.116	0.000	9.291	4.568
	0.000	1.504	2.041	2.765	19.415	0.000	10.427	4.011
6：00	0.000	15.149	1.819	3.537	19.407	0.000	15.476	11.438
	0.000	1.721	2.041	3.102	22.104	0.000	13.579	10.039
	0.000	7.899	1.596	3.970	24.809	0.000	17.374	12.835
7：00	0.235	13.019	3.698	5.549	40.813	2.987	20.394	42.180
	1.115	2.840	3.294	4.942	36.373	2.335	23.239	48.051
	2.186	24.907	2.890	4.335	31.920	2.661	26.077	53.918
8：00	0.426	2.485	5.904	8.688	36.962	5.392	38.711	64.100
	3.944	22.065	5.183	7.619	41.479	6.895	33.970	57.112
	2.020	11.480	6.626	9.755	32.431	6.143	43.439	50.108
9：00	0.610	1.929	8.981	18.441	38.291	10.448	58.794	73.170
	2.908	16.984	10.233	23.597	33.611	9.170	51.615	65.213
	5.697	8.855	11.485	21.017	42.969	11.725	65.984	57.229
10：00	3.335	11.323	11.880	20.048	43.347	16.563	72.995	80.086
	0.699	2.466	15.189	17.867	33.897	18.867	65.035	70.291
	6.558	21.721	13.534	15.679	38.622	21.175	57.081	89.918
11：00	0.798	2.272	11.956	11.287	43.673	24.986	51.553	68.279
	3.792	19.922	13.629	12.856	38.912	21.924	65.927	87.314
	7.434	10.416	15.299	14.426	34.158	28.051	58.732	77.796
12：00	4.251	11.740	12.075	14.191	43.430	12.230	47.614	68.498
	0.891	2.542	13.758	15.928	38.691	13.935	60.849	76.904
	8.326	22.566	15.443	12.454	33.950	15.640	54.239	60.116
13：00	0.946	21.124	13.640	12.257	39.161	4.719	64.238	65.144
	4.502	2.362	11.966	10.751	34.374	5.299	57.246	73.129
	8.784	10.968	15.312	13.763	43.965	4.140	50.234	57.183
14：00	4.475	2.527	15.044	12.021	44.880	18.411	51.643	50.208
	8.766	11.557	11.757	10.549	39.990	14.404	58.810	57.188
	0.939	22.117	13.402	13.500	35.100	16.407	65.978	64.156

时刻	光伏发电	风电	住宅区电负荷	住宅区热负荷	商业区电负荷	商业区热负荷	工业区电负荷	工业区热负荷
	0.892	1.977	11.967	10.906	34.950	14.476	48.002	53.148
15:00	8.328	17.514	13.636	9.578	44.721	12.900	42.129	68.051
	4.251	9.108	15.311	12.238	39.839	11.325	53.869	60.588
	6.995	9.896	12.078	9.566	39.720	9.201	49.564	66.641
16:00	3.568	2.165	15.444	10.903	44.598	8.199	43.513	52.095
	0.751	18.940	13.761	12.243	34.858	7.197	55.604	59.382
	0.563	11.307	13.633	14.173	34.890	6.896	60.825	39.125
17:00	5.258	5.882	11.962	12.623	44.614	5.393	47.565	44.572
	2.685	1.273	15.305	11.080	39.752	6.146	54.195	50.022
	2.635	14.555	16.727	16.203	39.150	8.049	27.151	48.743
18:00	1.347	7.605	14.898	18.180	43.953	6.289	34.729	43.429
	0.282	1.668	13.073	14.224	34.353	7.168	30.936	38.108
	0.000	21.945	16.837	14.995	31.934	11.267	20.841	18.062
19:00	0.000	2.501	15.000	17.081	40.860	12.651	18.576	20.571
	0.000	11.471	13.164	19.166	36.393	9.878	16.307	23.077
	0.000	2.437	10.071	9.559	29.703	5.578	8.688	2.286
20:00	0.000	11.143	7.872	8.389	37.990	6.356	6.791	2.566
	0.000	21.317	8.972	10.728	33.846	7.132	7.738	2.007
	0.000	7.623	7.268	10.882	33.269	2.048	7.740	5.018
21:00	0.000	14.588	5.682	8.512	29.188	1.795	6.792	6.415
	0.000	1.667	6.474	9.697	37.344	2.300	8.684	5.717
	0.000	7.649	6.503	10.606	32.989	0.000	6.799	0.000
22:00	0.000	1.672	5.087	8.286	37.038	0.000	7.744	0.000
	0.000	14.636	5.794	9.447	28.953	0.000	8.690	0.000
	0.000	12.402	5.618	8.875	19.887	0.000	6.787	0.000
23:00	0.000	23.729	4.389	9.963	25.424	0.000	8.685	0.000
	0.000	2.711	5.004	7.788	22.651	0.000	7.736	0.000
	0.000	21.773	3.391	9.750	19.355	0.000	7.740	0.000
24:00	0.000	11.353	4.335	8.684	22.063	0.000	6.794	0.000
	0.000	2.467	3.863	7.617	24.778	0.000	8.685	0.000

对一次缩减结果进行组合后，每个时段的总场景数为 $3^8 = 6561$，依然十分庞大。因此，再次利用 k-means 聚类算进行二次场景缩减，得到 20×24 组源荷场景作为运行场景集，最终获得考虑光伏发电/风电、热电负荷随机性的典型运行场景 $\boldsymbol{S}_d[480 \times 8$ 矩阵，见式（5-51）]，源荷典型运行场景数据集见表 5-9，源荷典型运行场景集如图 5-23 所示。每个时段包含 20 组模拟场景、8 个随机变量，其中 8 个变量分别为光伏发电系统发电功率、风电系统发电功率、住宅区电/热负荷、商业区电/热负荷以及工业区电/热负荷。

$$\boldsymbol{S}_{\mathrm{d}} = \begin{bmatrix} 0 & 22.389 & 1.818 & 5.534 & 25.125 & 0 & 5.436 & 0 \\ 0 & 22.380 & 1.818 & 6.690 & 22.389 & 0 & 6.945 & 0 \\ \vdots & \vdots & \vdots & \vdots & \vdots & \vdots & \vdots & \vdots \\ 5.913 & 11.557 & 13.401 & 12.023 & 43.413 & 16.407 & 55.943 & 50.906 \\ 4.726 & 2.527 & 13.401 & 12.023 & 39.989 & 16.407 & 65.978 & 64.156 \\ \vdots & \vdots & \vdots & \vdots & \vdots & \vdots & \vdots & \vdots \\ 0 & 21.773 & 3.863 & 8.683 & 19.355 & 0 & 7.739 & 0 \\ 0 & 2.467 & 3.863 & 9.394 & 19.355 & 0 & 7.109 & 0 \end{bmatrix}_{480 \times 8} \qquad (5\text{-}51)$$

表 5-9　　　　　　　　　　　　源荷典型运行场景数据集　　　　　　　　　　　MW

场景编号		变量							
		光伏发电	风电	住宅区电负荷	住宅区热负荷	商业区电负荷	商业区热负荷	工业区电负荷	工业区热负荷
时刻 1：00	场景 1	0.000	22.389	1.818	5.534	25.125	0.000	5.436	0.000
	场景 2	0.000	22.389	1.818	6.690	22.389	0.000	6.945	0.000
	⋮	⋮	⋮	⋮	⋮	⋮	⋮	⋮	⋮
时刻 2：00	场景 21	0.000	11.945	1.708	3.788	19.662	0.000	8.370	0.000
	场景 22	0.000	22.964	1.819	4.024	22.401	0.000	7.172	0.000
	⋮	⋮	⋮	⋮	⋮	⋮	⋮	⋮	⋮
	场景 40	0.000	11.945	1.819	3.620	22.401	0.000	7.267	0.000
⋮	⋮	⋮	⋮	⋮	⋮	⋮	⋮	⋮	⋮
时刻 24：00	场景 461	0.000	2.467	3.863	8.683	22.063	0.000	7.740	0.000
	⋮	⋮	⋮	⋮	⋮	⋮	⋮	⋮	⋮
	场景 479	0.000	21.773	3.863	8.683	19.355	0.000	7.740	0.000
	场景 480	0.000	2.467	3.863	9.394	19.355	0.000	7.109	0.000

综上所述，本节以新型城镇综合能源系统为研究对象，针对风光分布式电源及冷热电负荷预测的不确定性，提出一种基于拉丁超立方抽样以及 k-means 聚类缩减的源荷场景模拟方法。算例结果表明，本节所提场景模拟技术能够较好地处理风光电源出力及热电负荷预测的不确定性，将随机不确定变量转化为不同运行场景下的确定性因素，降低了随机优化模型复杂度，提高了求解效率，能够较好地处理能源互联网中的源荷不确定性问题。

5.4.2　能量优化管理策略

1.中长期城镇能源特性分析

城镇能源系统的源荷特性受到众多外界因素的影响，如当国家发布新的价格政策或开展需求侧管理时，相关政策措施的实施会直接引导用户改变用能行为；风速、日照、温度等气象条件均会对源荷产生影响，且存在季节性特点；与工作日相比，放假期间停产歇业等使整体日负荷水平和平均日峰谷差均较低，且各种随机波动对负荷变化都会产生影响。各种不同类型的因素对源荷特性的影响程度和影响方式各有不同，主要影响因素概括为经济因素、政策因素、气候因素、时序因素以及随机干扰因素 5 类。

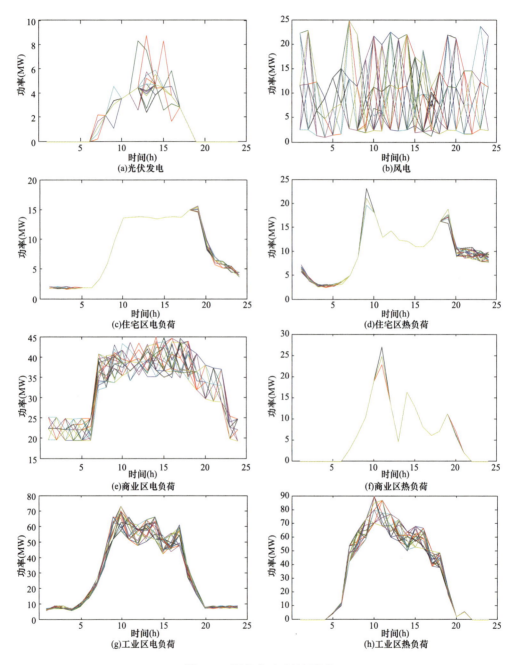

图 5-23 源荷典型运行场景集

本节主要从中长期的角度出发，研究城镇综合能源系统的能量管理模型与方法，本节以江苏省某城镇长时间尺度下的源荷特性为例进行分析。图 5-24 为该城镇所在地区

2018 年全年的光照强度和风速信息，结合式（5-45）～式（5-47）可计算得出装机容量分别为 4MW 和 2MW 的光伏发电和风力发电的全年各月度的发电量，该城镇 2018 年全年光伏发电及风电发电量、2018 年全年电热气负荷情况分别如图 5-25 和图 5-26 所示。

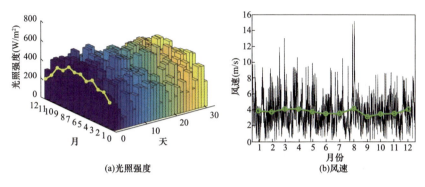

(a) 光照强度　　　　(b) 风速

图 5-24　2018 年全年光照强度及风速数据

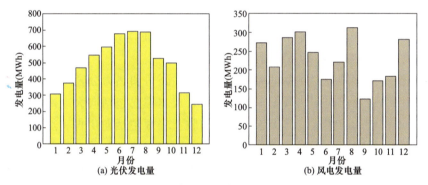

(a) 光伏发电量　　　　(b) 风电发电量

图 5-25　2018 年全年光伏发电及风电发电量

从图 5-24 可以看出，同一月每天的平均光照强度及风速均存在较大波动，这主要受天气状况的影响。从长期的角度来看，夏季（6～8 月）的光照强度较强，冬季（12 月～次年 2 月）的光照强度相对较弱；由于台风等气象原因的影响，8 月的风速波动最大，总的来说每个月的平均风速相差不大，8 月的平均风速最高。

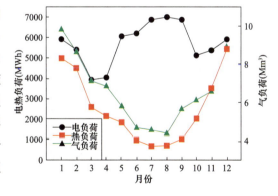

图 5-26　2018 年全年电热气负荷情况

由图 5-25 可知，光伏发电量最大的是 7 月，而冬季由于光照持续时间短且强度弱，光伏发电量相对较少，总的来说，夏季光伏发电量最大，其次是春天和秋天，冬天最少；9 月的风力发电量最低，而 4、8 和 12 月的风力发电量相对较高。通常，风力发电在春季和冬季最大，其次是夏季，秋季最少。

图 5-26 表明，年度最小电负荷在 3 月左右，由于夏冬季节空调负荷的增加，电力负荷相对较大。热负荷和气负荷在夏季最小、冬季最高，呈现"两头高，中间低"的趋势。

2. 城镇能量优化管理模型

上节对城镇年度源荷特性的分析表明气负荷需求在冬季最大，过渡季次之，夏季最小，这样的气负荷特性所带来的结果是过渡季和夏季气源供应量充足，而冬季用气压力大，可能会出现气荒的现象。冬季的热负荷需求量最大，北方集中供热地区主要是通过热电联供机组来供热，这会进一步加大冬季的用气压力。此外，天然气的价格也存在着季节性的差异，在冬季气负荷需求量高，气价也相应增加，这将对城镇能源成本产生影响。因此，不少城市计划采用大型储气库来有效缓解气荒，在气价低的季节将天然气通过储气库贮存起来，在气价高的季节加以利用，实现"低充高放"，降低能源使用成本。

传统意义上，电力系统、热力系统和天然气系统是三个相互独立运营管理的能源系统。随着城镇能源互联网的发展，电力、热力和天然气以及可再生能源的深度融合，各系统间的经济性与可靠性将互相影响，故传统基于单一能源系统的独立分析方法已不适用于包含电、热、气的多能流系统的优化调度。

城镇能源负荷的供应主要由电网公司、天然气公司和热力公司三大能源供应主体来满足。电网公司通过向用户售电来获取收益，成本主要包括向大电网购电以及购买本地热电联产机组的电量成本；天然气公司的收益来源包括向用户和热电联产机组售气来获取收益，成本为从天然气交易平台购气的费用；热力公司的收益主要包括向用户售热和向电网公司售电的收益，成本为从天然气公司的购气费用。从中长期的角度出发，有必要根据电热气负荷的需求以及分时电价和气价季节性差异等多重因素，通过联合考虑电网公司、热力公司和天然气公司三大能源供应主体各自的中长期优化调度及主体收益，优化城镇中长期的能量管理策略，从而提高城镇综合能源系统运行的经济性。

（1）目标函数。城镇综合能源系统的电—热—气能源属于不同的供应主体，本节仅考虑单一耦合设备热电联产机组，其归属于热力公司。同时，供热公司可以将热电联产机组生产的电力出售给电网公司。储气库属于天然气公司，由于储气库有运营成本和人工成本，因此本节还考虑了储气库的储气成本。根据上述分析，在年度调度过程中，电力公司的收益 C_e、热力公司的收益 C_h 和天然气公司的收益 C_g 可分别表示为

$$C_e = 30 \sum_{\alpha=1}^{12} \sum_{t=1}^{24} (c_{e,sell}^{t,\alpha} P_1^{t,\alpha} - c_{main} P_{main}^{t,\alpha} - c_{chp} P_{chp}^{t,\alpha}) \tag{5-52}$$

$$C_h = 30 \sum_{\alpha=1}^{12} \sum_{t=1}^{24} (c_{h,sell} H_1^{t,\alpha} + c_{chp} P_{chp}^{t,\alpha} - c_{g,sell}^{t,\alpha} G_{chp}^{t,\alpha}) \tag{5-53}$$

$$C_g = 30 \sum_{\alpha=1}^{12} \sum_{t=1}^{24} (c_{g,sell}^{t,\alpha} G_{chp}^{t,\alpha} + c_{g,sell} G_1^{t,\alpha} - c_{gr}^{\alpha} G_{gr}^{t,\alpha} - c_{gs} |G_{gs}^{\alpha,t}|) \tag{5-54}$$

式中：α 表示月份；t 表示时段；$P_l^{t,\alpha}$ 和 $H_l^{t,\alpha}$、$G_l^{t,\alpha}$ 分别表示用户的电负荷、热负荷和气负荷，kW；$c_{e,sell}^{t,\alpha}$ 和 $c_{h,sell}$ 分别表示电力公司和热力公司向用户的售能价格，元/kWh；$c_{g,sell}$ 表示天然气公司向用户的售气价格，元/m³；c_{main} 表示大电网向电网公司的售电价格，元/kWh；$P_{main}^{t,\alpha}$ 表示大电网向电网公司的售电量，kWh；c_{chp} 表示热网公司向电网公司的售电价格，元/kWh；$P_{chp}^{t,\alpha}$ 表示热网公司向电网公司的售电量，kWh；$c_{g,sell}^{t,\alpha}$ 表示天然气公司向热力公司的售气价格，元/m³；$G_{chp}^{t,\alpha}$ 表示天然气公司向热力公司的售气量，m³；c_{gr}^{α} 表示天然气公司向天然气交易平台的购气价格，元/m³；$G_{gr}^{t,\alpha}$ 表示天然气公司向天然气交易平台的购气量，m³；c_{gs} 表示储气库的储气成本，元/m³；$|G_{gs}^{\alpha,t}|$ 表示储气量变化的绝对值，m³。

以最大年度收益为目标，长时间尺度下城镇综合能源系统的优化调度模型可表示为

$$\max(C_e + C_h + C_g) \tag{5-55}$$

（2）多能流系统约束。城镇能源互联网能量管理需要考虑的技术运行约束为多能流网络的潮流约束，由前文的多能流网络潮流计算模型可知电网络、天然气网络和热网络中均包含多个非凸非线性方程，然而非凸问题的求解在数学上本身就是一个非线性的难题。因此，将多能流计算模型进行二阶锥规划（second order cone programming，SOCP）松弛转换为易于求解的凸模型，从而降低求解难度，提升求解效率。同时电力系统需满足电功率平衡约束、支路功率约束、支路电流约束、节点电压约束等；热力系统需满足热量平衡约束、管道流量约束等；天然气系统需满足燃气流量平衡约束、节点气压约束等。

（3）储气库运行约束。由于天然气季节性需求差异所导致的季节性价格差异，大型储气库能够实现天然气供应的跨季节转移，通过"低充高放"，能够有效提高天然气的利用率以及供气系统的可靠性和灵活性。储气库的储气量由储气库上一时段剩余气量和当前时段进气量和出气量净差决定，考虑到运行的经济性和安全性，储气库有最大和最小的容量限制。而且，根据每个储气库技术安全方面的差异，每一时段的进气量和出气量也有严格的限制。此外，储气库在每一个时段只能处于充气或放气中的一种工作状态。综合上述分析，储气库的模型和约束条件如下：

$$E_t^{gs} = E_{t-1}^{gs} + I_t^{inf}G_t^{inf} - I_t^{def}G_t^{def}$$

$$\begin{cases} S_{min} \leqslant E_t^{gs} \leqslant S_{max} \\ 0 \leqslant G_t^{inf} \leqslant I_t^{inf}G_{max} \\ 0 \leqslant G_t^{def} \leqslant I_t^{def}G_{max} \\ 0 \leqslant I_t^{inf} + I_t^{def} \leqslant 1 \end{cases} \tag{5-56}$$

式中：E_t^{gs} 和 E_{t-1}^{gs} 表示 t 时刻和 $t-1$ 时刻的储气量；S_{max} 表示储气库的可用容量上限；S_{min} 表示储气库的储备容量下限要求，以保证城镇综合能源系统的安全运行；G_t^{inf} 和 G_t^{def} 分别表示 t 时刻储气库的充放气速率；G_{max} 表示储气库最大充放气速率限制；I_t^{inf} 和 I_t^{def} 是一组 0-1 变量，分别用来表示 t 时刻储气库的充气和放气状态。

（4）热电联产机组运行约束。热电联产机组通过消耗天然气产生电能和热能，将电力系统、天然气系统和热力系统三者连接起来，是城镇综合能源系统的重要耦合设备，其运行约束参见本书第 2 章。

3. 考虑多主体的能量优化方法

对于城镇综合能源系统，电力子系统、热力子系统和天然气子系统的数据信息往往是不透明的，这使得对城镇综合能源系统的联合优化调度难以实现。所以本节考虑采用高斯回代改进的交替方向乘子法（alternative direction multiplier method with Gaussian back substitution，ADMM-GBS）对多主体的城镇综合能源系统的优化目标函数进行求解。热电联产机组作为连接 3 个子系统的耦合元件，其在电力系统侧的电力注入等于在热力系统侧的电力输出，在天然气系统侧的燃气负荷等于其在热力系统侧的天然气消耗量，即

$$P_{j,t,a}^{\mathrm{CHP}} = P_{u,t,a}^{\mathrm{CHP}} \tag{5-57}$$

$$G_{n,t,a}^{\mathrm{CHP}} = G_{u,t,a}^{\mathrm{CHP}} \tag{5-58}$$

利用耦合元件燃气轮机在 3 个子系统中的等式关系，长时间尺度下城镇综合能源系统的优化调度模型［式（5-55）］，可以分解为如下 3 个优化子问题：

（1）电网公司子问题。

$$\min\left\{ C_{\mathrm{e}}^{k+1} + 30 \sum_{a} \sum_{t} \left[\sum_{\substack{j \in \Omega^{\mathrm{e}} \\ u \in \Omega^{\mathrm{h}}}} \lambda_{j,u,t,a}^{k}(P_{j,t,a,k+1}^{\mathrm{CHP}} - P_{u,t,a,k}^{\mathrm{CHP}}) + \frac{\rho}{2} \sum_{\substack{j \in \Omega^{\mathrm{e}} \\ u \in \Omega^{\mathrm{h}}}} || P_{j,t,a,k+1}^{\mathrm{CHP}} - P_{u,t,a,k}^{\mathrm{CHP}} ||_2^2 \right] \right\} \tag{5-59}$$

（2）热力公司子问题。

$$\min\left\{ C_{\mathrm{h}}^{k+1} + 30 \sum_{a} \sum_{t} \left[\begin{array}{l} \sum_{\substack{j \in \Omega^{\mathrm{e}} \\ u \in \Omega^{\mathrm{h}}}} \lambda_{j,u,t,a}^{k}(P_{j,t,a,k+1}^{\mathrm{CHP}} - P_{u,t,a,k}^{\mathrm{CHP}}) + \frac{\rho}{2} \sum_{\substack{j \in \Omega^{\mathrm{e}} \\ u \in \Omega^{\mathrm{h}}}} || P_{j,t,a,k+1}^{\mathrm{CHP}} - P_{u,t,a,k}^{\mathrm{CHP}} ||_2^2 \\ + \sum_{\substack{n \in \Omega^{\mathrm{g}} \\ u \in \Omega^{\mathrm{h}}}} \lambda_{n,u,t,a}^{k}(G_{n,t,a,k+1}^{\mathrm{CHP}} - G_{u,t,a,k}^{\mathrm{CHP}}) + \frac{\rho}{2} \sum_{\substack{n \in \Omega^{\mathrm{g}} \\ u \in \Omega^{\mathrm{h}}}} || G_{n,t,a,k+1}^{\mathrm{CHP}} - G_{u,t,a,k}^{\mathrm{CHP}} ||_2^2 \end{array} \right] \right\} \tag{5-60}$$

（3）天然气公司子问题。

$$\min\left\{ C_{\mathrm{g}}^{k+1} + 30 \sum_{a} \sum_{t} \left[\sum_{\substack{n \in \Omega^{\mathrm{g}} \\ u \in \Omega^{\mathrm{h}}}} \lambda_{n,u,t,a}^{k}(G_{n,t,a,k+1}^{\mathrm{CHP}} - G_{u,t,a,k}^{\mathrm{CHP}}) + \frac{\rho}{2} \sum_{\substack{n \in \Omega^{\mathrm{g}} \\ u \in \Omega^{\mathrm{h}}}} || G_{n,t,a,k+1}^{\mathrm{CHP}} - G_{u,t,a,k}^{\mathrm{CHP}} ||_2^2 \right] \right\} \tag{5-61}$$

式中：$\lambda_{j,u,t,a}^{k}$ 和 $\lambda_{n,u,t,a}^{k}$ 分别表示电力公司子问题和天然气公司子问题对应的拉格朗日乘子；ρ 为惩罚系数；Ω^{e}、Ω^{g}、Ω^{h} 分别表示电、气、热网络节点变量集合。

本节采用 ADMM-GBS 循环迭代求解上述分布式能量优化问题，直至原始残差和对偶残差满足收敛，ADMM-GBS 流程图如图 5-27 所示。

4. 算例分析

为检验本节所提城镇综合能源系统分布式能量优化方法的有效性，选取城镇综合能源系统下的典型场景进行算例分析。

场景设置：城镇综合能源系统具有电、热、气能源需求，电负荷功率总量为 12.6MW，热负荷功率总量为 9MW，气负荷流量总量为 14000m³/h。同时，该城镇配置有容量均为 4MW 的光伏发电和风电设备，容量为 10Mm³ 的储气库。

假设价格信息：$c_{main} = 0.5$ 元/kWh；$c_{chp} = 0.49$ 元/kWh；$c_{h,sell} = 0.21$ 元/kWh；$c_{g,sell}^{t,a} = c_{g,sell} = 3.1$ 元/m³；$c_{gs} = 0.5$ 元/m³。各季

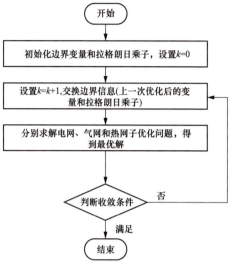

图 5-27　ADMM-GBS 流程图

节典型代表日源荷标幺值曲线如图 5-28 所示，电价及气价数据信息如图 5-29 所示。

根据本节所提城镇综合能源系统中长期能量优化模型，采用 ADMM-GBS 进行求解，下面介绍各能源供应公司的优化调度结果。

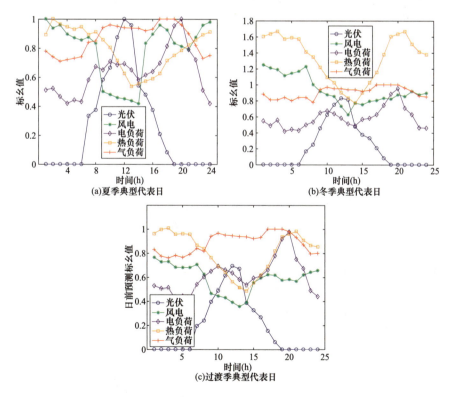

图 5-28　各季节典型代表日源荷标幺值曲线

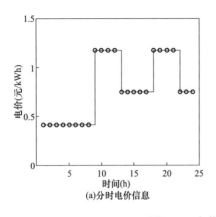
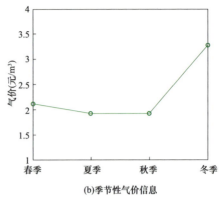

图 5-29　电价及气价数据信息

（1）电力系统优化调度结果。电力系统优化调度结果如图 5-30 所示。可以看出，整个城镇电负荷需求主要是通过电网公司从大电网购电来满足的。夏季电负荷需求较高而热负荷最小，因此热电联产机组的出力较小，从大电网的购电量最多。受气象因素影响，夏季的光伏发电量全年最大，而风电量全年最低；冬季的热负荷需求最高，因此冬季的热电联产机组发电量最大，但绝大部分的电负荷需求还是由大电网供应；冬季的光伏发电量最小，风电量最高；过渡季的电负荷相对较小，光伏出力高于冬季光伏出力，但低于夏季的光伏出力，过渡季的风电出力低于冬季风电出力但是高于夏季。

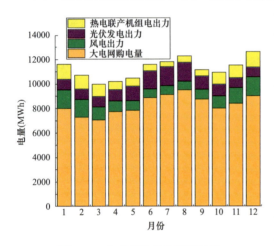

图 5-30　电力系统优化调度结果

（2）天然气系统优化调度结果。天然气系统优化调度结果如图 5-31 所示，从图 5-31（a）中可以看出，冬季气负荷需求量最大，春季气负荷需求相对较高，夏季气负荷需求最小，秋季气负荷需求相对较小。在春、夏、秋季，气源供气量相对比较充足，而且价格较便宜，此时利用储气库将一部分天然气储存起来以解决冬季气荒以及气价高的问题，不仅能实现天然气在时序上的转移，而且能有效降低能源利用的成本。冬季热负荷高，热电联产机组的耗气量也最高；夏季热负荷需求最小，热电联产机组的耗气量也是最小的。此外，从图 5-31（a）可以明显看出，气源总的供气量大于总的气负荷需求，原因是部分天然气存在于管道之中。从图 5-31（b）中可以看出，1、2、12 月储气库处于放气状态，主要原因是冬季的气负荷和热负荷的需求量都较大，受到气源供气量的约束，会出现供不应求的状况；此外，这 3 个月的气价在全年中也是比较高的，因此利用储气库在气价较低的月份（3～11 月）储存的天然气可以满足一部分的负荷需求，而且能够降低天然气公司的购气成本，从而提高收益。从图 5-31（b）可以明显看出，储气库一年的工作状态随着气价的波动而改变，在气价高的季节储气库处于放气状态，气价低的季节储气库进行储气，以实现天然气在时序上的转移。

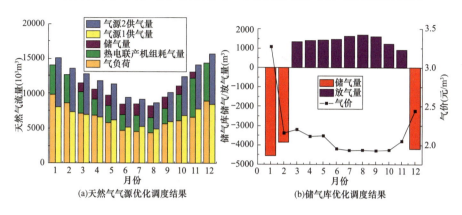

(a)天然气气源优化调度结果　　(b)储气库优化调度结果

图 5-31　天然气系统优化调度结果

（3）热力系统优化调度结果。热力系统优化调度结果如图 5-32 所示，从图5-32可以看出，1、2、12 月的热负荷需求较高，而且城镇的热负荷需求都是通过热电联产机组产热来供应的，所以为了满足热负荷的需求，热电联产机组的热出力需要跟随负荷需求。冬季热负荷需求量大，加大了天然气供应的压力，所以在全年优化调度中考虑储气库能够有效地缓解天然气供应和价格带来的压力。从全年的角度来看，热电联产

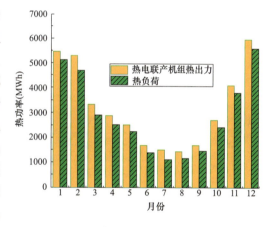

图 5-32　热力系统优化调度结果

机组的热出力总是大于热负荷需求，不仅因为管道存在热量损失，而且热力系统的管道内也会存在一部分的热量。

5.5　本　章　小　结

新型城镇能源互联网运行具有多能耦合性强、动态特性差异大、不同利益主体协调困难等特点，本章介绍了不同能流的时间响应特性和各参与主体利益关系，建立了资源—集群—电网分层、分级协调调控架构；介绍了综合能源系统状态估计方法和安全分析模型，并通过热—电耦合系统算例进行了验证。在自律协同优化方面，提出了基于递阶模型预测控制的多时间尺度优化调度架构、基于市场机制的两阶段优化框架，讨论分析了多能流、多时间尺度、多参与主体的综合能源系统运行优化方法；在能量优化管理策略方

面，提出了基于拉丁超立方抽样以及 k-means 聚类缩减的源—荷场景模拟方法，可有效处理和应对场景中的不确定性及随机性。基于中长期城镇能源特性分析，提出了面向新型城镇能源互联网的中长期能量优化策略，结合实际工程算例验证了所提方法的有效性。通过对城镇能源互联网运行综合优化，可最大程度地发挥多能流系统的可调控潜力，综合调度电、气、热、冷等多种能源，充分消纳可再生能源、提升综合能源利用效率，实现节能减排，最大化经济效益，同时具有显著的环境效益和社会效益。

第6章

城镇能源互联网交易与互动

城镇能源互联网交易与互动技术旨在通过城镇区域范围内的能源交易与用户互动，有效促进分布式能源的就近消纳，减少弃风弃光现象，实现综合能源的高效利用，改善能源消费结构，降低城镇区域内的整体用能成本。然而，当前城镇能源互联网的交易与互动技术尚未成熟，需要解决以下问题：

（1）清洁能源利用不足，大规模接入的分布式能源消纳困难。

（2）多能市场主体间能量信息壁垒严重，多能耦合交易难以开展。

（3）当前市场交易机制难以满足体量不一、类型丰富的用户交易需求。

（4）城镇用户数量庞大，难以实现用户群体的高效信息交流与灵活交易互动。

针对上述挑战，本章围绕城镇能源集中式交易、分布式交易、能源区块链、产消者响应四大部分，介绍了城镇能源互联网交易与互动技术。首先，从能源市场集中式交易出发，提出了城镇能源市场的分层市场架构和集中出清机制，介绍了综合能源服务商的零售服务模式；其次，针对小规模用户的交易需求，提出了能源市场分布式交易的撮合出清机制与多主体竞价策略；然后，介绍了区块链技术特征和能源领域的应用发展现状，提出了基于区块链及其共识机制的能源分布式交易方法；最后，针对城镇产消者，提出了市场环境下的产消者综合响应模型。城镇能源互联网交易与互动技术能实现能源互联网多利益主体间的对等交易与灵活互动，提高能源综合利用效率，促进清洁能源高效利用，助力能源系统实现节能减排、低碳化目标。

6.1　能源市场集中式交易

集中式交易由一个控制中心统一管理，集中进行交易决策、匹配与出清，其优点在于能够快速高效地开展市场交易，并能对报价、出清、校核、结算等各个环节提供支撑。综合考虑市场范围、市场主体的适应性以及信息技术应用的客观条件，集中式能源市场仍有很大的研究价值。本节侧重阐述城镇能源市场分层集中交易机制的设计。

6.1.1　分层市场架构

城镇能源互联网中，随着能源市场多元化发展，涌现出产消者、综合能源服务商与负荷聚集商等诸多新兴市场主体。在此背景下，城镇能源市场的组织与运营面临诸多困难：①不同主体的规模差异显著，难以通过统一的平台进行交易；②受到电力、热力、天然气管网的物理制约，跨区域能源交易容易引发更高的传输损耗甚至安全运行问题；③中小用户以及分布式能源的参与使得城镇能源市场主体的数量大幅增加，市场出清效率降低。本节依据城镇能源系统中用户的用能情况、分布式能源的分布情况和各类能源的供能特点，设计基于集中交易机制的分层市场架构，分城镇级和局域/用户级两层市场来组织交易，促进分布式能源就近消纳，提升市场效益，保障城镇能源市场的高效运行。

《关于推进"互联网＋"智慧能源发展的指导意见》（发改能源〔2016〕392号）提出，针对能源互联网，分层构建能量批发交易市场和零售交易市场，建立基于互联网的微平衡市场交易体系，鼓励个人、家庭、分布式能源等小微用户灵活自主地参与能源市场。对于城镇能源互联网，分层市场设计的目的是促进分布式能源就近消纳，协调分散的局域级市场交易和传统集中式交易，提升分布式能源利用率和运营收益。新型城镇分层市场设计示意图如图6-1所示。

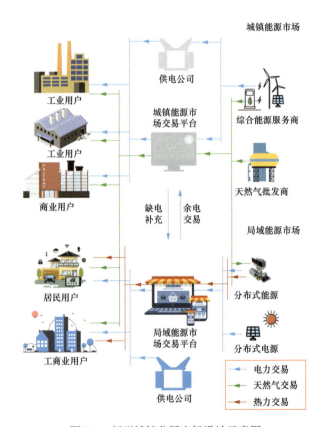

图 6-1　新型城镇分层市场设计示意图

城镇分层市场架构如图 6-2 所示，分层市场基于城镇级和局域/用户级两层能源系统来开展。城镇级市场主要面向工业大用户、城镇级大型分布式能源、综合能源服务商、天然气批发商、售电公司以及局域综合能源市场运营商等城镇市场主体提供能源交易平台，交易的能源主要包括电能和天然气。局域/用户级市场主要交易电能以及热能，交易主要面向中小用户及分布式能源等用户侧资源，例如热泵、电锅炉（EB）、电制冷机（EC）、冷热电联供系统（CCHP）、屋顶光伏等。为提升局域/用户级中小型用户资源参与度，促进局域能源交易与互动，局域能源市场运营商及综合能源服务商分别提供两种分层市场协调解决方案。

（1）综合能源服务商作为能源零售商，向下主导局域/用户级能源交易，对所服务中小用户群体的能源需求进行定价，向上在城镇级市场中作为单元参与交易。

（2）对于含高比例分布式能源的商业楼宇、居民社区等局域能源系统，市场运营商主导局域/用户级能源交易，向下提供分布式能源的交易平台，向上参与城镇级市场交易，实现分布式能源的就近消纳。

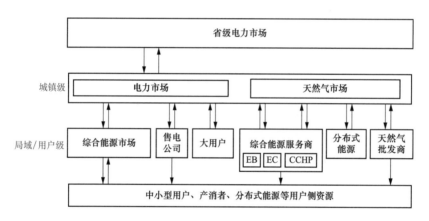

图 6-2　城镇分层市场架构

在城镇分层市场架构中，城镇级市场不仅提供基本的交易功能，还作为衔接局域/用户级市场和大型批发交易市场之间的中间环节。以协调分散的局域交易与传统大型批发市场交易为目的，城镇级市场适合采用中心化交易模式，向上对接传统集中式市场（省级电力市场），平衡整个城镇的供需偏差，向下统筹分散的局域级/用户交易，协调局域/用户级市场的供用能偏差。局域/用户级市场实现分布式能源的就近交易，可根据实际需要选择多样的交易模式。

6.1.2　集中出清机制

集中交易是能源市场价格发现的主要机制，集中竞价的过程也就是市场价格形成的过程，其出清规则直接决定了价格的形成机理，所形成的市场出清电价是公开透明的。集中竞价能够给市场用户传递合理的市场价格信号，从而引导双边协商交易有序开展，而市场出清是指市场调节供需的过程中，通过一定的机制自动匹配超额的供给或需求，实现供需平衡。在集中交易体系下,边际价格出清方法是最主流的出清方式之一,被广泛运用于国内电力中长期交易及现货交易中。本节基于城镇能源互联网分层市场架构,介绍城镇级市场电能和天然气交易集中出清模型及局域级市场综合能源交易集中出清模型,提出城镇—局域能源市场协调机制。

1. 城镇级市场电能和天然气交易出清模型

城镇级电力市场中,市场运营商以用电成本最小为目标,对电力交易出清,出清模型为

$$\min_{P_{m,t}^{E}, P_{l,t}, P_t^{\text{Grid}}} \left\{ \sum_m \rho_{m,t}^{E} P_{m,t}^{E} + \sum_l \rho_{l,t} P_{l,t} + \rho_t^{J} P_t^{\text{Grid}} \right\} \tag{6-1}$$

$$\text{s. t.} \quad P_t^{\text{Grid}} + \sum_m P_{m,t}^{E} + \sum_l P_{l,t} = \sum_i P_{i,t}^{D} + \sum_l P_{l,t}' : \lambda_t$$

$$0 \leqslant P_{m,t}^{E} \leqslant \bar{P}_{m,t} - P_{m,t}^{G}, \forall m$$

$$0 \leqslant P_{l,t} \leqslant \sum_o (\bar{P}_{o,t}^{l} - P_{o,t}^{l}), \forall l$$

式中:$P_{m,t}^{E}$、$P_{l,t}$ 和 P_t^{Grid} 分别为综合能源服务商 m、局域级市场 l 和兜底供电公司在 t 时刻的交易电量,MWh;$P_{i,t}^{D}$ 为工业用户电力负荷,MWh;$P_{l,t}'$ 为向局域级市场 l 的供电量,MWh;$\rho_{m,t}^{E}$,$\rho_{l,t}$ 和 ρ_t^{J} 分别为综合能源服务商 m、局域级市场 l 和兜底供电公司在 t 时刻的电能报价,元/MWh;λ_t 为约束的对偶变量,其物理含义为 t 时刻城镇级市场的电力出清价,元/MWh;$P_{m,t}^{G}$ 为综合能源服务商的 P2G 耗电量,MWh;$\bar{P}_{m,t}$ 为运营商 m 的可用出力上限,MWh;$\bar{P}_{o,t}^{l}$ 为局域级市场中综合能源服务商 o 的最大出力限制,MWh;$P_{o,t}^{l}$ 为综合能源服务商 o 参与局域级市场的交易电量,MWh。

城镇级天然气市场中,市场运营商以用气成本最小为目标,对天然气交易进行出清,出清模型为

$$\min_{G_{g,t}, P_{m,t}^{G}} \left\{ \sum_g \rho_{g,t}^{G} G_{g,t} + \sum_m \rho_{m,t}^{G} \eta_m P_{m,t}^{G} / L \right\} \tag{6-2}$$

$$\text{s. t.} \quad \sum_g G_{g,t} + \sum_m P_{m,t}^{G} \eta_m / L = \sum_i G_{i,t}^{D} + \sum_j G_{j,t}^{D} : \mu_t$$

$$0 \leqslant P_{m,t}^{G} \leqslant \bar{P}_{m,t} - P_{m,t}^{E}, \forall m$$

$$0 \leqslant G_{g,t} \leqslant \bar{G}_{g,t}, \forall g$$

式中:$\rho_{g,t}^{G}$ 为天然气批发商在 t 时刻的报价,元/m³;$G_{g,t}$ 为天然气批发商 g 的供气量,m³;$G_{i,t}^{D}$ 为第 i 个工业用户在 t 时刻的天然气负荷,m³;$G_{j,t}^{D}$ 为第 j 个居民社区在 t 时刻的天然气负荷,m³;$\rho_{m,t}^{G}$ 和 $P_{m,t}^{G}$ 为综合能源服务商 m 在城镇天然气市场中电转气的报价和用电量;μ_t 为约束的对偶变量,其物理含义为 t 时刻城镇级市场的天然气出清价,元/m³;η_m 为 P2G 效率;L 为天然气低热值,取 9.7kWh/m^3。$\bar{P}_{m,t}$ 为综合能源服务商 m 在 t 时段内的最大供电量,MWh;$P_{m,t}^{E}$ 为综合能源服务商 m 在 t 时段内交易电量,MWh;$\bar{G}_{g,t}$ 为天然气批发商在 t 时刻的最大供气量,m³。

2. 局域/用户级综合能源交易集中出清模型

根据市场协调机制，局域/用户级市场的电力电能平衡由城镇级市场和兜底供电公司保障。为了实现分布式能源的全额消纳，对于在城镇级市场中未能交易的分布式电能，兜底供电公司将以固定价格对其进行回收。以局域能源系统的社会效益最大化为目标，局域/用户级综合能源市场出清模型为

$$\max \psi_t = \sum_j \rho_{j,t} P_{j,t}^{\mathrm{D}} - \left(\sum_o \rho_{o,t} P_{o,t}^l + \lambda_t P_{l,t}' + \rho_t^{\mathrm{J}} P_t^{\mathrm{Grid}'} \right) \tag{6-3}$$

$$\mathrm{s.\,t} \quad \sum_o P_{o,t}^l + P_{l,t}' + P_t^{\mathrm{Grid}'} = \sum_j P_{j,t}^{\mathrm{D}} : \nu_t$$

$$0 \leqslant P_{o,t}^l \leqslant \bar{P}_{o,t}^l, \quad 0 \leqslant P_{l,t}' \leqslant \bar{P}_{l,t}'$$

式中：$\rho_{o,t}$ 和 ρ_t^{J} 分别为分布式电源和兜底供电公司在 t 时刻的电能报价，元/MWh；$P_{o,t}^l$ 为第 o 个分布式电源的售电量，MWh；$P_t^{\mathrm{Grid}'}$ 为兜底供电公司的供电量，MWh；$P_{j,t}^{\mathrm{D}}$ 为第 j 个用户在 t 时刻的电能需求，MWh；ν_t 为约束的对偶变量，物理含义为局域级市场在 t 时刻的出清价格，元/MWh。

局域/用户级热交易主体为热泵等分布式热源，以局域市场运营商自有的热电联产机组、电锅炉等设备为兜底热源。局域能源市场管辖范围内的市场参与者向市场运营商上报交易能量和价格，初始报价策略采用分段报价报量的形式。包含热交易的局域能源市场出清模型目标函数见式（6-4），完整模型还需考虑热力平衡约束以及供热与用热市场申报量的上下限约束等。

$$\max \psi_t + \sum_i \gamma_{i,t} Q_{i,t}^{\mathrm{D}} - \left(\sum_n \gamma_{n,t} Q_{n,t}^l + \gamma_t Q_t^l \right) \tag{6-4}$$

式中：ψ_t 为局域电能市场出清目标；$\gamma_{n,t}$ 和 γ_t 分别为分布式热源 n 和局域市场运营商自有供热在 t 时刻的热力报价，元/MWh；$Q_{n,t}^l$ 为分布式热源 n 在 t 时刻的供热量，MWh；Q_t^l 为局域市场运营商自有供热量，MWh；$Q_{i,t}^{\mathrm{D}}$ 为第 i 个用户的用热需求，MWh。

3. 城镇—局域能源市场协调机制

在局域能源系统中，由于热力无法远距离传输，热力用户的需求由局域供热系统中的热电联产机组、电锅炉及热泵等热源满足，因而交易主要发生在互联互通的热力管网覆盖的局域地区内，形成相对独立的系统循环。而对于局域级电能交易，分布式可再生能源出力受外部环境影响，难以保证稳定的电能供应，供能与负荷需求不匹配的情况时有发生。为此，城镇市场需制定市场协调机制为局域市场提供电力电量平衡服务，即当局域级市场中的分布式电能剩余时，局域级市场运营商将余电在城镇级市场中进行交易，对于第 l 个局域级市场，出售的余量电能以售电收益与未出售电量惩罚的差值最大为目标，交易模型为

$$\max_{P_{l,t}, \rho_{l,t}} \left\{ \lambda_t P_{l,t} - C_l \left[\sum_o (\bar{P}_{o,t}^l - P_{o,t}^l) - P_{l,t} \right] \right\} \tag{6-5}$$

$$\mathrm{s.\,t.} \quad \underline{\rho} \leqslant \rho_{l,t} \leqslant \bar{\rho}$$

式中：$P_{l,t}$ 为局域级市场 l 在 t 时刻出售的余量电能，MWh；C_l 为未售出电量的惩罚系

数，其单位与电价相同；$\overline{P}^l_{o,t}$ 和 $P^l_{o,t}$ 分别为该局域级市场中第 o 个社区微电源在 t 时刻可用出力上限和在局域级市场 l 中的交易电量，MWh；$\rho_{l,t}$ 为余量电能报价，元/MWh；$\overline{\rho}$ 和 $\underline{\rho}$ 分别为售电报价上、下限，元/MWh。

当局域级市场的分布式电能供电不足时，城镇级市场向局域级市场提供电能，价格为城镇级市场的电能出清价。需要说明的是，由于社区微电源的出力存在不确定性，在交易时刻 t 仍然未知，故上述可用出力上限实为社区微电源出力的预测值。

4. 算例分析

下面介绍分层市场架构集中出清机制应用的简单例子。在仅考虑电能参与交易的情形下，与统一市场架构下的电能出清价相比，分层市场架构不同层级市场的电能出清价如图 6-3 所示。

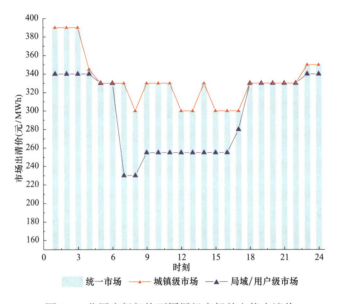

图 6-3 分层市场架构不同层级市场的电能出清价

统一市场架构的出清价与城镇级市场的出清价相同，但普遍高于局域/用户级市场出清价，尤其是在分布式光伏供电时段，出清电价比局域级市场高 20～100 元/MWh。在分布式光伏供电的时段内，局域级市场的出清电价在 230～280 元/MWh 范围内变化，且在电能需求较低时段（7：00 和 8：00）电价最低，由于分布式光伏的总安装容量大于居民社区负荷，在有余量电能的情况下，局域/用户级市场出清电价不变。在分布式光伏供电时段外，局域/用户级市场会选择供电价格较低的一方进行供电，进而降低用户的用电成本。由此可见，当兜底供电公司的供电价格低于城镇级市场电能出清价，局域/用户级市场选择兜底供电公司供电，反之，则选择城镇级市场供电。相比于统一市场架构，分层市场架构下的局域/用户级市场用户拥有较低的出清电价，居民用户节省用电成本约 620 元。

与分布式电能直接被供电公司按照指导价回收相比，市场环境下的分布式电源运营商有获得较高收益的机会。鉴于统一架构对分布式能源的准入存在限制，假设社区微电源无法参与统一市场架构下的能源交易，则分层市场架构为社区微电源提供了参与途径，虽然运营商的收益有所提高，但其具有更高的分布式电能市场化利用率。值得一提的是，统一市场架构不能保证分布式能源被就近消纳。就近消纳分布式能源，可缓解系统峰荷需求，降低分布式能源不确定性对电网运行的影响，在考虑过网费的场景下，统一架构下的运营商收益可能进一步下降。同时，统一市场架构较高的电价会降低用户消纳分布式电能的积极性，不利于分布式能源的长期发展。

6.1.3　零售服务模式

在分层市场架构中，局域级能源市场主要实现中小型用户、产消者、分布式能源等用户侧资源的就近交易，其可以根据实际情况选择不同的交易模式。对于产消者较多、分布式能源部署较强的局域能源系统，可在综合能源市场中进行多种资源的交易；而对于产消者较少、分布式能源部署较弱的局域能源系统，综合能源市场开展可能会存在成本较高等问题。因此，可通过局域综合能源服务商辅助参与局域能源交易，这样有利于市场资源的合理利用。综合能源服务商除了向所辖用户出售从城镇级能源市场购入的电力和天然气能源，还出售所属热电联产机组、电锅炉、电制冷设备生产的冷、热能源。综合能源服务商在向所辖用户零售能源赚取利润的同时，可向用户提供差异化的综合能源服务套餐，这是一种综合能源服务商、用户互惠互利的商业模式。综合能源服务商的运营框架如图 6-4 所示。

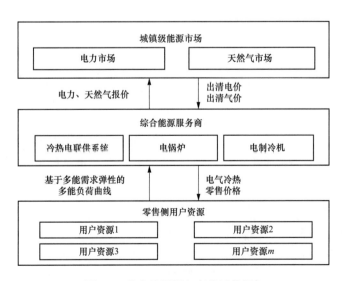

图 6-4　综合能源服务商的运营框架

综合能源服务商通过申报电力—天然气交易信息参与批发侧的电力—天然气市场统一出清，根据出清电价和出清气价购买/出售电能和天然气。在综合能源服务商内部，通过冷热电联供系统、电锅炉和电制冷机等设备生产电能、热能和冷能，并制定电、气、冷、热的零售价格，零售给所辖的多能负荷用户。这种运营模式有利于引导所辖用户形成良好的用能习惯，提高综合能源服务商在城镇级市场与局域级零售市场中的经济效益和竞争力。

综合能源服务商模型包括供用能模型和电、气、冷、热零售价格模型。供用能模型指冷热电联供模型、电锅炉运行模型和电制冷机运行模型。综合能源服务商冷热电联供系统消耗的天然气功率受输出电功率和发电效率影响，而综合能源服务商电锅炉和电制冷机的制冷/热功率受各自的用电功率和冷/热效率影响。

为保证综合能源服务商的市场份额，可借鉴国外零售市场模式，采用统一的全天平均零售电价、气价、冷价和热价，电气冷热零售价格在不同时段有高低差异，但在全天的平均值相同。

综合能源服务商以运营利润最大化为目标参与市场竞价，其目标函数为

$$\max f = \sum_{t}^{T} (\rho_{R,t} L_t - \rho_{C,t} P_{IESP,t}) \tag{6-6}$$

式中：$\rho_{R,t}$ 为 t 时段综合能源服务商的零售价格，元/MWh；L_t 为综合能源服务商在 t 时段的所辖用户的负荷，MWh；$\rho_{C,t}$ 为 t 时段的出清价格，元/MWh；$P_{IESP,t}$ 为综合能源服务商在 t 时段的购能报量，MWh。

由式（6-6）可知，综合能源服务商的运营利润为向用户的能源零售收益减去从能源市场购能的成本。综合能源服务商模型满足综合能源服务商电、气、冷、热供需平衡约束、机组运行约束和储能约束等。在此多能市场环境下，出清电价设置为峰高谷低，出清气价由于供气方报价相同，因此设置为一个定值，基于上述模型和假设进行算例分析。综合能源服务商的能源零售价格如图 6-5 所示，由图可知，综合能源服务商的能源零售价格在预先约定的能源零售价格范围内呈阶梯状分布，趋势基本与综合能源服务

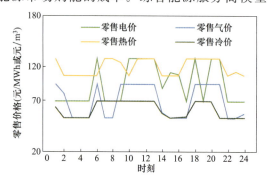

图 6-5 综合能源服务商的能源零售价格

商多能负荷的情况相符合，主要是为了在负荷高峰时段，提高零售价格，最大限度地保障自身收益。

综合能源服务商的电力和天然气的报量如图 6-6 所示，其中图 6-6(a) 中的正值表示综合能源服务商的购电报量，负值表示综合能源服务商的售电报量。从图 6-6 可以明显看出，9：00~18：00，3 个综合能源服务商均进行售电，以最低售电报价向市场出售电量，而在同样的时段，则购买更多的天然气。分析可知，这是由于出清电价高于

出清气价，综合能源服务商在该时段通过购买大量天然气，利用冷热电联供系统发电供给电负荷，多余的电量出售到市场以获取更多利润。因此，在出清电价更高的时段，综合能源服务商更倾向于购买天然气，利用冷热电联供系统供给电负荷，并向市场出售电量。

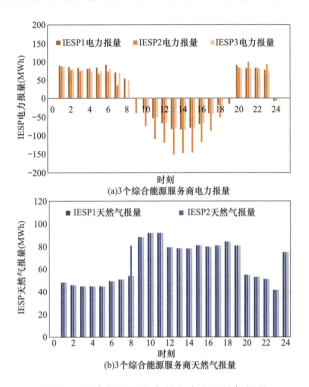

图 6-6　综合能源服务商的电力和天然气报量

6.2　能源市场分布式交易

随着分布式可再生能源的不断接入、用户侧能量管理及需求响应技术逐渐成熟，以及储能技术不断发展，用户侧资源具备了更多的灵活性，能源产消界限相对模糊，用户不再是单纯的能源负荷，而是被赋予了参与市场能力的能源产消者。这种自底而上的能源结构的改变，使得城镇能源互联网下的能源市场正朝着主体多元化、结构扁平化、商品多样化的方向发展，市场准入门槛更低，交易更加自由灵活，从而催生了以用户为中心的分布式能源交易模式。

6.2.1　以用户为中心的市场架构

由于城镇范围内分布式屋顶光伏、电动汽车、家庭储能装置的大规模使用，用户将由单一的能源消费者转变为同时具有能源生产能力的产消者。大量具有能源交易参与资格的产消者涌入市场，使能源交易中心信息处理量激增，增加了传统集中管理模式中交易中心的运行维护成本，同时也给数据安全带来问题。此外，城镇能源互联网中能源商品种类多样，不同能源商品间存在物理管网壁垒，不同能源主体间存在信息壁垒，收集全局信息实现多种能源类型的统一出清面临困境，不利于综合能源商品的流通和自由灵活的交易。众多分布于城市各处的能源产消者的出现和分布式信息处理技术的发展，将打破传统基于中心化管理的垂直一体化结构的能源集中交易模式，形成用户可主动参与的、以用户为中心的市场结构。

以用户为中心的市场架构，聚焦于用户侧资源的优化配置，按照用户参与市场的形式可以分为多中心市场架构和去中心市场架构，分别如图 6-7 和图 6-8 所示。多中心市场架构可以由微电网、虚拟电厂、能源代理等独立决策的能源聚合体，通过组织内部交易或经济调度的方式对内部的产消型用户资源进行优化，再由其代理用户参与交易，并承担不确定性风险。去中心市场架构也叫端对端结构，可以实现用户的单独决策和用户间的直接互动和交易，不需要获取用户的个人设备信息和控制权限的授信第三方，市场中用户的参与更加灵活，竞争更加充分。通常多中心交易架构被视为传统中心化交易向去中心化交易过渡阶段的市场架构，去中心市场架构是多中心市场架构发展的最终阶段。面向新型城镇中无法直接参与集中式能源市场交易的小规模用户，能源市场分布式交易主要聚焦端对端结构展开。

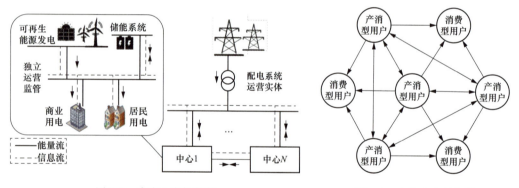

图 6-7　多中心市场架构　　　　　　　　图 6-8　去中心市场架构

6.2.2　撮合出清机制

区别于集中式能源交易，分布式能源交易没有掌握全部市场成员信息的资源优化调度中心，市场成员单独决策直接交易，因而分布式能源交易需要相应的平台和机制，以支撑市场成员直接参与价格协商完成交易。分布式能源交易去中心化的特点主要针对分散于用户侧的分布式可再生能源，实现其和用户间的直接互动交易。考虑分布式能源交易的市场参与者通常规模较小、灵活性较高，需要设计竞争更加充分和更高效灵活的市场交易机制。

交易机制设计的目的是提供一种可操作的、流程化的市场参与和出清方式，使能源交易可以按照既定规则进行，以提高交易的可行性。交易机制包括交易的时间周期、市场匹配流程、结算机制在内的交易规则。该交易机制从市场参与主体的角度出发，旨在提高分布式能源在交易中的价格主动性和价格灵活性，其实现方式为在交易开放时段由市场成员参与竞价再通过交易平台的匹配算法进行匹配出清。

1. 交易规则

分布式能源交易的主要市场参与主体为以分布式光伏和小规模用户为代表的分散于用户侧的资源。由于用户的体量较小，加之受气候、偏好等因素影响的发用电行为具有较大的不确定性，为了规避不确定性带来的违约风险，交易的时间尺度主要为日前或日内交易。空间上，考虑跨台区交易带来的配电网运行成本以及可再生能源就近消纳的原则，分布式能源交易主要针对同一台区网络下的用户进行，跨台区的交易则需在结算时扣除对应的输配电成本。日前集中报价撮合市场流程图如图 6-9 所示。

（1）报价准备。将一个运行日划分成若干运行时段，每个运行时段持续时间为 δ，若用运行起始时间 t_s^x 和截止时间 $t_s^x+\delta$ 表示，则要在 $t_s^x<t<t_s^x+\delta$ 执行针对运行时段 x 的交易结果。市场会在每个运行时段前的固定时间内开放对应运行时段的报价，市场参与主体需要在报价开始前根据运行时段的电力计划和发电预测进行报价准备，报价和运行时间示意图如图 6-10 所示。

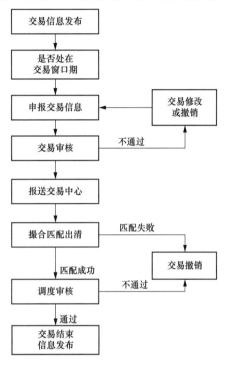

图 6-9　日前集中报价撮合市场流程图

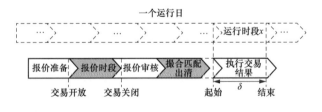

图 6-10　报价和运行时间轴示意图

（2）报价。交易报价将在每个运行时段允许的报价窗口时间内进行，报价内容包括交易电量和交易价格两部分，用户根据短期预测结果进行相应时段的交易报价。在交易窗口时间内，所有用户可以任意编辑订单内容并重新提交，但交易信息不对其他用户公开。

（3）订单审查。交易窗口时间结束，平台审查报价订单的合理性，通过或取消订单。在交易关闭后，由平台管理者审核订单通过与否。

（4）订单匹配与发布。审核时间结束后，订单将根据匹配机制成交，成交信息（包括用户的成交价格和成交量）将被及时公布，以供未来交易参考。竞价匹配中未能成交的电量将由能源供应商（例如售电公司）按照核定的上网电价或工商业/居民电价交易，或协定的电力收购和售出价格形成低利润交易。

（5）电力交割。运行时段根据既定的交易合同进行电力商品的交割，对于承诺交易电量和实际交易电量间的差异，违约方将和上级配电网进行低利润交易以弥补缺额并根据情况收取一定的罚款，该罚款将分配给平台参与者和服务提供商，罚款规则为

$$C_\text{p} = (e_{i,k}^\text{order} - e_{i,k}^\text{real})(p_\text{max} - p_{i,k})k_\text{p} \tag{6-7}$$

式中：C_p 代表惩罚成本；$e_{i,k}^\text{order}$ 代表用户 i 在 k 时段的交易电量，kWh；$e_{i,k}^\text{real}$ 表示用户 i 在 k 时段的实际交易电量，kWh；$p_\text{max} - p_{i,k}$ 表示低利润交易价格和订单成交价格间的差价，元/kWh；k_p 表示由市场供需状况和不平衡电量决定的惩罚系数。

（6）订单结算。运行日结束后，平台将根据交易结果和实际运行情况进行最终的资金结算，自此结束一个完整的交易循环。

2. 连续匹配的出清算法

在报价截止后的撮合匹配出清阶段，将按照"价格优先、连续出清"的原则进行撮合。连续匹配出清流程图如图 6-11 所示。

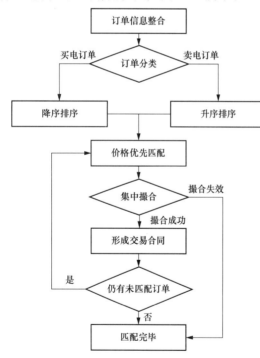

图 6-11　连续匹配出清流程图

用户在报价时根据自己对次日的负荷和发电量预测得到一个净电量，该电量为发电量就近消纳后的剩余量或不足量，其值即为用户参与市场交易的电量值。假设共有 n 个用户参与到分布式能源交易中，在特定时段 k，报量集合表示为

$$E_k = \{e_{1,k}, e_{2,k}, \cdots, e_{i,k}, \cdots, e_{n,k}\} \tag{6-8}$$

式中：$e_{i,k}$ 代表用户 i 在 k 时段的交易电量，kWh。

$e_{i,k}$ 取决于用户在 k 时段的能源发电量和用能负荷。发电量大于负荷时，用户有多余电量向市场售卖，其身份为销售者，$e_{i,k}$ 为正值；反之用户需要向电网购买电量，其身份为购买者，$e_{i,k}$ 为负值。用户根据净电量可分为购买者和销售者，购买者报买价，销售者报卖价。

报价集合为

$$P_k = \{p_{1,k}, p_{2,k}, \cdots, p_{i,k}, \cdots, p_{n,k}\} \tag{6-9}$$

式中：$p_{i,k}$ 代表用户 i 在 k 时段的交易报价，元/kWh。

$p_{i,k}$ 并非成交价，而是指在该价格下所得收益是用户能接受的最低预期收益。对购买者，报价代表了所能接受的最高买价；对销售者，报价代表了所能接受的最低卖价。所有用户报价在平台内进行整合，并按价格分类排序，排序后的价格序列为

$$P_k^{\text{sort,s}} = \{ p_{[1],k}^{\text{s}}, p_{[2],k}^{\text{s}}, \cdots, p_{[i],k}^{\text{s}}, \cdots, p_{[m1],k}^{\text{s}} \} \tag{6-10}$$

$$P_k^{\text{sort,b}} = \{ p_{[1],k}^{\text{b}}, p_{[2],k}^{\text{b}}, \cdots, p_{[i],k}^{\text{b}}, \cdots, p_{[m2],k}^{\text{b}} \} \tag{6-11}$$

式中：$P_k^{\text{sort,s}}$、$P_k^{\text{sort,b}}$ 分别代表时段 k 中经排序后的售卖、购买报价序列，售卖序列升序排序，而购买序列降序排序。

最高的买方出价和最低的卖方出价优先匹配，若该买方出价不低于卖方出价，则匹配成功，成交量为两者申报量的较小者，成交价格为双方报价的平均值，继而剩余电量继续匹配，重复上述过程直至匹配出现买方出价低于卖方出价，即双方都无法接受该价格下的收益，则匹配停止，完成全部出清。该方式可以让用户有节制地报价，既让报价真实反映自身利益诉求，又考虑交易不被匹配的风险而控制报价范围。

交易机制的可行性考虑用户的利益驱动性和技术可行性两方面。一方面，现有的分布式能源政策仍以上网补贴为主，用户的购电成本和发电收益存在价差，当分布式能源交易使得交易价格落于二者价差之间时，用户会从交易过程中切实获得更大利益，因此该报价机制具有相对的利益驱动性。另一方面，新能源发电的边际成本趋近于 0，且发电量不可控，分布式能源拥有者更倾向于最大程度的交易电量。而分布式能源发电和负荷预测技术的逐步成熟，使得用户对于市场交易电量的预测更为精确，使交易过程可能产生的不平衡电量惩罚的风险变小，加之电子信息技术的发展和安全可靠的通信技术的应用，使得灵活的交易操作成为可能，用户更愿意主动参与到高收益的市场交易中。

3. 算例分析

（1）交易设置。设定一日内每一交易时段的时间长度 δ 均为 1h，一日共计 24 个时段。每一时段交易市场的开放时间规定：该时段前 24h 开放交易，该时段前 1h 关闭交易。为不失一般性，分布式能源交易中未成交的用户与电网交易的购售电价格分别采用分时电价和上网电价，分时电价为峰时 0.618 元/kWh、谷时 0.388 元/kWh，上网电价为 0.35 元/kWh。

市场模拟了 100 个具有分布式屋顶光伏发电的居民用户参与交易，其发用电量数据采用某能源互联网示范工程的真实数据。考虑用户是理性的，其参与分布式能源交易的目的是降低用电成本或提升售电收益，并考虑市场中的成交率与用户报价区间的交叉率呈负相关，从而设置其报价服从报价区间内的随机分布，对于买方这一报价区间设置为峰时 [0.4304，0.618]、谷时 [0.3614，0.388]，卖方报价区间为峰时 [0.35，0.5376]、谷时 [0.35，0.3766]。

（2）结果分析。总用电量的供给占比情况图如图 6-12 所示，图中展示了一个运行日中 24 个运行时段市场中用户总用电量从分布式能源交易市场获取和从电网获取的占比

情况。显然在光伏发电量充足，且分布式能源交易市场可以实现自身内部供需平衡时，受更低的用电成本吸引，用户更倾向于参与分布式能源交易获取电量来满足自身用电需求。总收益和支出对比见表6-1，由表可知，拥有分布式光伏的用户可以通过参与分布式能源交易获取更高的收益，整体收益率比直接以上网电价向电网售电提升了17.55%，而负荷用户也可以通过参与分布式能源交易的竞争降低自身的用电成本，总体用电成本比以分时电价向电网购电降低了7.04%。由于1：00～6：00、18：00～24：00为无辐照时段，光伏发电无出力，用户无法从分布式能源交易市场中获取电量，全部参与电网交易，从而全时段总电费支出的降低相比总售电收益的提升并不显著。

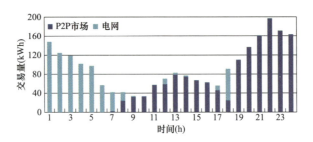

图6-12 总用电量的供给占比情况图

表6-1 总收益和支出对比

参与分布式交易		不参与分布式交易		参与分布式能源交易的收益	
收益（元）	支出（元）	收益（元）	支出（元）	收益提升	支出降低
432.32	367.76	1092.52	1175.35	17.55%	7.04%

6.2.3 多主体竞价策略

在社区微能源网的用户间发生端对端能源交易时，用户为了自身利益，通过制定相应策略的方式参与到市场竞争中。解决用户之间的利益冲突问题可促进新能源的就近消纳，保障社区微能源网用户侧的用户之间的能源交易成功进行。市场参与者各自整合不同的资源优化自身运行目标，彼此之间拥有不同的利益，并呈现出多元化趋势，每个市场参与者在决策时都需充分考虑其余市场参与者对自身的影响。

博弈均衡理论是分析和预测竞争市场参与者策略性行为与动态价格确认的重要工具，市场参与者的博弈行为是竞争性电力市场最直观的特征，与电力市场中交易模式密切相关。采用博弈论方法作为用户间的互动策略研究方法，有助于市场的价格机制设计和竞争运营，为满足社区微能源网用户端对端交易需求，建立并制定有效的用户间互动策略，可通过博弈理论来处理与不同市场主体间的利益冲突，从而理清多用户交易过程中定价机制的问题。

1. 同时博弈和非同时博弈

（1）非同时博弈。非同时博弈方法又称为动态博弈方法，是指各个参与者有先后顺序地给出其博弈策略，且后给出策略的参与者能够观察到先给出策略的参与者的行动，会在一定程度上受到先给出策略的参与者影响。在用户侧能源交易中，若用户采取非同时博弈方法互动，作为卖家的用户先选择包括供应量和理想卖价的策略，进而买家选择包括需求量和理想买价的策略。通过寻找博弈均衡，确定统一市场交易价格。但采用非同时博弈方法用于端对端交易模式下，存在两个问题：①交易策略的先后顺序对市场公平性存在一定影响；②统一市场价格无法反映出端对端能源交易的实时性特点及用户间竞争关系。

（2）同时博弈。同时博弈方法又称为静态博弈方法，是指各个参与者同时给出自己的博弈策略，或是在不知道其他参与者策略的情况下，独立给出自身博弈策略。在用户侧能源交易中，用户采取同时博弈方法互动，是指作为卖家的用户和作为买家的用户在无法得知对方所给出的相关信息的情况下，给出包含交易量与理想交易价格信息的策略，通过寻找纳什均衡，分别确定不同买卖双方的不同交易价格的方法。由于同时博弈方法中，每个参与者无法知道其他参与者的选择从而有针对性地调整自己的策略，因此可以有效保障交易的公平性。同时博弈方法中，不同用户可以根据纳什均衡以不同的交易价格进行交易，更有利于用户追求自身的利益，所以同时博弈方法可以有效激励用户参与端对端交易模式，从而促进新能源的就近消纳。

2. 基于同时博弈的用户侧分布式交易可行性与风险性

（1）可行性分析。采取同时博弈进行互动的主要过程：首先，用户根据公布的预测消息选择在这个交易时间间隔中担任卖家或买家的角色；然后，用户同时给出包含自己在该时刻的交易量以及理想价格区间的策略；接着，通过匹配买卖双方所给出的理想交易价格区间，寻找纳什均衡，从而确定用户间的交易关系以及各自的交易价格。一个完整的博弈论由参与人、策略和效用函数三部分组成。

1）参与者。包含所有在这个时间间隔参与用户间端对端交易的卖家 N_s 与买家 N_b，由于一个用户不能在一个交易间隔中既当卖家又当买家，即

$$N_s \bigcap N_b = \varnothing \tag{6-12}$$

2）策略。在这个同时博弈中，卖方的策略与买方的策略可以分别表示为

$$S_s(i) = S_s(E_i, r_i) \tag{6-13}$$

$$S_b(j) = S_b(E_j, r_j) \tag{6-14}$$

式中：E_i、E_j 分别为卖家 i 与买家 j 提出的交易量，kWh；r_i、r_j 分别为卖家 i 与买家 j 所提供的理想价格区间，卖家和买家是通过提供理想价格区间来保障自己的经济利益，即

$$r_i = [r_{i\,\min}, r_{i\,\max}], i \in N_s \tag{6-15}$$

$$r_j = [r_{j\,\min}, r_{j\,\max}], j \in N_b \tag{6-16}$$

3）效用函数。卖家 i 与买家 j 的效用函数分别可以表示为

$$U_s(i) = U_s(E_i, r_i, r_{-i}) \tag{6-17}$$

$$U_b(j) = U_b(E_j, r_j, r_{-j}) \tag{6-18}$$

式中：r_{-i}、r_{-j} 分别为其他卖家和其他买家所给出的理想价格区间。

用户在同时博弈进行互动的过程中，可能存在一个卖家与两个买家同时达到纳什均衡或者一个买家与两个卖家同时达到纳什均衡的情况，在这样的情形下，采用同时博弈方法将无法帮助用户确定他们的交易关系以及交易价格。因此，为了保证用户采用同时博弈互动的可行性，对用户间交易优先级顺序进行了设计。

（2）风险性分析。在分布式能源交易过程中，主要需要解决的风险来自于与交易价格相关的风险问题，以保证交易的正常运行以及市场的协调稳健发展。当用户通过同时博弈方法进行互动时，通过匹配买卖双方所给出的交易价格区间，将匹配区间的中值作为双方的最终交易价格。但是，在这个过程中，存在参与同时博弈的买卖双方所给出的理想交易价格区间均不匹配的风险，且该风险较高。未经过风险分析用户提供的价格信息如图 6-13 所示，图中展示了一个未经过风险分析情况下，用户在同时博弈过程中提供的理想交易价格区间不匹配的例子。此时，买卖双方的理想价格区间没有重合部分，这使得买卖双方无法成功交易，这既不利于解决新能源就近消纳问题，又损害了买卖双方的利益。

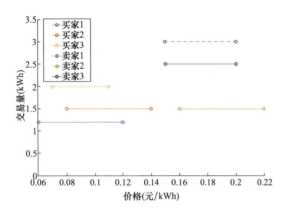

图 6-13　未经过风险分析用户提供的价格信息

为了避免价格不匹配的风险，同时提高用户侧能源交易的成功率，也即提高新能源就近消纳量，采用了被广泛使用的风险价值（value at risk，VaR）进行风险评估，即对交易失败风险的评估。VaR 具有计算过程简洁、效率高的优点，适用于交易频繁的用户间能源交易。此处的风险价值是指在考虑平均市场交易价格这一市场因子的情况下，估计在置信水平为 95％的情况下，交易双方能够成功交易的价格区间。

首先，根据 VaR 计算出图 6-13 中所示例子中的风险价值，即 VaR＝［0.10，0.18］。然后，将 VaR 提供给用户后，再让他们提出自己理想价值区间，得到相关的价格信息，经过风险分析用户提供的价格信息如图 6-14 所示。从图 6-14 可以看出，在同时博弈方法中加入风险分析之后，买方和卖方的交易价格区间有了重合部分，可以促进社区微能源网用户侧能源交易的成功进行。

此外，图 6-15 展示了在图 6-13 所示案例中计及风险分析的情况下，某位卖家和某位买家经历 15 次端对端能源交易后，每一次的交易价格变化曲线。

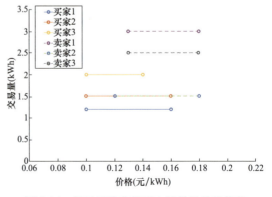

图 6-14　经过风险分析用户提供的价格信息

从图 6-15 可以看出，在同时博弈互动中，双方的交易价格不断趋向边际市场价格，这说明 VaR 对用户提供理想价格交易区间起到了有效的指导作用，即用户不断逼近最优的收益均衡值，有利于提高用户的经济效益。

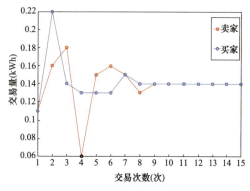

图 6-15　经过风险分析后用户
最终交易价格变化曲线

综上所述，在同时博弈互动策略中，加入风险分析具有重要意义。通过 VaR 对风险进行分析评估，可以提升用户间交易的成功率，达到促进新能源就近消纳量的目的，同时保障用户的经济效益。

3. 基于博弈的多主体交易互动

以计及博弈风险的同时博弈方法设计用户侧分布式交易策略，以 1h 为交易时间间隔 Δt，用户在每个时间间隔通过同时博弈的方法进行互动，下面介绍该互动过程。

（1）确定市场的总供电量与总需求量。

1）对用户进行分类。基于用户的能量情况，将其分为卖家（N_s）与买家（N_b）两类。在对应交易时间间隔中，除了供给自身所需电能外还有多余电能的用户即为卖家；而家中有电能需求且不能自给自足的用户即为买家。

2）用户发布各自能量情况。交易开始时，每一个卖家 N_s 将自身预估的供应电能 $E_E(i,\Delta t)$ 向市场发布，其中 $i\in N_s$，表示第 i 个卖家，Δt 表示交易时间；每一个买家 N_b 向市场发布预估的所需求的电能 $E_S(j,\Delta t)$，其中 $j\in N_b$，表示第 j 个买家。

3）确定市场整体能量情况。基于 2）中每一个用户所提供的能量消息，计算市场的总体供应能量。

$$\sum_{i\in N_s}E_E(i,\Delta t) \tag{6-19}$$

同时，计算市场的总体需求能量，其表示为

$$\sum_{j\in N_b}E_S(j,\Delta t) \tag{6-20}$$

然后，比较市场总体供应能量和总体需求能量的大小关系。

（2）进行博弈风险分析。首先，基于上述计算的交易时间间隔，以市场总体的供应能量和总体需求能量的大小关系为基础，确定 VaR 基础类型；其次，通过历史交易撮合数据分析，以历史模拟法为工具，计算 VaR；最后，将已计算的 VaR 发布给用户作为参考，通过风险价值取值区间，实现卖家和买家理想值区间的确认，即

$$r_i=[r_{i\min},r_{i\max}],i\in N_s \tag{6-21}$$

$$r_j=[r_{j\min},r_{j\max}],j\in N_b \tag{6-22}$$

式中：r_i 表示卖家 i 提供的价格区间；r_j 表示卖家 j 提供的价格区间。

当卖家、买家给出的交易价格区间满足 $r_i\bigcap r_j\neq\varnothing$，则买卖双方达成交易，且交易

价$r_{CP}(i, j)$ 等于这两个交易价格区间交集的中值。

（3）确定交易优先级。在社区微能源网用户侧能源交易过程中，用户互动的目标是在提高新能源就近消纳量的同时保证参与者的利益，因此，需针对供用双方特征，建立就近消纳量及社会福利优化目标。

为了保证用户之间的端对端交易顺利进行，需要确定一个交易的优先级顺序，具体规则如下：①为了最大化新能源就近消纳量，当参与交易的用户所给出的价格区间只有唯一交易者所给出的价格区间与其重叠时，该组用户最先达成交易；②由于交易双方同时达到纳什均衡时，交易双方的利益最优，因此，用户交易关系由纳什均衡判断；③当纳什均衡无法确定用户的交易关系时，即某位卖家（或买家）与多位买家（或卖家）同时达到纳什均衡时，则由这几位买家（或卖家）的交易量决定交易顺序；④有较低电量需求的买家（或较多电能供应量的卖家）可以优先进行交易；⑤若通过交易量仍无法判断交易顺序，则根据各个用户在历史交易过程中的行为所得到的信用评分高低判定其交易优先级顺序；⑥参与用户侧能源交易的用户根据优先级顺序进行交易，在交易过程中，若有用户在这一个交易时间内未能成功与其他用户进行端对端交易，则其直接与电网进行交易。

确定市场的总供电量与总需求量、进行博弈风险分析、确定交易优先级三步即为一个交易时间间隔内的一个完整的计及博弈风险的同时博弈互动策略方案。在市场开放时间内，用户在每个交易时间间隔基于此方法进行一次互动。

4. 用户侧分布式交易价格确定机制

在用户侧的端对端能源交易中，主要需要实现两个目标：一是促进新能源就近消纳，二是提高用户的经济效益。为了提升新能源就近消纳量，首先设计了一个交易量调整阶段，使用户可以有一次调整自己交易量的机会。具体来讲，在用户确定交易量的过程中，用户首先提出一个理想交易量，然后基于系统反馈给用户的在该阶段的交易价格预测信息，用户根据自身偏好，在一定范围内对交易量进行调整，最终确定该交易时间间隔内的交易量。交易量调整阶段设计思路如图 6-16 所示。

图 6-16　交易量调整阶段设计思路

在交易量调整阶段，交易价格预测是一个指导工具，它可以帮助用户更好地决定是否对自己初次提供的预期交易量进行调整，考虑到不同用户具有不同的个性及偏好，因此该价格预测值是基于该用户不改变其所提出的预期交易量，而其他用户根据各自的习惯调整了交易量的假设计算的。

由于计算该预测值时应该降低计算复杂度并且预测精度不需要太高，因此采用了一个基于历史数据的方法计算该值。该计算方法主要包括两个步骤，下面以提供给用户 k 的价格预测值为例说明该算法。

（1）预测调整交易量后的供需关系。根据目标预测在户调整交易量后的市场上的期望售电量 $\widetilde{E}_s(t)$ 和购电量 $\widetilde{E}_d(t)$，由于用户 k 在一个交易时间间隔内，只能担任一种交易角色（卖家或买家），因此需对参与者的市场角色进行定义。

基于售电量和购电量的预测值，可以预测用户之间端对端交易中市场的供需关系 ω

$$\omega = \frac{\widetilde{E}_s(t) - \widetilde{E}_d(t)}{\widetilde{E}_d(t)} \times 100\% \tag{6-23}$$

（2）根据分类后的历史数据，预测用户 k 的交易价格。由于用户间端对端交易的交易价格受日期（工作日或周末）和供需关系影响较大，因此，为了提高价格预测值的准确性，历史数据将被分类，历史数据具体分类法如图 6-17 所示。

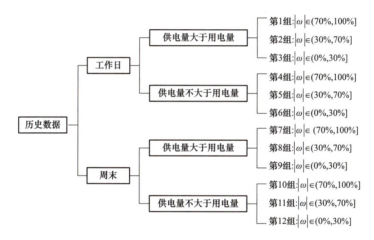

图 6-17　历史数据具体分类法

首先，将历史数据分为工作日和周末两个大类；然后，根据供需关系分为供大于求和供不大于求两类；最后，根据供需关系的百分比再将其分为三类（即 $|\omega| \in (0, 30\%]$、$|\omega| \in (30\%, 70\%]$、$|\omega| \in (70\%, 100\%]$）。根据得到的供需关系指数 ω，在相对应类别的历史数据中，对 n 个历史数据 $p_i (i = 1, 2, \cdots, n)$ 通过取平均的方法求得提供给用户 k 的交易价格预测值。

为了提升用户经济利益，采用计及博弈风险的同时博弈互动策略来确定交易价格，交易价格确定设计思路如图 6-18 所示。首先，根据用户最

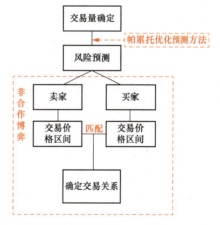

图 6-18　交易价格确定设计思路

终确定的交易量进行风险预测，同时将这个预测值分别提供给卖家和买家；然后，卖家和买家进行同时博弈，通过提出理想的交易价格区间，并进行匹配之后，确定交易关系。

6.3 基于区块链及其共识机制的分布式交易

能源互联网作为多种能源融合、信息物理融合、多元市场融合的"互联网＋"智慧能源产物，试图建立"一种互联网与能源生产、传输、存储、消费以及能源市场深度融合的能源产业发展新形态"，实现"设备智能、多能协同、信息对称、供需分散、系统扁平、交易开放"。区块链技术本身就在革新传统的互联网格局与模式，以保障信任为核心，促进交易、认证等多方面高效运行。同样地，区块链技术也将在能源互联网时代，促进多形式能源、各参与主体的协同，促进信息与物理系统的进一步融合，实现交易的多元化和低成本化。

6.3.1 区块链与能源互联网

1. 区块链定义

区块链是由区块有序链接起来形成的一种数据结构，其中区块是指数据的集合，相关信息和记录都包括在里面，是形成区块链的基本单元。为了保证区块链的可追溯性，每个区块都带有时间戳，作为独特的标记，区块由区块头和区块主体两部分组成。

（1）区块头。链接到前面的区块，并为区块链提供完整性。

（2）区块主体。记录了网络中更新的数据信息，每个区块都会通过区块头信息链接到之前的区块，从而形成链式结构。

区块链网络是一个P2P网络，即点到点网络。整个网络没有中心化的硬件和管理机构，既没有中心服务器，也没有中心路由器。网络中的每个节点地位对等，可同时作为客户端和服务器端。在区块链系统中，每个节点保存了整个区块链中的全部数据信息，因此，整个网络中，数据有多个备份。网络中参与的节点越多，数据的备份也越多。这种数据构架的各节点数据是所有参与者共同拥有、管理和监督的，一方面使得每个节点可以随意加入或者离开网络，而保证网络的稳定性；另一方面使得数据被篡改的可能性更小。因此，区块链技术凭借其创新的技术架构以及去中心化、透明化、数据安全性、系统自治性的特点，能有效解决能源区块链系统中的信用问题。

2. 能源区块链

根据区块链技术自身特征，能源区块链将具备4个主要特点。

（1）能源网络去中心化或弱中心化。区块链系统中不存在中心化的数据库，每个节点都保存了区块链的全部信息，权利和义务对等；能源互联网中分布式能源和微电网将成为重要的组成部分，消费者即生产者，强调个体之间平等进行能源的分享。

（2）自治协同性。区块链系统由网络中的所有节点运行和维护，不存在统一的管理机构；能源互联网强调系统的自调度和生态化运行。

（3）促进建立市场化与金融化平台。利用区块链技术能够建立公平开放的市场机制，同时可以很好地服务于其他金融产品的交易；能源互联网则强调建立开放的能源市场，也将促进能源的金融衍生品的形成。

（4）智能化、合约化趋势。区块链系统可以通过智能合约或"可编程货币"来实现合同执行的自动化和智能化；能源互联网将存在大量的智能发、输、配、用以及储能设备，需要通过一系列的智能合约保证能源系统的交易等的自动执行。

区块链的去中心化、公开透明、协同自治特性与能源互联网的理念相吻合，解决了价值交换中的中间成本问题，极大地降低了业务开展需要支付的信任成本，保证了系统高效率、低成本运营，区块链特性如图 6-19 所示。这一优势可广泛应用于能源交易领域，替代原本由中心机构处理的交易流程，转向 P2P 交易的新模式，是未来能源互联网中重要的技术解决方案之一。区块链与能源互联网技术特点见表 6-2。

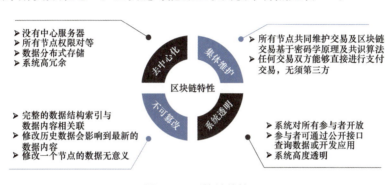

图 6-19　区块链特性

表 6-2　区块链与能源互联网技术特点

特点	区块链技术	能源互联网
去中心化	所有节点权利义务对等	各主体平等分散决策
协同自治	所有节点共同维护	不同形式能源高效协同
市场化	无须第三方的信任机制	多元化的能源市场
智能合约	能够自动执行合约	自动化交易

6.3.2　基于区块链的分布式交易机制

分布式能源凭借能效高、运行灵活、经济性好等特点，逐渐成为发电的重要来源。区块链技术的去中心化管理、信息公开透明、全程留痕等特征与分布式能源交易相吻合。基于区块链的分布式能源交易有助于提高能源利用效率，降低信用成本。

区块链应用于分布式交易机制，使得交易市场变得更加灵活和自由。一方面，区块链的应用使发电的门槛变得更低。用户可以依托家庭环境或者在家庭附近部署小型化的发电单元和储能单元，并根据自身实际的电能生产成本制定灵活的电能销售价格，并以比电网更低的价格将剩余的电能就近销售给附近的其他用电用户，用户也可以选购这些电能资源来使得自身用电成本降低。另一方面，买家购电有了更加多元化的选择，买家不再从唯一的卖家手里购买固定电价的电能，而是可以从更多的不同电价的卖家手里购买电能。并且通过某种计算方法选择出最优化的购电方案，使得自身用电成本最小化。

基于区块链的分布式交易机制主要以多阶段非合作博弈为基础，核心思想是确定价格最优的区域市场出清配对，以提升分布式能源消纳比例与用户经济效益为目标，开展以智能合约为执行过程的集体优化与动态撮合。基于上述思想，可以建立起如图 6-20 所示的分布式能源交易市场场景。设定某区域为进行分布式电能交易的区域，区域内具有多个配备了分布式发电和存储单元的用户。区域内参与交易的用户可以是电能的生产者或者消费者，代表交易的卖家和买方，用户都通过能量线和信息线连接。卖方的分布式发电装置可以生产电能，储能装置可以存储多余的电能，而买方则需要购买这些分布式的电能，以此来减少自身的用电成本。

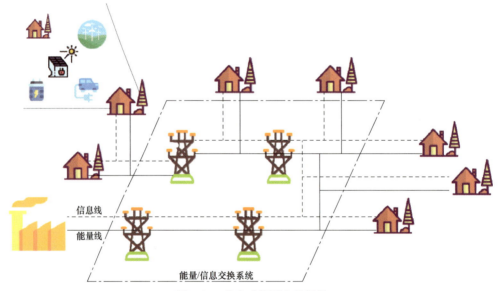

图 6-20　分布式能源交易场景

体现区块链行为的流程为交易达成的步骤，完成交易需要在区块链上进行操作，智能合约会调用交易的数字化合约以及认证调度侧的智能调度模式，从而确定是否执行交易。智能合约拥有执行交易，即写入区块返回交易成功，并通知调度模块执行调度的权限，也拥有否决交易，不写入区块的权限。区块链平台交易步骤与共识流程分别如图 6-21 和图 6-22 所示。

相较于传统的中心化在线交易平台，区块链服务模块提供了能源侧交易的服务，为使平台具有通用性及易用性特征，该区块链服务模块可以采用 Hyperledger 模块。用户可以执行挂单或者买单，当用户执行挂单时，身份为售电用户；执行买单时，身份为购电用户。即用户既可以作为生产者，又可以作为消费者，这种产消结合的模式符合能源互联网的定义。

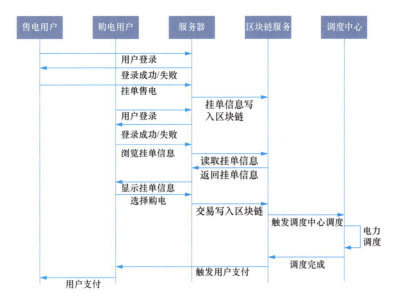

图 6-21　区块链平台交易步骤

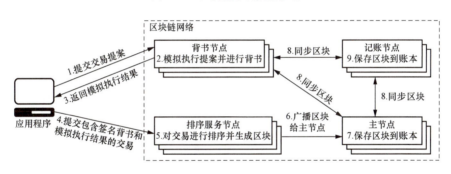

图 6-22　区块链平台共识流程

1. 分布式能源交易系统架构

本节针对区块链在能源互联网中的应用场景，设计了基于区块链技术的分布式交易系统架构，使得参与用户可以在不需要中心化机构管理的模式下实现点对点的直接交易，分布式能源交易系统架构如图 6-23 所示。

（1）用户层。系统架构的最上层是用户层，用户层面向参与分布式电能交易的普通产消者，用户层需要提供给参与者一个客户端和一个接收和处理前端界面用户信息，并与中间区块链层进行交互的后端服务器。用户可以在客户端进行用户注册，获得加入区块链网络的权限。电能的卖家可以发起可供给发电量的电量、电价等相关信息，电能的买家可以提交想要购买的订单量等相关信息。交易双方可以通过客户端页面查看电能的交易和结算结果，历史交易合同可以在客户端界面上进行查询。客户端对用户发布的信息进行处理，通过后端服务器向层区块链提交请求。区块链层对交易进行处理，最后生成新的区块加入区块链，最后的交易信息又通过后端服务器反馈给前端用户。

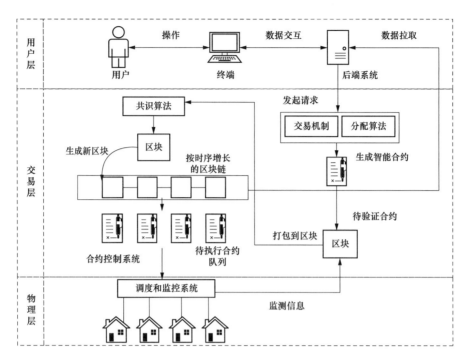

图 6-23　分布式能源交易系统架构

（2）交易层。系统架构的中间层是交易层，或者说是区块链层。交易层是区块链的开发、部署和运行部分，包含了整个交易过程中所有动作的逻辑，以及支撑逻辑运行的一整套区块链底层系统。因此，交易层（或者区块链层）构成了整个分布式电能交易系统的核心部分。用户在前端发起的请求经由后端服务器处理送至区块链中，按照智能合约的规定动作匹配并执行交易，交易结果经共识机制验证后打包成新的区块，链接到时序增长的区块链当中，生成交易队列，并自动执行。

（3）物理层。物理层是整体体系架构的最底层。物理层需要物理硬件设备的支持，主要包括能量调度模块和智能电能表读表。能量调度模块在收到智能合约的调度信息之后，调度能量的流动。信息监控模块监控着各个用电和发电设备的信息，及时地将能量流动和消耗产生的信息回传到区块链上。

2. 分布式电能交易架构

（1）分布式电能交易架构组成。根据 Hyperledger 的层级结构设计分布式电能交易架构，基于 Hyperledger 的分布式电能交易架构如图 6-24 所示。交易架构可以分为三层，上层是系统应用层，中层是业务逻辑层，底层是区块链底层，也就是数据存储访问层。

1）系统应用层。主要包含系统各功能模块业务逻辑的客户端和用来处理客户端的信息并与区块链层进行交互的服务端。用户可以通过客户端实现用户注册登录、交易信息发布、交易结算、账单查询等业务入口服务功能。用户在客户端发出的请求信息由服务端进行接收，并通过服务端的排序，与通过调用业务逻辑层提供的 API 接口与底层的区块链层进行交互，将数据转换成资产或者交易等存储在底层区块链账本。用户在客户端的增加、删除、修改操作对应底层数据的增加、删除、修改，但是操作记录会被永久保存；用户在页面的查找操作则是通过调用系统底层接口获取底层存储信息再返回到客户端进行展示。

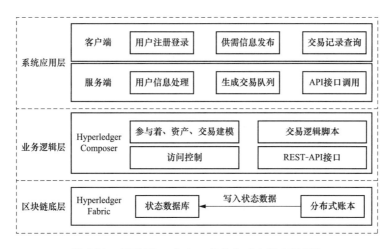

图 6-24　基于 Hyperledger 的分布式电能交易架构

2）业务逻辑层。系统中间层是业务逻辑层，这是系统平台的核心业务层，包含了业务逻辑所需的核心部分——智能合约。客户端给用户提供的所有增加、删除、修改、查找操作都需要通过业务逻辑层来进行实现。业务逻辑层使用 Hyperledger Composer 的一系列组件工具对底层业务网络进行运行逻辑层面的设计并向上提供 REST-API 服务接口，这些 API 接口由服务端对业务网络服务接口进行服务编排组合以及交易流程管理等业务的实现。

3）区块链底层。Hyperledger Fabric 为分布式能源交易提供底层区块链平台，用户处理区块链技术的底层逻辑主要包括状态数据库维护、分布式账本的维护、智能合约的生命周期管理、共识验证机制等基础的区块链功能，实现数据的不可篡改和智能合约的业务逻辑运行。

（2）分布式电能交易流程。基于 Hyperledger 的分布式电能交易流程如图 6-25 所示。交易市场的参与成员应该由区块链运行管理员和在区块链平台上进行交易的用户组成。区块链管理员负责发布交易的启停等操作。首先，管理员向区块链发送启动交易的命令，调用区块链的启动注册逻辑，区块链执行该逻辑，向客户端的用户发射一条启动注册的事件；客户端随时监视着来自区块链发射的事件，当接收到启动注册事件之后，用户在客户端进行注册操作，卖家注册并发布供给电量和电价信息，买家注册发布电量需求信息，这些信息发送到服务端缓存，服务端以队列的形式依次调用区块链上的买家、卖家信息发布逻辑，与区块链进行交互操作；注册时间由区块链管理员规定，注册时间结束之后区块链管理员发布结束注册的命令，调用区块链链码，区块链执行相关逻辑，并向客户端发射启动第一轮第一个买家投标的事件；客户端接收事件，进行投标过程，买家通过分布式计算服务程序，并根据返回的计算结果进行投标，投标进程通过服务端以队列的形式与区块链进行交互；在每轮区块链处理完每个买家的投标逻辑之后，会寻找本轮一个买家并发射本轮下一个买家投标的事件；每轮的投标结束后，区块链会发射一个下一轮第一个买家博弈的事件；直到所有买家都不再更改自己的操作，博弈过程达到平衡，所有的投标过程结束；这时区块链会向客户端发布一个资产转移的事件，客户端接收到事件之后，会对应地执行电能流动和资金结算操作，并通过服务与区块链进行交互。

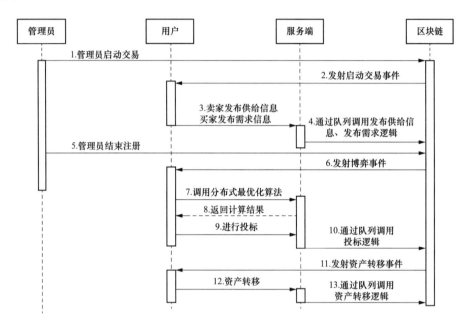

图 6-25　基于 Hyperledger 的分布式电能交易流程

Hyperledger 的系统架构上层是从应用程序的角度对区块链进行分析，而下层是对区块链服务进行了细化。

1）从应用上层的角度来看，可以分成身份管理、账本管理、交易管理和智能合约 4 部分。

a. 身份管理。为了拓展区块链的应用场景，在设计的时候考虑了系统的安全性、隐私保护和政府监管等可能存在的实际需求。因此在加入区块链的时候，需要对进入区块链的成员进行身份管理。

b. 账本管理。账本管理服务是指区块链上的许可用户可以对账本进行各种过滤条件的查询，以得到账本中存储的数据信息。

c. 交易管理。真正的数据入链是需要执行交易的。要把数据存储到账本中首先需要提交交易提案，其次通过设定的背书策略对交易进行背书，最后排序节点进行交易提交以及生成区块，以上均属于交易管理。

d. 智能合约。应用程序业务逻辑的实现是需要编写智能合约来进行的。在 Hyperledger 中，智能合约被称作链码，而应用程序数据的更新实际上是链码对账本数据的更新。Hyperledger 使用 Docker 来管理链码，并为其提供了隔离的安全沙箱环境。

2）从底层的角度来看，可以把区块链技术分为成员服务、共识服务、链码服务以及安全和密码服务 4 部分。在一个区块链网络中会有多种不同类型的节点，该网络中包括两个组织，每个组织中包含四个普通的 Peer 节点。网络还提供了排序服务来进行交易的排序以及区块的生成，其中排序服务由 4 个排序节点构成，排序服务模块是可插拔的，可以使用集中式服务或者是分布式协议等。

a. Peer 节点。除去排序服务中的节点，网络中所有组织中的节点都是拥有记账权利的 Peer 节点。

b. 排序节点。排序服务中的所有节点都是排序节点，用于接受提交的交易并对其进行排序和生成区块等操作。

c. CA 节点。是可选节点，用于为用户进行证书的颁发以及身份认证。

d. 客户端节点。指连接到 Peer 节点或者排序节点的用户实际操作的实际节点，是用户与区块链通信的 Peer 节点或者 Order 节点充当的角色节点。

e. 背书节点。是 Peer 节点的动态角色，根据交易提交时指定的背书策略，背书节点需要执行交易并对交易进行签名背书。

f. 主节点。主节点也是 Peer 节点的角色，每个组织中的所有 Peer 节点中需要有一个是主 Peer 节点，排序服务节点需要把生成的区块信息与各组织的主节点同步。主节点可以强制指定也可以动态选定。

（3）两阶段交易方法。基于实现提高新能源就近消纳量以及提升用户的经济效益两个目标，以面向现货市场的分布式能源用户侧能源交易的两阶段交易为例，对基于共识理念与动态博弈策略的合约流程进行说明。在第一阶段确定交易量，第二阶段确定交易关系，面向社区微能源网用户侧现货市场能源交易的两阶段交易方法流程图如图 6-26 所示。基于用户现货市场（开放时间：8：00～17：00），用户侧交易以每个交易日为一个周期，1h 为一个交易时间间隔 Δt，通过两阶段交易方法进行时前交易，然后根据时前交易确定的交易关系在实时交易中进行交易。具体交易流程如下：

1）发布当日的发电量与负荷信息。在每日交易开始之前（8：00 之前），家中安装新能源发电装置的用户会得到其光伏发电装置的日发电量预测数据，同时所有用户会得到其当日的负荷预测数据。发电量和负荷预测数据的发布可以帮助用户了解当日的整体交易量的大体情况。

2）进入每个时间间隔的第一个交易阶段确定交易量。

a. 更新该时间间隔发电量与负荷相关信息。由于光伏发电受天气影响较大，其最初的日发电量预测有极大可能出现偏差；同时，由于用户的负荷在某些时间间隔中可能会有调整，这也可能导致最初的日负荷预测出现偏差。因此，在每小时开始交易之前，对用户更新发电量和负荷的相关信息，可以更好地帮助用户确定这个时间间隔内的交易量。

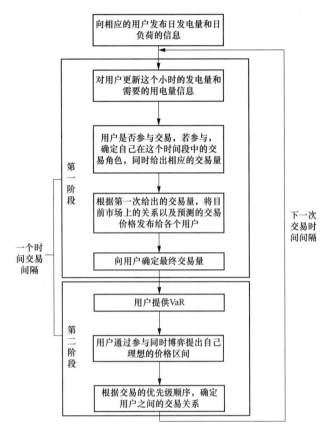

图 6-26　面向社区微能源网用户侧现货市场能源交易的两阶段交易方法流程图

b. 确定交易角色及给出预期交易量。用户在每个时间间隔内可以根据自身能量情况，选择在这个交易间隔内是否参与交易。若选择参与交易，其所担任的交易角色是卖家 N_s 或买家 N_b。同时，参与交易的用户应给出其预期的交易量，其中，卖家 i 的售电量（单位为 kWh）用 $E_i^{ori}(t)$，$i \in N_s$ 表示，买家 j 的购电量（单位为 kWh）用 $E_j^{ori}(t)$，$j \in N_s$ 表示。

c. 发布价格预测值及当前市场供需关系信息。

a）计算价格预测值。为了帮助用户决定是否调整自己的预期交易值，通过基于历史数据的方法计算出一个价格预测值，对用户进行指导。

b）发布价格预测值和当前供需关系。通过 a）得到每个用户的交易价格预测值后，向每个用户提供相应的价格预测值，以及此时市场整体的售电量和购电量的关系（大于、小于、等于）。通过发布这两个相关信息，可以帮助用户决定是否调整其所提出的预期交易量。

d. 用户决定此交易时间间隔内的最终交易量。用户通过得到的信息，根据自己的偏好，对最初提供的交易量进行调整。用户可调整的能量主要来自其对可控负荷的运行以及电动汽车和能量储存装置的充放电的控制。值得注意的是，为了避免某些用户的破坏市场行为，调整的值应该控制在规定的范围内。

3) 进入每个时间间隔的第二个交易阶段确定交易关系。

a. 向用户提供风险价值。风险价值（VaR）是一种测量交易风险的工具，它在考虑了市场交易平均价格这个市场因子后，可以为用户提供一个预测的交易价格区间。由 VaR 估计的这个价格区间表示实际交易价格有 α 的概率落在这个区间内（其中 α 为 VaR 的置信水平），从而规避了一定的交易风险。通过历史模拟法，可以计算出该时间间隔的 VaR。

b. 用户参与同时博弈。一个完整的博弈主要由参与者、策略和效用函数 3 部分构成。同时博弈即所有参与者同时提出自己的策略，期望得到最优的效用函数。

c. 根据优先级顺序，确定交易关系。

a）本方法中采用的优先级顺序：首先，为了促进新能源的消纳，最高的优先级给只有一个可交易对象的用户，即有且只有一个用户可与这个用户所提出的交易价格区间进行匹配；其次，对于有多个匹配对象的用户，能够达到纳什均衡的用户享有第二高优先级，纳什均衡是博弈论中一个重要概念，当博弈双方达到纳什均衡时，双方同时达到最优效益。其表示如下：

$$U_s(E_i^*, r_i^*, r_{-i}^*) \geqslant U_s(E_i^*, r_i, r_{-i}^*) \tag{6-24}$$

$$U_b(E_j^*, r_j^*, r_{-j}^*) \geqslant U_b(E_j^*, r_j, r_{-j}^*) \tag{6-25}$$

式中：E_i^* 和 E_j^* 分别表示卖家 i 的售电量和买家 j 的购电量，kWh；r_i^* 和 r_j^* 分别表示卖家 i 和买家 j 所提供的最优价格，即以此价格交易，卖家 i 可获得最多收益，买家 j 的购电成本最少；r_i 和 r_j 分别表示卖家 i 和买家 j 所提供的价格区间；r_{-i}^* 表示除了 i 以外所有卖家所给的价格区间，r_{-j}^* 表示除了 j 以外所以买家所给的价格区间。

紧接着，若一个用户与多个用户同时达到纳什均衡，有更多售电量或更低购电量的用户享有第三高的优先级；最后，若前三个优先级都无法判定交易顺序，则由用户的信用评分确定优先级，分高者先交易。

b）通过匹配用户提出的理想价格区间，同时根据所给出的优先级顺序，确定用户之间的交易关系及交易价格（r_{CP} 为两个用户交易价格区间交集的中值）。

6.3.3　算例分析

1. 典型算例简介

算例基于我国西南地区某社区微能源网进行研究，该社区微能源网包含 16 个用户。用户侧现货交易市场（开放时间为 8：00～17：00）以每个交易日为一个周期，1h 为一个交易时间间隔 Δt。需要注意的是，安装相关装置的用户在这个算例中被假定为只安装了一个该装置，并且此算例中所采用的光伏发电装置功率为 6kW；电能储存装置的大小为 6kWh；电动汽车的电池容量为 16kWh，但是充放电速度上限为 3.3kW/h，并且为了防止过充电现象的产生，电动汽车的电池状态最低为电池容量的 30%，即 4.8kWh。此算例中还假定用户与电网的购电价格为 0.22 元/kWh，用户向电网售卖电能的售价为 0.06 元/kWh。

此外，此算例还假定所有用户拥有一样的负荷，每个用户的家庭负荷情况见表 6-3。在第一阶段的交易量调整过程中，用户可控制其可控负荷的运行状态。为了防止一些用户的行为破坏市场公平性，设定用户在调整交易量时，前后不可以超过所有可控负荷 1h 内用电量（共计 11.5kW）的 15%，即 1.725kW。

表 6-3   每个用户的家庭负荷情况

名称	每小时用电量（kW）	类型	名称	每小时用电量（kW）	类型
冰箱	0.125	不可控负荷	电脑	0.25	可控负荷
其他	0.5	不可控负荷	熨斗	1	可控负荷
吸尘器	1	可控负荷	吹风机	1	可控负荷
空调	1	可控负荷	电磁炉	1.5	可控负荷
水泵	2	可控负荷	洗衣机	0.5	可控负荷
灯	0.5	可控负荷	洗碗机	1	可控负荷
电视机	0.25	可控负荷	加热器	1.5	可控负荷

基于上述对系统的一些设定，16 个用户进入了社区微能源网用户间端对端交易，在用户侧交易开始前（即 8：00 以前），家中装有光伏发电装置的用户会得到相应的发电量预测曲线，用户发电量预测图如图 6-27 所示，所有用户都会得到一个日负荷预测情况图，用户平均负荷预测图如图 6-28 所示。发电量和日负荷预测图可以帮助用户了解交易日的一个整体情况。

2. 算例分析

为了验证两阶段交易方法的有效性，该算例研究了三种方法下的用户侧能源交易，并将其进行了比较分析。方法一是采用传统的博弈交易方法；方法二是采用本文提出的两阶段交易方法；方法三作为参照组，采用两阶段交易方法，但是在交易量调整阶段，系统未向用户提供交易价格预测值，同时系统未向用户提供风险价值进行指导。

（1）验证价格预测值的作用。为了验证价格预测值的作用，方法二和方法三的结果被拿来比较。方法三中参与交易的用户仅依赖于市场供需关系，根据自身偏好，对交易量进行调整；而方法二，用户在决定是否调整交易量以及调整的交易量数量的时候，不仅根据此时市场的供需关系，并且还能得到交易价格预测值的指导。图 6-29 展示了有无价格预测值指导的用户最终确定的交易量。从图 6-29 可以看出，在没有价格预测值的指导作用下，用户最终确定的供给量与需求量有较大的差距，这将不利于用户在端对端交易中得到较好的经济效益，同时也可能降低新能源就近消纳量。比如 12：00 市场的需求量过大，部分购电用户需要与电网以较高价格进行交易，从而增加购电费用；13：00 市场的供给量大于需求量，这将导致新能源不能被充分消纳，同时部分售电用户需要将能量以较低价格售卖给电网，从而降低售电收益。然而，在有价格预测值指导的情况中，市场上的供给量与需求量可以更好地被匹配。因此可以说明，价格预测值具有有效的指导作用。

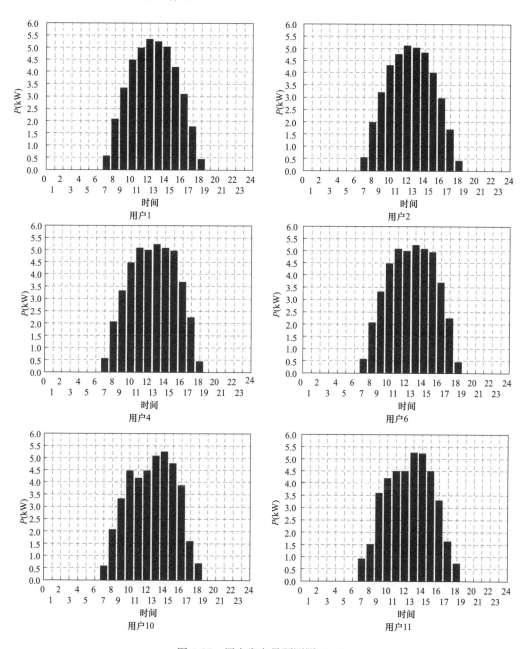

图 6-27　用户发电量预测图（一）

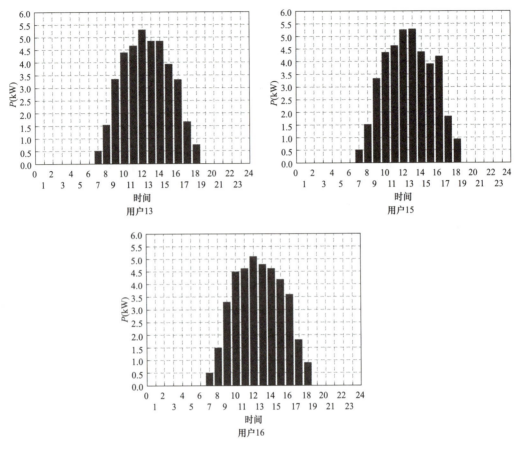

图 6-27　用户发电量预测图（二）

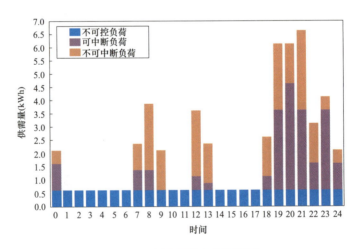

图 6-28　用户平均负荷预测图

引入风险价值是为了提高用户侧端对端交易的成功率，因此，采用交易成功率对风险价值的作用进行验证，交易成功率 η_{SC} 计算公式为

$$\eta_{\text{SC}} = \frac{E_{\text{T}}^{\text{P2P}}}{\min(E_{\text{S}}, E_{\text{D}})} \tag{6-26}$$

式中：$E_{\text{T}}^{\text{P2P}}$ 表示用户侧端对端交易中最终成功交易的交易量；E_{S}、E_{D} 分别为端对端交易市场上的总供给量、总需求量。

（2）验证风险价值的作用。通过方法二和方法三比较来验证风险价值的作用，在采用方法三的交易中，用户在没有风险价值的指导作用下提供理想交易价格区间；而在采用方法二的交易中，用户在得到风险价值的指导作用后再提供理想交易价格区间。两种方法下，用户侧端对端交易成功率如图 6-30 所示。

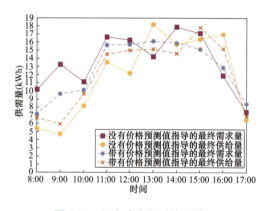

图 6-29　用户确定的最终交易量　　　　图 6-30　用户侧端对端交易成功率

从图 6-30 可得到，在没有风险价值指导的情况下，用户间能源交易的成功率波动幅度较大，导致由于价格区间匹配失败的情况产生，在 8：00 几乎没有用户与其他用户进行能源交易。但是，在有风险价值对用户确定预期交易价格区间进行指导的作用下，用户侧端对端交易成功率得到保证。

（3）验证交易机制有效性。为了验证该交易机制的有效性，该算例通过对方法一与方法二进行比较。其中方法一的交易为采用传统的没有"交易量调整"阶段的博弈方法进行交易，方法二为本文提出的两阶段交易方法。

图 6-31 和图 6-32 分别展示了在方法一和方法二两种交易方法下，每个交易间隔的能源需求量与供应量的情况。从图 6-31 可以看出，市场上的能源供应量与需求量存在较大差异，特别是在 9：00 的交易中，用户间能源交易的交易市场上的需求量几乎比供应量多 8.5 倍，在这种情况下，需要电能的用户只能与电网以较高的交易价格进行交易，这将增加大部分用户的用电成本。10：00～16：00，交易市场上的供应量均明显大于需求量。这说明，如果用户采用传统的交易方法进行端对端能源交易，大部分新能源将会被并入大电网，从而导致新能源的无效使用，即不利于提高新能源就近消纳量。从图 6-32 可以看出，在大多数交易时间间隔中，市场的供应量与需求量近乎相等。

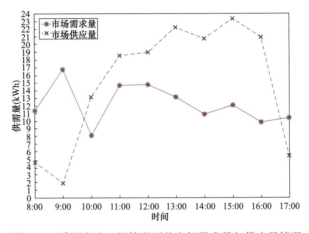

图 6-31　采用方法一的情况下的市场需求量与供应量情况

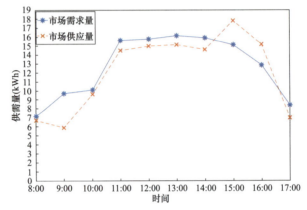

图 6-32　采用方法二的情况下的市场需求量与供应量情况

　　此外，为了进一步验证两阶段交易方法的有效性，该算例将方法一和方法二运用在了该社区微能源网 6 月的用户侧能源交易中，6 月用户间端对端交易的能源交易量如图 6-33 所示，图 6-33 比较了两种方法下每天的用户间的能源交易量。从

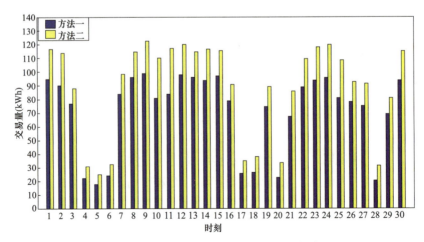

图 6-33　6 月用户间端对端交易的能源交易量

图 6-33 可以明显发现，采用两阶段交易机制进行交易时，新能源的就近消纳量得到了明显的增加。因此，两阶段交易方法在促进新能源就近消纳和保障用户经济效益方面都起到了效果。

6.4　市场环境下产消者综合响应

随着城镇能源互联网的发展和电力市场对用户侧的开放，城镇用户参与需求响应的积极性逐步攀升，同时用户用能设施的信息化、自动化和智能化技术的发展也为城镇用户提供了有力的响应基础条件。由此，城镇能源互联网通过能源用户的积极响应与市场互动，促进分布式能源消纳，实现能源系统的削峰填谷，并提高城镇能源互联网运行的经济性和灵活性。此外，分布式能源（特别是屋顶光伏）的蓬勃发展，使得需求侧的产消者群体不断壮大，并在电网中发挥着越来越重要的作用，产消者得到的关注也越来越多。兼顾分布式能源和需求响应的产消者，集生产和消费于一体，因此具有极高的市场参与积极性，能以购电和售电双重角色参与电力市场的交易活动，提高电力系统运行的灵活性，促进电力市场结构的调整，激发市场活力，促进分布式能源的高效消纳。

6.4.1　综合响应框架

一般情况下，产消者分布式光伏的发电调节能力低，若加入一个储能装置，其发电调节能力将显著提高，即分布式发电的并网安全性和稳定性得到提高。分布式发电和储能装置紧密结合形成分布式发电—储能系统，构成产消者的能量供给响应主体，进行能量供给控制；产消者的可控负荷则作为负荷需求的调节对象，是实现产消者需求响应的主体。为提高分布式发电利用率和产消者供用能收益，建立了市场环境下产消者的多阶段综合响应模型，产消者基于市场的实时价格变化，一方面调整可控负荷实现需求响应，另一方面可通过分布式发电—储能系统的储能调节实现供给响应，从而提高用户供用能经济性。产消者多阶段综合响应模型包含需求响应、供给响应两大模块，并具有前期优化、出清响应两大阶段。

（1）前期优化阶段。主要包含两个优化模型，一是综合考虑每小时用户用能经济性、舒适度和价格激励作用，求解最优小时需求出价；二是以每小时用户供电收益最大为目标，考虑储能的容量和功率约束、储能闭锁、储能动作死区等因素，求解最优小时供给报价。

（2）出清响应阶段。用户首先基于出清的实时电价和最优小时需求出价进行需求响应决策。另外，在接受市场出清的实时电价后，供给响应模型还需要对小时供给报价进行修正，而后实现供给响应决策。

需求响应和供给响应是交替进行的，每次需求响应的结果信息反馈给供给响应，参与供给报价的出清修正过程。因此，所提产消者模型实质上可视为一个需求响应与供给响应交替的多阶段综合响应模型。

6.4.2　综合响应模型

1. 供给响应模型

供给响应模型中，将产消者每个 t 时段能源发电供给划分为 m 份，储能系统供给划分

为 $n-m$ 个阶段。由此，t 时段用户的供给响应模型共有 n 种资产，供给资产矩阵为 $\boldsymbol{u}_t$。每种资产对应一个供给报价，构成供给报价矩阵 $\boldsymbol{p}_t$，且 $\boldsymbol{p}_t$ 中各元素满足 $p_{1,t}<p_{2,t}<\cdots<p_{n,t}$。产消者 1h 更新一次最优供给报价矩阵 $\boldsymbol{p}_t$，并由于储能限制的原因，每 5min 市场出清时需对其进行修正。假设第 i 个资产的供给决策变量为 $w_{i,t}$，则供给决策变量矩阵为 $\boldsymbol{w}_t$，$w_{i,t}$ 由 t 时段的出清价格 $p_{\mathrm{clr},t}$ 和供给报价 $p_{i,t}$ 唯一决定，即当市场电价不小于某供给资产的报价时，该供给视为被市场接受的有效供给，供给决策变量为 1。

$$w_{i,t}=\begin{cases}0, & p_{i,t}>p_{\mathrm{clr},t} \\ 1, & p_{i,t}\leqslant p_{\mathrm{clr},t}\end{cases},\forall i\in\{1,2,\cdots,n\},\forall t\in\{1,2,\cdots,24\} \qquad(6\text{-}27)$$

由此，用户 t 时段所对应的能量供应为

$$e_t=\sum_{i=1}^{n}w_{i,t}u_{i,t}=\boldsymbol{w}_t^{\mathrm{T}}\cdot\boldsymbol{u}_t \qquad(6\text{-}28)$$

t 时段供给响应后荷电量更新为

$$S_t=S_{t-1}+\eta_+\left[G_t-e_t\right]^+-\left[e_t-G_t\right]^+/\eta_- \qquad(6\text{-}29)$$

式中：$G_t=\sum_{i=1}^{m}u_{i,t}$，为 t 时段分布式发电总量，kWh；$[f]^+=\max(0,f)$；η_+ 和 η_- 分别为储能装置的充电效率和放电效率。

由于储能装置不能无限存储和释放能量，每个 t 时段产消者能提供的能量供应实际上有一个区间范围限制。因此，在每小时内的各个出清时刻，对最优小时供给报价矩阵进行相应修正，供给报价的出清修正如图 6-34 所示。令最优小时供给报价中第 $k+1$、k 次资产报价差值为 $x_{k,t}=p_{k+1,t}-p_{k,t}$，供给资产的最低报价为 $p_1=p_{\mathrm{uo},t}$，则最优小时供给报价矩阵可表示为

$$\boldsymbol{p}_t=\boldsymbol{A}x_t+\boldsymbol{C}p_{\mathrm{uo},t} \qquad(6\text{-}30)$$

如图 6-34 所示，在 $t+z$ 出清时刻，资产报价 x_t 将修正为 $\tilde{x}_{t+z}$，即

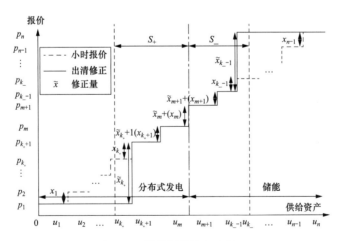

图 6-34　供给报价的出清修正

k_+—出清时段储能装置存储最大可充电能量 s_+ 时所对应的供给资产数；

k_-—出清时段储能装置存储最大可放电能量 s_- 时所对应的供给资产数

$$\widetilde{x}_{t+z} = B_{t+z} x_t \tag{6-31}$$

式中：B_{t+z} 为出清修正矩阵。

B_{t+z} 的生成与储能系统的储能容量与功率约束、储能闭锁和动作死区等因素密切相关。储能装置闭锁状态是指设定储能装置在低于一定的储能容量且实时电价低于一定的动态日平均电价 $p_{avr,t}$ 时，储能装置将闭锁，只存储能量不释放能量。此外，为了降低储能装置频繁改变充放电状态对储能装置的损害，设置了储能动作死区来阻止储能装置的不必要充放电行为，即需要超过一定的变化量，充放电状态才会发生逆转。

（1）前期优化阶段。最优小时供给报价矩阵 p_t 应实现用户在使用该供给报价矩阵的 1h 中 12 个清算时段（清算间隔 5min）的供给响应的总收益得到最大化，即

$$\max \sum_{z=1}^{12} p_{pre,t+z} e_{pre,t+z} = \sum_{z=1}^{12} p_{pre,t+z} w_{t+z}^{T} \cdot u_{pre,t+z} \tag{6-32}$$

式中：$p_{pre,t+z}$ 和 $u_{pre,t+z}$ 分别为预测的 t 时第 z 次清算时市场出清的实时电价和分布式发电资产矩阵；$e_{pre,t+z}$ 为预测的 t 时第 z 次清算时的用户能量供应，kWh；w_{t+z} 为相应的决策矩阵。

报价差值 x_t 满足上下限约束，且 x_t 之和与报价极差一致。

（2）出清响应阶段。求解出供给资产差价矩阵后，继而可得实现用户最大供电收益的最优小时供给报价矩阵。通过该小时内每个出清时刻的实时电价，求得供给报价修正矩阵，并得到供给决策矩阵，从而实现各出清时段的供给优化响应。

2. 需求响应模型

假设 t 时段的用电共有 r 个负荷资产，需求资产矩阵为 d_t，并根据该时段的需求必要性程度从大到小排序，对应的需求出价矩阵为 $p_{d,t}$，且 $p_{d,t}$ 中各元素满足 $p_{d,1,t} > p_{d,2,t} > \cdots > p_{d,r,t}$。最优需求出价矩阵每 1h 更新一次。不同于供给响应中的储能限制使得每次出清时段电能供给约束在较小范围，用户的负荷控制能实现电能需求在较大范围的控制，因此出清时段能直接使用最优小时需求出价矩阵。

用户 t 时段所对应的需求响应为

$$q_t = \sum_{i=1}^{r} v_{i,t} d_{i,t} = v_t^{T} \cdot d_t \tag{6-33}$$

式中：v_t 为 t 时刻的需求决策变量矩阵，v_t 由 $p_{d,t}$ 和 $p_{clr,t+z}$ 唯一确定。

另外，假设需求资产差价矩阵为 y_t，其中第 k 个元素满足 $y_{k,t} = p_{d,k,t} - p_{d,k+1,t}$，则有

$$p_{d,t} = -A_2 y_t + C_2 p_{dm,t} \tag{6-34}$$

式中：$p_{dm,t}$ 为供给资产的最高出价；A_2 为 $r \times (r-1)$ 阶矩阵；C_2 为 r 行元素全为 1 的列向量。

（1）前期优化阶段。考虑到最优小时需求出价矩阵应实现用户在使用该需求出价矩阵的 1h 中 12 个清算时段的总用能费用最低，并考虑舒适度与电价激励因素影响建立目标函数

$$\min \sum_{z=1}^{12} p_{pre,t+z} v_{t+z}^{T} \cdot d_{pre,t+z} + \psi_{t+z} + E_{t+z} \tag{6-35}$$

式中：$d_{pre,t+z}$ 为预测的 $t+z$ 时段的负荷需求矩阵，kWh；ψ_{t+z} 为舒适度成本函数，当处

于用户原始用电量时舒适度成本为 0，用电量增大或减小都会增加舒适度成本；E_{t+z} 为用电激励函数，鼓励用户在低电价时段增加用电需求；v_{t+z} 为 $t+z$ 时段的需求决策变量矩阵，由 $p_{\mathrm{d},t}$ 和 $p_{\mathrm{pre},t+z}$ 唯一确定，需求决策变量矩阵 v_{t+z} 的各元素为

$$v_{j,t+z} = \begin{cases} 0, & p_{j,\mathrm{d},t} < p_{\mathrm{pre},t+z} \\ 1, & p_{j,\mathrm{d},t} \geqslant p_{\mathrm{pre},t+z} \end{cases} \tag{6-36}$$

同时需求资产差价矩阵 y_t 满足上下限约束，且各元素之和与出价极差一致。

（2）出清响应阶段。求解出需求资产差价矩阵后，即可得到最优小时需求出价矩阵。通过该小时内每个出清时刻的实时电价，计算得到需求决策矩阵，从而实现产消者最优需求响应。

3. 综合响应模型

为了降低能量在传输过程中的网络损耗，促进分布式能源的本地消纳，用户将优先消纳自我供应部分的能量。由此，$t+z$ 时段用户的综合响应为

$$R_{t+z} = e_{t+z} - q_{t+z} \tag{6-37}$$

式中：R_{t+z} 为 $t+z$ 时段的综合响应，正值表示能量供给，负值表示能量消费，kWh。

前期优化阶段用户通过供给响应和需求响应的优化模型分别求解出最优小时需求出价矩阵 $p_{\mathrm{d},t}$ 和供给报价矩阵 p_t。而后在实时响应阶段，用户每 5min 通过市场的实时价格信息，交替实现用户的需求响应 q_{t+z} 和供给响应 e_{t+z}，最终实现产消者的综合响应 R_{t+z}。

6.4.3 算例分析

案例仿真选用 3 处分布式光伏发电数据及 3 类用户（商业用户、工业用户、居民用户）的负荷数据作为用户需求数据参考，采用美国 PJM 电力市场的某夏季典型日的节点边际电价数据作为用户接收的市场电价数据参考，市场价格与产消者分布式光伏发电情况如图 6-35 所示。

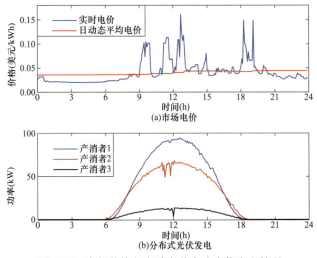

图 6-35　市场价格与产消者分布式光伏发电情况

　　产消者的负荷需求响应情况和储能系统响应情况分别如图 6-36 和图 6-37 所示。负荷需求响应和储能系统响应结果验证了所提模型对于市场环境下的产消者用能行为的有效引导。所提模型善于捕捉电价突发性高峰，在电价高峰期降低产消者负荷，并在电价低谷适当提升用户负荷需求，可有效提高产消者用能经济性，并促进电网的削峰填谷。各产消者储能响应的总体趋势基本一致，储能系统善于应对电价的实时波动情况进行有效响应，在高价区及时释放所存储能量，从而提高用户的供电收益，产消者的收益情况见表 6-4，该结果验证了所提模型能显著提高三类产消者的供用能经济性。

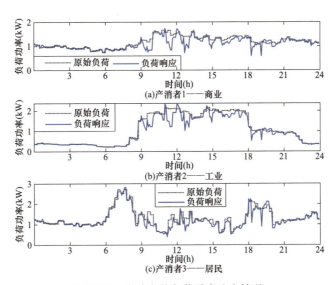

图 6-36　产消者的负荷需求响应情况

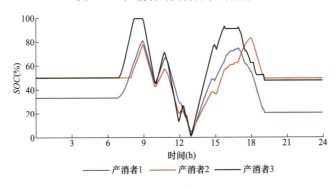

图 6-37　产消者的储能系统响应情况

表 6-4　　　　　　　　　　　　　　产消者的收益情况

产消者	类型	降低用电费用（%）	提高供电收益（%）
1	商业	10.14	5.73
2	工业	12.80	6.52
3	居民	9.66	8.85

综上所述，面向实时市场环境的产消者综合响应策略能有效针对实时市场中出现的电价高峰进行产消者的供用能优化响应，从而有效捕捉实时市场中出现的电价高峰，及时削减和转移该时段负荷，并促进储能装置在低电价时段积累存储分布式光伏发电能量，在电价高峰区快速释放储能能量，实现了能量供给向电价高峰的转移，显著提高了产消者的供用能收益，有助于激发用户参与市场响应的积极性。

6.5 本 章 小 结

本章面向城镇能源互联网的结构特点，从传统的城镇能源集中式交易出发，提出了涵盖城镇级和局域级市场的分层市场架构及其各层级市场出清模型，介绍了综合能源服务商的运营框架和零售定价机制，促进聚合用户侧多能分布式能源参与综合能源市场化交易，实现了多能源多层级统筹协调。针对小规模用户单独决策直接参与交易的需求，提出了能源市场分布式交易技术，设计了考虑风险博弈的竞价策略和充分竞争、高效灵活的撮合出清机制。介绍了区块链技术特征和能源领域的应用发展现状，探究基于区块链的能源分布式交易关键技术，建立了基于区块链的分布式能源交易机制及相关流程，提供了多方位的市场机制，创建了多元化的商业模式，促进各能源主体的广泛参与和公平竞争。针对多样化用能的城镇能源用户，建立了基于市场的产消者综合响应模型，充分挖掘用户的响应潜力，提高用户用能经济性，促进分布式可再生能源高效消纳。

城镇能源互联网技术经济评价

第 7 章

评价是人类生产生活中经常发生的一项极为重要的人类活动，是进行决策之前的一项基础性工作。城镇能源互联网具有"能源—经济—环境"一体化的特点，并对能源互联网提出多能协同、绿色低碳、安全高效的发展要求，全面科学合理的评价技术对于衡量能源互联网技术攻关成果与工程建设水平起到"最后一环"的作用，也可为能源互联网工程经验的凝练和大范围推广提供依据。

7.1 综 合 评 价 方 法

7.1.1 评价方法概述

科学评价的方法很多，不下数百种，每一种方法都有各自的操作模式或数学模型，但总体来说，可以将其分为基于专家知识的主观评价法（定性评价方法或专家定性判断法）、基于统计数据的客观评价方法（定量评价方法或定量指标评价法）、基于系统模型的综合评价方法（包括定性与定量相结合的评价方法和各种何种评价方法）3 类，科学评价方法分类见表 7-1。而国外则将科学评价方法分为文献计量分析法（称为文献评价法）、专利分析法（称为专利评价法）、共词分析（称为内容分析法）、经济影响分析法（称为市场评价法）、同行评议法（包括内部评价、外部评价和定向评价 3 类）和对影响的下游分析 6 类。由此可见，科学评价方法是一个方法体系，是一系列评价方法的集合。

表 7-1 科学评价方法分类

方法分类	方法性质	主要代表性方法
基于专家知识的主观评价方法	定性评价	同行评议法、专家评议法、德尔菲法、调查研究法、案例分析法和定标比超法等
基于统计数据的客观评价方法	定量评价	文献计量法、科学计量法、经济计量法等
基于系统模型的综合评价方法	综合评价	层次分析法、模糊数学方法、运筹学方法、统计分析法、系统工程方法和智能化评价方法等

尽管科学评价方法很多，但每一种方法都有自己的显著特征和优缺点，且都有各自适合的应用领域，因此，在科学评价中应充分了解各种科学评价方法的特点，并进行综合比较分析，以选择合适的评价方法。主要评价方法的比较分析见表 7-2，表中反映了这些评价方法的特征和应用领域。

表 7-2   主要评价方法的比较分析

评价方法	主要特征	应用领域
同行评议法	由同行评议专家对被评对象进行质量与水平的评价,较为客观,有深度	适于项目评估和基础研究领域的评估,如自然科学基金和科技计划等
案例分析与回溯分析	时间长,主要面向单个项目,成本高	适于各类项目的事后评论和跟踪评估
文献计量法	对发文、专利和引文进行分析,需要相应的文献量支撑,在宏观层次更有效,定量,客观	较多应用于基础研究领域,如实验室评价、科研课题评价和高新技术产业评价
经济计量法	可以比较合理地估计潜在利益,对科研项目能够提出适当的评价框架	适合于经济目的性较强的技术开发和产业化的项目或设计的绩效评价
层次分析法	将复杂问题简单化,简洁,实用,可与其他方法配合使用	一般与其他评价方法结合使用
标杆分析法	基准数据,目标明确	适用于各类应用研究和技术开发评价
可视化方法	简洁直观,信息丰富,技术含量高,复杂	适用于各类定量评价领域
综合方法	多方法组合,定量定性结合,成本高,时间长,复杂程度高,具有柔性	应用面广,可适用于各类项目评价和评价的各个阶段

如何根据评价对象、评价方法特点和评价工作的实际需求来选择合适的评价方法,是科学评价方法应用中关注的重要理论问题。做好一项评价工作,除了要具有较高的评价水平外,更重要的是必须对评价对象熟悉,对其本质属性有较深的了解,这样才能针对特定的情况设计出较为合理的、配套的评价方法。

评价方法的选择应该首先考虑评价活动自身的因素及其对评价方法应用的影响,这些影响形成了评价方法选择的内在约束;在选择评价方法时,评价者应首先在成熟、公认的方法中进行恰当的选择,选择自己最熟悉的评价方法,且所选择的方法必须能够正确地反映评价对象和评价目的。评价方法是实现评价目的的技术手段,评价目的与方法的匹配是体现评价科学性的重要方面,正确理解和认识这一匹配关系是正确地选择评价方法的基本前提,定性和定量方法相结合是科学评价方法选择和应用的基本思路。最终选择的评价方法必须有坚实的理论基础,能为人所信服,且简洁明了,尽量降低算法的复杂性。

7.1.2 基于人工智能的组合评价方法

在综合评价中经常使用的一种评价方法是层次分析法评价模型,该模型是一种简单方便而且具有很高实用性的评价模型。当评价系统较为复杂时,经常使用层次分析法(analytic hierarchy process,AHP)对其进行评价或者决策,但这种方法仍存在很多的不足之处,如评价矩阵多由专家给出,当评价者对评价的目的不统一或者有很强的个人色彩时,这样的评价结果就难免不准确,该评价方法的主要表现:①实际操作中要求下一层评价要素与上一层评价要素之间有明确的线性或非线性关系,但是不同的评价者对要素之间的关系认识不一样,因此造成了评价结果的不统一;②在复杂系统的评价问题中经常会出现逻辑判断上的不一致，因此必须进行一致性检验，但是当判断矩阵较大时检验判断矩阵是很复杂且麻烦的事，需要经过多次反复的调整过程才能使判断矩阵达到满意的一致性。所以可以说，层次分析法评价模型基本上是一种基于主观认识的评价模型，受到很大的人为因素影响。

本节引入客观的评价模型——神经网络评价模型，该模型是一种根据训练样本不断训练出来的自学习、自适应模型，其具有处理非线性系统的能力，其学习规则是通过对历史数据的网络训练自动学习和总结数据之间的关系规律，并以此作为评价的依据。因此神经网络评价模型是一种客观评价模型，但在实际应用时也会出现评价结果和经验情况不符的情况。

基于以上分析，本节在结合层次分析法评价模型和神经网络评价模型的基础上，给出了一般的层次分析法与神经网络相结合的组合评价模型，该模型的主要建立思路如下：①首先通过层次分析法计算出初始指标权重值，然后根据已知的指标关系构造评价模型，进而通过模型计算出初步的评价结果；②从已经评价过的样本中选取部分评价样本作为神经网络的训练样本，经过多次的反复训练得到满足评价要求的神经网络模型，并用剩下的部分已知评价结果的样本验证神经网络评价的有效性，如果网络不满足要求，就重新选择样本替换部分旧样本继续训练网络，直到网络满足评价的要求为止；③用经过验证的神经网络对其他样本进行评价。该组合模型的优点是将主观评价模型与客观评价模型相结合，使用神经网络对层次分析法模型得到的评价结果进行适当地修正，最终用训练好的神经网络进行评价，其结果更加可靠。组合建模过程如下：

（1）第一步：建立评价指标体系的层次结构模型。根据实际评价对象，建立评价对象的层次结构，其中第 i 个方案第 j 个指标值为 a_{ij}，$a_i = (a_{i1}, a_{i2}, \cdots, a_{im})$，$a_i$ 为每个评价对象的指标值向量。

（2）第二步：使用层次分析法计算指标的权重。首先，根据专家意见给出判断矩阵；然后，计算每个层次权重并进行一致性检验；其次，根据每层各个指标相对于上层的评价标准给出权重；最后，通过加权计算得出最下层的指标相对总目标层的权重 w，$w = (w_1, w_2, \cdots, w_m)$，其中 m 为评价指标数。

（3）第三步：根据权重计算各方案综合评价值 b_i。

$$b_i = a_i w \tag{7-1}$$

（4）第四步：反复训练神经网络。依据计算的各个方案的综合评价值，抽取其中的一部分样本作为神经网络的训练样本，另一部分作为模型有效性的检验样本。其具体步骤如下：

1）误差校正多层前馈（back propagation，BP）网络中输入节点的个数可以根据 AHP 中的指标集个数调整，再根据评价结果中设计的结果个数确定输出层的节点个数。

2）BP 神经网络层数的确定。对于大多数模型来说，只需要一个输入层、一个隐含层和一个输出层的三层网络模型结构。

3）指标的标准化处理。把处理后的样本一部分作为网络训练样本，另一部分作为模型检验样本。

4）设定神经网络的初始状态。对连接权值 w_{ij} 和阈值赋予（0，1）之间的随机数。

5）神经网络模型的样本输入过程。该模型采用从前往后的模式计算各层神经元输出 O_j，其中各层次神经元输入为

$$net_j = \sum_i w_{ij} \times O_{ij} \tag{7-2}$$

输出为

$$O_j = \frac{1}{1 - e^{-net_j}} \tag{7-3}$$

6）输出层权值误差的计算

$$\delta_i = (y_i - O_i) O_j (1 - O_j) \tag{7-4}$$

式中：y_i 是样本对应于评价方案 i 的目标值。

7）各隐层的权值误差的反向计算

$$\delta_i = O_i (1 - O_j) \sum_k w_{ij} \delta_k \tag{7-5}$$

8）计算和储存各权值修正量

$$w_{ij}(n+1) = w_{ij}(n) + \Delta w_{ij}(n) \tag{7-6}$$

9）修正权值

$$w_{ij}(n+1) = w_{ij}(n) + \Delta w_{ij}(n) \tag{7-7}$$

10）继续用另外一样本训练模型，转到步骤5），直到网络收敛且输出误差小于允许值为止。

（5）第五步：使用训练调整好的神经网络进行评价。

7.2 综合评价指标体系

本节充分利用能源互联网能源系统规划、运行、交易、信息支撑等环节的评价技术，构建了五级能源互联网综合评价指标体系，能源互联网综合评价指标体系见表7-3。能源互联网综合评价指标可分为 5 级，其中，一级评价指标包括技术性评价指标、经济性评价指标与环保性评价指标；二级评价指标包括装备水平、安全性水平、可靠性水平、综合能效、供能质量、供能灵活性、互动性 7 个技术性二级评价指标，财务评价与设备经济性评价 2 个经济性二级评价指标；三级评价指标包括一次装备水平、二次装备水平、$N-1$ 通过率、信息安全、供能可靠性、信息可靠性、转换环节（含储能）效率、输送环节效率、全过程效率、电能质量、热能质量、气能质量、供电灵活性、供热灵活性、供气灵活性、能源价格、能源交易、用户互动、需求侧响应能力 19 个；四级评价指标包括冷热电三联供配置、P2G 配置、燃气轮机配置等 97 个；五级评价指标则针对电网 $N-1$ 通过率、供电可靠性、供热可靠性、供气可靠性、综合供能可靠性 5 个四级评价指标，延展出主变压器 $N-1$ 通过率等 13 个。

表 7-3　　　　　　　　　　　　能源互联网综合评价指标体系

一级指标	二级指标	三级指标	四级指标		指标含义
技术性	装备水平	一次装备水平	1）冷热电三联供配置		系统是否配置冷热电三联供
			2）P2G 配置		系统是否配置 P2G
			3）燃气轮机配置		系统是否配置燃气轮机
			4）地源热泵配置		系统是否配置地源热泵
			5）燃气锅炉配置		系统是否配置燃气锅炉
			6）能源路由器配置		系统是否配置能源路由器
			7）储电设备配置		系统是否配置储电设备
			8）储热设备配置		系统是否配置储热设备
			9）储气设备配置		系统是否配置储气设备
		二次装备水平	10）配电变压器终端覆盖率		配电变压器具有"两遥"或"三遥"功能线路与线路总数的比值
			11）用电信息采集系统覆盖率		计划安装用电信息采集系统的用户数和用户总数的比值
			12）馈线自动化覆盖率		具有馈线自动化功能的线路条数与线路总数目的比值
	安全性水平	$N-1$ 通过率	13）电网 $N-1$ 通过率	a. 主变压器 $N-1$ 通过率	满足 $N-1$ 校验主变压器数与总主变数的比值
				b. 线路 $N-1$ 通过率	满足 $N-1$ 校验线路数与总线路数的比值
		信息安全	14）热网 $N-1$ 通过率		满足 $N-1$ 校验管道数与总管道数的比值
			15）气网 $N-1$ 通过率		满足 $N-1$ 校验管道数与总管道数的比值
			16）通信网成环率		网络中成环的站点数和所有的站点数的比值
			17）网络聚类系数		网络中所有节点聚类系数的算术平均值
			18）网络连通鲁棒性		节点或边移除后网络中最大连通子图中的节点个数与网络初始节点个数的比值
			19）网络平均度		描述网络节点局部可靠性的基本参数
			20）网络平均路径长度		网络中所有节点间最短路径的平均值
	可靠性水平	供能可靠性	21）供电可靠性	a. 用户平均停电频次	系统中每个用户所经受的平均停电次数
				b. 用户平均停电持续时间	系统中每个用户所经受的平均停电时间
				c. 供电不足率	系统因故障导致的用户停供总量与用户总电负荷的比值
			22）供热可靠性	a. 用户平均供热事故频次	系统中每个用户所经受的平均供热事故发生次数
				b. 用户平均供热事故持续时间	系统中每个用户所经受的平均供热事故时间
				c. 供热不足率	系统因故障导致的用户停供总量与用户总热负荷的比值

一级指标	二级指标	三级指标	四级指标		指标含义
技术性	可靠性水平	供能可靠性	23）供气可靠性	a. 用户平均供气中断频次	系统中每个用户所经受的平均供气中断次数
				b. 用户平均供气中断持续时间	系统中每个用户所经受的平均供气中断小时数
				c. 供气不足率	系统因故障导致的用户停供总量与用户总气负荷的比值
			24）综合供能可靠性	a. 供能不足率	整个系统因故障导致的用户停供总量与用户总负荷的比值
				b. 供能可靠率	用户获得供能时间与需求总时间的比值
		信息可靠性	25）网络可靠性		网络中成环的站点数与所有的站点数的比值
			26）终端与能源耦合层可靠性		所有终端可用时间与总应用时间的比值
	综合能效	转换环节（含储能）效率	27）耦合效率		能量转换设备的总输出能量与总输入能量的比值
			28）燃气轮机转换效率		转换环节中所有燃气轮机的总输出能量与总输入能量的比值
			29）CHP 转换效率		转换环节中所有 CHP 的总输出能量与总输入能量的比值
			30）P2G 转换效率		转换环节中所有 P2G 的总输出能量与总输入能量的比值
			31）燃气锅炉转换效率		转换环节中所有燃气锅炉的总输出能量与总输入能量的比值
			32）热泵转换效率		转换环节中所有热泵的总输出能量与总输入能量的比值
			33）压缩空气储能效率		周期内储能输出电量加输出热量与输入电量的比值
			34）电储能利用效率		整数倍周期时间尺度或长时间尺度下，储能放电量与充电量的比值
			35）储气装置利用效率		整数倍周期时间尺度或长时间尺度下，储能放气量与充气量的比值
			36）储热装置利用效率		整数倍周期时间尺度或长时间尺度下，储能放热量与加热量的比值
		输送环节效率	37）电网传输效率		负荷侧用电量与网络注入电量的比值
			38）气网传输效率		负荷侧用气量与管道注入气量加传输过程加压泵消耗电量的比值
			39）热网传输效率		负荷侧用热量除以一次管网热源处输入热量与传输过程加压泵消耗电量和
		全过程效率	40）综合能源利用效率		一段时间内该区域满足的能源需求与外部输入该区域能量的比值

续表

一级指标	二级指标	三级指标	四级指标	指标含义
技术性	供能质量	电能质量	41）电压偏差	实际运行电压对系统标称电压的偏差相对值
			42）电压合格率	实际运行电压偏差在限制范围内累计运行时间与总运行时间的比值
			43）电压暂降深度	残余电压与系统标称电压相对偏差
			44）电压/流总谐波畸变率	特定周期内某系统或单一测量点电压暂降事件的发生频次
		热能质量	45）用户温度合格率	周期性交流量中谐波含量的方均根值与基波分量的方均根值的比值
			46）用户供热满意度	表示用户对供热服务达到预期效果的程度评分
		气能质量	47）用户供气满意度	表示用户对供气服务达到预期效果的程度评分
	供能灵活性	供电灵活性	48）线路容量裕度	表示线路最多可增加的传输功率与最大值的比值
			49）供电功率灵活性	表示系统可调节的电功率范围与净负荷的比例关系
			50）供电能量灵活性	表示系统一天内的能量缺额与负荷能量的比例关系
		供热灵活性	51）供热功率灵活性	表示系统可调节的热功率范围与热负荷的比例关系
			52）供热能量灵活性	表示系统一天内的能量缺额与负荷能量的比例关系
		供气灵活性	53）供气功率灵活性	表示系统可调节的气功率范围与气负荷的比例关系
			54）供气能量灵活性	表示系统一天内的能量缺额与负荷能量的比例关系
	互动性	能源价格	55）集中交易供应方/需求方平均价差	描述评价周期内集中交易供应方/需求方的竞价价差
			56）集中交易平均成交价差	评价周期内集中交易的平均成交价差，适用于电、热、天然气三种能源类型
			57）市场平均能价和销售能价比值	描述市场参与后市场平均能价的降低程度
			58）多边交易成交均价与无交易能源均价比值	描述多边交易机制对市场能价的影响程度
			59）挂牌交易成交均价与无交易能源均价比值	描述挂牌交易机制对市场能价的影响程度
			60）分布式交易成交均价与无交易能源均价比值	描述分布式交易机制对市场能价的影响程度

一级指标	二级指标	三级指标	四级指标	指标含义
技术性	互动性	能源交易	61）能源供应商实际产能占比	能源供应商实际产生总能源与能源供应商可最大生产能源量的比值
			62）能源供应商产能同比增长率	描述能源供应商产能能力的增长情况
			63）能源供应商产能侧发电占比	能源供应商发电量与总产能量的比值
			64）能源服务商售/购能源占比	能源供应商销售能源量与购买能源量的比值
			65）能源服务商售（购）电/热/气量占比	描述能源服务商销售/购买各类能源情况
			66）能源服务商售/购能量同比增长率	描述能源服务商售/购能量相比于上一评价周期的增长率
			67）能源服务商储能交易量占比	描述能源服务商与本区域储能交易的情况
			68）能源服务商外网交易量占比	描述能源服务商与外网交易的情况
			69）集中交易竞价交易成功率	描述集中交易的交易成功率
			70）集中交易成交量占比	集中交易成交量与总成交量的比值
			71）多边交易成交量占比	多边交易成交量与总成交量的比值
			72）挂牌交易成交量占比	挂牌交易成交量与总成交量的比值
			73）分布式交易成交量占比	分布式交易成交量与总成交量的比值
		用户互动	74）市场集中度	用于衡量市场中存在的市场力
			75）商品丰富度	描述市场中生产交易等环节涉及能源种类
			76）交易模式种类	描述市场交易过程中涉及的交易模式数量
			77）能源供应商用户交易能量占比	与用户交易的能量与能源供应商总交易量的比值
			78）用户侧参与市场负荷比例	描述用户侧实际参与市场的负荷占比
			79）用户侧市场化程度	描述用户侧参与市场交易的程度
		需求侧响应	80）用户需求响应能力	能参与需求响应的用户数量与总用户数量的比值
经济性	财务评价	—	81）财务内部收益率	项目在整个计算期内各年财务净现金流量的现值之和等于零时的折现率
			82）基准收益率	评价和判断投资方案在经济上是否可行的依据
			83）财务净现值	将项目计算期内各年的净现金流量折算到开发活动起始点的现值之和
			84）项目投资回收期（静态）	不考虑资金的时间价值时项目收回初始投资所需要的时间

续表

一级指标	二级指标	三级指标	四级指标	指标含义
经济性	财务评价	—	85) 项目投资回收期（动态）	表示各年净现金流量按基准收益率折现后，计算累计现值等于 0 时的年数
			86) 总投资收益率	项目达产期正常年份的年息税前利润占项目总投资的百分比
			87) 资本金净利润率	利润总额占资本金的百分比
	设备经济性		88) 能源站设备利用率	设备实际最大负荷与设备额定容量的比值
			89) 线路网络设备利用率	设备有功损耗（铜损和铁损）
环保性	—	—	90) 清洁能源占比	清洁能源产能量与总能量的比值
			91) 清洁能源渗透率	清洁能源产能与负荷的比值
			92) 清洁能源接入水平	描述清洁能源接入量
			93) 电能占终端能源消费占比	描述电能消费占所有终端能源消费的比重
			94) 年非可再生能源消耗减少量	描述年非可再生能源消耗的减少量
			95) 年二氧化碳排放减少量	描述年二氧化碳排放的减少量
			96) 年二氧化硫排放减少量	描述年二氧化硫排放的减少量
			97) 年氮氧化物排放减少量	描述年氮氧化物排放的减少量

7.3　专　项　评　价

7.3.1　能源系统规划评价

1. 新型城镇能源互联网规划集约特性评价指标

在能源系统的建设规划初期，构建能源系统规划成本模型，通过能源系统初始投资成本、运行维护成本、污染治理成本和废弃处理成本 4 个指标，针对不同规划方案下的能源系统进行经济效益和环境效益分析，分析城镇能源系统的集约特性，为能源系统的规划评价提供理论参考。

为直观体现能源系统的集约特性，将经济、能源、环境利用集约程度用能源系统初始投资成本、运行维护成本、污染治理成本、废弃设备处理成本表征。基于成本可对能源系统规划集约度进行合理评价，用于分析城镇能源系统综合规划的集约特性。

（1）能源系统初始投资成本。现综合考虑能源系统发展情况，利用税率、利率进行系统年成本生长系数换算，求得随项目规划寿命而变化的能源系统初始投资成本。

假设城镇能源系统预计运行寿命为 t_p，参考一般能源系统规划建设项目，假设利率为 i；根据时下同类项目假设税率，假设税率为 r。

根据各设备、线路安装成本，各设备使用寿命，确定设备在项目寿命周期内重置次数，寿命为 t_p 的能源系统的设备初始投资成本 SSC 为

$$SSC = \sum_{n=1}^{N} C_n P_n + \sum_{n=1}^{N} \sum_{j=1}^{R_n} \frac{C_n P_n}{(1+i)^{jt_n}}(1-r) \tag{7-8}$$

式中：N 表示能源系统网络中设备数量，台；C_n 为第 n 台设备单位容量的初始投资成本，万元；P_n 为第 n 台设备的安装容量，MW；R_n 为第 n 台设备的重置次数，次；t_n 为第 n 台设备的使用寿命，年。

第 n 台设备的重置次数 R_n 为

$$R_n = floor\left(\frac{t_p}{t_n}\right) - 1 \tag{7-9}$$

式中：t_n 为第 n 台设备的使用寿命，年；$floor(x)$ 为求取不大于 x 的最大整数的函数。

（2）能源系统运行维护成本。能源系统运行过程中，运行成本以用能成本为主、维护成本以设备线路日常维护费用为主的能源系统运行维护费用 RSC 为

$$RSC = \sum_{k=1}^{t_p} \frac{R+M}{(1+i)^k}(1-r) \tag{7-10}$$

式中：R 为能源系统年运行成本，万元；M 为能源系统年维护成本，万元。

其中年运行成本 R 为

$$R = \sum_{n=1}^{N} P_{R,n} C_{R,n} \tag{7-11}$$

式中：$P_{R,n}$ 为能源系统第 n 台设备的年有功功率，MW；$C_{R,n}$ 为能源系统第 n 台设备单位输出功率耗能成本，万元。

年维护成本 M 为

$$M = \sum_{n=1}^{N} P_n C_n R_{M,n} \tag{7-12}$$

式中：$R_{M,n}$ 为能源系统第 n 台设备的维护率。

（3）能源系统污染治理成本。主要考虑 SO_2、NO_x、CO_2 三种环境污染物的治理成本，考虑到环境污染对人类生存的恶劣影响日益严峻，假设污染影响因子为 r_e 的城镇能源系统环境污染治理成本 ESC 为

$$ESC = \sum_{k=1}^{t_p} E(1+r_e)^k \tag{7-13}$$

式中：E 为能源系统年环境污染处理成本，万元。

考虑环境污染对城镇能源系统长期影响将随时间逐步增加，则年环境污染处理成本可具体表示为

$$E = \sum_{y=1}^{t_p} \sum_{n=1}^{N} \sum_{l=1}^{P} P_{R,n} C_{E,l} R_{E,n,l} (1+tr_e)^y \tag{7-14}$$

式中：$R_{E,n,l}$ 为第 n 台设备产生第 l 种污染气体的排放率；tr_e 为环境污染治理成本增长因子；$C_{E,l}$ 为产生单位第 l 种污染气体所需治理成本，万元；$l=1$、2、3 分别表示 SO_2、NO_x、CO_2。

（4）能源系统废弃设备处理成本。仅考虑能源系统规划周期结束对废弃设备的折现收益，以及拆除废弃设备再利用的残余价值，则废弃处理成本 ASC 为

$$ASC = \sum_{k=1}^{t_p} \frac{D}{(1+i)^k} r + \frac{S}{(1+i)^{t_p}} r \tag{7-15}$$

式中：D 为能源系统的年折旧费用，万元；S 为能源系统内所有设备的残余价值，万元。

年折旧费用 D、残余价值 S 分别可表示为

$$D = \sum_{n=1}^{N} P_n C_n R_{D,n} \tag{7-16}$$

$$S = \sum_{n=1}^{N} P_n C_n R_{S,n} \tag{7-17}$$

式中：$R_{D,n}$ 为第 n 台设备的折现率；$R_{S,n}$ 为第 n 台设备的净残值。

因此，综合考虑能源系统初始投资成本、运行维护成本、环境污染治理成本、废弃设备处理成本的城镇能源系统综合规划的成本 SC 为

$$SC = SSC + RSC + ESC - ASC \tag{7-18}$$

2. 面向新型城镇能源互联网的能源系统集约特性分析方法

为响应城镇建设"绿色集约"的要求，并为城镇能源互联网的能源系统集约特性评价提供支撑，需对能源系统的集约特性进行分析。系统集约特性包括节约特性和集中特性 2 种。

（1）能源系统节约特性分析方法。节约特性包含能源系统经济效益、环境效益。其中，通过对能源系统时间断面和时序两方面分析，分别研究能源系统的经济效益和环境效益。

传统燃煤发电机组使用寿命较长，但维护成本较高、环境污染严重、污染治理费用较高，因此能源网络中传统火力发电机组的装机容量和出力情况将直接影响该能源网络成本。针对此种问题，对能源系统采用时间断面经济效益分析方法，可验证使用耦合设备代替部分传统发电机组能够实现能源梯级利用，且能够充分利用系统多能互补特性，提高系统综合能源利用效率；通过对能源系统采用时序经济效益分析方法，可验证在能源系统 50 年规划中合理接入新能源发电设备，降低传统火电机组装机数量可直接提高能源系统集约程度。

在考虑能源系统经济效益的基础上，针对不同的规划方案进行能源系统环境效益的对比分析。从能源系统时间断面环境效益分析，研究通过一定激励手段，实现能源系统降低污染；从能源系统时序环境效益分析，研究长时间尺度下，为达成绿色发展的目标而不断变化的能源系统成本。

（2）能源系统集中特性分析方法。通过对能源系统节约特性的分析可知，增加系统中的耦合设备可提高可再生能源的消纳能力，使能源系统具备较高的经济环境效益，但同时耦合设备的增多也带来了高昂的短期成本，因此，在对能源系统做出一定程度的节约特性分析后，针对能源系统的集中特性进行分析。

集中特性包含系统耦合程度、耦合效率。其中，通过对能源系统时间断面和多时间

断面两方面分析，研究能源系统耦合程度；通过对能源系统时间断面和时序两方面分析，研究能源系统耦合效率。

通过对能源系统采用时间断面耦合程度分析方法，基于加大能源系统耦合度时，系统能源短期成本和总成本的变化趋势，可以判断能源系统的集中特性与节约特性之间的关系，以平衡能源系统的成本与效益；并且对能源系统采用多时间断面耦合程度分析方法，研究不同耦合程度的能源系统成本与污染治理成本的对比，以梳理能源系统耦合程度对经济环境效益的影响。

由于能源系统规划存在集中与节约两种特性的权重关系，因此需要对能源系统进行耦合效率的分析，采用能源系统时间断面耦合效率分析方法，对单一时间断面能源系统进行分析比较，判断能源系统耦合特性的适应程度；采用能源系统时序耦合效率分析方法，对长时间尺度下的能源系统成本变化趋势进行分析，研究各不同耦合效率能源系统成本的增长特性。

3. 算例分析

（1）城镇能源系统节约特性分析。

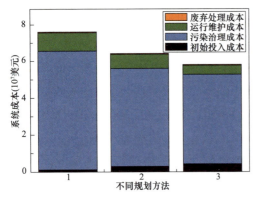

图 7-1　不同规划方法下能源系统成本
1—电/气/热能源系统完全独立的规划方案；
2—电/气耦合的部分耦合规划方案；
3—电/气/热完全耦合的规划场景

1）能源系统经济效益分析。能源系统规划主要包括线路、管道架设规划，设备选型，设备接入点选择等重要环节。其中，设备选型、设备接入点选择与能源系统中耦合设备装机容量、新能源发电机组接入位置都具有紧密联系。

a. 能源系统时间断面经济效益分析。通过分析规划寿命为 30 年的能源系统，可得到其对应的能源系统成本，不同规划方法下能源系统成本如图 7-1 所示。

由图 7-1 可得，由于耦合设备的建设成本远高于独立供能设备的建设成本，方案 1 的能源系统初始投入远低于方案 2 与

方案 3；耦合供能设备运维成本低于独立供能设备，随着能源系统耦合程度的提高，系统运行维护成本逐渐降低；耦合设备能够实现能源梯级利用，提高可再生能源消纳，从而减少污染处理成本；三种规划方案下废弃处理成本差异不大。由于系统运行维护成本占能源系统成本的比例较大，因此在能源系统建设后期方案 3 的系统成本低于方案 2，同时远低于方案 1 的能源系统成本。

通过对能源系统进行时间断面经济效益分析可以看出，由于大部分新能源设备及耦合设备维护成本较低，且可再生能源无用能成本，耦合设备可消纳富余清洁能源产生的能量，其用能成本也远低于传统产能耗能成本，耦合设备运行成本总体上低于独立设备成本。因此，使用耦合设备较多的能源系统运行成本远低于完全独立运行能源系统运行成本。

b. 能源系统时序经济效益分析。城镇在规划阶段，需要以发展的眼光评价能源系统的集约程度。为实现对能源系统的多阶段集约特性分析，通过将项目规划寿命等价为项目阶段评价时间节点，并针对 50 个时间断面的能源系统成本进行计算分析，得出能源系统时序成本对比结果，能源系统时序成本对比如图 7-2 所示。

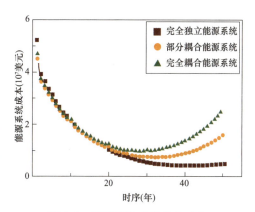

图 7-2　能源系统时序成本对比

由于传统火电机组会产生大量污染物，而新能源发电设备与多能耦合设备污染排放量远低于火电机组，该优势随时间增大，造成不同耦合程度下的能源系统污染治理成本差值也随之不断增大。

完全耦合的能源系统耦合设备装机率的提高，实现了能源系统能量的梯级利用，大幅度提高了可再生能源消纳能力及传统能源利用效率，降低了高污染火电机组装机数量，降低了能源系统污染处理成本。供能效率的提高，可减少能源浪费，降低能源系统运行过程中的用能成本，加之污染处理成本随时间增长变化明显，且环境效益为城镇发展过程中的重要一环，因此在经济效益分析的基础上，将针对能源系统环境效益进行进一步分析。

2) 能源系统环境效益分析。《国家新型城镇化规划（2014—2020 年）》明确指出，城镇发展过程中，必须时刻牢记绿色集约的发展要求。因此，下面将针对不同规划方案下的能源系统环境效益进行对比分析，对上节的分析结果进行补充，全面分析不同规划方案的节约特性。

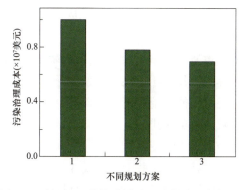

图 7-3　时间断面不同规划方案下环境治理成本对比
1—电/气/热能源系统完全独立的规划方案；
2—电/气耦合的部分耦合规划方案；
3—电/气/热完全耦合的规划场景

a. 能源系统时间断面环境效益分析。通过设置不同规划方案在 30 年的时间断面，利用成本模型中污染治理成本表征能源系统环境效益，针对各规划方案的环境效益进行对比分析。时间断面不同规划方案下环境治理成本对比如图 7-3 所示。

由图 7-3 可得，耦合设备的投入为用户增大了使用能源的选择面，可利用供能价格对用户用能选择进行激励，进一步降低污染物排放，提高能源系统环境效益，响应城镇"绿色集约"发展要求。

b. 能源系统时序环境效益分析。通过成本中污染治理成本变化情况反映不同规划方案下能源系统建成后各阶段的环境效益变化情况。能源系统时序环境治理成本对比如图 7-4 所示。

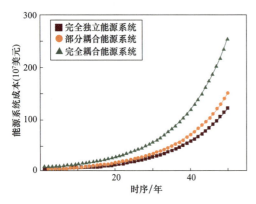

图 7-4 能源系统时序环境治理成本对比

由图 7-4 可得，能源系统污染治理成本增长速度随时间不断增加，环境污染治理成本在能源系统成本中占比也随时间增大，体现了能源系统发展的根本需求。随着自然环境逐步恶化，绿色环保要求必将逐步提高，随之而来的是更高的环境治理成本。

（2）城镇能源系统集中特性分析。

1）能源系统耦合度分析。耦合设备可实现能源梯级利用、多能互补，提高系统可再生能源消纳能力，有效提高能源系统能源利用效率，具有更优的环境效益及经济效益。但由于耦合设备成本高、结构复杂、维护费用较高，接入过多耦合设备将影响系统初期投入成本，若系统投入使用时间过短，则对系统经济效益产生负影响。在对能源系统节约特性做出一定分析的基础上，针对能源系统集中特性进行进一步分析。

a. 系统时间断面耦合程度分析。基于不同耦合程度的规划方案在能源系统建设发展 50 年的时间断面成本进行对比分析，不同耦合度成本对比如图 7-5 所示。

由图 7-5 可得，随着能源系统耦合度

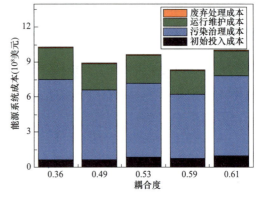

图 7-5 不同耦合度成本对比

增大，系统初始投资成本也随之增大，而污染治理成本则随之降低，但总成本却无明显增长规律，可见能源系统集中特性与节约特性间并无确定线性关系。

耦合设备安装成本与维护费用均高于其他能源设备，但耦合设备使用寿命长、设备重置费用较少，同时耦合设备能较好地实现能源梯级利用，增大能源系统可再生能源消纳能力，使系统用能成本降低，并且可有效减少污染物排放，从而降低能源系统污染处理成本，使得能源系统成本与能源系统集中特性之间并无明显线性关系。

b. 能源系统多时间断面耦合程度分析。由于单一时间断面能源系统经济效益与集中特性无明显线性关系，因此针对 50 年内各耦合程度的各阶段成本的变化情况进行对比分析。不同耦合度的能源系统成本对比如图 7-6 所示。

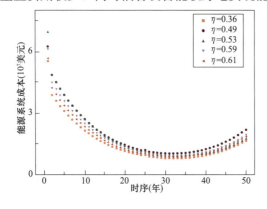

图 7-6 不同耦合度的能源系统成本对比

由图 7-6 可得，由于不同耦合程度的能源系统具有不同增长特性，但均存在一最小值点，各不同耦合程度能源系统在 50 年间各年成本最小值出现均不在同一时间断面上，因此需针对不同发展阶段制定不同评价标准，才能对能源系规划方案做出全面评价。

为进一步分析能源系统耦合程度，将不同耦合程度能源系统 50 年间环境效益进行对比分析，不同耦合程度的能源系统污染治理成本对比如图 7-7 所示。

由图 7-7 可得，污染治理成本与火电机组装机直接相关，但为保证系统正常运行，在增加耦合设备装机容量的同时不可对火电机组进行同等装机容量的削减，因此能源系统污染治理成本受系统耦合程度影响，但主要影响因素为能源系统综合规划集中程度与节约程度的平衡。且由于在

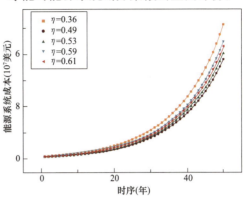

图 7-7　不同耦合程度的能源
系统污染治理成本对比

同一时间断面上各耦合程度与能源系统经济效益之间无对应关系，因此在能源系统多阶段的集约特性评价过程中，需将耦合程度与经济效益同时作为考评项目。但相同耦合程度的能源系统由于设备选型不同，将产生不同的运行调度结果，而设备运行效率也将直接影响能源系统节约特性，为更进一步分析能源系统集中特性，下面将对系统耦合效率进行详细分析。

2）能源系统耦合效率分析。城镇能源系统综合规划集中特性与节约特性间存在权重关系，此处将针对相同耦合程度的系统规划方案，进行耦合设备类型的重新规划，并对不同方案下的能源系统耦合效率进行分析。

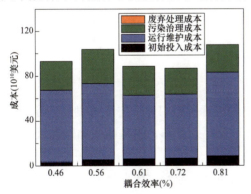

图 7-8　某时间断面不同耦合效率成本对比

a. 能源系统时间断面耦合效率分析。基于不同耦合程度的规划方案，对能源系统建设发展 50 年的时间断面成本进行对比分析，某时间断面不同耦合效率成本对比如图 7-8 所示。

由图 7-8 可知，能源系统成本与耦合效率之间无明显线性关系。较高的耦合效率能够有效提高系统的运行效率，同时改善清洁能源消纳情况，降低系统用能成本的同时降低其污染处理成本，但带来了高额初始投入成本，使得能源系统成本与能源系统耦合效率之间并无明显线性关系。此处仅针对单一时间断面能源系统耦合效率进行对比分析，仅可说明能源系统耦合效率特性适用于 50 年时间段面，为全面分析能源系统集约特性，需针对多时间断面的能源系统耦合效率进行具体分析。

b. 能源系统时序耦合效率分析。针对 50 年内各耦合程度的各阶段成本的变化情况进行对比分析。时序不同耦合效率成本对比如图 7-9 所示。

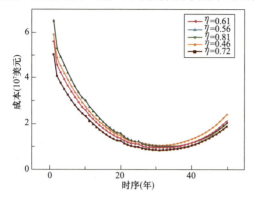

图 7-9 时序不同耦合效率成本对比

由图 7-9 可知，不同耦合效率的能源系统均存在一最小值点，但各不同耦合效率能源系统的成本具有不同增长特性，在 50 年间各年成本最小值出现均不在同一时间断面上，因此为对能源系规划方案做出全面评价，需针对不同发展阶段的制定不同评价标准。

4. 小结

能源系统综合规划集约特性包括集中特性与节约特性两个维度。其中，节约特性由经济效益与环境效益描述，集中特性由耦合程度与耦合效率来描述。本节分别对能源系统综合规划的节约特性与集中特性进行了时间断面与时序分析，结果表明，完全耦合的规划方案具有较好的经济效益与环境效益。同时，对不同耦合程度与耦合效率的集中特性进行了时间断面与时序分析，结果表明，能源系统规划方案均存在经济效益最优点，可为后续能源系统综合规划评价标准的建立提供依据。

7.3.2 能源系统运行评价

对于能源系统来说，多能耦合关系使能源网络结构和运行方式变得更加复杂，能源系统在多能耦合下能否安全稳定、高效经济运行将直接影响人民生产生活质量。因此，有必要对能源系统运行进行综合评价，根据评价结果及时调整调度策略，保证能源系统在调度周期内能够运行在最优状态。本节主要从运行可靠性、运行灵活性、综合能效 3 方面进行能源系统运行评价，建立典型运行评价指标及对应的评价方法，并通过算例分析说明运行评价的有效性。

1. 能源系统运行可靠性评价

（1）典型运行可靠性评价指标。运行可靠性指标包括用户平均停供频次、用户平均停供时间和供能可靠率，分别从供能事故发生次数、供能事故持续时间和能源可靠供应时间对系统运行可靠性进行评价。

1）用户平均停供频次 SAIFI。表示一年内系统中经受供能事故的用户平均供能事故次数，从事故发生数量的角度反映了供能系统停运的严重程度。

$$SAIFI = \frac{\sum \lambda_i N_i}{\sum N_i} \tag{7-19}$$

式中：λ_i 为第 i 个节点对应的年均停供频次，次/年；N_i 为节点 i 处所供应的负荷用户数。

2）用户平均停供时间 $SAIDI$。表示一年内系统中经受供能事故的用户的平均供能事故持续时间，指标从事故持续时间的角度反映了供能系统停运的风险程度。

$$SAIDI = \frac{\sum U_i N_i}{\sum N_i} \tag{7-20}$$

式中：U_i 为第 i 个节点对应的年均停供时间，h/年。

3）供能可靠率 $ASAI$。表示在统计期间内供能网络对用户有效供能时间占统计时间的比例，指标从能源可靠供应时间的角度反映系统的供能可靠性。

$$ASAI = \frac{\sum N_i \times 8760 - \sum U_i N_i}{\sum N_i \times 8760} \tag{7-21}$$

（2）运行可靠性评价方法。能源系统的可靠性评价方法主要分为模拟法和解析法。模拟法是以元件的故障概率、修复时间和分布式能源不同水平出力概率为基础，通过大量模拟后的统计结果计算各负荷节点的可靠性指标。解析法则是依次分析每个元件故障给各个负荷点带来的影响，通过故障概率、故障时间叠加得到各个负荷点的可靠性指标。考虑网络的拓扑结构，提出基于故障关联矩阵的可靠性指标计算方法。

1）故障关联矩阵理论。故障关联矩阵（fault incidence matrix，FIM）用以表征能源系统中每条支路发生故障对各负荷节点的影响。当某支路发生故障时，经故障定位、隔离后形成停供区域，针对每条支路发生故障的情况，可以通过联络开关或能源转换设备进行负荷恢复，考虑网络约束与设备约束，得到不同支路故障情况下各节点的负荷恢复情况，根据支路故障对系统各负荷节点停供范围的影响不同，对不同的负荷恢复状态分别生成相应的故障关联矩阵。

支路故障导致负荷停供的根本原因在于该支路的故障造成了能源到该负荷节点的供能路径的中断。供能路径矩阵（power supply path matrix，PSPM）是一种快速寻找所有负荷节点的供能路径的方法，将所有负荷节点供能路径以矩阵形式表达。系统支路节点编号示意图如图 7-10 所示，下面以图 7-10 中的供能系统为例说明供能路径矩阵的计算方法。

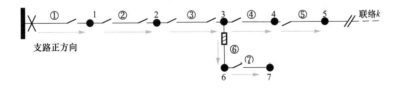

图 7-10　系统支路节点编号示意图

根据图 7-10 中供能系统的节点、支路编号，建立网络节点支路关联矩阵 $\boldsymbol{E}$。$\boldsymbol{E}$ 中只包含 3 种元素，当节点 i 与支路 j 不相连时，对应位置元素 $e_{ij}=0$；当节点 i 是支路 j 的起点时，$e_{ij}=1$；当节点 i 是支路 j 的终点时，$e_{ij}=-1$。在辐射状的供能拓扑结构中，馈线首端的母线是所有负荷节点的唯一供能点（能源点），删除能源点所对应的第 1 行，

得到方阵 $\boldsymbol{E}_1$，对 $\boldsymbol{E}_1$ 求逆即可得到该网络中能源点到每个负荷节点的 PSPM $\boldsymbol{R}_1$，负荷节点供能路径矩阵求解过程如图 7-11 所示。

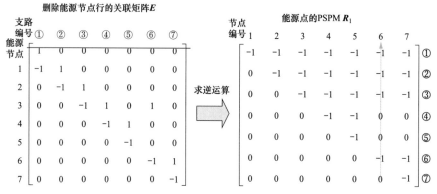

图 7-11　负荷节点供能路径矩阵求解过程

PSPM 中的"−1"代表供能路径方向与支路潮流方向相同，"1"代表供能路径方向与支路能量流向的方向相反。将 PSPM 的所有元素取绝对值，PSPM 第 i 行中的非零元素代表必须通过支路 i 供能的负荷节点。可将 PSPM 看作支路故障的影响标志位矩阵，PSPM 中的元素 $r_{ij}=1$ 代表支路 i 故障对负荷 j 有影响，$r_{ij}=0$ 表示支路 i 故障对负荷 j 无影响。

以此为基础，通过供能路径矩阵生成故障关联矩阵 $\boldsymbol{A}$ 和故障关联矩阵 $\boldsymbol{B}$ 即可对所有负荷节点的可靠性指标，如停供频次、停供时间、期望缺供量等进行计算。矩阵生成过程如下：

a. 故障关联矩阵 $\boldsymbol{A}$。支路故障导致负荷节点所有供能路径断开，只有等到故障修复后才能恢复供能，停供时间为支路的修复时间。

$$\boldsymbol{A}_{l,k}=\begin{cases}1,k\in\psi_{l,A}\\0,k\notin\psi_{l,A}\end{cases} \tag{7-22}$$

式中：$\psi_{l,A}$ 为支路 l 故障导致负荷节点所有供能路径断开，只有等到故障修复后才能恢复供能节点集合。

b. 故障关联矩阵 $\boldsymbol{B}$。支路故障后节点可以通过联络开关进行转供恢复，此部分负荷节点供能中断时间为联络开关的动作时间。

$$\boldsymbol{B}_{l,k}=\begin{cases}1,k\in\psi_{l,B}\\0,k\notin\psi_{l,B}\end{cases} \tag{7-23}$$

式中：$\psi_{l,B}$ 为支路 l 发生故障后节点可以通过联络开关进行转供恢复供能的节点集合。

2）故障关联矩阵方法。设 N_l 条支路的故障率组成的行向量为 $\boldsymbol{\lambda}=[\lambda_1，\lambda_2，\lambda_3，\cdots，\lambda_{N_1}]$，支路的故障修复时间组成的行向量为 $\boldsymbol{\mu}=[\mu_1，\mu_2，\mu_3，\cdots，\mu_{N_1}]$，节点的负荷需求组成的行向量为 $\boldsymbol{L}=[L_1，L_2，L_3，\cdots，L_{N_b}]$，则基于故障关联矩阵，节点停供频率指标 $\boldsymbol{\lambda}^{\mathrm{LP}}=[\lambda_1^{\mathrm{LP}}，\lambda_2^{\mathrm{LP}}，\lambda_3^{\mathrm{LP}}，\cdots，\lambda_{N_b}^{\mathrm{LP}}]$、节点停供时间指标 $\boldsymbol{\mu}^{\mathrm{LP}}=[\mu_1^{\mathrm{LP}}，\mu_2^{\mathrm{LP}}，\mu_3^{\mathrm{LP}}，\cdots，\mu_{N_b}^{\mathrm{LP}}]$、节点期望缺供量指标 $\boldsymbol{ens}^{\mathrm{LP}}=[ens_1^{\mathrm{LP}}，ens_2^{\mathrm{LP}}，ens_3^{\mathrm{LP}}，\cdots，ens_{N_b}^{\mathrm{LP}}]$ 可通过矩阵的代数运算得到。

$$\begin{cases} \boldsymbol{\lambda}^{\mathrm{LP}} = \boldsymbol{\lambda} \times (\boldsymbol{A} + \boldsymbol{B}) \\ \boldsymbol{\mu}^{\mathrm{LP}} = \boldsymbol{\lambda} \circ \boldsymbol{\mu} \times \boldsymbol{A} + \boldsymbol{\lambda} \times t_{\mathrm{op}} \times \boldsymbol{B} \\ \boldsymbol{ens}^{\mathrm{LP}} = \boldsymbol{\mu}^{\mathrm{LP}} \circ \boldsymbol{L} \end{cases} \tag{7-24}$$

式中：$\boldsymbol{A}$、$\boldsymbol{B}$ 分别为两个故障关联矩阵；t_{op} 为联络开关操作时间，h；运算符号"$\circ$"为 Hadamard 积，运算规则为矩阵或向量对应位置元素相乘。

依据故障关联矩阵及节点参数，可以进行系统可靠性指标的计算。

a. 用户平均停供频次。表示各负荷节点年平均停供次数。

$$SAIFI = [\boldsymbol{\lambda} \times (\boldsymbol{A} + \boldsymbol{B})] \times \frac{\boldsymbol{n}^{\mathrm{T}}}{N} = \boldsymbol{\lambda}^{\mathrm{LP}} \times \frac{\boldsymbol{n}^{\mathrm{T}}}{N} \tag{7-25}$$

式中：$\boldsymbol{n}^{\mathrm{T}}$ 为每个负荷节点的用户数按照编号由小到大的顺序排列组成的行向量；N 为总用户数，户；$SAIFI$ 为系统平均停供频率，次/年。

b. 用户平均停供时间。表示各负荷节点年平均停供时间。

$$SAIDI = [\boldsymbol{\lambda} \circ \boldsymbol{\mu} \times \boldsymbol{A} + t_{\mathrm{sw}} \times (\boldsymbol{\lambda} \times \boldsymbol{B})] \times \frac{\boldsymbol{n}^{\mathrm{T}}}{N} = \boldsymbol{\mu}^{\mathrm{LP}} \times \frac{\boldsymbol{n}^{\mathrm{T}}}{N} \tag{7-26}$$

式中：$SAIDI$ 表示系统平均停供持续时间，h/年。

c. 供能可靠率。表示在统计期间内供能网络对用户有效供能时间占统计时间的比例。

$$ASAI = 1 - \frac{SAIDI}{8760} \tag{7-27}$$

式中：$ASAI$ 表示系统供能可靠率，%。

（3）算例分析。

1）方法正确性验证。通过一个简单算例验证上述方法的正确性，以供电可靠性计算为例，算例拓扑示意图如图 7-12 所示，该供能结构共有 7 个节点、7 个支路。

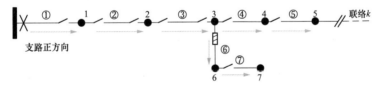

图 7-12　算例拓扑示意图

为了说明可靠性计算流程及所用方法的正确性，采用枚举法作为对比方法进行可靠性指标计算结果对比。现假设图中开关设备完全可靠，可靠性计算相关参数见表 7-4。

表 7-4　　　　　　　　　　　　　可靠性计算相关参数

元件	故障率 [次/(km·年)]	故障修复时间 (h)	转供时间 (h)	节点负荷需求 (kW)	节点用户数 (户)
支路 1	0.1	3	0.5	900	50
支路 2	0.25	3	0.5	1000	60

元件	故障率 [次/(km·年)]	故障修复时间 (h)	转供时间 (h)	节点负荷需求 (kW)	节点用户数 (户)
支路 3	0.15	3	0.5	900	50
支路 4	0.2	3	0.5	800	40
支路 5	0.25	3	0.5	700	30
支路 6	0.2	3	0.5	700	30
支路 7	0.1	3	0.5	500	20

a. 枚举法。通过枚举故障事件并分析故障后的故障隔离、故障修复过程，计算负荷节点的停电损失，做好记录。当枚举完所有故障后，进行可靠性指标计算，枚举法计算可靠性指标计算过程见表 7-5。

表 7-5　　　　　　　　　　　枚举法计算可靠性指标计算过程

故障事件记录		支路①	支路②	支路③	支路④	支路⑤	支路⑥	支路⑦
节点 1	λ(次/年)	0.1	0	0	0	0	0	0
	μ(h/年)	0.5	0	0	0	0	0	0
节点 2	λ(次/年)	0.1	0.25	0	0	0	0	0
	μ(h/年)	0.5	0.5	0	0	0	0	0
节点 3	λ(次/年)	0.1	0.25	0.15	0	0	0	0
	μ(h/年)	0.5	0.5	0.5	0	0	0	0
节点 4	λ(次/年)	0.1	0.25	0.15	0.2	0	0	0
	μ(h/年)	0.5	0.5	0.5	0.5	0	0	0
节点 5	λ(次/年)	0.1	0.25	0.15	0.2	0.25	0	0
	μ(h/年)	0.5	0.5	0.5	0.5	0.5	0	0
节点 6	λ(次/年)	0.1	0.25	0.15	0	0	0.2	0
	μ(h/年)	0.5	0.5	0.5	0	0	3	0
节点 7	λ(次/年)	0.1	0.25	0.15	0	0	0.2	0.1
	μ(h/年)	0.5	0.5	0.5	0	0	3	3

在枚举分析了所有可能的故障后，对负荷节点的故障率、停电时间及负荷需求等参数进行计算处理，即可得到用户的可靠性指标，系统可靠性指标结果见表 7-6。

表 7-6　　　　　　　　　　　系统可靠性指标结果

指标/方法	故障关联矩阵法	枚举法
用户平均停电频次（次/年）	0.5161	0.5161
用户平均停电时间（h/年）	0.3652	0.3652
供电可靠率（%）	99.99	99.99

b. 故障关联矩阵法。根据算例拓扑示意图列写故障关联矩阵 A、B，算例故障关联矩阵 A、B 如图 7-13 所示。根据故障关联矩阵 A、B 计算可靠性指标，计算结果见表 7-6。

根据表 7-6 的对比结果可知，使用故障关联矩阵方法计算可靠性指标结果完全正确。实际上，本节所提到的两个故障关联矩阵均可以利用传统的故障后果模式分析法得到，因此方法的正确性可以保证。

2）算例指标计算。该算例采用的是电、气、热多能耦合的 164 节点系统，其中电、热、气分别通过耦合节点 E33、H1、G50

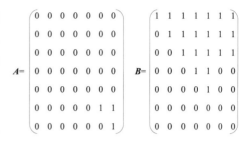

图 7-13　算例故障关联矩阵 **A**、**B**

连接，应用故障关联矩阵对该算例可靠性指标进行计算，系统可靠性指标计算结果见表 7-7。

表 7-7　　　　　　　　　　　　　系统可靠性指标计算结果

指　标	计算结果
用户平均停电频次（次/年）	0.2357
用户平均停电时间（h/年）	0.9605
供电可靠率（%）	99.989
用户平均供热事故频次（次/年）	0.0277
用户平均供热事故持续时间（h）	0.4112
供热可靠率（%）	99.995
用户平均供气中断频次（次/年）	0.0106
用户平均供气中断持续时间（h）	0.1597
供气可靠率（%）	99.998

2. 能源系统运行灵活性评价

（1）典型运行灵活性评价指标。在能源系统中，灵活性供给可来自由冷热电三联供、热泵、多能储能等设备，而灵活性需求则来源于多能负荷及风电、光伏发电等可再生能源的波动性和不确定性。灵活性供给与灵活性需求之间的平衡则是灵活性调整的目标。针对不同的时间尺度，运行灵活性评价可反映能源系统当前的运行状态是否贴近某一网络约束边界，也可反映能源系统通过调整灵活性资源承受来自负荷与可再生能源不确定性变化的能力。

针对不同的能源种类（如电、热、气等），当能源系统可提供的可调功率上界大于（小于）净负荷时，说明能源系统在一定程度下能有效地应对负荷的增大（减小），系统可具有向上（向下）调节的灵活性，由此可定义向上/向下的供能功率灵活性指标

$$\bar{F}^{\alpha} = \frac{\sum_{i \in \Xi} \bar{P}_{i,t}^{\alpha} - L^{\alpha}}{L^{\alpha}} \times 100\%$$

$$\underline{F}^{\alpha} = \frac{\sum_{i \in \Xi} \underline{P}_{i,t}^{\alpha} - L^{\alpha}}{L^{\alpha}} \times 100\%$$

(7-28)

式中：α 为能源种类，可选电、热、气；$\bar{F}^\alpha$、$\underline{F}^\alpha$ 分别为能源种类为 α 的向上、向下供能功率灵活性，%；Ξ 为能源设备的集合；$\bar{P}^\alpha_{i,t}$、$\underline{P}^\alpha_{i,t}$ 分别为能源设备 i 在时间 t 后的可调功率上、下界，kW；L^α 为能源种类为 α 的净负荷，kW。

向上功率灵活性大于 0，且越大说明能源系统响应负荷增加的灵活性越高。向下功率灵活性小于 0，且越小说明能源系统响应负荷减小的灵活性越高。

（2）运行灵活性评价方法。能源系统中存在的各类分布式能源设备，均具有一定的可调范围来响应系统中来自多能负荷和可再生能源出力的不确定性波动。可调的供电设备通常包括电储能设备、燃气轮机等，可调的供热设备通常包括热储能设备、热泵、燃气锅炉等。假设某一时刻，能源设备在未来一段时间的可调功率范围受到其运行条件约束，以考虑单个设备为例，灵活性资源可调功率范围示意图如图 7-14 所示。

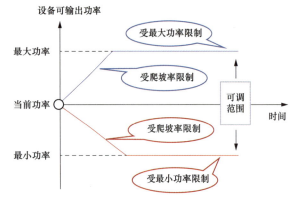

图 7-14　灵活性资源可调功率范围示意图

对该能源设备进行仿真建模，获取能源设备的最小、最大输出功率、爬坡率等参数，并可获得其可调功率上下界表达式。

$$\bar{P}^\alpha_{i,t} = \max\{\bar{P}^\alpha_i, P^\alpha_{i,t_0} + R^\alpha_i t\}$$
$$\underline{P}^\alpha_{i,t} = \min\{\underline{P}^\alpha_i, P^\alpha_{i,t_0} - R^\alpha_i t\}$$

$$(7\text{-}29)$$

式中：$\bar{P}^\alpha_i$、$\underline{P}^\alpha_i$ 分别为能源设备 i 的最大、最小输出功率，kW；P^α_{i,t_0} 为能源设备 i 在当前时间的功率，kW；R^α_i 为爬坡率，kW/min；t 为灵活性评价的时间尺度，min。

在未来较短一段时间内，能源设备的可调功率范围主要受爬坡率的限制，而在较长时间后，其可调功率范围主要受最大/最小输出功率的限制。另外，对于储能设备，还应额外考虑储能的能量水平对可调功率范围的影响。对于分布式电源，其可调功率范围可能还将受到最小启停时间的限制。对于多个灵活性资源集成的可调功率范围计算，只需在给定的时间尺度下，将各个设备对应的最大、最小可调功率分别相加即可获得，所得能源设备总的可调范围将用于评价能源系统运行灵活性。

电网由于需要满足实时平衡的供需关系而不具灵活性调节潜力。相比之下，由于热网和气网具有较强的暂态特性与时延特征，供能与负荷之间不须瞬时匹配，这意味着热能和气能可以储存在网络中。以热网为例，热网可作为一种广义的热储能，吸收热源的热量，通过一定的时间延迟后释放热能给负荷，以平抑热负荷的波动，同时消纳更多的可再生能源出力，因此热网具有一定的运行灵活性。

对热网的运行灵活性进行具体分析，需要对热网进行建模。一方面，由于热能供需不需要实时平衡，通过提高或降低热源供应温度，可在不影响负荷节点温度的情况下增加或减少热输入，进而影响热网管道的蓄热水平，从而体现热网的运行灵活性。热网灵活性调节如图 7-15 所示，图中的热网灵活性来源为调节供水温度。

图 7-15　热网灵活性调节（调节供水温度）

另一方面，通过调节管道流量，产生的热量可以通过不同的时间延迟传递给热负荷。例如，当热水流量变大时，热传递时间延迟将缩短，热能的供应峰值推迟，等价于使热负荷出现的峰值时间具有可"延迟"的特性，从而也增强了能源系统的灵活性。热网灵活性调节如图 7-16 所示，图中的热网灵活性来源为调节管道流量。

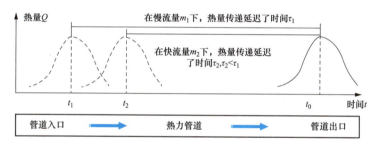

图 7-16　热网灵活性调节（调节管道流量）

综上，除了能源设备外，当热网的管道流量或者供水温度可变时，热网可作为蓄热单元，具有功率调节的能力，可进一步参与运行灵活性评价。

（3）算例分析。以某示范区为例来进行算例分析，该示范区内含有能源设备包括电储能设备、燃气机组、热储能设备、热电联产机组、热泵、燃气锅炉，灵活性指标计算结果如图 7-17 所示。

由于示范区内能源设备种类丰富且具有较大的可调功率范围，在供电、供热方面均具有较高的运行灵活性。而由于没有电转气、气储能等设备，且天然气通常由外界购入，因此在供气方面缺乏向上调节的运行灵活性。

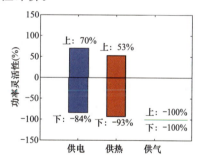

图 7-17　灵活性指标计算结果

3. 能源系统综合能效评价

（1）典型综合能效评价指标。能源利用效率是一个宏观性的术语，可从生产、经济发展等多个角度建立量化评价指标来衡量能源投入和产出的关系。综合能源系统的输入/输出能流可用能量（energy）、㶲（exergy）两种物理量表征。能量是基于热力学第一定律的概念，定义为系统的一个广泛属性，系统在两个状态之间的能量变化等于这些状态之间的绝热做功。烟是基于热力学第二定律所提出的概念，定义为系统由任意状态可逆的变化到与给定环境力学平衡的状态时，可以从系统获得的功。总结来看，能量是反映能源"数量"属性的概念，而烟是反映能源"质量"属性的概念。不同能源间的转换过程具有"量"的守恒性和"质"的差异性。

综合能源系统的核心在于多种类型能源的源、网、荷深度融合，通过多能互补协同实现能源的清洁高效供给。为了在运行阶段合理地应用与分析其低碳、高效的核心特点，需从整体的角度评价系统的综合能效，典型指标包括一次能源利用效率和烟效率。

1）一次能源利用效率。一次能源利用效率为系统输出总能量与系统输入总能量之比，其是应用最广、最易获取的能效指标，具有简单直观、方便求取的优点，定义式为

$$\eta_e = \frac{W_{out}}{W_{in}} \qquad (7\text{-}30)$$

式中：η_e 为系统一次能源利用效率，%；W_{out} 为系统输出总能量，kJ；W_{in} 为系统输入总能量，kJ。

2）烟效率。烟效率为系统所输出的总烟（收益烟）与输入的总烟（耗费烟）的比值，反映了系统供能和用能在能级上的匹配程度，适用于联供机组及各设备的能效评价，定义式为

$$\eta_s = \frac{E_{out}}{E_{in}} \qquad (7\text{-}31)$$

式中：η_s 为系统烟效率，%；E_{out} 为系统输出的总烟，kJ；E_{in} 为系统输入的总烟，kJ。

另外，综合能源系统能效分析还涉及能源设备的能量转换、多能网络传输等多个分环节，为了全面、系统地描述综合能源系统能效情况，综合能效评价指标体系还可围绕各个分环节进行构建，以及时发现各环节的缺陷和不足，指导区域综合能源系统的建设和运行。

（2）综合能效评价方法。不同形式的能源所包含的可利用能量各不相同，高品质能量用于低品质消费时，即使用能总量不变也会浪费大量的可用能量。因此，在评价能源利用效率时要计及能源品位的差异，考虑系统中的能源梯次利用特征，进而实现能源系统能效的有效评价。

能的品位是量化描述能量转化为有用功能力大小的物理量，将其定义为参考环境下能流的最大做功能力（烟）与做功过程中总放热之比，定义式为

$$A = \frac{\Delta E}{\Delta H} \qquad (7\text{-}32)$$

式中：A 为能的品位；ΔE 为能量的微元转换过程中能的最大做功能力变化，kJ；ΔH 为过程总焓变，kJ。

在能量的梯次利用过程中需考虑能量形式与品位的变化，能源梯级利用示意图如图 7-18 所示。具体来说，天然气在燃烧室中产生高温火焰，进入燃气轮机膨胀做功带动发电机发电。排出高温烟气（中品位热）通过余热锅炉加以利用，向外提供蒸汽，可以用作工业用气、吸收式制冷机制冷、热等，不足的热量可由燃气锅炉进行补

充。对余热锅炉排出的高温蒸汽回收，用于供应热水或单效吸收式制冷机。蒸汽驱动设备以高温蒸汽作为驱动热源，并可对剩余蒸汽进行回收利用，回收的低品位蒸汽同样可用于单效吸收式制冷机或供应热水。

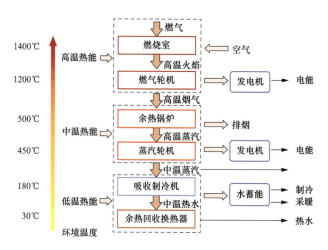

图 7-18 能源梯级利用示意图

为了科学地表征能量梯级利用特征中不同品质能量的价值差异，需要有效度量不同能源的品位，将不同种类能源形式进行统一折算，常用的折算方法有基于烟分析的能质系数法、基于能量价值的折算法等。

1）基于烟分析的能质系数法。能源的能质系数 C_e 定义为能源对外所能够做的功和其总能量的比值，其表达式为

$$C_e = \frac{W_{e,av}}{W_{e,sum}} \tag{7-33}$$

式中：$W_{e,av}$ 为该种能源中可以转化为功的部分，kJ；$W_{e,sum}$ 为该种能源的总能量，kJ。

能质系数 C_e 受能量种类、形态和温度以及环境温度的影响。电能是最高品位的能源，能够全部转化为功，故其能质系数为 1，可以通过将各种能源换算为等效电能（转换关系见表 7-8），从而将不同能源的品位联系起来。

表 7-8   能质系数汇总

能量类型	夏季能质系数	冬季能质系数
天然气	0.634	0.659
煤	0.476	0.504
热水	0.1~0.2	0.2~0.3
蒸汽	0.2~0.35	0.3~0.4
生物质	0.286	
风能	0.203	
太阳能	0.153	

2）基于能值理论的折算法。能值是指能量所具有的可用价值，用于定量地描述能量质量，它能够整合自然、社会的要素，找到阐释复杂系统结构和过程的统一描述方法。能值的单位为太阳焦耳（solar emjoule，sej）。基于不同能量形式在质量上的差异，通过能值转换率可以将不同形式的能源和资源转换为可进行统一衡量的能值，能值理论作为热力学定理的补充，可从宏观或微观尺度诠释各种人工和自然系统中物质和能量流的定量影响。系统能值分析示意图如图 7-19 所示，能值理论认为所有的自组织系统最终都演变为具有层级组织结构的能量系统，即能源系统可以用图 7-19 中的层级能源结构表示。

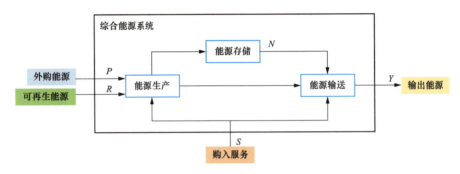

图 7-19　系统能值分析示意图

综合能源系统集成能源生产、存储、配送环节，利用外部输入能值，向用户提供能源产品。对于系统中的某个输出产品，其能值为所有相关输入能源能值的累加，表示为

$$Y = P + R + S + N \tag{7-34}$$

式中：Y 为输出能源产品的能值，sej；P 为购入的能源的能值，sej；R 为一个综合能源系统的输入能值（包括本地可再生能源的能值），sej；S 为购入服务的能值，sej；N 为系统消耗储能和物质资产的能值，sej。

（3）算例分析。以某示范区为例进行算例分析，通过输入数据采集与调研，考虑系统能源梯次利用特征，利用基于㶲分析的能质系数法、基于能值理论的折算法等能效指标综合评价计算方法，得到各指标计算值。利用专家评议法设置各环节、各指标的相应权重和各指标评分标准，从而得到算例各指标对应得分，综合能效评价综合得分见表 7-9。

表 7-9　　　　　　　　天津北辰某示范区标准算例综合能效评价综合得分

一级指标	得分	二级指标	权重	得分	三级指标	权重	得分
综合能效	8.95	转换环节	0.3	7	耦合效率	0.8	7
					热电联产机组转换效率	0.1	8
					燃气锅炉转换效率	0.1	6
					压缩空气储能效率	—	
					储热装置效率	—	

续表

一级指标	得分	二级指标	权重	得分	三级指标	权重	得分
综合能效	8.95	输送环节	0.1	8.5	电网传输效率	0.3	10
					天然气网传输效率	0.1	10
					天然气网动力系统效率	0.2	10
					热网传输效率	0.3	5
					热网动力系统效率	0.1	10
		全过程	0.6	10	综合能源利用效率	1	10

由表 7-10 可知,通过对比二级指标三个阶段的得分,可以说明该地区能效在转换环节存在薄弱点。同时在三级指标中,转换环节中的燃气锅炉转换效率和输送环节中的热网传输效率较低,可以作为提升整体能效的突破点。因此该算例可以说明,该综合能效评价方法建立了总体能效与过程能效的直接关系,能够快速指明能效提升方向,通过能效预评价结果指导能源供应商制定运行策略。

4. 能源互联网运行评价小结

本节主要针对能源系统运行过程中的运行可靠性、运行灵活性与综合能效设计了评价指标与相应的评价方法。对于运行可靠性评价,提出了能源系统运行可靠性的故障关联矩阵计算方法,在评价指标方面重点关注供能系统的用户平均停供频次、用户平均停供时间和供能可靠率,基于故障关联矩阵方法完成了对能源系统的总体评价结果。对于运行灵活性评价,通过分析能源设备及能源网络的可调节能力,评价能源系统的供能功率灵活性。对于综合能效,则是计及不同能源的品位差异,考虑系统中的能源梯次利用特征,从生产、经济发展等多个角度建立评价指标。

7.3.3 信息支撑评价

能源互联网信息支撑可靠性评价较为复杂,一次设备和终端交互和相互影响机理尚难以明确,本节首先提出了一种基于 Petri 网模型的能源互联网信息终端与物理耦合层可靠性评价方法。其次,将数据场理论应用于信息支撑系统节点辨识,提出了网络传输层拓扑势分析评价方法,通过定义广义节点质量,计算节点的网络拓扑势,评价网络传输层连通鲁棒性。

1. 终端与能源耦合层可靠性评价

(1)信息终端与能源耦合层可靠性评价指标。网络基本可靠度可表示为

$$f(G_{CS}) = \sum_{i=1}^{k} w_i f_i^{CS} = w_1 \left(\frac{E+R}{2} \right) + w_2 \frac{C}{N} \tag{7-35}$$

式中:$k=2$ 表明可靠性采用 2 个指标表征;w_1、w_2 表示初始设定好的通信网络抗毁性和节点成环率两者分别占的权重,且 $w_1 + w_2 = 1$。

1)通信网的抗毁性测度 f_1^{CS}。

$$f_1^{cs} = \frac{E+R}{2} \tag{7-36}$$

式中：R 为通信网连通鲁棒性函数；E 为通信网网络效能函数。

R 表示为

$$R(G) = \begin{cases} \dfrac{S(G')}{N} \\ \lambda_2^L \end{cases} \tag{7-37}$$

当 G' 为非全连通网络时，N 为网络 G 的初始节点个数；S 表示当节点或边移除后网络中最大连通子图 G 中的节点个数。

当 G 为全连通网络时，连通鲁棒性可以采用 laplacian 矩阵的次小特征值 λ 表征，即

$$\begin{aligned} \boldsymbol{L}(G) &= \boldsymbol{D}(G) - \boldsymbol{A}(G) \\ \boldsymbol{D}(G) &= \mathrm{diag}(\lambda_1, \lambda_2, \cdots, \lambda_n) \end{aligned} \tag{7-38}$$

式中：$\boldsymbol{A}(G)$ 为通信网关联矩阵；λ_2^L 是 $\boldsymbol{L}(G)$ 矩阵次小特征值。

E 为通信网网络效能函数，表示为

$$E(G) = \frac{1}{N(N-1)} \sum_{i,j \in G, i \neq j} \frac{1}{d_{ij}} \tag{7-39}$$

式中：N 为通信网的初始节点个数；d_{ij} 表示节点 i 与 j 之间连通的最短路径。

2）通信网成环率 f_2^{cs}。

$$f_2^{cs} = \frac{C}{N} \tag{7-40}$$

式中：C 为成环节点的数量；N 为通信网中节点的总数。

成环率是网络中成环的站点数和所有的站点数的比值；成环节点是指在网络中，链路之间构成一个回路，在这回路上的站点则属于成环站点。

（2）基于随机 Petri 网的终端与能源耦合层可靠性评价方法。针对传统可靠性评价方法无法忽视信息与终端层的交互作用、终端层故障对信息层的影响不明确等问题，提出一种基于 Petri 网模型和蒙特卡洛方法的能源互联网信息通信终端和能源系统耦合层可靠性分析方法。首先，采用随机 Petri 网络建模方法构建终端与能源耦合层 SPN 模型；然后，通过蒙特卡洛模拟系统运行状态，从而量化能源互联网终端与能源耦合层的可靠性。

Petri 网是一种网状信息流模型，包括条件和事件两类节点，在条件和事件为节点的有向二分图的基础上添加表示状态信息的托肯分布，并按照一定的引发规则使得事件驱动状态演变，从而反映系统的动态运行过程。

将一个 Petri 网表示为一个四元组的形式：$PN = (S, T, F, M_0)$，其中 S 表示库所的集合，为圆形节点；T 为变迁的集合，为矩形节点；F 表示库所与变迁之间的有向弧的集合；M_0 表示初始状态时令牌在各个库所的分布情况。建立信息支撑与能源耦合层 SPN 模型，能源互联网信息终端与能源耦合层可靠性评价 SPN 模型如图 7-20 所示。

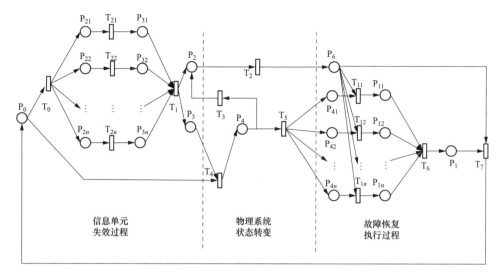

图 7-20　能源互联网信息终端与能源耦合层可靠性评价 SPN 模型

P_0—系统处于正常运行状态；P_{11}~P_{1n}—各类终端元件类型；P_{21}~P_{2n}—元件处于修复成功的状态；

P_{31}~P_{3n}—元件的故障状态；P_{41}~P_{4n}—各类一次设备的故障状态；P_1—供能恢复状态；P_2—系统

通信中断；P_3—系统通信受恶意控制；P_4—系统供能中断，处于停电等状态；T_0—数据信号正常采集；

T_1—通信故障判断；T_{11}~T_{1n}—一次设备的本地修复；T_{21}~T_{2n}—智能终端因攻击等原因状态改变；

T_3~T_5—通信和信息系统各元件的状态的改变；T_6—合闸操作

（3）可靠性评价计算方法。在 Petri 网和信息支撑体系特征的基础上，提取结构化信息，进而根据 P_元、T_元的可靠性（即节点可靠性和交互过程可靠性）来计算信息终端与能源耦合层的可靠性。

系统运行可靠性以能源互联网终端与能源耦合层服务对象可以正常运行为导向，分析过程考虑节点和交互过程可靠性。在最佳实施方案中，针对能源互联网信息终端与能源耦合层的功能，定义可靠供能为系统可靠性量度。对于能源互联网终端与能源耦合层，系统可靠性模型必然包括众多子过程，系统子过程间可靠性相互随机且独立时，可分别应用简单可靠性模型组合求解。

该研究采用蒙特卡洛方法与 Petri 网络描述的能源互联网终端与能源耦合层结合，包括以下过程。

1）步骤 1：决定系统的输入和输出之间的运行模型（数学模型），即 $PN=(S,\ T,\ F,\ M)$。

2）步骤 2：确定每一个 P_元和 T_元的概率分布。

3）步骤 3：产生每一个 P_元和 T_元的随机值，将其代入运行模型中计算系统的输出值。

4）步骤 4：重复步骤 3 若干次，通常需要多次迭代，且次数越多越接近实际系统的运行情况。

5）步骤 5：将系统的输出数据拟合成经验分布，通常包括均值和方差。

在模拟过程中，需要输入每一个 P_元和 T_元的概率分布，该研究采用简单的两参数模型（均值 μ 和方差 σ）建模。建立基于泊松分布的失效概率分布模型。

从上面的计算过程可以看出，通过对复杂系统的运行结构进行由内向外的等价性化简，再综合进行计算的方式，使得传统的基于状态的评价方法在适用范围上得到了增强，能源互联网信息终端与能源耦合层可靠性计算流程如图 7-21 所示。

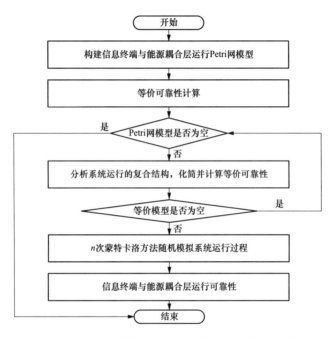

图 7-21　能源互联网信息终端与能源耦合层可靠性计算流程

（4）算例分析。本节以典型的能源互联网信息终端与能源耦合层结构算例对评价方法具体步骤进行阐述。

1）首先选取典型的能源互联网信息终端与能源耦合层结构，建立能源互联网信息终端与能源耦合层的输入和输出之间的数学模型。典型的能源互联网信息终端与能源耦合层结构如图 7-22 所示。

2）确定各 P_元和 T_元代表的系统元素，然后通过蒙特卡洛方法进行可靠性分析。

3）确定每一个 P_元和 T_元的概率分布，此时需要采用各厂家的统计数值。对于缺乏输入变量的失效数据，可以采用较为简单的两参数模型，包括均值和方差。

4）产生每一个 P_元和 T_元的随机值，将这些值代入运行模型中计算出系统的输出值。

5）重复若干次步骤 4），通常需要多次迭代，且次数越多越接近实际系统的运行情况，随机 Petri 网信息终端与能源耦合层算例可靠性计算结果如图 7-23 所示，当 $n \geqslant 1500$ 时，系统可靠性基本不发生变化，该研究采用此时的可靠性计算值，即 $R_{\mathrm{EI}} = 0.97342$。

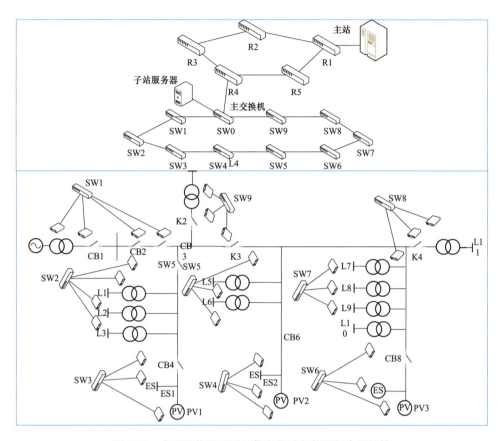

图 7-22　典型的能源互联网信息终端与能源耦合层结构

2. 网络传输层鲁棒性评价

（1）网络传输层评价指标。

1）鲁棒性。通常意义上的鲁棒性（robustness）是指在系统节点发生失效（偶发故障或者被恶意攻击）时，系统依旧具有生存和维持基本运行的能力。网络中某些节点在遭受攻击或者故障后，剩余的节点之间仍然能够继续保持连通的能力，称为连通鲁棒性。若为数不多的节点失能后，系统中大部分节点仍然具有边的联系，换言之，子图是连通的，就可以称这个系统具有相当的鲁棒性。

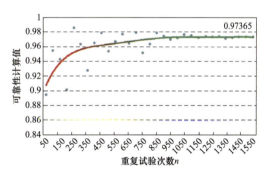

图 7-23　随机 Petri 网信息终端与能源耦合层算例可靠性计算结果

连通鲁棒函数定义为

$$R(G) = \frac{S(G'')}{n} \tag{7-41}$$

式中：$R(G)$ 为连通鲁棒函数；n 为网络中节点数量；G'' 表示节点失效后的网络拓扑；$S(G'')$ 表示 G'' 中最大连通子图中节点数量。

2）网络效能。节点间传输时延由通过的中继数目与传输路径长度决定，这一指标直接反应数据传输效率。网络效能函数可以用来评价通信网在节点失效时的传输效率，是评价各节点之间维持通信能力的参数。网络效能函数表示数据的传输总是沿着最有效且最短的方案，是对网络结构的度量。

网络效能函数定义为

$$E(G) = \frac{1}{n(n-1)} \sum_{j,i \in G, i \neq j} \frac{1}{d_{ij}}$$ (7-42)

式中：$E(G)$为网络效能函数；n为网络中节点数量；d_{ij}为节点i与节点j之间的最短路径。

（2）网络传输层拓扑势分析方法。终端与网络耦合层可靠性研究的是信息终端和电力物理系统的交互和相互作用，评价的是耦合层可靠性；网络传输层里的节点重要度研究的是网络拓扑里的节点（比如一个变电站节点），并非某终端。所以二者完全不同，需要分别进行分析。在能源互联网信息支撑网络中，重要程度高的节点如果故障或受到破坏，将使网络连通性能和可靠性陡降，甚至导致全网络失效。若能够对节点重要程度鉴别，即辨识网络重要度高节点或区域，从而优化网络，对能源互联网信息支撑网络鲁棒性是极其重要的。

由于势函数刻画了节点差异性和节点间的相互影响，因此可定义能源互联网信息支撑网络节点的势函数，并将其作为节点重要度的测度函数。针对其终端异构和鲁棒性评价问题，基于数据场理论和依据网络节点重要程度定义的势函数被定义为网络拓扑势函数，网络拓扑势函数表示为

$$\varphi(i) = \sum_{j=1}^{n}(j) = \sum_{j=1}^{n}\left[m_j \times e^{-\left(\frac{\|i-j\|}{\sigma}\right)^2}\right]$$ (7-43)

式中：m_j为节点j的广义节点质量；$\|i-j\|$为节点间的L_2范数，即节点i、j间的最小跳数；σ为控制因子；$\varphi_j(i)$为网络中所有节点在节点i处产生势值。

网络拓扑势函数从数学角度刻画了信息支撑网络中节点间的相互影响和空间分布规律。网络拓扑势函数中的控制因子σ的取值会直接作用于"场"的空间分布，从而影响质点间的相互作用、最大程度地反映数据间相互作用的内在分布规律。因此需要采用措施选择合适的控制因子，使其能体现数据空间中的数据分布情况。

采用势熵来选择合适的控制因子，当势熵取值最小时，控制因子为最佳取值。定义势熵为

$$E_{SN} = -\sum_{i=1}^{n} \frac{\Psi_i}{B} \ln\left(\frac{\Psi_i}{B}\right)$$ (7-44)

式中：E_{SN}为数据空间的势熵；Ψ_i为数据样本i的拓扑势；$B = \sum \Psi_i$，为归一化因子。

城镇能源互联网一次设备对信息支撑需求的异构性决定了城镇能源互联网中网络节点的重要程度不尽相同。针对节点势函数与网络拓扑势函数中节点权重，建立信息支撑网元的广义质量，以描述该网元的本征属性和衡量该网元的重要程度，从而避免使用数据场理论分析网络性质时的节点同质化问题，满足异构性网络节点与拓扑分析。

采用归一化的节点质量模型，每一个节点均具有相同的质量，其节点质量的定义为

$$\sum_{i=1}^{n} m_i = 1, m_i \geqslant 0 \tag{7-45}$$

将节点质量含义进行拓展，定义城镇能源互联网节点的广义节点质量，用以数学量化网络中异构化节点，描述节点所具备的物理含义，采用层次分析法建立归一化的广义节点质量模型及计算方法。层次分析法用于分析社会、经济以及科学管理领域系统评价的问题，能够很好地解决定量数据缺乏、制约因素多等问题，实现决策和排序。广义节点质量计算同样面临着指标众多、难以量化、缺少数据等问题，而层次分析法为其计算提供了合适的建模方法。在使用层次分析法展开决策辅助时，其基本流程为：①建立涵盖指标层和方案层的评价体系；②构造出各层次中的所有判断矩阵；③层次单排序及评价偏移检验；④层次总排序及评价偏移检验。

从工程适用性出发，建立符合现阶段能源互联网信息支撑特点的节点评估方法，选择典型业务系统作为指标层，并同时考虑新能源接入需求。在方案层中进行节点划分，即主站、配电变压器终端、远动终端、馈线终端、分布式电源终端，形成双维度层次的广义质量评价体系。

1) 业务层（维度一）。业务层承载城镇能源互联网子系统运行的业务需求，主要包含分布式协同控制、生产管理、继电保护、信息采集、环境监测等；根据城镇能源互联网的特点和当前相关业务的重要程度、数据流程、状况和安全需求，可将业务层分为生产控制大区（安全区Ⅰ、Ⅱ）和管理信息大区（安全区Ⅲ、Ⅳ）。实时性、安全等级的重要性由高到低排序为Ⅰ＞Ⅱ＞Ⅲ＞Ⅳ。

2) 网元类型层（维度二）。网元类型层体现城镇能源互联网网元类型，参考现阶段配电自动化终端，可将城镇能源互联网节点分为控制主站和终端两类。终端又可依据部署场所和功能各异归类为馈线终端（FTU）、配电变压器终端（TTU）、远动终端（RTU）以及分布式能源终端（DESU）。

将城镇能源互联网网元的广义节点质量作为目标层，第一维度（业务层）作为指标层，第二维度（网元类型层）作为网元类型层，建立城镇能源互联网信息支撑网元的广义质量层次分析模型，城镇能源互联网信息支撑网元广义质量层次分析模型如图 7-24所示。

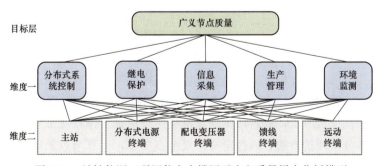

图 7-24　城镇能源互联网信息支撑网元广义质量层次分析模型

3）改进的层次分析法评价模型。在广义节点质量评价体系的基础上，需要建立合理、高效的评价方法，目前的评价方法在面对数目较多的指标时，不能严格与评价偏移检验相匹配，因此在传统流程基础上完善层次分析体系，以得出满足评价偏移检验的广义节点质量。

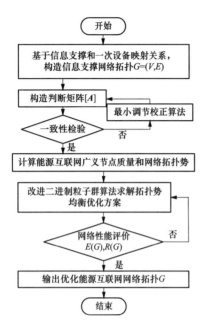

图 7-25　能源互联网信息支撑网络拓扑评价算法流程图

在层次分析模型的实际操作中，采用互反性 1-9 标度法，对每一层指标集内的各指标（包括自身）根据评判标准进行相互比较，确定该层的判断矩阵 $\boldsymbol{A}$ 为

$$\boldsymbol{A} = \left[a_{ij}\right]_{n\times n} \qquad (7\text{-}46)$$

式中：n 为该层评价对象数目；$\boldsymbol{A}$ 为正互反矩阵，满足：①$a_{ij}>0$；②$a_{ji}=1/a_{ij}$（$i,\ j=1,\ 2,\ \cdots,\ n$）。

基于数据场拓扑势理论对层次分析法的打分结果进行网元异构性分析，进而建立基于拓扑势均衡的网络拓扑评价算法。能源互联网信息支撑网络拓扑评价算法流程图如图 7-25 所示。

（3）算例分析。对网络拓扑结构采用关键网元辨识算法，对复杂系统中的网元拓扑进行分析描述和关键性评价。以某典型城镇能源系统为例，将其进行网络图数学抽象，得到对应的网络拓扑图，典型的城镇能源系统拓扑图如图 7-26 所示。高拓扑势节点在受到攻击后，将会造成系统可靠性降低。拓扑势的一个决定因素就是节点间的相互影响，通过拓扑的优化可以使得拓扑势分布更加均衡，分摊被攻击后网络失效的风险，并证明拓扑势分析评价方法的有效性。

对能源互联网信息支撑网络的连通鲁棒函数进行分析，将利用节点不确定失效的仿真方法与节点度加边算法相比得出，基于拓扑势均衡的拓扑优化能够保持较高的连通鲁棒性，从而证明了拓扑势分析评价方法具有良好的效果。节点不确定失效下不同优化策略的连通鲁棒性比较如图 7-27 所示。

因此，本研究提出的基于拓扑势均衡的信息支撑网络层拓扑分析方法，能够分析出不同异构性背景的网络效能和连通鲁棒性，具有较好的应用潜力。

3. 小结

能源互联网信息支撑是多维异构的感知、通信和计算单元与物理设备的深度耦合的新型智能复杂系统，是实现大规模信息网络的可观测性和复杂动态控制的关键支撑技术。本节针对传统可靠性评价方法无法忽视信息与终端层的交互作用、终端层故障对信息层的影响不明确等问题，提出了一种基于 Petri 网模型的能源互联网信息终端与能源系统耦合层可靠性评价方法，并将数据场理论应用于信息支撑系统节点辨识，提出了网络传输层拓扑势分析评价方法，通过定义广义节点质量，计算节点的网络拓扑势，分析了网络传输层连通鲁棒性。

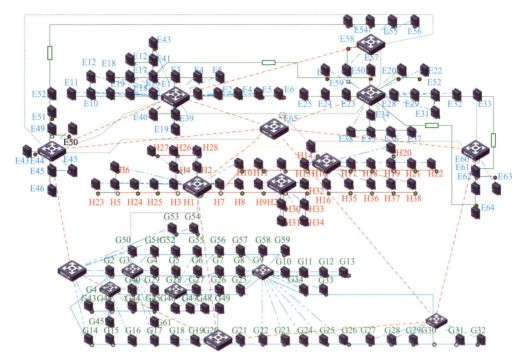

图 7-26　典型的城镇能源系统拓扑图

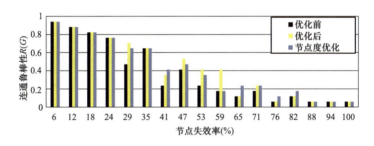

图 7-27　节点不确定失效下不同优化策略的连通鲁棒性比较

7.3.4　交易运营评价

在城镇能源互联网市场建设过程中，通过建立交易机制的评价指标对能源市场运行进行评价，以发现交易机制中存在的问题，并及时进行修订和调整，如通过评价结果可以判断交易机制设计是否有利于抑制市场力，也可以判断是否有利于市场的有效竞争及是否符合社会福利最大化原则等问题。本节所建立的城镇能源互联网能源市场交易多级多角度综合评价模型主要从市场交易机制和市场运营风险两个角度，对城镇能源互联网市场交易及运营风险进行多级量化与评价。

1. 能源互联网市场交易综合评价

综合评价是合理衡量、科学评价城镇能源互联网市场的重要方法之一。城镇能源互联网市场交易综合评价一方面可评价城镇能源互联网市场运行效果与目标匹配程度；另一方面可横向比较不同市场均衡状态和出清结果，为城镇能源互联网市场示范工程大规模推广提供支撑。

（1）能源互联网市场交易多因子综合评价指标。结合能源互联网概念和典型特征，依据能源互联网评价指标体系的建立原则，针对能源市场交易过程和各主体的利益提出以下 4 类多因子综合评价指标。

1）能源价格。能源价格指标主要描述用能侧市场开放后及多种交易类型参与下的市场能源价格及能源价格变化情况，共包含集中交易供应方/需求方平均价差、集中交易平均成交价差、市场平均能价和销售能价比值、多边交易成交均价与无交易能源均价比值、挂牌交易成交均价与无交易能源均价比值、分布式交易成交均价与无交易能源均价比值 6 项定量指标。其中，集中交易平均成交价差［式（7-47）］、市场平均能价和销售能价比值［式（7-48）］是最重要的能源价格类交易指标，两指标可表示为

$$P_{\text{saverage}} = \frac{P_{\text{smargin}}^{\text{s}} + P_{\text{smargin}}^{\text{d}}}{2} \tag{7-47}$$

式中：P_{saverage} 为评价周期内电能/热能/天然气集中交易平均成交价差；$P_{\text{smargin}}^{\text{s}}$ 为供应方评价周期内电能/热能/天然气边际价差；$P_{\text{smargin}}^{\text{d}}$ 为需求方评价周期内电能/热能/天然气边际价差。

$$\frac{\sum\limits_{l=1}^{N_{\text{bid}}} Q_{\text{bid},l} P_{\text{bid},l} + \sum\limits_{m=1}^{N_{\text{mul}}} Q_{\text{mul},m} P_{\text{mul},m} + \sum\limits_{n=1}^{N_{\text{list}}} Q_{\text{list},n} P_{\text{list},n} + \sum\limits_{p=1}^{N_{\text{dis}}} Q_{\text{dis},p} P_{\text{dis},p}}{\left(\sum\limits_{l=1}^{N_{\text{bid}}} Q_{\text{bid},l} + \sum\limits_{m=1}^{N_{\text{mul}}} Q_{\text{mul},m} + \sum\limits_{n=1}^{N_{\text{list}}} Q_{\text{list},n} + \sum\limits_{p=1}^{N_{\text{dis}}} Q_{\text{dis},p} \right) P_{\text{nomarket}}} \tag{7-48}$$

式中：P_{nomarket} 表示无市场交易时能源均价（上网电价、销售电价等）；N_{bid}、N_{mul}、N_{list}、N_{dis} 分别为评价时间段 T 内集中交易、多边交易、挂牌交易、分布式交易的成交次数；$P_{\text{bid},l}$ 和 $Q_{\text{bid},l}$ 分别为第 l 次集中交易的成交价格与成交量；$P_{\text{mul},m}$ 和 $Q_{\text{mul},m}$ 分别为第 m 次多边交易的成交价格与成交量；$P_{\text{list},n}$ 和 $Q_{\text{list},n}$ 分别为第 n 次挂牌交易的成交价格与成交量；$P_{\text{dis},p}$ 和 $Q_{\text{dis},p}$ 分别为第 p 次分布式交易的成交价格与成交量。

2）能源产消情况。能源产消情况指标主要反映了能源市场所在地区评价周期内能源生产及消费情况，包含能源供应商实际产能占比、能源供应商产能同比增长率、能源供应商产能侧发电占比、能源服务商售/购能源占比、能源服务商售（购）电/热/气量占比、能源服务商售/购能量同比增长率、能源服务商储能交易量占比、能源服务商外网交易量占比、集中交易竞价交易成功率、集中交易成交量占比、多边交易成交量占比、挂牌交易成交量占比、分布式交易成交量占比 13 项三级指标。其中，能源供应商类指标 3 个、能源服务商类指标 5 个、涉及交易类指标 5 个。

能源供应商类指标主要描述了能源供应商的产能情况，可通过式（7-49）～式（7-51）计算得到：

$$\frac{Q_{\text{g}}^{T}}{Q_{\text{Rg}}^{T}} = \frac{\sum\limits_{i=1}^{N} Q_{\text{ge},i}^{T} + \sum\limits_{j=1}^{M} Q_{\text{gh},j}^{T} + \sum\limits_{k=1}^{W} Q_{\text{gg},k}^{T}}{Q_{\text{Rg}}^{T}} \tag{7-49}$$

式中：Q_{Rg}^T 为能源供应商评价周期 T 内所有机组在额定功率下生产能量；Q_g^T 为能源供应商评价周期 T 内所有机组实际生产能量；$Q_{ge,i}^T$ 为能源供应商评价周期 T 内第 i 家电能供应商实际生产电量；$Q_{gh,j}^T$ 为能源供应商评价周期 T 内第 j 家热能供应商实际生产热量；$Q_{gg,k}^T$ 为能源供应商评价周期 T 内第 k 家天然气供应商实际生产气量；N、M 和 W 分别为能源供应商中生产电能、热能或天然气的供应商数量。

$$\frac{Q_g^T(t+1)}{Q_g^T(t)} \times 100\% \tag{7-50}$$

式中：$Q_g^T(t+1)$ 为第 $t+1$ 个评价周期内能源供应商所有机组在额定功率下生产能量；$Q_g^T(t)$ 为第 t 个评价周期内能源供应商所有机组在额定功率下生产能量。

$$\frac{Q_{ge}^T}{Q_g^T} \times 100\% \tag{7-51}$$

式中：Q_{ge}^T 为能源供应商评价周期 T 内生产电量；Q_g^T 为评价周期 T 内能源供应商所有机组实际生产总能量。

能源服务商类指标主要描述了能源服务商的能源交易情况。其中，能源服务商售/购能源占比表示为

$$\frac{Q_s^T}{Q_b^T} = \frac{\sum_{i=1}^{N_1} Q_{se,i}^T + \sum_{j=1}^{M_1} Q_{sh,j}^T + \sum_{k=1}^{W_1} Q_{sg,k}^T}{\sum_{i=1}^{N_2} Q_{be,i}^T + \sum_{j=1}^{M_2} Q_{bh,j}^T + \sum_{k=1}^{W_2} Q_{bg,k}^T} \times 100\% \tag{7-52}$$

式中：Q_s^T 为评价周期 T 内能源服务商出售总能量；Q_b^T 为评价周期 T 内能源服务商购买总能量；N_1、M_1 和 W_1 为能源服务商中出售电、热、气能的主体数量；N_2、M_2 和 W_2 为能源服务商中购买电、热、气能的主体数量；$Q_{se,i}^T$ 为评价周期 T 内能源服务商第 i 家电能服务商出售电量；$Q_{be,i}^T$ 为评价周期 T 内能源服务商第 i 家电能服务商购买电量；$Q_{sh,j}^T$ 为评价周期 T 内能源服务商第 j 家热能服务商出售热量；$Q_{bh,j}^T$ 为评价周期 T 内能源服务商第 j 家热能服务商购买热量；$Q_{sg,k}^T$ 为评价周期 T 内能源服务商第 k 家天然气服务商出售天然气量；$Q_{bg,k}^T$ 为评价周期 T 内能源服务商第 k 家天然气服务商购买天然气量。

涉及交易类指标根据不同交易类型的成交量占比和竞价成功率可综合为成交量占比和竞价交易成功率两类。以集中交易为例，集中交易成交量占比计算见式（7-53），集中交易竞价交易成功率计算见式（7-54）。

$$\frac{Q_1^T}{Q_{bid}^T + Q_{mul}^T + Q_{list}^T + Q_{dis}^T} \times 100\% \tag{7-53}$$

式中：Q_{bid}^T 为评价周期 T 内集中竞价交易成交总能量；Q_{mul}^T 为评价周期 T 内多边交易成交总能量；Q_{list}^T 为评价周期 T 内挂牌交易成交总能量；Q_{dis}^T 为评价周期 T 内分布式交易成交总能量。

$$\eta^s = \frac{N_{bid}^s}{N_{all}^s} \times 100\% \tag{7-54}$$

式中：N_{all}^d 为需求方参与集中竞价数量；N_{bid}^d 为集中交易需求方成交的数量；N_{all}^s 为集中交易供应方总数量；N_{bid}^s 为集中交易供应方成交的数量。

3）用户互动。用户互动指标主要反映了能源市场的基本规则与准入情况，以及用户参与对市场的影响，从市场集中度、商品丰富度、交易模式、能源供应商用户交易能量占比和用户侧市场化程度 5 项定量评价指标进行评价。其中，商品丰富度和交易模式两项指标描述了市场生产与交易过程中涉及的能源种类和交易模式数量；用户侧市场化程度则描述了用户参与市场交易的程度，可表示为

$$\frac{N_{ul}}{N_u} \times 100\% \tag{7-55}$$

式中：N_u 为用户总数量；N_{ul} 为可参与市场交易的用户数量。

4）需求侧响应能力。需求侧响应能力指标主要描述了用户侧需求响应能力的水平，反映了用户参与需求响应对市场的影响（一般认为可参与需求响应的单个工业用户响应能力不低于 500kW，单个非工业用户不低于 200kW）。

$$\frac{N_{dl} + N_{ds}}{N_u} \times 100\% \tag{7-56}$$

式中：N_u 为能源市场中所有用户数量；N_{dl} 为能源市场中响应能力不低于 500kW 的工业用户数量；N_{ds} 为能源市场中响应能力不低于 200kW 的非工业用户数量。

（2）能源互联网市场交易综合评价方法。由于能源互联网市场评价体系较为复杂且指标数量较为庞大，为了将不同量纲的评价指标融合在一起，并在指标融合过程中降低主观因素对评价结果的影响，在上述评价指标体系建立的基础上，需要采用适当的综合评价方法对能源市场进行评价。常用的综合评价方法包含主成分分析法、灰色关联分析法、数据包络分析法等多种类别，其中，主成分分析法、数据包络分析法等方法并不适用于电力市场的评价。因此，在综合考虑方法的适用性基础上，本节采取以模糊（Fuzzy）综合评价方法为主，层次分析法（AHP）等其他方法相结合的 Fuzzy-AHP 综合评价方法来对能源市场交易进行混合多准则评价，Fuzzy-AHP 综合评价方法流程如图 7-28 所示。

Fuzzy-AHP 综合评价方法既可以用模糊方法将定量指标量化，也可以用专家评价法等定性方法将定性指标量化，把定性描述和定量分析紧密地结合起来，其具体评价流程如下：

1）确定指标集和评价集。根据建立的指标体系，针对城镇能源互联网市场的交易状态有 N 个指标表征其特征，选取 N 个指标确定综合评价的评价指标集 U，$U = [u_1, u_2, \cdots, u_N]$。

确定指标等级的评价集，即确定对评价对象可能做出的各种评价结果所组成的集合，$[v_1, v_2, v_3, v_4] = [$优秀，良好，一般，较差$]$。

2）确定每个有序对 (u_i, v_j) 的关系隶属度 r_{ij}。关系隶属度 r_{ij} 用于表示 U 中的因素 u_i 对于评价等级 V 中的等级 v_j 的隶属度，并由此得到模糊关系矩阵 $\boldsymbol{R} = (r_{ij})$。

对于定性指标，可通过调查问卷、专家打分的方式来确定其隶属度。对于城镇能源互联网市场，通过专家发放调查问卷，得到总样本数量为 n。

令 $m_i (i=1, 2, 3, 4)$ 为这些样本隶属评价等级 V 的频数，则一定存在等式 $\sum_{i=1}^{4} m_i = n$。

用 $f_i = \dfrac{m_i}{n}$ 表示该指标隶属于评价等级 V 的隶属度，则定性指标的单因素评价矩阵为

$\left[\dfrac{m_1}{n}, \dfrac{m_2}{n}, \dfrac{m_3}{n}, \dfrac{m_4}{n}\right]$。

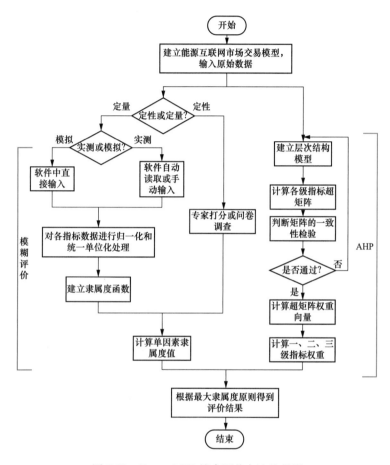

图 7-28　Fuzzy-AHP 综合评价方法流程图

对于定量指标，需要根据指标不同的取值范围界定其等级，进而确定其隶属函数，通过隶属函数确定指标的隶属度，并写入模糊关系矩阵。

3）确定各指标的权重。评价指标集中各指标对评价对象的重要程度不同，可对各指标赋予权重系数 w_i，满足 $0 \leqslant w_i \leqslant 1$，$\sum\limits_{i=1}^{m} w_i = 1$，且 $\boldsymbol{W} = [w_1, w_2, \cdots, w_m]$。

通过层次分析法可以较为合理地确定评价指标权重。首先，对于建立的指标体系中第一层、第二层内的各指标及其子指标构造判断矩阵，一般来说，构造的判断矩阵为

$$\boldsymbol{C} = \begin{bmatrix} C_{11} & C_{12} & \cdots & C_{1n} \\ C_{21} & C_{22} & \cdots & C_{2n} \\ \cdots & \cdots & \cdots & \cdots \\ C_{n1} & C_{n2} & \cdots & C_{nn} \end{bmatrix} \tag{7-57}$$

构造方法为以指标 u_k 作为准则，按子指标 u_{ki} 与 u_{kj} 的相对重要性赋予矩阵中元素 C_{ij} 相应的值。判断矩阵具有如下性质：①$C_{ij}>0$；②$C_{ij}=1/C_{ji}$（$i\neq j$）；③$C_{ii}=1$（i，$j=1$，2，$\cdots$，n）。判断矩阵相对重要性赋值方法见表 7-10。

表 7-10   判断矩阵相对重要性赋值方法

序号	重要性等级	C_{ij} 赋值
1	u_{ki}、u_{kj} 两个指标同样重要	1
2	u_{ki} 与 u_{kj} 相比，稍微重要	3
3	u_{ki} 与 u_{kj} 相比，明显重要	5
4	u_{ki} 与 u_{kj} 相比，很重要	7
5	u_{ki} 与 u_{kj} 相比，极端重要	9
6	u_{ki} 与 u_{kj} 相比，稍微不重要	1/3
7	u_{ki} 与 u_{kj} 相比，明显不重要	1/5
8	u_{ki} 与 u_{kj} 相比，很不重要	1/7
9	u_{ki} 与 u_{kj} 相比，极端不重要	1/9

当完成判断矩阵的构造后，可利用特征根法求解归一化后的权重系数，并对三阶及以上的判断矩阵进行一致性检验（二阶及以下矩阵自动满足一致性，不需要进行一致性检验），通过一致性检验后即可确定各指标的权重系数。

4）确定模糊评价向量。模糊评价向量 $\boldsymbol{B}=[b_1，b_2，\cdots，b_n]$ 由指标的隶属度和权重合成计算，得到评价对象在各评价等级上的综合隶属度，即第 i 个指标在第 j 个评价的可能性大小。在得到模糊评价矩阵及权重值的情况下，可得到模糊评价矩阵 $\boldsymbol{B}=\boldsymbol{W}^{\mathrm{T}}\circ\boldsymbol{R}$。

5）确定评价对象最终综合评价。对于综合评价向量 $\boldsymbol{B}$ 中的数值，可根据最大隶属度原则判断出评价对象所属的等级，也可以采用加权平均量化方法量化指标分数。该次研究选择标准化评分矩阵 $\boldsymbol{Q}$，通过 $\beta=b\boldsymbol{Q}$ 计算各指标评价所得分数，并进行评级。

（3）算例分析。根据上节能源互联网市场交易多级多准则评价的方法流程，根据建立的指标体系对能源互联网市场进行交易评价。

将城镇能源互联网市场交易指标分为优秀、良好、一般、较差四个评价等级，城镇能源互联网市场交易指标评分见表 7-11。

表 7-11   城镇能源互联网市场交易指标评分

评语集	优秀	良好	一般	较差
分数	0.75~1	0.5~0.75	0.25~0.5	0~0.25

取标准化评分矩阵 $\boldsymbol{Q}=[1，0.67，0.33，0]^T$，各指标评价所得分数为 $\beta=b\boldsymbol{Q}$，指标体系得分见表 7-12。

表 7-12　　　　　　　　　　　　　　　指标体系得分

指标分类	指标名称	分数	等级
二级指标	能源价格	0.8007	优秀
	能源产销情况	0.7477	良好
	用户互动	0.8856	优秀
	需求侧响应能力	0.8644	优秀
一级指标	能源市场交易机制	0.7927	优秀

从表 7-12 可以看出，所有指标的评分均大于 0.7，整个市场交易评价为优秀，二级指标除能源产消情况外，评价结果全为优秀；用户互动类指标得分最高，说明用户在市场中起到了良好的作用；能源产消情况类指标评分最低，说明在市场能源产消环节还需要提高。

2. 能源互联网市场运营风险量化指标

（1）市场运营风险量化指标。在市场主导的环境下，各类主体间的博弈与竞争关系给其运营的评价工作带来了许多不确定因素，这些不确定因素是市场的重要特点，其变化与各主体运营风险的大小紧密相关。通过分析能源互联网市场运营主体风险量化过程中的风险来源，可对能源互联网市场运营风险指标进行分类。其中，一级指标按运营主体分为能源供应商风险、能源服务商风险和用户风险 3 类。

1）能源供应商风险。能源供应商风险包含能源供应商收益下降风险、利益纷争失衡风险和可持续发展风险 3 项二级指标。

a. 能源供应商收益下降风险。能源供应商收益下降风险主要描述用能侧市场开放后及多种交易类型参与下，影响能源供应商收益的市场能源价格变化因素，其包含标准煤煤耗增长风险、煤炭价格波动风险、供热燃料价格波动风险、天然气价格波动风险 4 项定量指标，可分别表示为

$$R_{\text{G\_SCCG}} = \frac{Q_{\text{SCC}}^T - Q_{\text{SCC}}^{T-1}}{Q_{\text{SCC}}^{T-1}} \times 100\% \tag{7-58}$$

$$R_{\text{C\_HPF}} = \frac{P_{\text{coal}}^T - P_{\text{coal}}^{T-1}}{P_{\text{coal}}^{T-1}} \times 100\% \tag{7-59}$$

$$R_{\text{F\_HPF}} = \frac{P_{\text{fuel}}^T - P_{\text{fuel}}^{T-1}}{P_{\text{fuel}}^{T-1}} \times 100\% \tag{7-60}$$

$$R_{\text{G\_GPF}} = \frac{P_{\text{gas}}^T - P_{\text{gas}}^{T-1}}{P_{\text{gas}}^{T-1}} \times 100\% \tag{7-61}$$

式中：Q_{SCC}^T 为当期标煤耗，Q_{SCC}^{T-1} 为上一评价周期标煤耗，P_{coal}^T 为当期煤炭价格，P_{coal}^{T-1} 为上一评价周期煤炭价格，P_{fuel}^T 为当期供热燃料价格，P_{fuel}^{T-1} 为上一评价周期供热燃料价格，P_{gas}^T 为当期天然气价格，P_{gas}^{T-1} 为上一评价周期天然气价格。

b. 利益纷争失衡风险。利益纷争失衡风险指标主要描述用能侧市场开放后及多种交易类型参与下各能源供应商主体由于竞争产生的利益波动情况，其包含能源供应商用户

违约风险、大用户直购电风险、火电机组容量增加风险、新能源机组容量增加风险 4 项定量指标。

其中，能源供应商用户违约风险描述了评价周期内用户违约的严重程度，是最重要的利益纷争失衡风险指标，其计算表达式如下：

$$R_{\text{G\_UD}} = \frac{N_{\text{default}}^{T}}{N_{\text{total}}^{T}} \times 100\% \tag{7-62}$$

式中：N_{default}^{T} 为当期违约用户数；N_{total}^{T} 为当期用户总数。

c. 可持续发展风险。可持续发展风险主要描述持续影响能源供应商收益的风险因素，其包含能源供应商竞价行为风险、能源供应商交易成交量风险、能源供应商收益率波动风险 3 项定量指标。其中，能源供应商竞价行为风险占据主导地位，描述了交易过程中最大的三家主体之和占市场份额的大小，其表示为

$$R_{\text{G\_BB}} = \frac{Q_{\text{big}}^{T}}{Q_{\text{total}}^{T}} \times 100\% \tag{7-63}$$

式中：Q_{big}^{T} 为市场份额最大的三家主体的供能之和；Q_{total}^{T} 为当期能源供应商供能总量。

2) 能源服务商风险。能源服务商风险包含能源服务商收益下降风险和合同结算风险 2 项二级指标，其三级指标计算公式与能源供应商具有类似的形式，故在此不再赘述。

a. 能源服务商收益下降风险。能源服务商收益下降风险主要描述影响能源服务商收益下降的各项风险因素，其包含网络损耗风险、网络设施投资风险、辅助服务风险 3 项定量指标。

b. 合同结算风险。合同结算风险主要描述用市场合同结算情况对于能源服务商的运营收益影响，其包含能源服务商用户违约风险、交易成交量风险、购能费用缴纳违约风险和能源服务商收益率波动风险 4 项定量指标。

3) 用户风险指标。用户风险包含用户竞争风险和实际用能偏差风险 2 项二级指标。

a. 用户竞争风险。用户竞争风险包含交叉补贴风险和用户交易成交量风险 2 项三级指标，分别表示为

$$R_{\text{C\_CS}} = \frac{P_{\text{CCS}}^{T} - P_{\text{CCS}}^{T-1}}{P_{\text{CCS}}^{T-1}} \times 100\% \tag{7-64}$$

$$R_{\text{C\_T}} = \frac{T_{\text{Crt}}^{T} - T_{\text{Crt}}^{T-1}}{T_{\text{Crt}}^{T-1}} \times 100\% \tag{7-65}$$

式中：P_{CCS}^{T} 为大用户在评价周期内的交叉补贴金；P_{CCS}^{T-1} 为大用户在上一评价周期的交叉补贴金；T_{Crt}^{T} 为当期所有用户交易成交量；T_{Crt}^{T-1} 为上一评价周期所有用户交易成交量。

b. 实际用能偏差风险。实际用能偏差风险包含负荷预测误差风险和产能主体违约风

险两项三级指标。其中，负荷预测误差风险描述评价周期内负荷预测的误差情况，取评价周期内所有负荷预测误差的最大值；产能主体违约风险描述能源供应商与用户交易后供应商违约的程度，其表示为

$$R_{C\_GD} = \frac{N_{BG}}{N_{GD}} \times 100\% \tag{7-66}$$

式中：N_{BG} 为评价周期内违约能源供应商数；N_{GD} 为评价周期内与用户交易的能源服务商数。

（2）市场主体运营风险评价方法。能源交易与市场运营风险评价方面，需考虑多级能源交易机制中的体系结构、供需关系、利益分配等因素，在能源市场多交易主体的成本收益、需求满足能力模型的基础上，提出了采用"成本—收益"净现值度量市场运营过程中的风险，为进一步能源互联网交易市场运营风险提供理论依据。

设第 i 家运营主体建设投资为 T_{i0}，年运营成本为 C_{im}，下标 f 和 s 分别表示能源供应商和能源服务商，第 t 年的"成本—收益"净现值为

$$R_i = \sum_{t=1}^{n} \{ [(P_{if}^t - C_{if}^t)Q_{if} + (P_{is}^t - C_{is}^t)Q_{is} - C_{im}](1+r)^{-t} \} - T_{i0} \tag{7-67}$$

式中：P_{if}^t、P_{is}^t 分别为能源供应商和能源服务商售能能价；C_{is}^t 为能源服务商主体平均购能能价；C_{if}^t 为能源供应商平均产能成本；Q_{if}、Q_{is} 分别为能源供应商和能源服务商能源成交量。

对市场中的能源供应商主体而言，平均产能成本、平均售能能价、能源成交量及折现率为影响净现值的相关因素；对市场中的能源服务商主体而言，平均购能能价、平均售能能价、能源成交量及折现率为影响净现值的相关因素；对市场中的用户主体而言，其收益非正，因此一般不考虑市场中用户主体的"成本—收益"净现值。

1）风险因素分类。将影响主体成本收益净现值的风险因素归纳为以下五类。

a. 售能能价。市场中运营主体的平均售能能价受售能企业的竞价策略和用户参与市场比例不同的影响，P_{if}^t 与 P_{is}^t 分别为能源供应商和能源服务商售能能价。

b. 购能能价。市场中能源服务商主体平均购能能价 C_{is}^t 受产能企业的竞价策略和市场竞争等因素的影响，若主体为能源供应商，其平均购能能价默认为 0。

c. 产能成本。市场中能源供应商平均产能成本 C_{if}^t 受煤炭等一次能源价格变动的影响，若主体为能源服务商，其平均产能成本默认为 0。

d. 能源成交量。市场中运营主体能源服务商能源成交量受产能企业的竞价策略和用户需求响应影响，Q_{if} 与 Q_{is} 分别为能源供应商和能源服务商能源成交量。

e. 折现率。城镇能源互联网能源交易市场的折现率受通货膨胀、银行利率、汇率等因素的影响。

对各风险因素分别进行评级，每项风险因素分别根据历史数据分析得到最小值、平均值、最大值三种等级及相应等级的具体数值，能源互联网能源市场运营风险因素等级如图 7-29 所示。

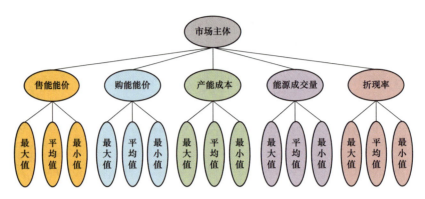

图 7-29　能源互联网能源市场运营风险因素及等级

2）评价流程。在实际的能源互联网市场运营中，由于影响其运营经济效果的不确定性因素的变化规律往往可用概率分布来描述，因而能源互联网市场运营的经济效果也必然是一个随机变量。在对不确定因素进行概率估计的基础上，可以使用运营风险量化指标的期望值、方差等来反映市场运营中各主体的风险程度。本节综合运用层次分析和蒙特卡洛抽样模拟，对市场运营风险进行不确定性分析与量化，评价流程具体步骤如下：

a. 分析影响市场主体运营的风险因素，根据各个风险因素的可能取值构建层次分析法所需的递阶结构模型。

b. 通过专家评分法对该递阶结构各层次的要素进行两两比较，并根据评定尺度确定其出现的概率，以此为依据建立判断矩阵。

c. 通过一定计算确定各要素的相对重要度，得到各不确定因素的概率分布。

d. 根据层次分析确定的各个不确定因素的概率分布，运用蒙特卡洛法进行抽样，通过抽样的一组变量值计算目标函数的净现值。

e. 经过反复抽样计算净现值大于零的频率，由频率的大小可以得到市场主体运营的风险程度。

（3）算例分析。对市场主体运营风险量化算法性能进行测评，以某能源互联网市场为例，对市场内各主体的购能能价、售能能价、产能成本和能源成交量历史数据进行统计分析，并根据最近几年银行利率、汇率、通货膨胀等因素预测折现率。

1）不确定因素的概率分布。首先，对于运营风险指标体系中各个不确定性因素的各种情况进行专家打分，求解各个不确定性的概率分布。以售能能价为例，通过求解得到其判断矩阵，售能能价子指标判断矩阵见表 7-13。

表 7-13　　　　　　　　　　　售能能价子指标判断矩阵

风险因素	最小值	平均值	最大值	重要度
最小值	1	1/3	3	0.258
平均值	3	1	5	0.637
最大值	1/3	1/5	1	0.105

其次，依然以售能能价为例，根据层次分析法求出概率分布情况，售能能价概率分布见表 7-14。

表 7-14　　　　　　　　　　　　　售能能价概率分布

风险因素	最小值	平均值	最大值
概率	0.258	0.637	0.105

2）蒙特卡洛抽样与运营风险量化。由以上不确定因素的概率分布，抽样 100000 次，根据蒙特卡洛抽样模拟和净现值公式求取净现值的期望值和方差，把净现值大于零的概率大小作为衡量市场风险的大小。能源服务商净现值概率分布如图 7-30 所示。

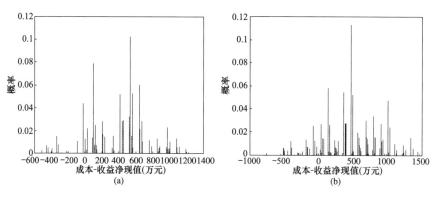

图 7-30　能源服务商净现值概率分布

显然，净现值概率分布并非正态分布，且能源供应商/服务商净现值大于零的抽样次数大于其小于零的抽样次数。根据抽样结果求得能源供应商和服务商净现值的期望值分别为 403.45 万元和 483.92 万元，方差分别为 2019.5 万元和 2732.6 万元，净现值大于零的概率分别为 0.9005 和 0.8856（即两类主体的风险量化值分别为 0.0995 和 0.1144），即上述能源互联网市场各主体的净现值期望远大于零，但方差较大，因此市场整体收益存在一定波动。综上所述，上述市场在实际运营中存在一定的风险，参与市场的各主体可以适当调整自己的运营策略以最小化自身承担的风险。

3. 小结

本节基于城镇能源互联网的交易机制及特点，提出了城镇能源互联网能源市场交易及运营多级多角度综合评价指标及评价方法，重点以能源价格、能源交易、用户互动和需求响应能力方面评价市场交易结果，以能源供应商、能源服务商、用户不同主体为出发点评价市场运营风险。上述多级多角度评价指标可进一步综合，如采用层次分析法等，形成整个能源互联网市场交易的总体评价结果。

7.4　本　章　小　结

本章充分考虑城镇能源互联网"能源—经济—环境"一体化的特点，考虑多能协同、绿色低碳、安全高效等能源互联网的发展要求，针对综合评价方法、综合评价指标体系和专项评价 3 方面内容进行阐述，其中，综合评价方法主要介绍了基于人工智能的组合评价方法；综合评价指标体系主要阐述了能源互联网技术经济评价过程中涉及的技术性、经济性、环保性等指标；专项评价则针对能源互联网能源系统规划、运行、信息支撑、交易运营等环节，就涉及的评价方法与内容加以阐述。能源互联网评价技术的提出可为后续能源互联网相关技术的持续攻关与工程经验的大规模推广提供依据。

第 8 章

城镇能源互联网建设实践

自 2014 年我国提出推动能源生产和消费革命战略以来，能源互联网作为能源革命的技术手段和产业形态，在"十三五"期间得到了蓬勃发展，2020 年我国能源互联网市场规模已突破万亿元，能源互联网的发展对国家、社会和城市治理起到了重要的作用。随着我国城镇化进程的加快，一方面，城镇能源服务的需求向清洁低碳、高效经济、安全可靠、智慧互动的能源供应与能源消费的服务方向演进，这同时也是国家能源革命落地，实现城市经济、社会、环境可持续发展的必然要求；另一方面，受我国经济增速放缓、产业布局优化、电力现货市场建设、辅助服务市场建设、可再生能源大力发展等外部环境因素影响，能源用户需要专业化的能源服务，提升能源系统的智慧性、降低能源使用成本成为主要需求。这就要求建设城镇能源互联网不能仅以单体的能源项目投资建设为主，而应着眼于城市发展的大局，从顶层设计来全盘统筹考虑；建设城镇能源互联网必须着眼于城市的资源特点及发展规划，从能源基础设施、能源信息化、能源市场、商业模式、运营管理等全方位进行统筹考虑，有序推进。

本章主要从建设思路和应用案例两方面介绍现阶段城镇能源互联网建设的基本概况。首先，从建设内容和方法的角度出发，详细介绍了城镇能源互联网的总体架构，以及基于总体架构延伸出相应的服务体系，即城镇能源互联网建设的核心内容。其次，通过构建城镇能源互联网管控与服务平台实现对能源的高效可靠管控和相关应用服务的拓展，保障能源互联网的功能和作用得到充分发挥。接着，从应用角度重点介绍了天津北辰大张庄镇和江苏扬中新坝镇两个具有地方区位特色的城镇能源互联网建设的示范工程的建设情况和商业模式，并对其他以能源互联网管控与服务体系为基础框架建设的典型案例进行介绍与分析，为新型城镇能源互联网建设提供参考性案例。

本章通过理论指导与应用成果相结合的方式对城镇能源互联网的实践进行了深度阐释，更好地为城镇能源互联网建设提供可借鉴的技术路径。

8.1 城镇能源互联网管控与服务建设

城镇能源互联网管控与服务建设要以城镇能源互联网特征为基础，从能源生产、能源网络、能源管理、能源服务等方面进行规划设计，结合建设区域的能源条件与需求，因地制宜，按需而建，不断探索商业模式，逐步完善城镇能源互联网建设。

8.1.1 城镇能源互联网服务特征

1. 能源特征

新型城镇逐步改变以火电为主的传统能源供应方式，开始注重经济发展与能源环境的协调问题，清洁能源所占比重越来越大。由于新型城镇具有负荷分布分散、需求差异明显的特点，因此其能源种类也较多，如太阳能、风能、电能、地热能、煤、天然气等。

随着能源互联网的发展，新型城镇的能源供应模式也相应地发生了变化，一次能源将以气体燃料与可再生能源协同供应为主，二次能源则以分布在用户端的光伏发电系统、热电联供系统、冷热电联供系统为主，将电力、热力、制冷与蓄能技术结合，通过公用能源供应系统提供支持和补充，满足用户对不同能源种类、品质的要求，以实现资源最大化和梯级利用。

2. 通信网络

城镇能源互联网具有能源种类多、分布分散等特征。在能源采集末端，通过各种信息传感器、射频识别技术、全球定位系统、红外感应器、激光扫描器等各种装置与技术，实时采集任何需要监控、连接、互动的物体或过程，采集其声、光、热、电、化学、生物、位置等各种需要的信息，通过各类可能的网络接入，实现物与物、物与人的泛在连接，实现对物品和过程的智能化感知、识别和管理。

3. 服务层级

城镇能源互联网综合服务以共享、开放、互动、高效为宗旨，功能全面，涵盖能源监测、能源分析、运行优化、能源规划、能源交易、技术经济评价和能源运维等方面，可为各类能源相关用户提供差异化服务，并可按照使用者的不同有不同的侧重点。

服务层级可分为中心级、区域级、用户级三类级别。中心级以城镇为服务范围，通过城镇能源大数据分析支持推动城镇能源发展科学规划，为其提供整体的能源监测、能源调配、能源交易、能效分析、评价等服务；区域级以某一区域为服务范围，如工业园区，为其提供能源监测、能源调配、能效分析、能源交易、能源运维、评价等服务；用户级以企业级用户为服务范围，如工商企业、院校、政府机构等，为其提供能源监测、能源调配、能效分析、能源运维、评价等服务。

4. 需求多样性

（1）能源性。能源性是综合能源服务的特征之一，综合能源服务基本围绕"能源"这一主旨，在能源生产、加工转换、输配、储存、终端使用全环节开展相关业务。

（2）综合性。鉴于客户能源服务需求的多样性，综合能源服务具有综合性，其具体表现为：①供能服务品种的多样性而非单一性；②用能服务内容的多样性，涉及为客户提供用能相关的安全、质量、高效、环保、低碳、智能化等多样化服务；③服务形式的多样性，包括规划、设计、工程、投融资、运维、咨询服务等。

（3）服务性。与能源生产、加工转换、输配、储存、终端使用相关产品的简单生产和销售不同，综合能源服务公司的业务是基于产品、技术等"硬件"，为客户提供多样化的"软性"增值服务。

（4）链—网性。鉴于全社会综合能源服务对象在能源生产、加工转换、输配、储存、终端使用各环节均有能源服务需求，实力雄厚的综合能源服务公司在上述全环节或者多环节开展能源服务，构建能源服务业务链。同时，综合能源服务公司开展业务时，大多要依托电网、热网、冷网、气网、能源互联网等网络基础设施；特别是随着能源与信息和通信技术的融合发展加快，能源互联网在支撑综合能源服务公司业务上的价值和作用越来越重要。

8.1.2　城镇能源互联网架构与服务体系

1. 总体架构

城镇能源互联网总体架构包括感知层、网络层、平台层、应用层 4 部分，通过数据采集装置可实现风、光、气、地热、生物质等多种能源形式的接入和综合管理，通过能源互联网综合管控与服务平台实现能源管控。新型城镇能源互联网示范工程总体架构如图 8-1 所示。

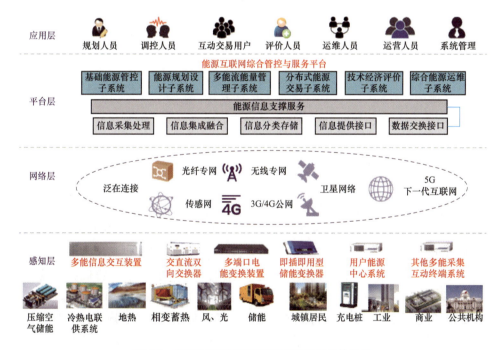

图 8-1　新型城镇能源互联网示范工程总体架构

（1）感知层。指城镇能源互联网的能源基础建设，主要包含源端装置、负荷端装置、储能类装置、信息类装置、采集装置、能量转换装置等，如光伏逆变器、储能换流器、传感器、多能信息交互装置、交直流双向变换装置、多端口电能变换装置、即插即用型储能变换器等，还有分布式能源本地系统，如光伏系统、储能系统、冷热电联供系统、地源热泵系统等，城镇能源互联网综合管控与服务平台通过与这些装置或系统的对接，实现对多类能源的数据采集与控制。

（2）网络层。指城镇能源互联网的网络通信，主要包含电力信息网、电力信息 4G 专网、移动 APN 网络等，城镇能源互联网综合管控与服务平台可以通过电力信息网与调度自动化、配网自动化、用电信息采集等系统进行数据交互；通过电力信息 4G 专网对各类能源数据进行采集；通过移动 APN 网络（非电力信息 4G 专网覆盖区域），并部署安全防护装置，对其他各类能源数据进行采集。

（3）平台层。指城镇能源互联网综合管控与服务平台，平台功能可以包括能源采集、能源监测、能源分析、能源规划、运行优化、能源交易、技术经济评价、综合能源运维等应用，实现综合能源服务领域的全业务覆盖。同时，设计数据采集与传输、系统集成、信息模型、数据融合、信息交互等方面的接口标准、安全标准，形成完整的新型城镇能源互联网综合管控与服务平台的体系架构。

（4）应用层。指城镇能源互联网的各类用户服务，能源互联网综合服务是共享的、开放的、互动的，服务对象多样化，既有供电公司、配售电公司、能源运营商，又有政府机构、能源用户、社会用户。能源互联网综合管控与服务平台通过为不同的用户提供差异性的综合能源服务，提升综合能源服务质量，如为政府机构提供整体的能源运行指标掌控，为供电公司、能源运营商提供多能源的运行优化、管控服务、技术经济评价服务等，为配售电公司、能源用户、能源运营商提供能源交易服务，为能源运营商、能源用户提供能源运维服务，为各类用户提供能效分析服务等。

2. 服务体系

构建城镇能源互联网管控与服务体系是城镇能源互联网建设与可持续发展的核心内容。城镇能源互联网管控与服务体系是以智慧城市为载体，以城镇综合供用能服务为核心，充分考虑城镇的资源特色与用户用能特点，以"互联网＋"为手段，通过实现城镇内不同类型的能源资源互联互通、协同优化、供需互动、服务模式创新，建立健全能源市场、标准体系、保障体系等，构造城镇绿色低碳、安全高效的现代能源生态体系。

城镇能源互联网管控与服务体系可以由"1 个平台"和"3 个支撑服务"组成，1 个平台指城镇能源互联网管控与服务平台，平台基于云架构建设，可与城镇的用户端能源系统实现上下贯通，并在线为城镇中各类能源用户提供应用；3 个支撑服务指城镇能源管控服务、能源服务及技术支撑服务，其中城镇能源管控服务实现城镇能源的顶层设计，主要包括能源发展、市场机制、能源监管、评估评价、法律法规等；能源服务包括面向各类用户提供的差异化的综合能源服务及商业模式；技术支撑服务指实现城市综合能源系统贯通及跨行业融合所需的装置、信息集成等标准。

下面简述构建能源互联网管控与服务体系的内涵。

（1）通过顶层规划设计，进一步打通综合城市能源系统源、网、荷、储各环节的能量流、信息流壁垒，实现城镇能源从生产到消费整个环节的互联互通，可解决城镇中不同能源系统之间存在的多环节制约而无法协同高效运行的问题。

（2）通过建立标准化服务与保障体系，实现城镇能源管控从注重单个企业、单一产业的能效提升，向全局性、系统性、整体性的能效提升转型升级，实现城镇资源优化配置，推动城镇能源供给向集约化、清洁化转型。

（3）能源互联网管控与服务体系为城镇能源互联网建设提供标准和指引，进一步促进能源系统的末端和其他行业的资源融合与互动，提升城镇能源资源的利用水平，促进城镇能源互联网的共建、共享、共赢。

8.1.3　城镇能源互联网综合管控与服务平台

城镇能源互联网综合管控与服务平台作为城镇能源互联网的大脑，是连接能源互联网各组成部分的信息桥梁，能够引导能源互联网的建设，管理能源互联网的运行，服务能源互联网的各类用户，进而提升城镇能源利用效率，促进城镇能源互联网的持续发展、建设。

1. 建设思路

城镇能源互联网综合管控与服务平台从新型城镇能源互联网特点出发，以满足城镇能源互联网的发展与服务需求为目标，支撑能源互联网的建设、规划、管理，打造开放、高效、互动、共享的能源生态圈。

（1）能源服务要覆盖能源生产到使用的全过程。构建涵盖能源采集、监测、分析、规划、优化、交易、运维、评价的综合能源服务功能体系，打通源网荷储等关键环节，将能源生产、传输、存储、消费以及能源市场深度融合，支撑能源服务全链条布局。

（2）以电为核心，实现水、电、气、热等多能融合。城镇能源互联网涵盖电、水、气、热等能源。由于电能为最常用的能源，且电网建设亦最成熟，因此，城镇能源互联网应考虑多能耦合，以电为各类能源之间联系的纽带，构建多能供应消费体系。

（3）充分考虑各类用户的差异化需求，提供多元化服务。城镇能源互联网综合管控与服务平台服务于能源生产、使用全过程，服务对象多样，既有供电公司、配售电公司、能源运营商，又有政府机构、能源用户、社会用户等。能源互联网管控与服务平台应为不同的用户提供差异性的综合能源服务。

（4）加强与用户的联系，注重互动服务，提升用户参与度。城镇能源互联网服务专注各类能源用户需求，以用户为中心，加强供需分析，以合作共赢为目标，为用户提供精细化服务，以价值服务为导向，增强平台互动手段，提升用户的参与积极性，使用户融入综合能源服务体系之中。

2. 平台设计

城镇能源互联网综合管控与服务平台是城镇能源互联网综合能源服务体系的核心，通过建设多能信息一体化模型，充分利用云技术、大数据、物联网、移动互联、区块链等技术，优先以"云平台＋微应用"的方式进行开发部署，支持城镇级、区域级、企业级的分级部署，可以根据不同的地理范围、功能需求进行选择与配置。城镇能源互联网综合管控与服务平台遵循国家发展和改革委员会等单位的安全防护政策，以保证平台的安全可靠运行。

城镇能源互联网综合管控与服务平台主要包含数据采集层、数据中心层、平台支撑层、应用服务层和互动展示层 5 层。城镇能源互联网综合管控与服务平台架构如图8-2所示。

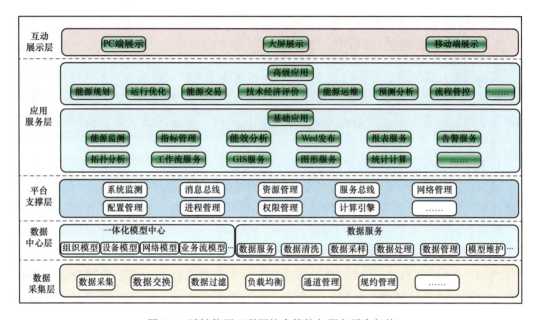

图 8-2　城镇能源互联网综合管控与服务平台架构

（1）数据采集层。主要负责数据的采集、处理及控制，支持能源行业主流的通信规约协议，支持通用互联网数据接口，能够对采集数据进行过滤分析，保证的数据的准确性。

（2）数据中心层。主要负责数据的采样、存储、分析，为平台应用提供数据支撑。

（3）平台支撑层。提供平台支撑服务，保证平台的平稳运行，如权限管理、系统监测、进程管理、网络管理等。

（4）应用服务层。包含平台的各类应用服务，分为基础应用和高级应用两部分。基础应用对应常用的能源服务，如能源监测、指标分析、报表服务等；高级应用对应特殊的业务需求，如能源规划、能源运行优化、能源交易、技术经济评价等。

（5）互动展示层。是平台的对外门户，支持 PC 端、移动端、大屏展示等方式，注重用户使用友好度。

3. 功能设计

城镇能源互联网综合管控与服务平台支撑城镇能源互联网服务全过程，适用于城镇能源互联网的不同场景，可根据用户需求提供不同的应用服务，支持应用服务灵活配置。

应用服务分为基础应用服务和高级应用服务两部分。平台基础应用服务主要包含通用服务、能源监测、指标管理、预测分析、能效分析、流程管控等，可满足城镇能源互联网监控分析等基本要求。平台高级应用服务主要包含能源规划、能源运行优化、能源交易、能源运维、技术经济评价等，以支撑城镇能源互联网各专业领域的管控需求。

（1）基础应用服务。

1）通用服务。平台提供多种通用服务，以支撑系统的正常运行，并为各类用户提供统一而又灵活的应用服务，主要包括权限管理、报表管理、系统运行监测、数据库维护、告警服务等。

2）能源监测。建立多能信息一体化模型，监测能源运行情况，从能源的生产、传输、消费等方面进行全面感知，打通源网荷储等环节，将相关的能源数据、设备状态等信息及时展现，在源数据的基础上，对数据进行统计分析，支持历史数据、实时数据曲线显示，能够直观、生动地展示能量流动情况，从多个维度进行能源分析，如行业分析、供需分析、用能时段分析、能源占比等。

3）指标管理。梳理政府、行业、企业的能效指标、管理指标、经营指标等信息，按照指标要求，结合实际运行数据信息对各类指标进行计算，同时，分层级设置阈值，对指标进行统计分析，判断能源运行状态及运行趋势，主动提示指标异常及运营分析。

4）预测分析。包括中长期多能负荷预测、短期源荷预测和超短期源荷预测。中长期多能负荷预测结合多能历史负荷数据、用能特性、多能负荷发展趋势、规划区域建设安排等对拟规划城镇能源系统的负荷进行预测，为后续规划开展提供基础数据；短期源荷预测和超短期源荷预测的预测对象涵盖了电负荷、热负荷、光伏发电出力、风电出力等，为电网安全运行提供关键信息，为用户制定日前交易策略和日内交易策略提供信息支撑。

5）能效分析。能效分析分为区域、个体两层，既服务于电力公司，也面向政府、能源用户等，包含区域能源概况、用电趋势分析、行业景气分析、统计排名等。企业机构方面，对其用能及成本趋势、用能结构、用能质量、产值能耗等方面进行分析，进而计算出用能建议，帮助企业规范用能习惯，提升能效水平。

6）流程管控。部分能源服务涉及的流程较多，需要工单、指令按照管理、运行要求在多个处理节点间进行流转，流程管控负责各种业务的流转，对业务从发起到结束进行全过程管控，并对各处理节点的响应时间、处理效率进行统计分析。

（2）高级应用服务。

1）能源规划。能源规划功能应包括能源站规划、能源网络规划、多能负荷预测、信息总结展示等。通过城镇能源系统规划形成包括网架、设备、用户接入等在内的全方位能源规划方案，满足区域用户的多样化用能需求。

a. 能源站规划。通过设定能源站规划相关参数，根据负荷预测数据，进行区域能量平衡，考虑经济成本、地理环境信息、运行风险等，提供能源站设备选型定容配置、能源站内部拓扑设计、能源站的可视化选址、规划结果对比展示等功能。通过规划区域内能源站的建设，实现规划区域的多能集约利用和能量平衡，加强能源耦合程度，提升综合能效。

b. 能源网络规划。结合负荷预测和能源站规划结果，在现状网架的基础上，考虑地理信息、负荷增长、多能潮流计算结果、经济成本等多方面因素，对多能能源网络进行规划优化，展示规划后的经济成本、多能潮流计算结果等，从智能、高效、集约利用能源资源的角度给出能源网络规划建议。

2）能源运行优化。能源运行优化功能主要包括多能流实时模型与状态感知、多能流安全分析及预警控制、多能流优化调度控制等。

a. 多能流实时模型与状态感知。多能流实时模型需要兼顾热、气系统与电力系统在调节机制、响应速度上的差异，考虑适用于不同应用场合的多时间尺度综合模型；基于动态建模和滚动时域估计理论，建立多能流多时间尺度动态估计方法。多能流实时模型与状态感知主要包括状态与量测维护、网络拓扑分析、量测预过滤、可观性分析、伪量测自动生成与处理、状态估计与坏数据辨识、网络拓扑检错、参数辨识与估计等。

b. 多能流安全分析及预警控制。综合能源系统具有不同能源系统之间耦合性强、相互作用机理复杂、连锁故障发生概率高的特点，多能流安全分析及预警控制功能是确保综合能源系统安全运行的重要手段。一方面，系统基于类似于电网的"$N-1$"安全准则，通过对涵盖多种能流的预想故障集进行仿真分析，寻找系统薄弱环节，并针对性地做出预案；另一方面，关注系统关口的安全控制，包括关口的容量配置和运行成本，确保关口设备处于安全运行范围内。多能流安全分析及预警控制主要包括预想故障集设置、数据及参数设置、多能流安全分析计算、安全分析结果展示等。

c. 多能流优化调度控制。面向综合能源系统运行全过程的动态调度控制，包括日前调度、日内调度和实时控制3个层次。日前调度主要根据可再生能源出力和负荷预测情况进行机组最优启停计划及系统运行方式的制定；日内调度考虑可再生能源出力及负荷变化，调整机组出力和系统运行状态，维持最优出力与负荷平衡；实时控制以秒为单位，响应系统的网络安全、调频、调压等控制需求。多能流优化调度功能需要将供热系统中的建筑热惯性、管道热储能等特性纳入调控范围、负荷侧互动响应。多能流优化调度控制主要包括优化方案配置、数据获取及维护、多能流优化计算、优化结果及运行对比展示等。

3）能源交易。能源交易功能支持分布式电能的点对点交易和热能的套餐交易，并分别从管理端和用户端提供相关功能服务。对于用户端，将提供分布式电能的三级时间尺度点对点交易管理功能和热能套餐交易管理功能，以及用户自身交易相关信息的查询与统计分析功能；对于管理端，提供区域能源交易统计功能、能源消费模式特征分析功能、审核管理、信息发布功能等。

能源交易功能包含多个时间尺度的电力市场，通过将中长期的双边合同交易市场、日前集中撮合交易市场和日内滚动撮合交易市场相结合，为用户提供多样化的交易路径，同时也为用户提供灵活的热能套餐市场。通过能源交易功能及分布式能源交易机制，可以提升分布式能源用户的交易积极性，提高分布式能源的总体利用效率和经济性，提升用户收益，并带动区域分布式能源的发展。

4）能源运维。能源运维面向综合能源基地所包含的包括燃气三联供、地源热泵、分布式光伏发电与风电、移动式储能等多种能源站的集中运行维护、运行状态综合评价、故障智能告警等与生产运营相关的多种业务的集中系统，满足多种能源站日常生产运行需求。

5）技术经济评价。技术经济评价功能包括能源系统集约规划的动态评价、能源系统多能耦合运行评价、能源互联网多源异构信息支撑网络评价和多级能源交易与市场运营评价，实现对能源互联网供能网络和信息通信网络规划设计方案的优选、对系统潜在风险的预警、对运行调控策略的辅助，以及对多级能源交易与市场运营模式研究的支撑，达到改善城镇能源系统稳定性、安全性、可靠性和提高运行效率的目的。

a. 能源系统集约规划的动态评价。

a）评价指标体系构建。完成规划工作需要的技术经济评价指标体系构建，根据全面、不重叠、科学、合理、适用的原则对评价指标进行动态管理。具体功能包括指标新建、修改、删除、查找等。

b）评价指标计算。基于多时间尺度、多能潮流建模与仿真工具，实现对各项评价指标的计算功能。具体功能包括时间尺度选择、能源组成选择、算法参数配置、计算模型选择、仿真结果图表展示等。

c）系统评价。综合方案中各评价指标的计算结果，实现对新型城镇能源系统规划的整体系统评价功能。具体功能包括评价结果图表展示、评价结果文本报告生成、评价结果对比分析等。

b. 能源系统多能耦合运行评价。

a）运行风险评价。基于多能耦合系统故障模型，针对待评估系统的运行信息，实现能源系统可靠性分析与运行风险评价功能。

b）运行灵活性评价。考虑用户用能行为的随机性以及可再生能源发电的间歇性，实现基于多量化指标和随机概率分析的能源系统多时间尺度运行灵活性评价功能。

c）综合供能质量评价。针对多能系统耦合运行特性，实现考虑不同运行特征融合的多能系统供能质量评价功能。

d）综合能效评价。实现"能源—经济—环境"多目标新型城镇能源互联网的综合能效评价，包括针对以能源系统最优运行为目标时能源互联网的能效评价、针对以经济最优为目标时能源互联网的能效评价，以及针对以环境最优为目标时能源互联网的能效评价。

c. 能源互联网多源异构信息支撑网络评价。针对不同的多源异构信息支撑网络，实现含通信可靠性、数据准确度在内的通信网络多维评价功能。

d. 多级能源交易与市场运营评价。针对多级能源交易系统能源生产与消费形式的特征，完成对整个交易机制的评价功能；针对待评价对象的具体特征，完成基于组合风险测度的多级能源复杂交易市场运营风险量化评价功能。

8.1.4 支撑要求

1. 服务场景

综合能源系统的构成较为灵活和复杂，能够开展的业务也非常丰富。需要针对不同的应用场景或者不同的用户类型进行基础信息支撑要求的探讨。

（1）大型公共建筑。大型公共建筑用能行为比较稳定，可通过对中央空调、照明设备等进行能效改造，使其具备与平台通信的条件，能够上送开机、关机、故障等状态信息及电量、水量、功率、温度等实时数据，且能够接收上级平台功率/温度调节指令，帮助用户提高系统能效、节能省电。

（2）园区。园区是实施多能互补项目的最佳场合，可以综合电力、冷、热需求进行生物质发电、屋顶光伏发电、热电联产机组等能源站建设。能源站能够进行内部能量管理，或提供与平台的通信接口，能够接收平台的调节指令。基于平台开展水、电、气、热、光、储多能源协调消费和综合管理，在不同用户间进行能源调配，以提高能源设备效率，达到节能降耗的目的。

（3）企业。重点关注锻造、造纸等传统高能耗工业企业，企业能耗设备或能源系统要能够提供生产过程中的供能及能耗数据。平台基于基础数据及统计分析数据，形成优化用能方案，降低用能成本；也可以结合用能需求及供能现状，平台制定扩增容方案，建设用户能源站、热电联产机组，优化能源结构配置，提升能源综合利用水平。

2. 通信部分

综合能源系统中设备型号各异，通信协议及能源输出特征不尽相同，造成能源互联关键设备间缺乏互联互通，给能源系统集成及建设带来困难。利用通信管理设备实现能源互联的自识别、自适应，以灵活方便地实现从能源到设备再到互联网络的快速信息交互。

（1）典型通信架构。综合能源系统的信息通信可采用分级通信的方式。其通信架构主要包括能源互联网综合管控与服务平台、多能信息交互装置、能源转换与控制终端。

能源互联网综合管控与服务平台通过与多能信息交互装置、能源转换与控制终端进行信息交换，接收并发送调度、运维、控制等信息，促进能源的优化配置和高效利用；多能信息交互装置实现与能源互联网综合管控平台之间的信息汇总、转发、数据缓冲、预处理等功能，优化通信资源；能源转换与控制终端为能源互联网综合管控与服务平台、多能信息交互装置上传终端采集的基础数据信息，承担数据采集、初步处理、加密、传输等功能，并接收能源互联网综合管控与服务平台和多能信息交互装置的运行控制、运维检修、能源交易、综合服务等信息。能源转换与控制终端既可以是独立的设备也可以是其他设备的一个功能模块，如 PCS、光伏逆变器的通信模块、冷热电联供系统等。

（2）通信技术要求。

1）能源转换与控制终端、多能信息交互装置之间的信息交换技术要求。

a. 通信安全：采用加密传输协议保证信息传输安全。

b. 通信方式：无线、有线、电力线载波等。

c. 传输速率：1200bit/s、2400bit/s 或以上。

d. 通信协议：HTTPS、Modbus RTU、Modbus TCP 等，并可扩展支持气、热、冷等设备的通信协议，如 CJ/T 188 规约等。

2）多能信息交互装置与能源互联网综合管控与服务平台之间的信息交换技术要求。

a. 通信安全：采用加密传输协议或硬件防火墙保证信息传输安全。

b. 通信方式：光纤专网、无线公网、无线专网、卫星通信等。

c. 传输速率：1200bit/s、2400bit/s 或以上。

d. 通信协议：以 HTTPS、MQTT、Webservice 等协议为主，兼容其他通信协议，如 CoAP、IEC 101/104、DL/T 698.45 等。

3）能源转换与控制终端、能源互联网综合管控与服务平台之间的信息交换技术要求。

a. 通信安全：根据信息重要程度分别做出要求，涉及控制指令的要采用基于数字证书的身份认证，其他类信息可通过硬件防火墙保证信息传输安全。

b. 通信方式：无线公网、无线专网等，根据能源互联网发展现状、业务实际需求以及通信网络现状，经技术经济比较确定。

c. 传输速率：1200bit/s、2400bit/s 或以上。

d. 通信协议：以 MQTT、CoAP、Modbus TCP 等协议为主，兼容 IEC 101/104、DL/T 645 等其他通信协议。

3. 智能化装置

能源互联网服务的基础是坚实的数据支撑及用户侧的智能管理与响应。按照上述通信架构，可以将智能化装置分为边侧装置、端侧终端两类。从通信协议、功能要求两方面对智能化装置提出要求。

（1）通信协议要求。能源互联网涉及能源种类繁多，相关装置各异，现场通信网络各异。通常采用对应的端侧终端进行数据采集，并将信息汇总到边端装置，然后上传至能源互联网综合管控平台。

1）端侧终端应能够支持通用通信网络及规约协议，并满足以下要求：

a. 采集管理单元可灵活配置通信模块，支持 RS-232/485/422、GPRS/CDMA、WiFi、Zigbee、lora 等通信方式。

b. 支持各种智能水、电、气、热等能源以及各类传感器的数据采集。

2）边端装置应能够支持异质能源管理系统主流通信协议，如 CDT、IEC 101/102/104、IEC 645、IEC 61850、MQTT 等多种通信协议。

（2）功能要求。

1）端侧终端按照功能可以区分为采集类、监测控制类、集成类等。

采集类终端包括水表、电能表、燃气表等，能够实现水、电、气等用能数据的采集、计量设备工况监测，并对采集数据进行管理和双向传输；监测控制类终端包括储能电池管理系统、负控终端等，能够实现对能源、负荷信息的采集以及对电能质量的监测，并可接受上级装置/平台的指令并对进行控制；集成类终端包括光伏逆变器、虚拟同步机、储能变流器等，以光伏逆变器为例，能量流方面要进行直流向交流的转换，信息流方面要具备通信功能，能够与上级平台进行数据双向传输。

2）边端装置应具备边缘计算、就地协控等功能。

a. 数据监测。监测各类能源及负荷的运行信息，并进行统计分析。

b. 设备监测。对设备状态进行管理及评估。

c. 策略分析。接收上级系统的能源调度控制策略指令，结合区域内能源运行情况，生成区域能源控制响应策略并执行。

d. 运行控制。可以接收能效管控平台的微电网启动/停止指令，完成微电网各装置、开关的启动/停止操作。微电网的启动可以在并网状态下进行，同时也支持离网启动（黑启动）功能。可以接收能效管控平台的微电网上网功率调节指令，根据微电网设备配置情况，调节各分布式发电单元出力，实现不同模式的功率控制。

e. 区域协调控制。对区域内各类能源运行方式、信息进行监测管理，综合区域供能需求平衡关系，调整各类能源运行方式，多能互补、协调，实现能源的最大最优利用。

8.1.5　商业模式

1. 建设模式

随着综合能源服务业务的不断发展，各种示范项目相继落地，根据这些项目总结出了一些典型的综合能源服务商业模式，下面对建设—经营—转让（BOT）、合同能源管理（EMC）、租赁等常用模式在综合能源服务领域的应用进行分析。

（1）BOT模式。BOT是综合能源服务运用较普遍的投资模式，综合能源服务公司建设综合能源中心，拥有能源中心设施所有权，并负责运行管理。项目合同期满后，可将能源中心按协议价格转让给用户或第三方。转让后的运行管理可以由受让方自行管理，也可委托转让方继续经营管理，并交纳一定的服务管理费。该模式也可分为独立投资型、合作投资型和多方投资型。

BOT模式涉及项目的运营管理，存在用能负荷不稳定及运营成本不确定等诸多问题，此外BOT项目大多投资额大、投资期长且收益不确定性大，因此选择该模式时要充分考虑上述风险。BOT模式主要用于机场、隧道、发电厂、港口、收费公路、电信、供水和污水处理等一些投资较大、建设周期长和可以运营获利的基础设施项目。

（2）EMC模式。EMC模式是以减少的能源费用来支付节能项目成本的一种市场化运作的节能机制。该模式下，综合能源服务公司依照客户的需求，进行项目的设计、建设及运维，与用户进行节能效益的分享或帮助用户进行项目运维，但EMC是一个复杂的系统，仍缺乏统一的节能效益行业标准，且节能服务受能源价格波动影响较大，用能单位的节能量计算、经营情况、资金支付情况、节能效益的估算等因素都会对项目执行造成影响，在运用此模式时需要进行详细的分析调研。

（3）租赁模式。针对用户存在资金短缺、项目需求迫切等困难的优质项目，在双方认可项目以租赁模式合作的前提下，可由综合能源服务公司负责项目设备供应并在租赁期内持有资产，按双方约定的租金金额、租期、租金支付方式等条款，承租方定期向公司支付租金。租赁模式下，综合能源服务公司投资建设能源中心，并在一定期限内将能源中心以一定的租金出租给用户，由综合能源服务公司或用户自己经营，通过租赁分期付款方式收回工程投资和投资收益。该模式可以带动自有产品销售，相对直接地参与公开招标，项目利润水平更有保证，可实现资金和产品双重收益。

2. 盈利模式

围绕目标客户需求，以自身核心能力体现商业价值，以期望的商业价值设计盈利模式。在明确综合能源服务目标客户和价值定位后，未来发展综合能源服务的盈利模式可包含能源供应收益、工程建设收益、运维服务收益、增值服务收益（节能改造、需求侧管理、能源管控等）、平台通道收益以及数据信息收益等几种收益来源。能源供应收益、工程建设收益、运维服务收益是综合能源服务业务主要的收益来源，未来随着市场的开放及技术的进步，增值服务收益、平台通道收益以及数据信息收益将具有很大的潜力。

8.2 天津北辰大张庄镇清洁供热能源互联网

天津北辰大张庄镇作为国家"产城融合"示范区内乡镇，汇集了居民、工业、商业等多样性的能源消费主体，其城镇能源系统的最大特点之一便是能源形式丰富，涵盖了冷、热、电、气、风、光、地热等多重资源；但其能源间缺乏综合管理，互动较少，能源使用效率存在很大的可提升空间。同时，大张庄镇作为典型的北方城镇，冬季供暖面临着巨大的环保压力，需要通过对供热设备进行优化调度以减少碳排放。因此，大张庄镇的能源互联网建设以清洁供热、多能互补为目标。

天津北辰大张庄镇的能源互联网建设分为城镇级、局域级、用户级 3 个层级。在城镇级能源系统方面，构建了冷、热、电、源、荷、储协同供能保障体系及系列智慧能源服务，实现了多能协同互补的目标。在局域级能源系统方面，利用电化学储能提升配电网对分布式电源的灵活消纳能力；同时，使相变蓄热、地源热泵等可调节供热设备参与到日前调度中，实现了用户—热网—电网间的协同需求响应，减少了能源浪费，使冬季供热更加清洁。在用户级能源系统方面，通过用户端进行智能化改造，有效整合用户侧资源，参与城镇级能源系统的互动服务；同时，还可以有效指导用户开展科学用能，降低乡镇的供能成本。天津北辰大张庄镇清洁供热能源互联网的建设打造了北方城镇清洁低碳、安全高效供用能新模式。

8.2.1 区域概况

天津北辰大张庄镇位于天津市北辰区的国家产城融合示范区，主要包括高端装备产业园和栖凤居住区两部分，总面积约 $20km^2$。大张庄镇秉承"产城融合"的发展理念，以产业发展推动城镇化建设，以城镇化建设加速产业集聚，预期建成高端人才的汇聚高地、高端企业的创新平台、宜产宜城的理想空间。

大张庄镇高端制造、电子信息、数据中心、商业综合体等发展迅猛，已入驻智能装备制造企业 30 余户，栖凤居住区已建有近 10 个居住小区，商务中心、酒店、学校等配套设施逐步投入使用，"产城融合"功能布局逐渐展现。随着大张庄镇城镇化建设的加速，其对冷、热、电、气等综合能源的供应品质和服务质量提出了新的更高要求。

大张庄镇现有两座 110kV 变电站，总变电容量 200MVA；一座燃气调压站，燃气主管道直径 300mm；一座燃气三联供能源站，总发电容量 120MW，总供热容量 39MW；两台调峰用燃气锅炉，总供热容量 19MW；一套微电网系统，光伏发电装机容量 286kW，风电装机容量 35kW，电储能 50kWh；部分用户配备地源热泵，总装机容量超过 1MW；部分用户配备燃气锅炉，供热能力 21t/h；三个电动汽车充电站，总充电容量 1380kW。

在能源供需方面，大张庄镇电、气、热等能源缺乏统一管理，清洁供暖需求迫切，用能精细化程度不足，负荷互动水平不高，综合能效偏低，能源服务模式单一，能源供应现状难以满足其在城镇化加速建设阶段对冷、热、电、气等综合能源的更高需求。为此，大张庄镇通过应用城镇能源互联网关键技术及装备，开展城镇能源互联网工程建设，解决其城镇化加速建设阶段在能源领域面临的上述问题。

8.2.2　工程介绍

1. 工程概况

大张庄镇能源互联网工程示意图如图 8-3 所示，其依托以电力为核心的冷、热、电、气等综合能源网络，以通信网络支撑能源信息互联，以综合管控与服务平台统筹区域内冷热电联供系统、燃气锅炉、相变蓄热、地源热泵、分布式光伏发电、电动汽车、用户负荷等资源，面向工业用户、商业用户与居民用户提供多种形式的能源服务。

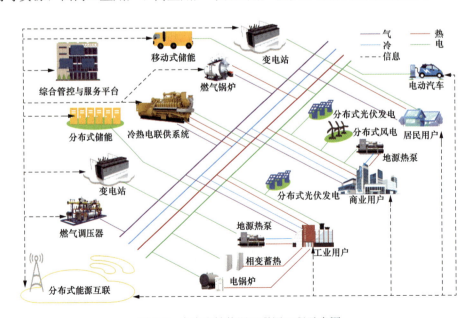

图 8-3　大张庄镇能源互联网工程示意图

大张庄镇能源互联网工程主要包括城镇级、局域级、用户级能源系统。在城镇级，建设能源互联网综合管控与服务平台，实现城镇综合能源系统的统一管控与服务；在局域级，建设并接入相变蓄热站、直流充电站、分布式储能系统、移动式储能系统，从局部支撑城镇综合能源系统的协调运行；在用户级，建设智慧园区和智慧小区，接入工商业用户和居民用户，同时接入用户能源系统中的风、光、地热等资源，提升用户资源参与城镇综合能源系统协调运行的能力。

2. 城镇级综合能源系统

城镇级综合能源系统是指大张庄镇能源互联网综合管控与服务平台。大张庄镇冷、热、电、气等能源系统通过冷热电联供系统、蓄热装置、地源热泵等设备耦合，系统运行和管理方式比单一的能源系统更加复杂；各个能源系统分属不同的投资运营主体，互相之间存在交易与结算关系。因此，通过建设一套能源互联网综合管控与服务平台，实现能源系统信息集成，为多能流网络监控、优化调度、能源交易、用户服务等方面业务提供支撑。

大张庄镇能源互联网综合管控与服务平台遵循 8.1 节所述的架构体系。采用以电力为核心的综合能源网络建设框架，大张庄镇能源互联网综合管控与服务平台硬件架构示意图如图 8-4 所示。硬件设备主要部署在电力信息内网，实现与电力生产管理系统、调度自动化系统、用电信息采集系统、物管平台的信息交互。其他能源系统和工商业用户通过虚拟专网或电力专网等通信网，经过电力安全接入区，实现与平台之间的信息交互。

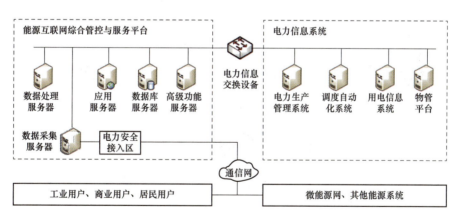

图 8-4　大张庄镇能源互联网综合管控与服务平台硬件架构示意图

平台内部主要包括数据采集服务器、数据处理服务器、应用服务器、数据库服务器和高级功能服务器。数据采集服务器具备实时采集、自动存储、即时显示、自动处理、自动传输等功能，数据处理服务器提供前置图形编辑工具、模拟量处理、状态量处理、非实测数据处理、点多源处理、数据校验、数据统计等功能，应用服务器以浏览器页面进行系统图形与数据的显示调用与管理，数据库服务器用于实时数据和历史数据的存储，高级功能服务器搭载了用能监测、能源规划、运行优化、能源交易、综合评价等各个功能子系统。

3. 局域级综合能源系统

局域级综合能源系统主要是指在大张庄镇建设的相变蓄热站、直流充电站、分布式储能系统和移动式储能系统。

（1）相变蓄热站。在距离大张庄镇集中供热点较远的区域，现有的集中供热能力难以高效地满足当地热负荷增长需求。为此，在大张庄镇某企业用户新建厂房内建设一座相变蓄热站，以满足其厂房与办公区的清洁供暖需求。

大张庄镇相变蓄热站工艺原理示意图如图 8-5 所示，其设计电压等级 380V，电加热功率 1.28MW，用户侧供回水温度 45/35℃，定压高度 25m，采用 10 台高温固体蓄热模块、6 台低温相变蓄热模块和 2 台电热水锅炉组合蓄热模式，储热量达到 6.32MWh，可满足该企业厂房办公区每日 405kW 设计热负荷的清洁供暖需求。

同时，为相变蓄热站配备一套就地蓄热管控系统。就地蓄热管控系统可从平台和蓄热站设备接收用电量、储热量、需热量、供热量、机组状态等信息或指令，向平台上传蓄热系统工作模式、交互功率、系统剩余容量、温度、压力等信息，从而优化蓄放热的运行模式，控制蓄热机组的运行状态，实现信息双向交互、蓄放热动态管理、精准供热的功能，同时实现配电网与用户热网之间的互联互通和优化运行。

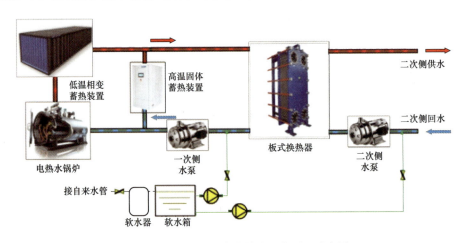

图 8-5 大张庄镇相变蓄热站工艺原理示意图

（2）直流充电站。大张庄镇现有的充电站和商务中心充电站位于高端装备产业园，而在栖凤居住区没有充电站，不能很好地满足栖凤居住区居民的电动汽车充电需求。为此，在居住区附近建设一座直流充电站。

大张庄镇直流充电站系统结构如图 8-6 所示，主要包括 3 台功率为 60kW 的 DC/DC 直流充放电桩，1 套 60kW/60kWh 储能系统，1 套 5kW 光伏发电系统，1 台功率为 500kW 的交直流双向变换器，2 杆智慧路灯。其中，充放电桩、储能系统、光伏发电系统均接入交直流双向变换器的 750V 直流母线，构建直流微电网；交直流双向变换器 380V 交流端经过 380V/380V 隔离变压器、380V 交流母线、10kV/380V 配电变压器接入配电网；在 380V 交流母线上接有智慧路灯，并预留 1 个移动式储能系统的接口。其中的交直流双向变换器为一种四象限电能双向变换装置，支持多路分布式能源、储能装备、多类型负荷的即插即用接入。在该直流充电站中，交直流双向变换器主要用于构建含直流充放电桩、储能系统、光伏发电系统的直流微电网，并实现与交流配电网的互联。

直流充电站系统中的直流充电站通过多能信息交互装置与平台进行信息交互，其中的多能信息交互装置是一种支持多通信、多协议且具备边缘计算功能的信息交互装置。

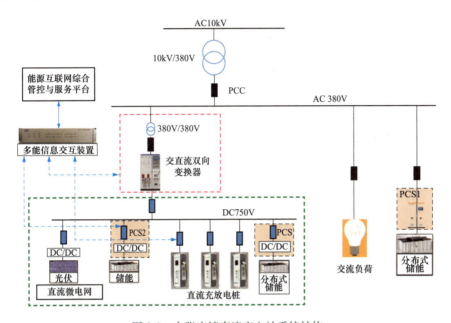

图 8-6　大张庄镇直流充电站系统结构

（3）分布式储能系统和移动式储能系统。为进一步提升大张庄镇能源互联网络运行的灵活性，开展分布式储能系统和移动式储能系统建设，使其应用于负荷峰谷差大、临时保电任务重、清洁能源消纳、用能质量要求高等典型场合。分布式储能系统和移动式储能系统包括以下 4 部分内容。

1）在某种养殖基地建成 1 套 500kW/500kWh 分布式储能系统，输出电压为 0.4kV，系统并网点位于架空区，经升压接入 10kV 配电网，解决 10kV 配电线路末端低电压问题。

2）在某变电站建成 1 套 500kW/500kWh 分布式储能系统，构建直流光、储、荷微电网系统。

3）在大张庄镇部署 1 辆 500kW/500kWh 移动式储能车，利用其机动灵活的电能支撑能力，为区域内用电需求用户提供了清洁安静的临时电力保障。

4）在充电站、煤改电台区、变电站等地建设即插即用标准化接口，实现与储能系统的快速对接。

分布式/移动式储能系统的结构如图 8-7 所示，其主要由储能变流器、电池管控系统、协调控制系统、储能电池系统等设备构成。其中，储能变流器采用的是专门用于储能系统与配电网之间进行交直流能量变换的即插即用型储能变流器，能够实现储能系统快速识别和快速接入；电池管控系统负责储能电池系统的监测和保护，包括电池模块的监测保护单元（BMU）和电池组串的监测管理单元（BCM），电池组采用高性能的磷酸铁锂电池，充放电能力倍率1C、100%（depth of discharge，DOD）循环次数在 3000 次以上；协调控制系统实现储能电池系统与平台的信息交互，使储能电池系统能够参与能源互联网的协调运行。

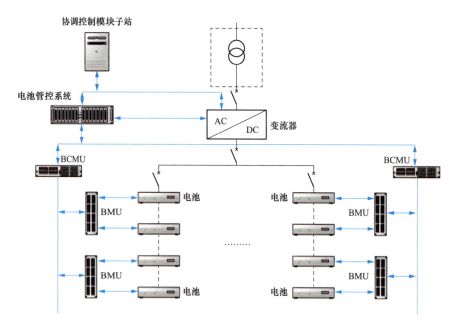

图 8-7　分布式/移动式储能系统结构

4. 用户级综合能源系统

用户级综合能源系统主要指在大张庄镇建设智慧园区和智慧小区，分别改造工商业用户和居民用户的能源系统，并建设智慧能源互动系统。

（1）智慧园区。针对区域内 20 余户工商业大用户配置能源管控终端并进行智能采集改造，包括综合能源采集改造用户与电力分项采集改造用户。智慧园区架构如图 8-8 所示。

对于综合采集调控型用户，通过配置综合能源采集模块，实现用户侧电、水、气、热综合用能数据的在线采集与分析，指导用户开展科学用能或直接通过智能调控模块进行负荷控制。

对于电力分项采集互动用户，在线采集用户侧主要设备的用电数据，在平台侧开展能效分析与诊断，基于需求侧响应和能效管理要求，指导用户开展科学用电或直接通过智能调控模块进行负荷控制。

在平台侧开发一套智慧园区能源互动系统，包括用户用能信息采集模块、协调调度模块、能效评估模块、综合查询与展示模块、安全隔离通信子模块、前置通信模块 6 个模块，用于汇集用户用能数据，实现能源大数据分析、能效评估、协调调度、数据查询和展示等功能。

内外网信息交互通过平台侧正反向隔离装置来保障信息安全，平台侧与互动用户间采用移动 VPN 等较高安全等级的外网接入。

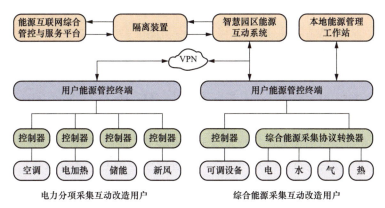

图 8-8　智慧园区架构

（2）智慧小区。选取 300 余户居民用户安装非入户智能网关，实现用户综合能源信息采集；选取 30 户用户配置家电智能插座，配备 1 套小区能源管理子站，实现居民用户用能优化管控；在主站侧开发智慧小区能源互动系统，具备用能监测、用能分析、家电智能调控、设备监测等功能。智慧小区架构如图 8-9 所示。

居民非入户智能网关安装在电能表表箱内部，可实现对居民热水器、空调等重要电器运行状态的实时监测，并可将采集到的电器启停时间、消耗电量等辨识结果上传。

家电智能插座通过部署的小区能源管理子站，与智慧小区能源互动系统交互信息，提升居民用户的能源感知和优化控制能力。

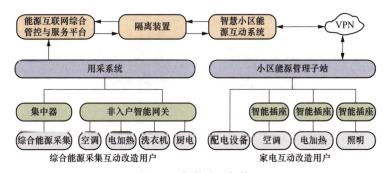

图 8-9　智慧小区架构

8.2.3　商业模式

天津北辰大张庄镇清洁供热能源互联网，开拓了"互联网＋"智慧能源政企合作共建新模式。电力公司发起该清洁供热能源互联网项目，与属地政府、属地能源公司和园区企业用户深入合作，以项目带动区域综合能源发展，加快区域能源转型，改善营商环境，促进高端产业落地，推动区域"产城融合"发展。

天津北辰大张庄镇清洁供热能源互联网合作共建模式示意图如图 8-10 所示。具体来说，由大张庄镇所在的开发区管理委员会提供政策支持，开发区管理委员会组织成立的北辰科技园区管理有限公司负责工程建设用地许可审批，属地电力公司投资建设柔性互联的中压配电网、充电站以及分布式/移动式移动储能系统，属地燃气公司投资建设天然气管网，北辰分布式能源公司投资建设北辰燃气三联供能源站及热力管网，新能源公司投资建设园区屋顶光伏与分布式风电，电力公司组织成立的综合能源服务公司投资建设能源互联网综合管控与服务平台、相变蓄热站、智慧园区、智慧小区以及实施分布式能源系统互联。

综合能源服务公司主要负责北辰大张庄镇清洁供热能源互联网的运营，其面向工业企业、园区、大型公共建筑等差异化需求，通过创建"供电＋能效服务""定制＋组合套餐"的综合能源服务新模式，延伸传统供电服务，在制定供电方案的同时，提供更具经济性、智慧化的清洁用能解决方案，助力客户降低用能成本，提高全社会用能效率。如图 8-10 中的虚线所示，综合能源服务公司未来将进一步成立由多方参股的混合所有制项目公司，负责清洁供热能源互联网项目的投资建设运营。

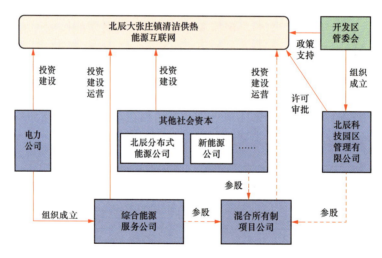

图 8-10 天津北辰大张庄镇清洁供热能源互联网合作共建模式示意图

8.2.4 建设成效

天津北辰大张庄镇面向北方城镇能源系统建设需求，通过应用城镇能源互联网关键技术及装备，开展城镇级、局域级、用户级能源系统建设，建成"产城集约"型的北方城镇清洁供热能源互联网，以电为中心实现风、光、气、地热等多种清洁能源互联融合，重点服务用户 300 户以上。

在城镇级能源系统方面，应用城镇能源互联网综合管控与服务平台，实现覆盖城镇、局域、用户 3 个层级的综合能源一体化智慧管理,构建冷、热、电、源、荷、储协同的供能保障体系,提供贯穿规划、运行、交易、运维和评价全流程的智慧能源服务,打造北方城镇清洁低碳、安全高效供用能新模式。

在局域级能源系统方面,在蓄热站中应用新型相变蓄热设备,通过谷电价蓄热,降低建筑供暖成本,提升城镇终端电气化水平,实现用户—热网—电网间的协同需求响应;在充电站中应用交直流双向变换器、即插即用接入多样直流设备,提高能量变换效率,支撑电动汽车有序充放电、参与配电网互动;在分布式/移动式储能系统中应用即插即用型储能变流器,实现储能系统快速识别接入配电网,有效缓解配电网增容压力,高效解决"煤改电"用户低电压问题,满足全运会、高考等重大活动的应急保电需求,提升配电网对分布式电源的灵活消纳能力。

在用户级能源系统方面,通过对智慧园区工商业用户和智慧小区居民用户的智能化改造,有效整合用户侧风力、光伏、地热以及用电设备等资源,与局域级能源系统一同参与城镇级能源系统的互动服务;同时,通过部署智慧园区/小区能源互动系统,为用户提供用能监测、用能分析等服务,有效指导用户开展科学用能。

最后,通过应用多能信息交互装置等智能网关,实现大张庄镇城镇级、局域级、用户级能源系统的互联互通,以支撑大张庄镇清洁供热能源互联网安全高效运行。

8.3　江苏扬中新坝镇分布式绿电消纳能源互联网

江苏扬中新坝镇能源系统中的供给侧主要通过分布式光伏发电进行供能,具有分布范围广、参与用户多、装机容量大等特点。在用户侧,示范区内的工商业用户分布广泛,负荷密集,具有相当充足的互动光伏量和电力负荷量。但分布式光伏分布区域广、单体容量小,分布式绿电消纳不充分、综合能效偏低;同时,分布式光伏发电的间歇性、波动性等特点使其调节能力严重不足,能源供应需要依靠外部的稳定供应,从而导致弃光现象存在。因此示范区建设能源互联网的主要目的是解决分布式绿电的消纳。

江苏扬中新坝镇能源互联网示范工程主要包括城镇级综合能源系统、供给侧综合能源系统、用户侧综合能源系统。其中,城镇级综合能源系统主要构建横向冷热电多能互补、纵向源网荷储优化的城镇级综合能源管控与服务平台,通过无线 4G 专网、分布式光伏数据集中采集改造和配电网升级改造为平台提供数据、传输等方面支撑;供给侧综合能源系统包括分布式储能系统和移动式储能系统,通过对储能电池充放电的优化控制提升新能源消纳和存储能力;用户侧综合能源系统包括智慧用能互动、社区用户群电能转换与能量管控平台和交直流混合微电网,可充分调动用户侧参与调峰,进一步增加电网的灵活性,提升新能源的消纳水平。江苏扬中新坝镇分布式绿电消纳能源互联网的建设有效提升了能源综合利用效率,促进了清洁能源规模化利用,保障了高渗透新能源电力系统的稳定运行。

8.3.1 区域概况

江苏省扬中市位于长江中下游，地处长三角经济圈，在镇江发展全局中具有重要地位。其能源种类丰富，多种能源形式均得到充分利用，尤其是分布式光伏，具有分布范围广、参与用户多、装机容量大等特点，且城市光伏链条完整，光伏产业发展相对较好。江苏扬中新坝镇能源互联网示范工程的核心示范区位于江苏扬中上洲地区，示范区南依长江，西至新坝镇向阳路、华鹏路，北至三栏路，东至环城东路、迎宾大道，占地面积约 34km²，人口约 8 万。江苏扬中新坝镇能源互联网示范工程核心示范区位置及部分能源概况如图 8-11 所示。

图 8-11　江苏扬中新坝镇能源互联网示范工程核心示范区位置及部分能源概况

江苏省扬中市分布式能源丰富多样，覆盖全区域，截至 2019 年底，扬中市累计分布式光伏发电并网超过 8000 户，装机总规模超过 200MW，其中示范区内光伏装机规模超过 48.78MW。同时示范区内工商业用户分布广泛，负荷密集，具有相当充足的互动光伏量和电力负荷量。

扬中示范区能源供需现状存在以下问题：工业以分散燃煤供热、电制冷为主，分布式光伏分布区域广、单体容量小，分布式绿电消纳不充分、综合能效偏低，并且扬中市的一次能源大量依赖外部输入，本示范工程核心示范区内的电源装机只有分布式光伏发电，分布式光伏发电的间歇性、波动性等特点使得本地能源的调节能力严重不足，能源供应形势很大程度上依赖于外部供应的稳定。随着未来分布式可再生能源渗透率的提升，大量具有随机性、波动性的分布式可再生能源并网将对系统的安全稳定运行产生一定的风险。再者，扬中市的分布式屋顶光伏尚未纳入统一的能源管控平台，十分不利于分布式绿色能源交易的开展，单一的价格机制无法有效引导本地电源与用户负荷的协调互动。因此，扬中市示范区通过应用城镇能源互联网关键技术及装备，开展城镇能源互联网工程建设，解决其城镇化建设在能源领域面临的上述问题。

8.3.2　工程介绍

1. 工程概况

江苏扬中新坝镇能源互联网示范工程示意图如图 8-12 所示，该示范工程围绕示范区内能源接入多元化、能源运营一体化、能源服务专业化的目标，形成可复制、可推广的能源互联网建设新模式，开展能源互联网建设，以天然气、太阳能和风能为主要输入能源，在综合能源管控与服务平台的有序调配下，对产能、供能、蓄能、用能、节能等能源供需全过程进行一体化调控和优化配置，面向核心示范区内的所有用户提供高品质的电、热、冷等能源产品，实现综合能源服务。同时，将建立分布式绿色能源交易机制，实现电力和热力的互联互通、互相补偿，充分发挥区域内冷、热、电的互补效应，以最小的外部能源供给来满足区域内所有的能源需求。

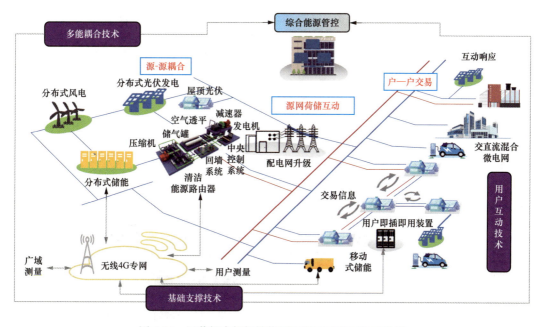

图 8-12　江苏扬中新坝镇能源互联网示范工程示意图

2. 城镇级综合能源系统

（1）综合能源管控与服务平台建设。以综合能源管控与服务平台为枢纽，构建横向冷热电多能互补、纵向源网荷储优化的城镇级综合能源系统，通过综合能源基础应用子系统、能源规划设计子系统、运行优化子系统、分布式能源交易子系统、技术经济评价子系统和综合能源运维子系统等 6 大子系统，实现分布式光伏发电、风电等清洁能源的高效利用，打破电能、热能、冷能等能源子系统间的多层互动壁垒，实现冷热电等多种能源的互联互济，为能源系统安全、可靠运行及商业模式提供信息支撑。

综合能源管控与服务平台是整个示范工程的核心管控中心，江苏扬中综合能源管控与服务平台总体框架如图 8-13 所示。综合能源管控与服务平台采用"一个区域、一张电网、一套系统、智能服务"的建设思路，以交直流配电网为能源交换枢纽，各应用共用一套硬件环境，采用一体化软件平台，对示范区风、光、气、热各种异质能源、管网、设备、能源站及用户单位、业务流程进行一体化模型管理与维护，构建一体化模型中心；基于统一的信息交互标准与信息安全框架采集各子项数据，并与电力调度自动化系统、用电信息采集系统等外部系统进行数据交换，所有原始数据与经处理、清洗、计算再加工数据构成全业务数据中心；依托平台提供的标准化公共服务和一体化模型中心与全业务数据中心，集中建设能源监控、能源计量、能效诊断、优化调度、交易结算、运维管控、规划设计、综合评价等应用，实现综合能源事前规划/在线运营/事后评估的全过程一体化运行管理，实现电、水、气、热、冷不同能源的广泛接入与联合调度，实现多能流源网荷储各能源环节和配售电公司营配用检各业务环节的高效贯通。

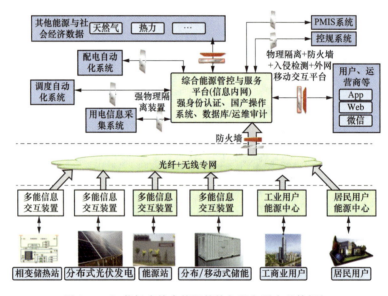

图 8-13　江苏扬中综合能源管控与服务平台总体框架

（2）无线 4G 专网建设。部分电网控制类业务、智能电网类业务，以及电气化/互动化类业务均有通过无线 4G 专网进行通信的需求。电力无线专网应满足调度自动化、配电自动化、用电信息采集等业务系统对通信网安全性、可靠性、实时性和承载能力的要求。电力无线专网应与光纤专网、电力线载波、无线公网等结合，实现对区域内配电自动化"三遥""二遥"终端、用电信息采集等业务终端的全覆盖。

扬中市地势平坦，以低层建筑为主，区域内主要为住宅、办公楼、厂房、空地，建筑物稀疏，具有良好的无线 4G 专网建设条件。为满足高带宽业务接入要求，并提高业务安全可靠性，在考虑经济性的同时，尽可能保障业务终端多基站冗余覆盖。扬中市位于覆盖区域东部，区域内变电站有新坝变电站、沙港变电站 2 座适合自建铁塔，站点数量较少，为达到覆盖目标，经多方协调，租用 6 座铁塔公司塔椛用于无线专网覆盖。能源互联网规划范围内无线 4G 专网基站覆盖区域仿真图如图 8-14 所示，图中参考信号接收功率（reference signal receiving power，RSRP）为参考信号接收功率，是代表无线信号强度的关键参数，反映当前信道的路径损耗强度，其值越大表示信号越好。

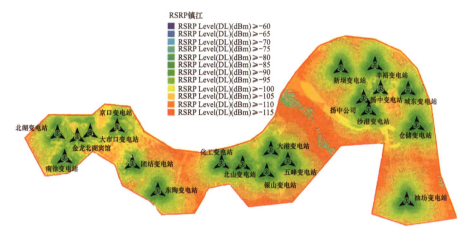

图 8-14　能源互联网规划范围内无线 4G 专网基站覆盖区域仿真图

（3）分布式光伏数据集中采集改造。对扬中示范区内分布式光伏发电（包括工商业用户和居民用户）数据进行集中采集改造，数据接入方式采用现有平台接入与增设采集装置接入两种模式。光伏数据采集改造项目技术方案示意图如图 8-15 所示。

江苏扬中新坝镇能源互联网示范工程在分布式光伏逆变器侧安装多能采集终端，与逆变器直接连接，并将数据接入综合能源管控与服务平台。多能采集终端能够采集光伏逆变器的有功功率、无功功率、电压、电流、功率因数等，同时采集光伏并网点数据信息，如电压、有功功率、无功功率、频率、功率因数等，并能根据综合能源服务与管控平台的策略指令设置光伏运行计划或直接控制。

（4）配电网升级改造。结合规划对能源互联网规划范围内的配电网进行升级改造，提升网架对即插即用分布式能源的适应能力，共包含：①新建投产 220kV 万太变电站，变电容量 180MVA；②扩建 110kV 新坝变电站 10kV 间隔；③新建 110kV 丰裕变电站，变电容量 2×50MVA；④对各供电单元 10kV 出线间隔及网架结构进行优化调整。

3. 供给侧综合能源系统

（1）分布式储能系统。将 110kV 新坝变电站内现状集装箱式储能系统的信息数据通过改造接入了综合能源管控平台，并在冷热电联供综合能源站内新建了一套分布式储能系统，落地应用了"面向新型城镇的能源互联网关键技术及应用"研发的即插即用型储能变流器，共包含 10MW/20MWh 储能系统集成接入、0.5MW/1MWh 分布式储能系统联合运行。

同时将"四遥"信息接入综合能源管控平台，实现储能系统接入自识别功能，具备并离网双模式和主动支撑功能。在需要时可接受管控平台的控制指令，在没有指令时装置可主动支撑电网电压/频率；同时将整个储能电站信息接入管控平台，需在集控室仓内增设 1 台远动通信装置、1 台纵向加密认证装置、1 台路由器、1 面屏。通信规约采用 IEC 60870-5-104 规约。

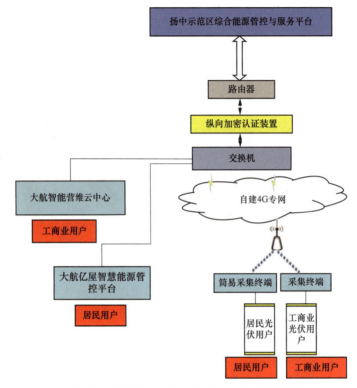

图 8-15　光伏数据采集改造项目技术方案示意图

（2）移动式储能系统。面向配电网临时增容和应急保供电、降低负荷峰谷差、提高供电设备利用率、提升供电可靠性、改善电能质量等业务，建设了车载移动式储能系统，共包含 1 台 50kW/100kWh 移动式储能车、1 台 100kW/200kWh 移动式储能车。

移动式储能系统拓扑如图 8-16 所示，其主要由交直流变换系统、储能系统、监控系统 3 部分构成，通过该系统能够保证对所接入负荷的可靠供电。

4. 用户侧综合能源系统

（1）智慧用能互动响应。智慧用能互动响应整体建设架构如图 8-17 所示。江苏扬中新坝镇能源互联网示范工程按用户类型，将其分为工商业用户和居民用户两大类进行实施。对于工商业用户，根据规模大小和用户需求，分为普通用户和大用户两类，为每户普通用户配置 1 个能源管控终端，负责用能数据的整理和上传、调控信号的下发；为每户大用户配置 1 个能源管控子站，负责多个能源管控终端的数据汇总、分析和协调调度。对于居民用户，根据其参与智慧用能和互动响应服务的意愿强弱，为意愿强的用户配置入户智能网关，可对家庭内部的智能家居、插座等进行调控；为意愿弱的用户配置非入户智能网关，安装在电能表表箱处即可采集用电曲线、分析用电行为。

　　所有用户通过 GPRS-APN、4G 等较高安全等级的网络接入综合能源管控与服务平台。平台具有实时监测、查询与展示、用能分析、需求响应辅助决策、需求响应规模化仿真计算等功能模块，以将工商业用户和居民用户纳入互动范围。

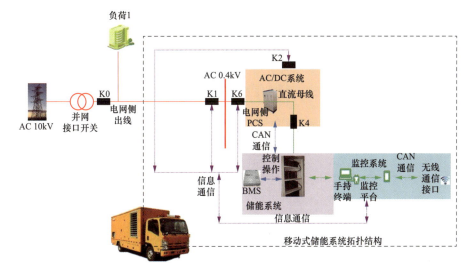

图 8-16　移动式储能系统拓扑

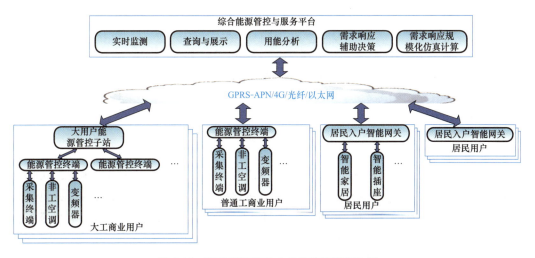

图 8-17　智慧用能互动响应整体建设架构图

　　(2) 社区用户群电能转换与能量管控平台。江苏扬中新坝镇能源互联网示范工程研发部署的社区用户群电能转换与能量管控平台包括家庭多端口电能变换装置和能量管控平台，可对用户侧分布式发电装置、储能装置、交直流负荷等进行优化管理，满足用户多形式的用能需求，并对每个家庭微网内部能量信息进行监测采集控制，为后期多用户间端对端电能交易提供物理和数据的支撑。多端口电能变换装置应用及组网形式如图 8-18 所示，该示范工程研发的家庭多端口电能变换装置将覆盖扬中市新坝镇永治小区，本期用户规模预计为小区内 10 户居民用户。

社区用户群电能转换与能量管控平台基于安装在用户侧的家庭多端口电能变换装置中的传感器、智能电能表和通信装置等来采集和上传用户家庭中光伏发电、储能、负荷和市电的详细运行数据信息，利用部署数据服务器构建成云端平台，对用户的用能状态数据进行处理、分析和存储，并通过可视化界面进行状态监测。此外，每个家庭用户也可以通过链接访问云平台，对社区用户群的实时状态进行查看，从而构建形成一个智慧、高效用能的新型社区。

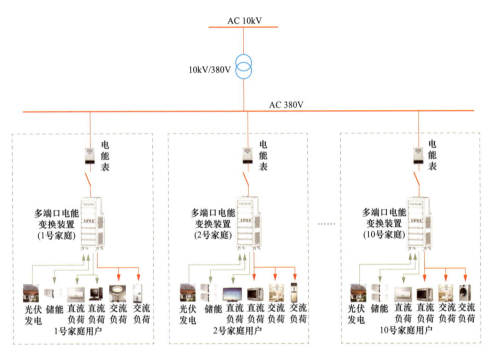

图 8-18　多端口电能变换装置应用及组网形式

（3）交直流混合微电网。江苏扬中新坝镇能源互联网示范工程在扬中供电公司现有交流微电网的基础上，进一步建设交直流混合微电网。微电网本次主要覆盖扬中供电公司，提供大用户端光伏发电站、储能站、充电站、直流负荷等的系统接口，交直流混合微电网系统拓扑结构如图 8-19 所示。

针对该示范工程的情况，本次主要建设直流微电网部分。直流微电网配置 400kWh 直流储能系统，并将原交流微电网中约 150kW 屋顶光伏改造接入，在直流负荷方面，考虑配置 2 台 80kW 直流充电桩及 10 套直流路灯，并预留负荷接口。光伏组件、储能系统等经过 DC/DC 变换，接入到交直流双向变换器形成的 750V 直流微电网中，最后统一经过交直流双向变换器接入配电网中，实现分布式能源站、储能站和直流负荷的即插即用接入。所建设的交直流混合微电网为并网型微电网，同时支持并网运行和离网运行 2 种模式。混合微电网控制系统对交直流微电网内各子系统的协调运行做统一管理，并具备接入综合能源管控与服务平台的能力。

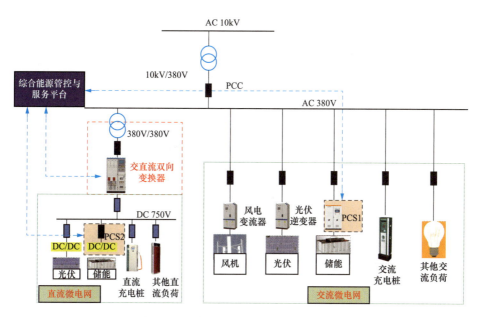

图 8-19　交直流混合微电网系统拓扑结构

8.3.3　商业模式

江苏扬中新坝镇分布式绿电消纳能源互联网以扬中高新区配售电有限公司为投资主体，采用"一个区域、一张电网、一套系统、智能服务"的建设思路，有助于扬中高新区配售电有限公司提升调配效率与综合能效，构建多种能源协同供应转化消费体系，探索能源交易新模式，更好服务各类用户，加速转型成为区域多种能源的供应商、多能供应平台的运营商，最终为配售电公司及其客户提供精细化管理与全面化服务。

江苏扬中新坝镇分布式绿电消纳能源互联网的合作共建模式如图 8-20 所示，由新坝镇所在的地方政府提供政策支持，属地电力公司投资建设电力基础设施、配电网、充电桩群、储能系统等，属地政府平台投资公司负责建设供热、气、水基础建设部分，新能源服务公司投资建设光伏岸电，综合能源服务公司投资建设渔光/农光互补项目、分布式储能等，电力公司控股的扬中高新区配售电有限公司投资建设分布式储能、分布式光伏等。

扬中高新区配售电有限公司作为扬中新坝镇分布式绿电消纳能源互联网的一体化运营主体，负责示范工程内部源网荷的自平衡和外部与大电网之间的友好互动，并通过合同能源管理商业模式向工业企业、园区、大型公共建筑等具有差异化需求的用户提供综合能源服务，助力用户的项目运维和节能减排，保证示范工程的整体投资回报和多元化投资主体之间的互利共赢、权责分配、收益共享。

8.3.4　建设成效

面向新型城镇能源互联网建设需求，江苏扬中新坝镇建成了以"清洁替代、能效提高、面向增量、合作共赢"为理念的新型城镇示范工程，该工程互动电力负荷总量超过

60MW，使区域能源综合利用效率提高了10％，清洁能源占比超过30％，有效提升了能源综合利用效率、促进了清洁能源规模化利用、降低了碳排放量，对于推进落实国家"互联网＋"智慧能源行动计划具有重要意义，并将产生显著的科学价值、社会效益、经济效益和生态效益。

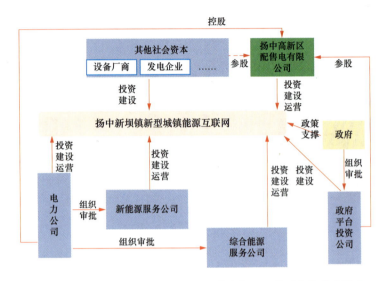

图 8-20　江苏扬中新坝镇分布式绿电消纳能源互联网合作共建模式

（1）科学价值。能源互联网关键装备与相关系统平台及其配套的即插即用型系列装备的研发，能够显著提升技术创新能力和市场竞争力，建立标准化产品体系，形成能源互联网产业链，促进规模化应用发展，扩大经济效益，实现能源互联网关键装备的自主化研制。

（2）社会效益。

1）通过综合能源管控与服务平台（包含6大子系统），实现电网、政府、企业、用户间的信息共享和交互，亦有利于电网企业进一步提升服务水平，提高社会对电网企业的满意度，也将为电网企业开拓综合能源业务、提供高附加值服务带来新的利润增长点。

2）已有20户工商业用户可以通过综合能源管控与服务平台随时了解供能可靠性及能源供需情况，并参与电力能源需求侧管理和应用，实现互动节能和能效信息的有效互动；通过有序用电、科学用能，实现能效提升；促进节能减排，实现智慧城市的绿色可持续发展。

3）已有200户居民用户可以通过综合能源管控与服务平台提供的家庭用能信息情况了解节能信息，并清楚如何通过对自身用能行为的改变与优化进行家庭节能，明确家庭用能情况与节能方向，有效地促进了居民实现能源节能及减少家庭日常能源支出。

4）已建成包含10户居民用户的社区用户群电能转换与能量管控平台，可对用户侧分布式发电装置、储能装置、交直流负荷等进行优化管理，满足用户多形式的用能需求，并可为后期多用户间端对端电能交易提供物理和数据的支撑，从而构建成一个智慧、高效用能的新型社区。

5）支撑能源结构转型，促进清洁能源高效利用，实现能源消费革命。通过示范工程建设，打通源网荷储等关键环节，实现电、冷、热、气等多种能源之间的互补协调，促进清洁能源高效利用，提高能源综合利用效率，实现节能减排、低碳化目标，支撑能源结构转型和能源消费革命。

（3）经济效益。分布式/移动式储能系统可利用扬中示范区的峰谷差电价来获取经济收益。此外，储能产权所有者可以不断扩展业务品类和服务能力，为广大用户提供应急供电、电源备用、移动用电等用电增值服务和移动电源租赁服务。

（4）生态效益。通过新型城镇能源互联网示范工程，探索可复制、可推广、差异化的新型城镇能源互联网建设模式，推动城镇能源系统规模化应用，实现能源绿色和可持续发展，支撑以"城乡一体、城乡统筹、产城互动、生态宜居、节约集约、和谐发展"为基本特征的新型城镇化发展。

8.4 其他典型案例

8.4.1 江苏综合能源协调控制系统项目

1. 工程概况

江苏电力公司聚焦能源变革发展，在苏州同里综合能源示范区建设了一批世界先进的能源创新项目，其中区域综合能源协调控制系统为构建同里新能源小镇绿色低碳、开放共享、协同高效的能源生态示范圈提供了支撑。区域综合能源协调控制系统是以配电网为核心，电、热、冷、气等多种能源融合互补，源、网、荷、储等多种元素协调互动，满足城镇、园区等特定区域供用能服务的一体化能源系统，是能源互联网在区域级的具体体现。区域综合能源协调控制系统以"区域协同互补、微网分布自律、终端双向互动"为原则，通过对区域内源、网、荷、储的多环节协调运行控制以及冷、热、电、气的多能流互补运行控制，实现区域内安全、经济和绿色自治运行；通过与电力系统平台进行数据交互，获取电网风险预警、需求响应、调度控制等信息，对上级电网进行响应互动，实现对大电网的支撑作用。区域综合能源协调控制系统接入区域范围内源、网、荷、储等相关运行信息，与调度自动化系统、配网自动化系统、用电信息采集系统、工程生产管理系统（power production management system，PMS）、天气预报系统进行数据交互，支持电力交易、大规模源网荷储友好互动系统（负荷聚合）、综合能源服务平台以及用户互动、辅助分析等功能。以同里示范工程为技术引领，在连云港、扬州、镇江、南京等地开展了推广应用，并计划进一步在江苏省全省推广。区域综合能源协调控制系统总体架构如图 8-21 所示。

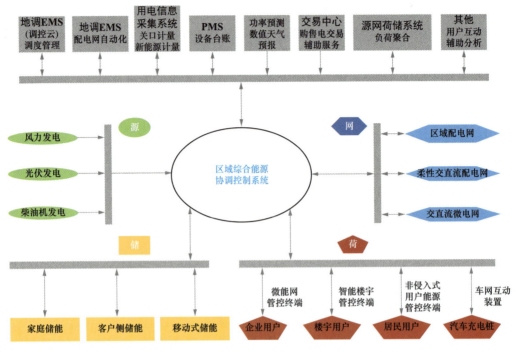

图 8-21　区域综合能源协调控制系统总体架构

2. 工程特点

（1）适用于供电公司地区级能源管理平台，建立多种能源主体和电网之间的智能交互模式，促进清洁能源全额消纳，最大化用户经济效益，提高电力系统安全裕度，支撑区域电网更加绿色、经济、安全地运行。

（2）以电作为转换媒介，建立冷、热、气等其他类型能源与电能之间的转换关系，并以区域综合能源协调控制系统为平台支撑多类型能源资源的传输、交互、优化和调配。

（3）提供安全、经济、绿色、综合 4 种最优控制目标及其切换模式。

3. 建设成效

支撑各类规模的电、冷、热、气能源用户自由接入，并为接入用户提供用能分析、能效服务及综合能源交易等服务；通过区域综合能源协调控制系统对能源资源的优化配置，使各类能源时空互补、逐级利用，提高能源利用效率，节能减排；建立多种能源主体和电网之间的智能交互模式，促进清洁能源全额消纳，最大化用户经济效益，提高电力系统安全裕度，支撑区域电网更加绿色、经济、安全地运行。

8.4.2　深圳前海供电"调配用"一体化管理信息系统项目

1. 工程概况

深圳前海蛇口自贸区供电有限公司是全国首家增量配电领域混合所有制企业，该公司以前海蛇口自贸区内供电服务为基础，积极拓展市场化售电和综合能源服务，为客户提供高品质的能源服务；以管制性配电业务为基础，以竞争性售电业务和增值性综合能源业务为拓展方向，通过"调配用"一体化管理信息系统（"调配用"指调度、配网及用户）项目建设，不断优化供电结构，提升调配效率，更好地服务用户。前海供电"调配用"一体化管理信息系统以成熟的调配用软件技术为基础，进行融合、拓展，建立调配用业务运营使用的一体化平台。以前海供电范围内的变电站、电力线路、配电系统、用户侧新能源/分布式能源/微网、电动汽车充放电设施等能源系统的业务贯通为导向，采用自动化、信息化融合的一套系统实现电网的智能、可靠连接，通过电网侧资产调配用一体化服务、用户侧综合能源服务及全业务信息融合等服务实现前海供电增量配售电业务服务的全面发展。前海供电"调配用"一体化管理信息系统总体架构如图 8-22 所示。

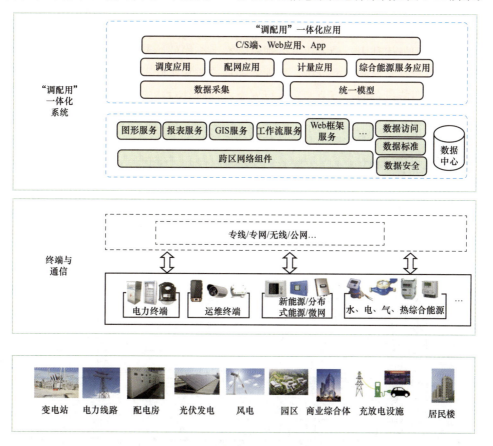

图 8-22　前海供电"调配用"一体化管理信息系统总体架构

2. 工程特点

（1）适用于配售电公司以及负荷集成商，作为能源交易主体，向政府、公众和企业提供定制化的能源服务。

（2）基于分层递阶的多级能源协调技术，实现区域能源的协调优化。

（3）利用跨区跨网数据安全同步技术，融合了电网侧资产"调配用"一体化服务、用户侧综合能源服务，实现全业务信息融合。

3. 建设成效

前海供电"调配用"一体化管理信息系统是国内首套面向配售电公司的信息化系统，通过全业务建模实现调度自动化、配网自动化、用电信息采集计量、调度管理、生产管理、综合能源服务的一体化建设，引领了配售电公司信息系统的建设方向。

8.4.3 南京高速齿轮制造有限公司综合能源管控与服务平台项目

1. 工程概况

南京高速齿轮制造有限公司（简称南高齿）综合能源管控与服务平台项目位于南京高速齿轮制造有限公司江宁厂区。通过综合能源管控与服务平台，接入园区变电站、配电房、分布式光伏发电、移动储能、充电桩、变制冷剂流量多联式空调系统（variable refrigerant volume，VRV）等源荷储资源，进行能源平衡计算，以使光伏发电产生的有效能源补给实现最优利用，最大程度体现储能在系统中的协调优化作用；对其重点用能设备或系统进行日常监测数据分析，发现能耗规律或异常状况，找出问题隐患或故障位置，保障重点用能设备的经济节能和运行安全；同时针对建筑中耗能最高、最复杂的空调系统的系统化、自动化、网络化、精细化的负荷调节与节能控制，实现建筑用能的最佳运行。南高齿综合能源管控与服务平台架构如图 8-23 所示。

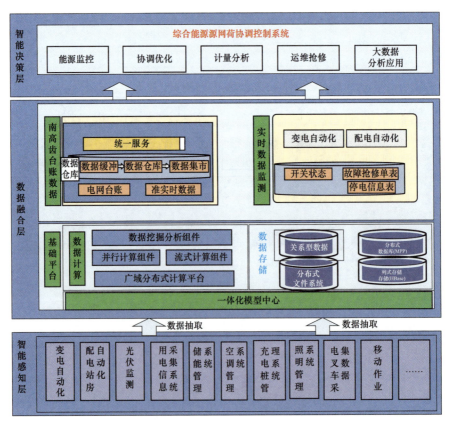

图 8-23　南高齿综合能源管控与服务平台架构

2. 工程特点

（1）为园区及企业提供能效分析、智能调控、需求响应、节能储能等服务，保障园区及企业各能源的安全、高效、经济运行。

（2）VRV 中央空调和梯次储能参与电网需求侧响应，有效提高电网利用率，获得政府经济激励。

（3）厂区建筑和车间设备采用分层、分类计量，进行能效提升分析，实现南高齿智慧化、精细化管控目标。

3. 建设成效

采用先进的物联网、大数据技术实现厂区内供配电系统、分布式光伏发电系统、空调集控系统、路灯集控系统、充电桩以及机床加工设备等用能全景监视，优化能源供给运行策略，为用户提供能效分析、智能调控、需求响应、节能储能等服务，极大地提高了企业用能的安全性，同时提升了能源使用效率、降低了用能成本。构建了"安全、绿色、高效"的现代化企业用能模式，形成了园区能源供应清洁化、能源配置智能化、能源消费品质化、能源管控精细化的能源生态体系。

8.4.4　北科产业园区能源互联网项目

1. 工程概况

北京市科学技术研究院现代制造技术产业园（简称北科产业园）占地面积 70 亩，园区内有 14 家高科技、生物制药企业入驻，由综合能源服务商向园区用户提供能源服务和冷、热、电的统一供应。园区供电以大电网为主，冬季日用电负荷为 1715～2645kW，夏季日用电负荷为 1861～4058kW；园区建设有峰值输出功率为 0.446MW 的屋顶光伏，以及 100kW/500kWh 的集装箱储能；入驻企业中，北京市计算中心全年 8760h 运行，夏季制冷负荷为 1901.6kW，其余企业为工作日白天需求冷热负荷，合计冬季采暖热负荷 4823kW，由 1 台 4t 锅炉和 1 台 6t 的锅炉进行集中供应；园区总制冷负荷 5088kW，由电制冷机组集中供应。

针对园区内供电、供冷、供热系统各自独立运行，缺乏统一的管理，智能化程度偏低，供能成本高，综合能效偏低等问题，按照"协同管理、多能互补、梯级利用、智能控制"的能源互联网建设原则，在园区内建设能源互联网多能流优化运行系统。北科产业园能源互联网多能流优化运行系统架构如图 8-24 所示，系统在采集园区各能源设备、管网的实时参数信息的基础上，将多种能源介质的能量流网络、信息流网络融为一体，实现园区电、热、冷等系统数据的综合利用，实现能源分析、优化调度、预测、管理等功能。

2. 工程特点

（1）适用于涵盖多种能源网络的工商业园区，建立多能互补园区综合智慧能量管理系统，通过在线智能的综合分析和优化决策，显著提高了园区运行的安全性和经济性。

（2）针对园区多能源耦合和多时间尺度特性，设计了适配不同应用场景的多能潮流模型，充分挖掘利用了用户侧、冷/热系统、储能资源的多时间尺度灵活调节能力。

（3）利用多能互补特性对园区能源运行系统进行优化调度，提高能源供需协调能力，促进园区内可再生能源的消纳，降低园区用能成本。

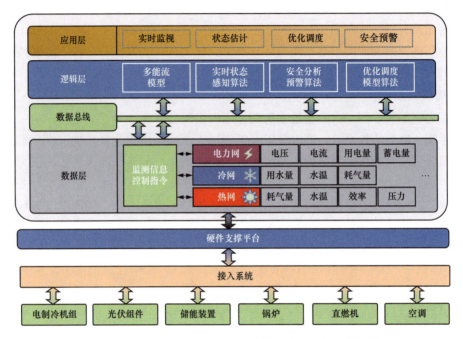

图 8-24　北科产业园能源互联网多能流优化运行系统架构

3. 建设成效

北科产业园能源互联网多能流优化运行系统的建设实现了电、热、冷综合能源系统的源网荷储能源供应环节之间的生产协同互动，充分发挥了园区内多能耦合互补运行效应，降低了园区综合能源系统整体运行成本。据测算，可降低日运行能耗 3%（约为3272kWh），节约日运行成本 1403 元，节约年运行成本 51.2 万元；突破了电、热、冷、气等不同能源在学科和管理运营上相对孤立的藩篱，实现园区由电网单一能量管理到电、热、冷、气综合能量管理的过渡，确保综合能源系统安全、高效、灵活运行，为用户实现最佳经济效益，有效提升能源系统的运行控制水平。

8.5　本 章 小 结

本章着眼新型城镇建设发展趋势，立足城镇的资源特点及发展规划进行顶层设计，提出了构建城镇能源互联网管控与服务体系建设思路，设计了从能源建设、能源生产、能源传输、能源消费、能源管理、能源运维到能源评价的全链条服务。本章主要从城镇能源互联网管控与服务体系建设和应用案例两个方面进行阐述，其中，城镇能源互联网管控与服务体系建设阐述了城镇能源互联网管控与服务体系的总体架构、服务要求、建设基础要求以及能源互联网涉及的能源转换、传输控制等智能化装置要求,并提出了能源互联网服务的运行模式;应用案例主要介绍分析了天津北辰大张镇清洁供热能源互联网、江苏扬中新坝镇分布式绿电消纳能源互联网等的建设模式及经验。城镇能源互联网管控与服务体系的构建,为城镇能源互联网建设提出了可借鉴的建设模式,并提供了相应的技术方法。

参 考 文 献

[1] 张占斌. 新型城镇化的战略意义和改革难题 [J]. 国家行政学院学报，2013，1：48-54.

[2] 王海燕. 美国城镇化发展的特点和启示 [J]. 经济研究参考，2013，36：5-10.

[3] 吴建中. 欧洲综合能源系统发展的驱动与现状 [J]. 电力系统自动化，2016，40 (5)：1-7.

[4] 孙宏斌，等. 能源互联网 [M]. 北京：中国电力出版社，2020.

[5] 曹军威，孙嘉平. 能源互联网与能源系统 [M]. 北京：中国电力出版社，2016.

[6] 郑玉平，王丹，万灿，等. 面向新型城镇的能源互联网关键技术及应用 [J]. 电力系统自动化，2019，43 (14)：2-16.

[7] Xu X，Jia H，Chiang H D，et al. Dynamic modeling and interaction of hybrid natural gas and electricity supply system in microgrid [J]. IEEE Transactions on Power Systems，2015，30 (3)：1212-1221.

[8] Kap A，Bce B，Bl C，et al. Saint-a novel quasi-dynamic model for assessing security of supply in coupled gas and electricity transmission networks-sciencedirect [J]. Applied Energy，2017，203：829-857.

[9] Wei Z，Chen S，Sun G，et al. Probabilistic available transfer capability calculation considering static security constraints and uncertainties of electricity-gas integrated energy systems [J]. Applied Energy，2016，167：305-316.

[10] 王伟亮，王丹，贾宏杰，等. 能源互联网背景下的典型区域综合能源系统稳态分析研究综述 [J]. 中国电机工程学报，2016，36 (12)：3292-3305.

[11] 徐胜蓝，司曹明哲，万灿，等. 考虑双尺度相似性的负荷曲线集成谱聚类算法 [J]. 电力系统自动化，2020，44 (22)：152-160.

[12] 陈海文，王守相，王绍敏，等. 基于门控循环单元网络与模型融合的负荷聚合体预测方法 [J]. 电力系统自动化，2019，43 (1)：65-72.

[13] Wang S，Wang X，Wang S，et al. Bi-directional long short-term memory method based on attention mechanism and rolling update for short-term load forecasting [J]. International Journal of Electrical Power and Energy Systems，2019，109：470-479.

[14] 窦迅，王俊，王湘艳，等. 基于演化博弈的区域电-气互联综合能源系统用户需求侧响应行为分析 [J]. 中国电机工程学报，2020，40 (12)：3775-3786.

[15] Cao Z，Wan C，Zhang Z，et al. Hybrid ensemble deep learning for deterministic and probabilistic low-voltage load forecasting [J]. IEEE Transactions on Power Systems，2020，35 (3)：1881-1897.

［16］ 王丹，孟政吉，贾宏杰，等. 面向新型城镇的能源互联系统规划关键技术研究及展望［J］. 电力系统自动化，2019，43（14）：16-28.

［17］ 王丹，孟政吉，贾宏杰，等. 考虑多区域互联协同的分布式能源站设备配置及站间管线规划［J］. 电网技术，2020，44（10）：3734-3743.

［18］ Lei Y，Wang D，Jia H，et al. Multi-objective stochastic expansion planning based on multi-dimensional correlation scenario generation method for regional integrated energy system integrated renewable energy［J］. Applied Energy，2020，276：1-32.

［19］ Lei Y，Wang D，Jia H，et al. Multistage stochastic planning of regional integrated energy system based on scenario tree path optimization under long-term multiple uncertainties［J］. Applied Energy，2021，300：1-35.

［20］ 王丹，孟政吉，贾宏杰，等. 基于配置-运行协同优化的分布式能源站选型与定容规划［J］. 电力自动化设备，2019，39（8）：152-160.

［21］ Liu X，Yan Z，Wu J. Optimal coordinated operation of a multi-energy community considering interactions between energy storage and conversion devices［J］. Applied Energy，2019，248：256-273.

［22］ Qin X，Sun H，Shen X，et al. A generalized quasi-dynamic model for electric-heat coupling integrated energy system with distributed energy resources［J］. Applied Energy，2019，251：1-12.

［23］ Chen Y，Guo Q，Sun H，et al. A water mass method and its application to integrated heat and electricity dispatch considering thermal inertias［J］. Energy，2019，181：840-852.

［24］ Mei F，Zhang J，Lu J，et al. Stochastic optimal operation model for a distributed integrated energy system based on multiple-scenario simulations［J］. Energy，2021，219：1-13.

［25］ Zhang Z，Tang H，Wang P，et al. Two-stage bidding strategy for peer-to-peer energy trading of nanogrid［J］. IEEE Transactions on Industry Applications，2020，56（2）：1000-1009.

［26］ 赵天辉，王建学，陈洋. 面向综合能源交易的新型城镇分层市场架构和出清算法［J］. 电力系统自动化，2021，45（4）：73-80.

［27］ Dou X，Wang J，Wang Z，et al. A decentralized multi-energy resources aggregation strategy based on bi-level interactive transactions of virtual energy plant［J］. International Journal of Electrical Power and Energy Systems，2021，124：1-11.

［28］ 李彪，万灿，赵健，等. 基于实时电价的产消者综合响应模型［J］. 电力系统自动化，2019，43（7）：81-88.

[29] 原凯，李敬如，宋毅，等. 区域能源互联网综合评价技术综述与展望 [J]. 电力系统自动化，2019，43（14）：41-52.

[30] 杨挺，赵黎媛，王成山. 人工智能在电力系统及综合能源系统中的应用综述 [J]. 电力系统自动化，2019，43（1）：2-14.

[31] 刘俊，王超，陈津莼，等. 基于博弈论的城镇能源互联网多市场主体收益模型 [J]. 电力系统自动化，2019，43（14）：90-96.

[32] Lv C，Yu H，Li P，et al. Model predictive control based robust scheduling of community integrated energy system with operational flexibility [J]. Applied Energy，2019，243：250-265.

[33] Jiang Y，Wan C，Audun B，et al. Exploiting Flexibility of District Heating Networks in Combined Heat and Power Dispatch [J]. IEEE Transactions on Sustainable Energy，2019，11（4）：2174-2188.

[34] Lv C，Yu H，LiuJ，et al. Self-organized Cyber Physical Power System Blockchain Architecture and Protocol [J]. Applied Energy，2019，243：250-265.

[35] Yang T，Zhai F，LiP，et al. Self-organized Cyber Physical Power System Blockchain Architecture and Protocol [J]. International Journal of Distributed Sensor Networks，2018，14（10）：1-9.

[36] Liu J，Chen J，Wang C，et al. Market Trading Model of Urban Energy Internet based on Tripartite Game Theory [J]. Energies，2020，13（7）：1-24.

[37] Chen D，Wan C，Song Y，et al. N-1 Security-Constrained Coordinated Scheduling of Integrated Electricity and Natural Gas System Considering Gas Dynamics and Wind Power Uncertainty [J]. IET renewable power generation，2020，15（7）：1408-1421.

[38] Li C，Li P，Yu H，et al. Optimal Planning of Community Integrated Energy Station Considering Frequency Regulation Service [J]. Journal of Modern Power Systems and Clean Energy，2021，9（2）：264-273.

[39] 武梦景，万灿，宋永华，等. 含多能微网群的区域电热综合能源系统分层自治优化调度 [J]. 电力系统自动化，2021，45（12）：20-29.

[40] Yuan K，Song Y，Zhang H，et al. Development of Multi-energy Cooperative Optimization Configuration for Park Energy Internet [C]. 2018 2nd IEEE Conference on Energy Internet and Energy System Integration（EI2）. IEEE，2018.

[41] Jiang H，Han Q，Liu D. Novel Reliability Evaluation Method for Urban Energy Internet [C]. 2019 IEEE 10th International Symposium on Power Electronics for Distributed Generation Systems（PEDG），IEEE，2019.

[42] Yuan K，Song Y，Sun C，et al. Identifiability Evaluation Based Crucial Parameter Selection Strategy for Regional Integrated Energy System Modeling [C].

2020 10th International Conference on Power and Energy Systems（ICPES）. 2020.

[43] Zhao L，Wan C，Yu P，et al. Assessment of Distributed Photovoltaic Hosting Capacity in Integrated Electricity and Heat Systems Considering Uncertainty [J]. IET Energy Systems Integration，2021，3（3）：317-326.

[44] 董福贵，张也，尚美美. 分布式能源系统多指标综合评价研究 [J]. 中国电机工程学报，2016，6（12）：3214-3222.

[45] 张涛，朱彤，高乃平，等. 分布式冷热电能源系统优化设计及多指标综合评价方法的研究 [J]. 中国电机工程学报，2015，35（14）：3706-3713.

[46] Ren H，Gao W. Economic and environmental evaluation of micro CHP systems with different operating modes for residential buildings in Japan [J]. Energy & Buildings，2010，42（6）：853-861.

[47] 陈沿伊，董升平，柯姜岑. 基于不同主体的课程质量综合评价——以"交通运输规划"课程为例 [J]. 航海教育研究，2021，38（02）：72-77.

[48] 施锦月，许健，曾博，等. 基于热电比可调模式的区域综合能源系统双层优化运行 [J]. 电网技术，2016，40（10）：2959-2966.

[49] 李洋，吴鸣，周海明，等. 基于全能流模型的区域多能源系统若干问题探讨 [J]. 电网技术，2015，39（8）：2230-2237.

[50] 刘徽，沈军，杨伟卫，等. 黄石城市规划区浅层地温能赋存条件及开发利用潜力评价研究 [J]. 资源环境与工程，2021，35（03）：359-363.

[51] 张义梅，周启富，王艳霞，等. 雅安市克山病防控"十三五"规划完成情况评价 [J]. 职业卫生与病伤，2021，36（03）：167-172.

[52] 熊小舟，刘小康，朱正刚，等. 基于 LCC 和 TOPSIS 的增量配电网项目投资规划综合评价 [J]. 科技风，2021（17）：196-198.

[53] 覃金贵. 当前规划环境影响评价遇到的问题和几点建议 [J]. 科技经济导刊，2021，29（17）：108-109.

[54] 张超辉. 规划环境影响评价在环境保护工作中的重要性 [J]. 中小企业管理与科技，2021（06）：45-46.

[55] 周宁，李超，李铁男，等. 黑龙江省水土保持规划实施效果评价 [J]. 中国水土保持，2021（06）：51-54.

[56] 张鸿飞. 基于"双评价"底线与绿色低碳理念下的城市规划考量 [J]. 城市住宅，2021，28（05）：160-161.

[57] 吴思奇，刘刚，马东辉. 跨越断裂带城市规划建设风险评价研究 [J]. 城市与减灾，2021（03）：46-49.

[58] 唐玉芳. 产业园区规划环境影响跟踪评价技术研究——以湖南省某高新技术产业园区为例 [J]. 中国资源综合利用，2021，39（05）：163-166.

索　引